JIAOTONG SHIGU ANJIAN SHIWU

ZERENRENDING YU FUHE
XINGSHI BIANHU MINSHI PEICHANG

交通事故案件实务

责任认定与复核·刑事辩护·民事赔偿

刘春城 著

法律出版社
LAW PRESS·CHINA
北京

图书在版编目(CIP)数据

交通事故案件实务:责任认定与复核·刑事辩护·民事赔偿 / 刘春城著. -- 北京:法律出版社,2023 (2025.9 重印)
ISBN 978 - 7 - 5197 - 7807 - 1

Ⅰ.①交… Ⅱ.①刘… Ⅲ.①公路运输 - 交通运输事故 - 案例 - 中国 Ⅳ.①D922.145

中国国家版本馆 CIP 数据核字(2023)第 064749 号

交通事故案件实务
——责任认定与复核·刑事辩护·民事赔偿
JIAOTONG SHIGU ANJIAN SHIWU
—ZEREN RENDING YU FUHE·XINGSHI BIANHU·MINSHI PEICHANG

刘春城 著

策划编辑 孙 慧 余群化
责任编辑 孙 慧 余群化
装帧设计 李 瞻

出版发行 法律出版社
编辑统筹 司法实务出版分社
责任校对 张翼羽
责任印制 胡晓雅
经 销 新华书店

开本 710 毫米×1000 毫米 1/16
印张 22.5 **字数** 333 千
版本 2023 年 8 月第 1 版
印次 2025 年 9 月第 4 次印刷
印刷 北京建宏印刷有限公司

地址:北京市丰台区莲花池西里 7 号(100073)
网址:www.lawpress.com.cn
投稿邮箱:info@lawpress.com.cn
举报盗版邮箱:jbwq@lawpress.com.cn

销售电话:010 - 83938349
客服电话:010 - 83938350
咨询电话:010 - 63939796

书号:ISBN 978 - 7 - 5197 - 7807 - 1
定价:85.00 元

凡购买本社图书,如有印装错误,我社负责退换。电话:010 - 83938349

前　言

据公安部网站公布的数据，截至2022年6月底，全国机动车保有量达4.06亿辆，其中燃油汽车3.10亿辆，新能源汽车1001万辆；机动车驾驶人4.92亿人，其中汽车驾驶人4.54亿人。2022年上半年，全国新注册登记机动车1657万辆，新领驾驶证人数1103万人。81个城市汽车保有量超过100万辆，北京、成都等20个城市汽车保有量超过300万辆。

交通事故是现代社会高发的意外事故之一。据国家统计局发布的《中国统计年鉴2021》，2020年全国共发生交通事故244674起，其中死亡人数61703人，受伤人数250723人。

因此，律师执业生涯中，一般都会接触、办理一些交通事故案件。

笔者结合自己多年来的实践经验，将自己在办理交通事故案件过程中的一些心得编成本书。本书主要有以下几个方面的内容。

第一，律师在交通事故责任认定前期阶段可以提供的法律服务。

对于不办理或者很少办理交通事故案件的律师来说，往往不知道交通事故前期的责任认定阶段可以为当事人提供什么法律服务，从而错失客户。笔者根据多年的实践经验，将律师在交通事故责任认定、复核、调解等前期阶段可以提供的法律服务总结如下：

1. 法律咨询。也就是对交通事故案件的大方向、可能的赔偿区间范围、责任主体，特别是否涉嫌交通肇事罪以及刑期等进行整体的评估分析。

2. 作为交通队事故处理阶段的代理人，从专业角度及时发现事故处理中的问题，审查交通事故检验鉴定报告（车速、车辆安全性能、交通方式、痕迹物证、死伤与事故因果关系参与度等鉴定报告），评估分析鉴定结果，根据案件具体情况，起草申请重新检验鉴定或者补充鉴定。

3. 在民事赔偿方面，分析赔偿责任主体，判断赔偿责任主体的行为是否属于职务行为，分析司机和车主的关系，判断是否需要财产保全，是否需要调查对方机动车档案、机动车驾驶证档案、保险信息，判断财产状况、赔偿能力等，起草赔偿方案。

4. 参与事故证据公开，代为签收《道路交通事故认定书》。

5. 查阅、复制事故案卷材料，如果对《道路交通事故认定书》不服，则代理当事人起草、审核、修改《道路交通事故复核申请书》，代为申请复核，参加复核听证。

6. 代理未申请复核一方，起草复核答辩意见。

7. 协调、沟通、参与各方当事人的交通事故赔偿调解、谈判；事故双方有时关系比较紧张，律师恰恰可以起到沟通桥梁的作用，促成调解。

8. 起草、修改《道路交通事故赔偿协议书》《谅解书》，协助、监督和见证调解协议等的签订及履行，出具律师见证书等。

第二，本书通过分享“实战”成功案例，总结复核经验、技巧，研究推翻《道路交通事故认定书》的四种方式。

《道路交通事故认定书》是处理交通事故案件的核心，对于是否会被认定为交通肇事罪，以及民事赔偿的赔偿比例起到至关重要的作用，律师在交通事故前期阶段的责任认定和复核中可以发挥非常重大的作用，如果律师能够在复核阶段将事故责任改为主要责任以下，则很难被认定为交通肇事罪。

审判实践中，法官有时会过度依赖《道路交通事故认定书》，将交警的事故责任认定简单等同于对民事责任、刑事责任的认定，导致公安机关交通管理部门的责任认定“一责代三责”，即以对事故责任的认定代替对刑事责任、民事责任和行政责任的认定。这就导致在实质上，给肇事人“定罪”的是交警，而不是法官，就像清华大学法学院教授张明楷所说：“警惕交警成为交通肇事案的审判法官。”

因此，特别有必要提高律师在交通事故前期的责任认定、复核，以及交通肇事罪刑事辩护方面的“实战”能力，为那些突遭不幸、不知所措的当事人提供更专业的法律服务，如本书中的大量案例，就是通过律师的专业复核、辩护，维护了当事人的合法权益，避免被追究刑事责任。

第三，通过分享交通事故案件的办理经验和成功案例，研究典型无罪案例，提高律师办理交通事故案件的专业技能，同时本书也分享了一些民事赔偿和危险驾驶无罪辩护的要点问题及其案例。

交通事故案件，看似简单，但如果缺乏实战经验，就容易出错，不好向当事人交代，且有损律师个人声誉。例如，北京市朝阳区人民法院（2016）京0105刑初149号刑事判决，被告人刘某认罪，刘某的辩护人做罪轻辩护，请求法院从轻处罚并判缓刑，但是，最后法院既没有支持检察机关的指控，也没有采纳辩护人的意见，而是直接判决被告人刘某无罪。

因此，非常有必要研究交通肇事无罪案例的核心观点、裁判要旨，找到案件突破口、核心要点，从而最大限度地维护当事人的合法权益。有的律师对最高人民法院指导案例24号要旨“交通事故的受害人没有过错，其体质状况对损害后果的影响不属于可以减轻侵权人责任的法定情形”不清楚，而直接主张按照参与度计算赔偿数额，事后被当事人追究责任。

本书也可供突遭不幸的交通事故当事人学习、借鉴之用。

在本书的编辑过程中，既得到了中国人民公安大学交通管理学院马社强教授的宝贵意见和指导，也得到了很多同行的建议和支持，在此一并表示诚挚的谢意。对于本书编辑中的疏漏和不足之处，诚请读者诸君不吝提出宝贵意见和建议。

刘春城

2023年2月28日于北京

编 者

[illegible]

目　录 Contents

第一章　道路交通事故责任的认定

一、道路交通事故处理时间一览表

一般交通事故（人伤或者死亡事故）的认定时间要 1 个月左右，最长甚至四五个月才可能出具《道路交通事故认定书》或者《道路交通事故证明》。主要是鉴定、重新鉴定，以及当事人或者证人病重住院无法取证会耽误时间。所以，发生事故不能着急马上让交通队出具《道路交通事故认定书》，交通队需要按照法定程序进行大量的调查取证、检验鉴定，查清事故责任，尽可能还原事故真相，在这之后还有送达、当事人异议期、重新鉴定、复核等一系列程序。完善、细致的程序才能保证结果的公平、公正。笔者根据《道路交通事故处理程序规定》《道路交通事故处理工作规范》，将道路交通事故处理过程中要注意的一些时间问题总结出来（详见表 1 – 1）。

表 1 – 1　道路交通事故处理时间一览表

事项	内容	时间限制
管辖权争议	将事故管辖权争议报请共同的上级公安机关交通管理部门	上级公安机关交通管理部门应在 24 小时内作出决定并通知各方
事后报警证据提交	当事人未在事故现场报警，事后请求公安机关交通管理部门处理的	3 日内进行核查
简易程序	财产损失事故，伤势轻微，各方当事人一致同意适用简易程序处理的伤人事故	当场认定或者 3 日内认定
	伤人事故不涉嫌交通肇事、危险驾驶犯罪，事故基本事实及成因清楚，当事人无异议的，可以申请快速处理	自当事人申请之日起 5 日内制作《道路交通事故认定书》

续表

事项	内容	时间限制
检验鉴定	需要对当事人生理、精神状况、人体损伤、尸体、车辆及其行驶速度、痕迹、物品以及现场的道路状况等检验、鉴定的	自事故现场调查结束之日起3日内委托有资质的机构
	检验鉴定时限	一般不得超过30日。超过30日的，经上一级公安机关交通管理部门批准可以延长，但最长不得超过60日
	将检验报告、鉴定意见复印件送达当事人	自收到检验报告、鉴定意见之日起3日内
	当事人对检验报告、鉴定意见有异议，申请重新检验、鉴定的	应当自公安机关交通管理部门送达之日起5日内提出书面申请
提车	公安机关交通管理部门通知当事人领取扣留的事故车辆	自检验报告、鉴定意见确定之日起5日内，公安机关交通管理部门通知当事人领取扣留的事故车辆，逾期未领取产生的停车费用由当事人自行承担
尸体处理	通知家属处理尸体	通知死者家属在10日内办理丧葬事宜。逾期存放尸体的费用由死者家属承担
	无名尸体的处理	事故发生之日起30日内登报，登报后30日仍无人认领的，经上级公安机关交通管理部门批准，可以及时处理尸体
事故责任认定	一般情形	自现场调查之日起10日内作出
	对需要进行检验、鉴定的	应当在检验报告、鉴定意见确定之日起5日内作出
	逃逸案件	在查获交通肇事车辆和驾驶人后10日内作出

续表

事项	内容	时间限制
	交通肇事逃逸案件尚未侦破，受害一方当事人要求出具《道路交通事故认定书》的	接到当事人书面申请后10日内出具
	事故当事人、关键证人处于抢救状态或者因其他客观原因导致无法及时取证，现有证据不足以认定案件基本事实的	最长可以中止60日，中止原因消失，中止期满受伤人员仍然无法接受调查的，5日内认定或者出具《道路交通事故证明》
对事故责任不服申请复核	交通事故当事人对事故责任不服的，可以申请复核	对《道路交通事故认定书》或者《道路交通事故证明》有异议的，可以自送达之日起3日内提出书面复核申请。受理复核申请之日起30日内，作出复核结论。3日内将复核结论送达各方当事人
	上一级公安机关交通管理部门作出责令重新调查、认定的复核结论后	原办案单位应当在10日内（重新调查需要检验、鉴定的，在检验报告、鉴定意见确定之日起5日内）重新作出道路交通事故认定
事故调解	交通事故当事人申请公安机关交通管理部门进行调解	应在收到《道路交通事故认定书》《道路交通事故证明》或者上一级公安机关交通管理部门维持原道路交通事故认定的复核结论之日起10日内提交书面申请
	事故损害赔偿调解期限	10日
	造成人员死亡、造成人员受伤、因伤致残、造成财产损失的情形	从规定的办理丧事时间结束之日起、从治疗终结之日起、从定残之日起、从确定损失之日起10日
民事诉讼	诉讼时效	3年

注：公安机关交通管理部门处理事故时所称的“1日”“2日”“3日”“5日”“10日”，是指工作日，不包括节假日。

二、交通事故责任认定过程中的常见鉴定

在交通事故案件中，为了查明案情，确定当事人的交通违法行为，划分事故责任，确定罪与非罪、罪重与罪轻，认定伤残程度、有无因果关系等问题，需要委托有专业资质的第三方鉴定机构进行鉴定。在交通事故案件中，常见的司法鉴定有以下几种类型。

（一）交通事故痕迹鉴定

道路交通事故痕迹鉴定，是指对道路交通事故中的地面痕迹、车体痕迹、人体痕迹及其他痕迹进行勘查、比对、分析、判断，并作出鉴定意见的活动，包括同一性鉴定、种属鉴定、综合鉴定等。具体的痕迹鉴定项目比较多，实践中常见的项目如下。

1. 车速鉴定

在涉嫌超速的交通事故案件中，一般都要做车辆速度鉴定，因为超速行驶是违反《道路交通安全法》的，超速驾驶往往会直接导致交通事故的发生或者加重了交通事故的后果，所以对于人员受伤严重或者死亡的案件，一般都要做车速鉴定。

道路交通事故车速鉴定的方法主要有动力学理论鉴定方法、运动学理论鉴定方法、经验公式鉴定方法、模拟实验鉴定方法、仿真再现软件鉴定方法、视频图像鉴定方法、车载记录设备鉴定方法 7 种。

速度鉴定需要依据相关技术参数来进行，最主要的是以下三类：

一是事发现场遗留的车辆制动痕迹距离、道路摩擦系数，依据能量守恒定律，按照一定的公式计算得出车辆在发生事故时的行驶速度。

二是如果没有刹车痕迹，但两辆车尤其是机动车之间的碰撞，导致两车金属部件变形严重，通过实测车辆等效变形量、车的质量等参数，根据有效碰撞速度的定义，按照一定的公式计算得出车辆在发生事故时的行驶速度。

三是如果现场没有遗留刹车痕迹、车辆也未严重变形，在行人、非机动车和机动车之间的事故中，如果恰恰有现场监控拍摄到了事故的发生过程，那么也可以通过车辆与监控的空间位置、行驶时间等比对，鉴定出车速。

2. 车辆行驶方向和轨迹鉴定

在既没有监控视频也没有行车记录仪，无法确定车辆行驶方向、路线的情况下，可以根据现场痕迹和车辆损坏痕迹鉴定事故时车辆的运动方向及行驶线路，以确定适用何种交通规则。

3. 事故车辆与目标物体是否接触鉴定

根据现场痕迹和车辆损坏痕迹，通过微量比对等手段，鉴定事故车辆与目标物体（其他车辆、行人、固定物等）是否有接触。

4. 交通事故车辆认定

利用事故现场遗留的散落物（整体分离）及碰撞痕迹、微量比对，认定交通事故逃逸车辆。

5. 轮胎痕迹鉴定

根据现场遗留痕迹或轮胎接触花纹痕迹，确定该痕迹是否属于有关事故车辆轮胎。

6. 事故车辆碰撞接触部位及碰撞接触角度鉴定

根据现场痕迹和车辆损坏痕迹，鉴定事故发生时车辆的碰撞接触部位及碰撞接触角度。

7. 事故现场碰撞点位置鉴定

根据现场痕迹和车辆损坏痕迹，鉴定事故碰撞瞬间事故参与方在道路上的具体位置，或确定哪一方越过分道线。

8. 车辆类型鉴定

鉴定电动（燃油）二轮车或三轮车是属于机动车还是非机动车。

9. 机动车安全性能鉴定

包括对事故车辆的制动系、转向系、照明系、信号装置、电气设备、反光标识等设备的工作状况是否正常进行鉴定。

10. 车辆损坏与交通事故因果关系鉴定

鉴定事故车辆损坏的部位、损坏的零、部件与交通事故的关联性。

11. 事故车辆行驶状态鉴定

鉴定事故发生时事故车辆的运动状态，判断事故车辆是处于前进、后退还是静止状态。

12. 事故过程模拟还原、现场重建

利用交通事故现场重建系统和现场勘查手段，在计算机中模拟还原事故过程或者进行现场重建。

13. 车辆通过红绿灯停止线时的信号灯状态鉴定

运用视频图像处理技术，通过部分监控录像，计算事故车辆通过红绿灯停止线时的信号灯状态，即确定车辆是否闯红灯、黄灯。

14. 车内指纹提取与比对鉴定

主要是为了确定当事人身份，确定司机与乘客，以及是否有冒名顶替的情况。

15. 车内鞋底花纹提取与比对鉴定

同样也是为了确定当事人身份，确定司机与乘客，以及是否有冒名顶替的情况。

16. 事故车辆驾乘关系鉴定

通过过程分析、痕迹分析、微量比对、DNA比对、人体损伤分析等方法，鉴定事故车辆的车内人员的驾乘关系，确定驾驶员是谁。

17. 交通事故中两/三轮车骑/推行鉴定

鉴定两轮车或三轮车人员在交通事故发生时，是处于骑行还是推行状态，判断其人员的驾乘属性。

18. 道路交通设施安全技术状况鉴定

道路交通设施安全技术状况鉴定，是指运用交通设施与物证技术的相关理论和方法，结合道路工程、交通工程、车辆工程、工程测量和材料检测等技术，通过测量、检验、检测、计算和分析，对道路交通设施的位置、几何尺寸、力学性能和功能效果等方面的符合性，以及与事故的因果关系等案件事实认定所涉及的专门性问题进行鉴别和判断并提供鉴定意见的活动。

道路交通事故痕迹鉴定的主要技术标准有：

（1）《道路交通事故痕迹鉴定》。

（2）《道路交通事故痕迹物证鉴定通用规范》。

（3）《道路交通事故现场痕迹物证勘验》。

（4）《道路交通事故现场图绘制》。

(5)《道路交通事故现场勘查照相》。

(6)《道路交通事故车辆速度鉴定》。

(7)《基于视频图像的车辆行驶速度技术鉴定》。

(8)《机动车运行安全技术条件》。

(9)《电动自行车安全技术规范》。

(10)《道路交通事故车辆安全技术检验鉴定》。

(11)《道路交通事故尸体检验》。

(12)《法庭科学机动车发动机号码和车架号码检验规程》。

(13)《法庭科学整体分离痕迹检验术语》。

(14)《法庭科学车辆轮胎痕迹检验技术规范》。

(15)《道路交通事故痕迹物证鉴定通用规范》。

(16)《道路交通事故机动车驾驶人识别调查取证规范》。

(17)《道路交通事故涉案者交通行为方式鉴定》。

(18)《法庭科学车体痕迹检验规范》。

(19)《道路交通设施安全技术状况鉴定规范》。

(20)《司法部关于印发司法鉴定文书格式的通知》。

(21)《公安机关鉴定规则》。

(二)酒精检测

酒精检测也是交通事故案件中常做的检测，用以查明当事人是否饮酒、是否醉酒。

酒精检测依据的主要技术标准有：

(1)《血液酒精含量的检验方法》。

(2)《车辆驾驶人员血液、呼气酒精含量阈值与检验标准》。

(三)伤情鉴定(损伤程度鉴定)

伤情鉴定，又称损伤程度鉴定，是指依据相关标准规定的各类致伤因素所致人身损害的等级划分，对人身损害的严重程度进行鉴定，评判是构成重伤(包括重伤一级和重伤二级)、轻伤(包括轻伤一级和轻伤二级)，还是轻微伤。

重伤，是指使人肢体伤残、毁人容貌、丧失听觉、丧失视觉、丧失其他器官功能或者其他对于人身健康有重大伤害的损伤。

在交通事故案件中，主要是可能构成最高人民法院《关于审理交通肇事刑事案件具体应用法律若干问题的解释》第 2 条第 2 款的情形才需要做伤情鉴定。该款规定如下："交通肇事致 1 人以上重伤，负事故全部或者主要责任，并具有下列情形之一的，以交通肇事罪定罪处罚：（一）酒后、吸食毒品后驾驶机动车辆的；（二）无驾驶资格驾驶机动车辆的；（三）明知是安全装置不全或者安全机件失灵的机动车辆而驾驶的；（四）明知是无牌证或者已报废的机动车辆而驾驶的；（五）严重超载驾驶的；（六）为逃避法律追究逃离事故现场的。"

伤情鉴定主要依据的技术标准为《人体损伤程度鉴定标准》。

（四）伤残鉴定

伤残鉴定，是指依据相关标准规定的各类损伤（疾病）等级，以人体组织器官结构破坏或者功能障碍所对应的等级划分，对后遗症的严重程度所进行的鉴定。伤残鉴定是受害人向被告索赔的依据，伤残鉴定书则是确定受害人是否残疾、残疾程度的重要证据。根据不同的损伤类型来确定鉴定时机，一般为伤后 3～6 个月，颅脑损伤严重的 6 个月以上才可以进行伤残鉴定。

伤残等级，从轻到重分为十级，其中最轻的为十级，伤残赔偿系数为 10%；最重的为一级，如植物人或者四肢瘫痪等完全丧失劳动能力甚至还需要专人长期护理，伤残赔偿系数为 100%。

伤残鉴定主要依据的技术标准有：

1.《人体损伤致残程度分级》。

2. 北京市高级人民法院、北京市司法局《关于伤残评定问题研讨会会议纪要》。其中规定：受伤人员符合一处伤残等级者，一级伤残（人体致残率 100%）相当于伤残赔偿指数 100%，二级伤残（人体致残率 90%）相当于伤残赔偿指数 90%，依次类推，十级伤残（人体致残率 10%）相当于伤残赔偿指数 10%。

受伤人员符合两处以上伤残等级者，需综合计算累计伤残赔偿指数，具体计算方法如下：累计伤残赔偿指数 = 伤残等级最高处的伤残赔偿指数 + 伤残赔偿附加指数。伤残赔偿附加指数的确定规则如下：六级至十级伤残，每增加一处，增加 5%；二级至五级伤残，直接增加 10%。伤残赔偿附加指数不得超过 10%，累计伤残赔偿指数不得超过 100%。

（五）尸体鉴定

尸体鉴定，包括尸表检验和尸体解剖，是指运用法医病理学的理论和技术，通过尸体外表检查、尸体解剖检验、组织切片观察、毒物分析和书证审查等，对涉及与法律有关的医学问题进行鉴定或推断的活动。

其主要内容包括：死亡原因鉴定、死亡方式鉴定、死亡时间推断、致伤（死）物认定、生前伤与死后伤鉴别、死后个体识别等。根据《道路交通事故处理程序规定》的规定，尸体检验应当在死亡之日起 3 日内委托。为了确定死因需要解剖尸体的，应当征得死者家属同意。死者家属不同意解剖尸体的，经县级以上公安机关或者上一级公安机关交通管理部门负责人批准，可以解剖尸体，并且通知死者家属到场，由其在解剖尸体通知书上签名。

死者家属无正当理由拒不到场或者拒绝签名的，交通警察应当在解剖尸体通知书上注明。对身份不明的尸体，无法通知死者家属的，应当记录在案。

尸体检验的主要任务有：致伤方式分析及致伤物推断、案件性质初步分析、死亡原因分析、交通行为方式分析、生前伤或死后伤分析、死亡时间推断个体识别、相应痕迹物证的提取等，其中最重要的几个任务是死亡原因分析、交通行为方式分析、生前伤或死后伤分析以及死亡时间推断。

第一，死亡原因分析，是指根据损伤的部位及严重程度，结合案情、病案资料和实验室检查情况，综合分析死者死亡原因的活动。因两次或多次交通事故造成死亡的，如需要，应判断各次损伤与死亡的因果关系及原因力大小。对有自身疾病、医疗因素等其他非交通损伤因素参与而死亡的，如需要，则应分析交通事故损伤与死亡之间的因果关系及原因力大小。

第二，交通行为方式分析，是指根据案情结合伤亡人员损伤情况以及现场勘查、车辆勘查情况及其他调查情况，综合分析当事人在事故发生时的交通行为方式的活动。发生道路交通事故时当事人的行为状态包括驾驶车辆、乘坐车辆、骑行或推行车辆以及在道路上行走、蹲踞、躺卧等。

第三，生前伤或死后伤分析，是指根据损伤的生活反映情况利用形态学或者其他检测技术判断损伤是生前伤、死后伤还是濒死伤的活动。

第四，死亡时间推断，是指根据尸体现象结合周围环境情况推断死者死后间隔时间的活动。

开展尸体鉴定主要技术标准有：

1. 《道路交通事故尸体检验》。

2. 《法医学猝死尸体检验规范》。

3. 《法医病理学检材的提取、固定、包装及送检方法》。

（六）DNA亲属关系鉴定

有些交通事故可能需要做DNA鉴定。比如，对于无法辨认的尸体，即应该应用医学和生物学的理论和技术，通过对遗传特征的检验来判断死者亲属所称的父母与子女是否有亲缘关系。DNA是细胞基本遗传物质，通常可通过DNA的分析来判断亲生关系。

进行DNA亲属关系鉴定的主要技术标准有：

1. 《亲权鉴定技术规范》。

2. 《法庭科学DNA实验室检验规范》。

三、对交通事故鉴定不服如何申请重新鉴定

根据《道路交通事故处理程序规定》第56条第1款的规定，当事人对检验报告、鉴定意见有异议，申请重新检验、鉴定的，必须在收到检验、鉴定意见后3日内提交重新鉴定申请。这里的3日和提出交通事故复核申请的3日是一样的，不包括收到当日，也不包括节假日。

申请重新鉴定需要具备《道路交通事故处理程序规定》第55条第1款规定的重新申请鉴定的情形，否则重新鉴定可能不会被批准。所以，需要认真研究检验鉴定意见，判断检材的客观真实性，判断现有证据是否能够排除合理怀疑，以及是否符合相关国家标准、行业标准、鉴定规范等，重新鉴定申请做到有理有据，才有可能获得批准。

《道路交通事故处理程序规定》第55条第1款规定的重新申请鉴定的情形如下：

1. 检验、鉴定程序违法或者违反相关专业技术要求，可能影响检验报

告、鉴定意见公正、客观的；

2. 鉴定机构、鉴定人不具备鉴定资质和条件的；

3. 检验报告、鉴定意见明显依据不足的；

4. 故意作虚假鉴定的；

5. 鉴定人应当回避而没有回避的；

6. 检材虚假或者检材被损坏，不具备鉴定条件的；

7. 其他可能影响检验报告、鉴定意见公正、客观的情形。

四、道路交通事故责任认定的基本原则

（一）道路事故责任种类和认定的基本原则

道路交通事故责任共五种：全部责任、主要责任、同等责任、次要责任和无责任。

认定道路交通事故责任的基本原则，是当事人的行为与事故的发生有无因果关系，及其行为对事故发生所起的作用以及过错的严重程度认定责任的有无及其大小。

当事人有违法行为，但是对事故的发生无因果关系、不起作用的，不承担事故责任。比如，一方驾驶无牌照或者超载的机动车上路在机动车道正常直行，被后车追尾的，尽管驾驶无牌照车辆或者超载是违法行为，但违反的是行政法规，与追尾事故的发生没有任何引起与被引起的因果关系，完全是因为后车未保持安全距离才造成的追尾事故，因此不能单独因为前车无牌照或者超载就认定其承担交通事故责任。

另外，对于无法查证道路交通事故主要事实的，公安机关交通管理部门会出具《道路交通事故证明》，载明道路交通事故发生的时间、地点、当事人情况及调查得到的事实，但对事故责任不做认定。

这是一种责任认定的特例。比如，在有红绿灯控制的岔路口，两车交叉行驶发生事故，没有监控、行车记录仪和现场目击证人，双方互相指责对方闯红灯，但是都拿不出确凿证据，而谁闯红灯对事故的责任认定起到至关重要的作用，案件基本事实无法查清，公安机关交通管理部门只能出具《道路交通事故证明》，但不认定事故责任。

（二）实践中常用的一些交通事故责任认定具体原则

2008年《道路交通事故处理程序规定》第46条第3款规定："省级公安机关可以根据有关法律、法规制定具体的道路交通事故责任确定细则或者标准。"

但是，修订后的《道路交通事故处理程序规定》取消了授权省级公安机关制定道路交通事故责任确定标准的规定，可能是为了制定全国的道路交通事故责任认定标准做好制度铺垫，防止道路交通事故责任认定的各地标准不统一，防止出现同样的事故在这个省被认定为主要责任、构成交通肇事罪，在另一个省就是次要责任、不构成犯罪的情况。

在全国标准出台前，各地原有的标准或者细则仍可参照适用。目前，全国已有20余个省市制定了本地的道路交通事故当事人责任确定细则或者标准，从各地的做法看，主要有以下三种：

第一种：以北京市、山西省、内蒙古自治区、安徽省、福建省、广东省、贵州省等地为代表，这些地区的有关规定将交通违法行为分为严重过错和一般过错。其中，安徽省增加了隐患型过错，贵州省增加了其他过错。在此基础上，按照过错严重程度和数量大小划分责任。此外，天津市在区分严重过错与一般过错的基础上实行打分制，按照分值大小确定责任。

第二种：以上海市、湖北省、四川省、河北省、湖南省、江西省等地为代表，这些地区的有关规定并未对交通违法行为进行分类。其中，上海市采取直接列举事故形态和责任的形式；湖北省按照"险情避让"理论，列举了对道路交通事故发生起主要以上作用的四种情形；四川省列举了确定当事人行为与事故因果关系应当分析评判的八个方面，以及需负事故次要责任的两种情形；河北省采用法定原则、路权原则、安全原则、加重原则相结合的方法；湖南省列举了需要承担事故责任的十种特殊情形；江西省采用因果关系与"险情避让"理论、加重原则相结合的原则。

第三种：以江苏省、山东省、河南省、广西壮族自治区、重庆市等地为代表，这些地区的有关规定将交通违法行为分为主动型、被动型、隐患型（缺失型）三种，在此基础上再确定过错的严重程度和相应责任。

总结各地标准，笔者认为，以下原则对于交通事故认定、复核有重要参考、指导意义：

（1）过错行为分为严重过错行为和一般过错行为。对发生道路交通事故所起的作用大以及过错程度严重的，属于严重过错行为，当事人承担的事故责任大；对发生道路交通事故所起的作用小以及过错程度一般的，属于一般过错行为，当事人承担的事故责任小。

（2）根据当事人的过错行为在道路交通事故中是属于主动型、被动型、隐患型中的哪一种形态特征，确定当事人的过错行为是属于严重过错行为还是一般过错行为：

①主动型过错行为，是指向对方靠近时突然改变运动状态或者主动逼近对方，造成对方难以避让的情形，属于严重过错行为。

机动车具有以下几种情形的，就可能属于主动型违法行为：不按交通信号规定通行；违反右侧通行、禁止驶入交通标志、道路中心标线规定；在路段未按规定让行；不按规定转弯、变更车道、借道通行；未与同车道前车保持行车间距；不按规定掉头、倒车；未按规定超车。

行人具有以下几种情形的，就可能属于主动型违法行为：不按照交通信号灯指示通行；横过机动车道时，在车辆临近时突然加速横穿或者中途倒退、折返；跨越道路隔离设施。

②被动型过错行为，是指车辆或者行人处于持续稳定运动或者静止状态，对方能够采取措施避让的过错行为。在这种情形下，容易被对方及时发现的属于一般过错行为；难以被对方及时发现的属于严重过错行为。

机动车具有以下几种情形的，就可能属于被动型违法行为：不按规定车道行驶的；违反规定使用专用车道的；在高速公路上正常情况下以低于规定最低时速行驶的；违反规定停放、临时停车，妨碍其他车辆、行人通行的。

行人具有以下几种情形的，就可能属于被动型违法行为：有人行道却不在人行道内行走的；在没有划分机动车道、非机动车道和人行道的道路上，未靠路边行走的。

③隐患型过错行为，是指人、车、路存在安全隐患的过错行为。在这种情形下，应当避免的道路交通事故未能避免的，属于严重过错行为；可以避免的道路交通事故未能避免的，属于一般过错行为。

以下几种情形，都有可能属于隐患型违法行为：未取得驾驶证驾驶机动车；驾驶与驾驶证载明的准驾车型不相符合的机动车；驾驶机动车未安全驾驶、文明驾驶；饮酒后驾驶机动车；驾驶已达报废标准的机动车上道路行驶；载人超过核定人数。

（3）确定道路交通事故当事人责任有以下基本原则：

①路权原则：交通参与者根据道路交通法律法规的规定，在一定空间和时间内享有使用道路进行活动的权利。这项原则的内容包括右侧通行原则、分道行驶原则、避让行人原则、有序让行原则、遵守指挥原则、使用道路资格原则等交通参与者依法取得使用道路通行的权利。

②安全原则：履行安全义务，避免危害结果发生的行为准则。这项原则的内容包括违反安全操作规程驾驶、装载、停放、乘坐、占用道路、施工作业、道路安全隐患、车辆安全隐患等交通参与者承担的依法安全使用道路的义务。

③严重违法行为事故责任加重原则：当事人在道路交通事故中有一种或多种责任加重严重违法行为的，在交通事故责任认定中加重其一级责任，如加重责任方已确定为负主要责任或全部责任的，不再加重责任。

④违反路权原则的违法行为之严重程度大于违反安全原则的违法行为。

⑤违反动态安全原则的违法行为之严重程度大于违反静态安全原则的违法行为。

⑥确定当事人的违法行为对发生道路交通事故所起作用大小以及过错严重程度，应当以违法行为在道路交通事故中的危害性、违法性及事故发生的可能性为依据。

（4）数个证据证明同一事实，按照下列证据规则认定交通事故事实：

①国家机关以及其他职能部门依职权制作的公文文书优于其他书证。

②鉴定意见、现场笔录、勘验笔录、档案材料以及经过公证或者登记的书证优于其他书证、视听资料和证人证言。

③原件、原物优于复制件、复制品。

④法定鉴定部门的鉴定意见优于其他鉴定部门的鉴定意见。

⑤原始证据优于传来证据。

⑥其他证人证言优于与当事人有亲属关系或者其他密切关系的证人提供的对该当事人有利的证言。

⑦数个种类不同、内容一致的证据优于一个孤立的证据。

有关道路交通事故责任认定的基本原则，有以下法律规定可供参考：

《道路交通安全法实施条例》

第九十一条 公安机关交通管理部门应当根据交通事故当事人的行为对发生交通事故所起的作用以及过错的严重程度，确定当事人的责任。

第九十二条 发生交通事故后当事人逃逸的，逃逸的当事人承担全部责任。但是，有证据证明对方当事人也有过错的，可以减轻责任。

当事人故意破坏、伪造现场、毁灭证据的，承担全部责任。

《道路交通事故处理程序规定》

第五十九条 道路交通事故认定应当做到事实清楚、证据确实充分、适用法律正确、责任划分公正、程序合法。

第六十条 公安机关交通管理部门应当根据当事人的行为对发生道路交通事故所起的作用以及过错的严重程度，确定当事人的责任。

（一）因一方当事人的过错导致道路交通事故的，承担全部责任；

（二）因两方或者两方以上当事人的过错发生道路交通事故的，根据其行为对事故发生的作用以及过错的严重程度，分别承担主要责任、同等责任和次要责任；

（三）各方均无导致道路交通事故的过错，属于交通意外事故的，各方均无责任。

一方当事人故意造成道路交通事故的，他方无责任。

第六十一条 当事人有下列情形之一的，承担全部责任：

（一）发生道路交通事故后逃逸的；

（二）故意破坏、伪造现场、毁灭证据的。

为逃避法律责任追究，当事人弃车逃逸以及潜逃藏匿的，如有证据证明其他当事人也有过错，可以适当减轻责任，但同时有证据证明逃逸当事人有第一款第二项情形的，不予减轻。

第六十四条 道路交通事故认定书应当载明以下内容：

（一）道路交通事故当事人、车辆、道路和交通环境等基本情况；

（二）道路交通事故发生经过；

（三）道路交通事故证据及事故形成原因分析；

（四）当事人导致道路交通事故的过错及责任或者意外原因；

（五）作出道路交通事故认定的公安机关交通管理部门名称和日期。

道路交通事故认定书应当由交通警察签名或者盖章，加盖公安机关交通管理部门道路交通事故处理专用章。

第六十七条 道路交通事故基本事实无法查清、成因无法判定的，公安机关交通管理部门应当出具道路交通事故证明，载明道路交通事故发生的时间、地点、当事人情况及调查得到的事实，分别送达当事人，并告知申请复核、调解和提起民事诉讼的权利、期限。

五、《道路交通事故认定书》可否不签字、拒收

经常有人向笔者提问："《道路交通事故认定书》出来了，我看了一眼，责任不满意、认定错误，我不签收行吗？"

其实从法律意义上来说，签收只是代表你收到了《道路交通事故认定书》，是一种法定的送达程序，签字并不代表你对结论的认可和同意。就像法院判决，收到判决，不服还可以上诉。对《道路交通事故认定书》不服，可以在接到《道路交通事故认定书》后向上级交管部门申请复核。

《道路交通事故认定书》的送达，大致分以下几种情形。

（一）经简易程序作出的《道路交通事故认定书》的送达

《道路交通事故处理程序规定》第24条第3款规定："道路交通事故认定书应当由当事人签名，并现场送达当事人。当事人拒绝签名或者接收的，交通警察应当在道路交通事故认定书上注明情况。"对于适用简易程序处理的交通事故，送达《道路交通事故认定书》后，当事人拒签、拒收的，交警只需注明"×××拒收"就可以了，并不一定要以公告、邮寄等方式送达。

（二）经一般程序作出的《道路交通事故认定书》的送达

《道路交通事故处理程序规定》第 65 条第 1 款规定：“道路交通事故认定书应当在制作后三日内分别送达当事人，并告知申请复核、调解和提起民事诉讼的权利、期限。”第 113 条规定：“本规定没有规定的道路交通事故案件办理程序，依照《公安机关办理行政案件程序规定》《公安机关办理刑事案件程序规定》的有关规定执行。”

而按照《公安机关办理行政案件程序规定》第 36 条的规定，送达方式包括：（1）直接送达；（2）交付其成年家属、单位负责人或者居（村）民委员会代收；（3）留置送达；（4）委托送达；（5）邮寄送达；（6）传真、互联网通信工具等送达；（7）公告送达。

（三）涉外《道路交通事故认定书》的送达

《道路交通事故处理程序规定》第 100 条第 2 款规定：“公安机关交通管理部门应当根据收集的证据，制作道路交通事故认定书送达当事人，当事人拒绝接收的，送达至其所在机构；没有所在机构或者所在机构不明确的，由当事人所属国家的驻华使领馆转交送达。”

法律规定了多种送达方式，有理必须依法解决，该申请复核的就应该及时申请复核，3 个工作日的复核期如果错过了只能让自己处于被动状态。如果在以后的诉讼中再提出来对事故责任不服，有的法官也会问：“你当时申请复核了吗?”如果当时没有申请复核，诉讼中再对交通事故责任提出异议，有的法官会认为你默认事故责任了。因此，拒签、拒收《道路交通事故认定书》是一种不明智的表现，只会耽误自己的案件解决。

六、交警最长可以扣留事故车辆多长时间以及扣留期间产生的停车费由谁承担

根据《道路交通安全法》第 72 条第 2 款和《道路交通事故处理程序规定》第 39 条第 1 款的规定，交警只能因“收集证据”的需要扣留事故车辆，并且在检验、鉴定意见确定之日起 5 日内通知当事人领取扣留的事故车辆。

交警不能因赔偿或者收集证据之外的其他原因扣留事故车辆。如果受害人担心对方的赔偿能力问题，可以向法院申请（诉前）财产保全，由法院查

封、扣押事故车辆，但一定要注意时间，受害人应当提前向交警询问发还车辆的时间，务必在交警发还事故车辆之前向法院申请（诉前）财产保全。当然，如果车辆价值很低或者保险足够用、肇事方赔偿能力比较强，就没有必要申请（诉前）财产保全。

事故处理期间，交警扣留事故车辆产生的费用由公安机关交通管理部门承担，超过通知时间逾期领取车辆产生的停车费用才由当事人承担。

公安机关交通管理部门不得扣留事故车辆所载货物，对所载货物在核实重量、体积及货物损失后，应通知机动车驾驶人或者货物所有人自行处理。

对于来历不明、无牌证、已到报废年限、未按规定投保机动车交通事故责任强制保险等存在其他违法情形的车辆，应当按照相应规定处理。

七、尸体的火化时间，存尸费的承担，以及尸体逾期不处理可能产生的后果

根据《道路交通事故处理程序规定》第53条，死者亲属应当注意以下事项：

1. 尸检报告确定后，在各方对死亡原因无异议，不需要重新鉴定，公安机关交通管理部门应当书面通知死者家属在10日内办理丧葬事宜。在公安机关交通管理部门通知处理尸体期限之前产生的存尸费由公安机关交通管理部门承担，逾期存放的存尸费由死者家属承担。

2. 无正当理由逾期不办理丧葬事宜的，应记录在案，并经县级以上公安机关或者上一级公安机关交通管理部门负责人批准，由公安机关或者上一级公安机关交通管理部门处理尸体，逾期存放的费用由死者家属承担。

3. 对于没有家属、家属不明或者因自然灾害等不可抗力因素导致无法通知或者通知后家属拒绝领回的，经县级以上公安机关或者上一级公安机关交通管理部门负责人批准，可以及时处理。

4. 对身份不明的尸体，由法医提取人身识别检材，并对尸体拍照、采集相关信息后，由公安机关交通管理部门填写身份不明尸体信息登记表，并在设区的市级以上报纸刊登认尸启事。登报后30日仍无人认领的，经县级以上公安机关或者上一级公安机关交通管理部门负责人批准，可以及时处理。

5. 因宗教习俗等原因对尸体处理期限有特殊需要的，经县级以上公安机关或者上一级公安机关交通管理部门负责人批准，可以紧急处理。

在实践中，有很多死者家属因为各种原因，就是不处理尸体，有的甚至存放了好几年，会产生大量的存尸费。根据《民法典》和最高人民法院《关于审理人身损害赔偿案件适用法律若干问题的解释》的规定，丧葬费是按照受诉法院所在地上一年度职工月平均工资标准，以 6 个月总额计算。法律上并没有存尸费这个赔偿项目，实践中也是把存尸费归类为丧葬费的一种，逾期处理尸体所产生的费用最后只能由死者家属自己承担。

第二章　道路交通事故责任的复核

第一节　实务要点

一、《道路交通事故认定书》的性质、作用和法律后果

处理道路交通事故，首先要厘清《道路交通事故认定书》的性质。实践中，很多人想当然地认为《道路交通事故认定书》是公安机关交通管理部门依照行政职权作出的一种行政行为，甚至有些同行和司法人员在回答事故当事人对《道路交通事故认定书》不服应如何处理的提问时，随口就告诉当事人去起诉交通队，打行政诉讼。事实上，当事人应该按照不同的情形，按照以下法律规定分别进行处理：

《道路交通安全法》

第七十三条　公安机关交通管理部门应当根据交通事故现场勘验、检查、调查情况和有关的检验、鉴定结论，及时制作交通事故认定书，作为处理交通事故的证据。交通事故认定书应当载明交通事故的基本事实、成因和当事人的责任，并送达当事人。

全国人民代表大会常务委员会法制工作委员会《关于交通事故责任认定行为是否属于具体行政行为，可否纳入行政诉讼受案范围的意见》

根据《中华人民共和国道路交通安全法》第七十三条的规定，公安机关交通管理部门制作的交通事故认定书，作为处理交通事故案件的证据使用。因此，交通事故责任认定行为不属于具体行政行为，不能向人民法院提起行政诉讼。如果当事人对交通事故认定书牵连的民事赔偿不服的，可以向人民

法院提起民事诉讼。

最高人民法院《关于审理道路交通事故损害赔偿案件适用法律若干问题的解释》(2020 修正)

第二十四条 公安机关交通管理部门制作的交通事故认定书，人民法院应依法审查并确认其相应的证明力，但有相反证据推翻的除外。

根据这些规定，《道路交通事故认定书》的性质只是“证据”，并不是具体行政行为。因此，对《道路交通事故认定书》不服不能提起行政诉讼，但可以依照《道路交通事故处理程序规定》申请复核，同时也可以在法院诉讼中紧紧围绕证据的“三性”，即真实性、合法性、关联性，进行举证、质证、法庭辩论，以事实为根据、以法律为准绳，据理力争，争取说服法官改变事故责任认定。

二、什么时间签收《道路交通事故认定书》最有利于复核

根据《道路交通事故处理程序规定》第 71 条、第 112 条的规定，应当自《道路交通事故认定书》或者《道路交通事故证明》送达之日起 3 日内申请复核，注意这里的 3 日是指工作日，不含签收当日和节假日。

俗话说机会都是给有准备的人，为了提高复核成功率，怎么做才能争取到更充裕的准备时间？选择签收《道路交通事故认定书》或者《道路交通事故证明》的时间也是一门学问。根据笔者的经验，在处理这个问题时有以下规定可供参考：

《道路交通事故处理程序规定》

第七十一条 当事人对道路交通事故认定或者出具道路交通事故证明有异议的，可以自道路交通事故认定书或者道路交通事故证明送达之日起三日内提出书面复核申请。当事人逾期提交复核申请的，不予受理，并书面通知申请人。

复核申请应当载明复核请求及其理由和主要证据。同一事故的复核以一次为限。

第一百一十二条 本规定中下列用语的含义是：

……

（五）本规定所称的“一日”、“二日”、“三日”、“五日”、“十日”，是指工作日，不包括节假日。

……

《民法典》

第二百零一条第一款 按照年、月、日计算期间的，开始的当日不计入，自下一日开始计算。

《民事诉讼法》

第八十五条 期间包括法定期间和人民法院指定的期间。

期间以时、日、月、年计算。期间开始的时和日，不计算在期间内。

期间届满的最后一日是法定休假日的，以法定休假日后的第一日为期间届满的日期。

期间不包括在途时间，诉讼文书在期满前交邮的，不算过期。

笔者认为，对《道路交通事故认定书》不服的，应当在收到《道路交通事故认定书》或者《道路交通事故证明》之日起3日内提出书面复核申请，这里的3日不包括收到的当日，也不包括节假日。

为了有充足的时间起草复核申请书，最好是在周三、周四、周五签收《道路交通事故认定书》，这样就可以多出周六、周日两天进行充分准备。如果周三签收的话，周三当天不算，周四、周五2个工作日，周一才是最后一天，中间就会多出周六、周日2天准备。相反如果周一签收，周四就是最后一天了，只有3天准备时间。

如果赶上元旦、春节、清明、五一、端午、中秋、国庆这样的法定节日，在节前3天签收，准备的时间更长。例如，10月1日至7日国庆放假，如果在9月30日签收，这样一下就多出7天的准备时间，因为国庆7天放假都不算工作日，10月10日才是最后一天。

三、对交通事故责任认定不服的处理方式，以及推翻《道路交通事故认定书》的方法和途径

这是很多突遭交通事故的当事人经常咨询的问题。根据相关规定，要想改变、推翻事故责任认定主要有以下五种途径。

（一）向上一级公安机关交通管理部门申请复核

《道路交通事故处理程序规定》第71条规定：“当事人对道路交通事故认定或者出具道路交通事故证明有异议的，可以自道路交通事故认定书或者道路交通事故证明送达之日起三日内提出书面复核申请。当事人逾期提交复核申请的，不予受理，并书面通知申请人。复核申请应当载明复核请求及其理由和主要证据。同一事故的复核以一次为限。”

需要注意的是，2017年《道路交通事故处理程序规定》对有关事故责任不服而申请复核的规定更加宽松了，对于经简易程序作出的《道路交通事故认定书》和《道路交通事故证明》都可以申请复核了，取消了公安机关交通管理部门不予受理的情形，复核受理后不因一方起诉、检察机关批捕而自动终止复核，复核程序照常往下进行，只是公安机关交通管理部门应当将受理当事人复核申请的有关情况告知相关人民法院或者检察机关。

（二）复核结论的执法监督（错案追究制）

根据《道路交通事故处理程序规定》的规定，同一事故的复核以一次为限。

但是，的确有些事故虽然经过复核后当事人仍然不服，为保障当事人的合法权利，使错案能够得到及时纠正，使复核结论能够得到及时有效的执行，《道路交通事故处理程序规定》第103条规定，公安机关警务督察部门可以依法对公安机关交通管理部门及其交通警察处理道路交通事故工作进行现场督察，查处违纪违法行为。上级公安机关交通管理部门对下级公安机关交通管理部门处理道路交通事故工作进行监督，发现错误应当及时纠正，造成严重后果的，依纪依法追究有关人员的责任。

《道路交通事故处理工作规范》第129条规定，具有下列情形之一的，上级公安机关交通管理部门可以按照《公安机关内部执法监督工作规定》，对原办案单位作出的《道路交通事故认定书》《道路交通事故证明》予以撤销或者变更；造成执法错误的，按照规定追究原办案单位有关人员执法过错责任：（1）原办案单位拒不执行上一级公安机关交通管理部门复核结论的；（2）经复核责令原办案单位重新调查、认定的，原办案单位未重新调查就以原有的事实、证据和理由，作出相同或者相近的事故认定或者事故证明的；（3）重新作出事故认定后，仍存在事实不清、主要证据不足、适用法律错误、责任划分不公正、调查及认定违反法定程序的；（4）其他依法应当撤销或变更的情形。

（三）在人民法院民事诉讼或者刑事诉讼过程中向法院提出不服《道路交通事故认定书》的理由、证据和法律依据，通过举证、质证、辩论程序更改。对于作为证据的《道路交通事故认定书》法院有权决定是否采纳、是否变更责任

这个问题的主要法律依据有：

最高人民法院《关于审理道路交通事故损害赔偿案件适用法律若干问题的解释》（2020 修正）

第二十四条 公安机关交通管理部门制作的交通事故认定书，人民法院应依法审查并确认其相应的证明力，但有相反证据推翻的除外。

全国人民代表大会常务委员会法制工作委员会《关于交通事故责任认定行为是否属于具体行政行为，可否纳入行政诉讼受案范围的意见》

公安机关交通管理部门制作的交通事故认定书，作为处理交通事故案件的证据使用。因此，交通事故责任认定行为不属于具体行政行为，不能向人民法院提起行政诉讼。如果当事人对交通事故认定书牵连的民事赔偿不服的，可以向人民法院提起民事诉讼。

（四）三级信访（一般不建议，效果有限）

主要依据是《信访工作条例》第17条、第20条、第35条、第36条。

（五）行政诉讼（只适用于存在行政处罚的交通事故）

虽然根据《道路交通安全法》第73条和全国人民代表大会常务委员会法制工作委员会《关于交通事故责任认定行为是否属于具体行政行为，可否纳入行政诉讼受案范围的意见》，《道路交通事故认定书》的性质是证据，不属于具体行政行为，不能单独对《道路交通事故认定书》本身向人民法院提起行政诉讼。

但是，如果交通事故中的交通违法行为被交通队给予行政处罚，那么就可以对附带的行政处罚本身不服提起行政诉讼，在行政诉讼中也可以解决交通事故责任认定问题。下面这篇案例就是如此：

第一次交通事故责任认定当事人王某全责，后王某申请了复核，上级公安机关交通管理部门的《道路交通事故复核结论》认为，该案对当事人的交通违法行为分析不恰当，责令重新调查，作出恰当处理。

但是，交警大队重新作出《道路交通事故认定书》，认定王某除措施不当未确保安全行驶之外，还有另一个违法行为即未按规定超车，应当负事故全部责任，并当场作出罚款100元、驾驶证记3分的处罚决定。

王某对行政处罚不服，提起行政诉讼，人民法院经审理认为：涉案处罚决定认定王某实施了未按规定超车的违法行为，但根据王某、交警队提供的视频证据，结合交通事故现场照片、王某询问笔录等证据，无法证实王某存在上述未按规定超越同车道行驶的机动车的违法行为，故判决撤销原作出的《山东省公安交通管理简易程序处罚决定书》。

人民法院判决认定“无法证实王某存在上述未按规定超越同车道行驶的机动车的违法行为”，这样就拿到了强有力的证据，可以继续通过有关渠道推翻《道路交通事故认定书》，或者在交通肇事、交通事故民事赔偿中，作为责任不服的重要证据。交警在《道路交通事故认定书》中认定的违法行为事实已经被人民法院认定不存在，那么事故责任认定也就成了无源之水、无本之木，理应重新认定或者不予采信。

四、如何推翻《道路交通事故认定书》，提高复核成功率

《道路交通事故认定书》是交通事故追责的基础，交通事故责任大小直接决定了罪与非罪，赔多赔少，有时甚至决定了一个人一生的命运。复核只有一次机会，如何才能提高复核成功率？笔者结合多年办理交通事故案件的经验，总结如下。

（一）复核需要准备的材料

1.《道路交通事故认定书》或者《道路交通事故证明》、事故处理阶段公安机关交通管理部门已经送达的检验鉴定报告（一般包括车速鉴定、酒精

鉴定、车辆安全性能鉴定、交通方式鉴定、痕迹鉴定、尸检报告等)。

2. 道路交通事故现场图及其补充说明、勘察笔录、当事人笔录、现场照片、监控视频或者行车记录仪视频等。《道路交通事故处理程序规定》第65条第2款规定:“当事人收到道路交通事故认定书后,可以查阅、复制、摘录公安机关交通管理部门处理道路交通事故的证据材料,但证人要求保密或者涉及国家秘密、商业秘密以及个人隐私的,按照有关法律法规的规定执行。公安机关交通管理部门对当事人复制的证据材料应当加盖公安机关交通管理部门事故处理专用章。”据此规定,当事人可以在接到《道路交通事故认定书》后向办案部门申请复制。

3. 当事人自己拍摄的路况照片(注意各种交通标志、标线、距离等),有关事故现场照片和视频,事故经过描述,建议自己画一张现场草图,尽可能还原事故真相,让律师对事故的全部事实有全面、具体的了解。

(二) 紧紧围绕以下6个方面查找漏洞,寻找突破口

1.《道路交通事故认定书》认定的事实是否清楚、正确,哪里不清楚,哪里错误

审查《道路交通事故认定书》,主要有以下几个方面的要点:

(1) 当事人:比如谁是司机的问题,尤其在一些两人以上的翻车事故、摩托车事故中需要通过DNA鉴定、指纹鉴定、痕迹鉴定等确定谁是司机或者乘客。是否有顶包嫌疑,是否酒驾、毒驾等,是否有合格的驾驶资格,非机动车横过道路是推行还是骑行。再如当事人的年龄问题:学龄前儿童不能独自上路通行;驾驶自行车、三轮车必须年满12周岁;驾驶电动自行车和残疾人机动轮椅车必须年满16周岁。

(2) 车辆:车辆主要分为机动车和非机动车两种,机动车又分为大型客车、重型牵引挂车、城市公交车、中型客车、大型货车、小型汽车、低速载货汽车、三轮汽车、轮式专用机械车等类型。不同车辆的驾驶资质、行驶速度、行驶车道可能有特殊规定。此外,车辆是否年检,刹车灯光是否合格,轮胎爆裂的原因是质量问题还是使用、维护不当,超标电动车是否鉴定机非属性等,这些不同的情况,会让涉案车辆适用不同的交通规则。

（3）道路：事故是发生在路口还是路段，城市道路还是公路，车道的数量是多少。不同的路段限速是不一样的。事故发生地附近是否有限速标志、让行标志、警示标志等，驶入事发道路是否能够看见相关标志，道路中间是什么线，发生事故时在什么车道行驶，距事发地多远有人行横道、过街设施等。

（4）交通环境：事发路段是否拥挤，车道是否被占用，是否可以借道行驶，事故是否发生在夜间，周边是否有监控，监控是否及时全面调取，是否有行车记录仪，是否按照规定及时提取保存。

（5）道路交通事故发生经过：每一涉事车辆各自的行驶方向、出发地、目的地，路线、车道，速度，接触部位，拐弯、直行、并线、超车、掉头的情况，非机动车是骑行还是推行，学龄前儿童横过道路是否有成年人带领等。

（6）天气情况：事发时是否有雾、雨、雪、沙尘、冰雹等影响能见度的天气现象。能见度在 50 米以内时，限速 30 千米/小时。

2. 认定事实的主要证据是否确实充分，是否有不足、矛盾、可疑之处

是否能够排除各种合理怀疑，证据是否形成完整的证据链，该检验鉴定的事项是否都做了检验鉴定，是否需要补充鉴定，该调查的事项是否都调查核实清楚。

例如，在笔者办理的包头焦某无罪案中，事故认定 3 个月后、半年后又对两辆车分别进行车速鉴定，9 个月时又对受害人的倒地行为是否属于冠心病急性发作表现，死亡与事故之间的因果关系进行鉴定。由于是先认定责任，后鉴定，先前的《道路交通事故认定书》明显是无源之水、无本之木，程序明显违法，所以没有被采纳。

3. 适用法律是否正确，有什么错误，正确的应当是什么

根据调查所得事实、证据，判断《道路交通事故认定书》是否适用了正确的法律、法规、地方性法规和实施细则以及各种国家标准、一些有关部门发的函、批复等。

例如，笔者在办理云南孙某案时，就发现一个问题：事发道路两侧有人行横道，道路中间有双黄实线，行人横过道路到底在距人行横道多远时

必须走人行横道？对此是否有相关规定、国家标准？为此，笔者找到了《城市道路工程设计规范》等规范性文件，证明原《道路交通事故认定书》适用《道路交通安全法》第22条第1款、第47条是错误的，从而将孙某的全部责任，复核为不确定事故责任，无罪。后来，笔者再次向上级公安机关交通管理部门反映，又改为同等责任，进一步确定了无罪，赔偿责任也少了50%。

4. 责任划分是否公正

根据调查事实，综合考虑当事人的违法行为在事故中的作用，违法行为与损害后果的因果关系，引起与被引起的先后顺序，路权原则和安全原则谁更重要。比如，驾驶自行车横过道路未下车推行，有的交通队认定非机动车负主要责任，有的交通队认定非机动车负次要责任。这样完全颠倒的结果，到底哪个适用法律正确？哪个公平公正？如果你有相关案例，也可以在这个时候用上。

5. 道路交通事故调查及认定程序是否合法

比如，委托鉴定是否按照法律程序委托，是否告知了当事人的相关权利。再如，申请重新检验鉴定的权利的保障情况，如果当事人申请了而未予批准，是否符合不予批准该重新鉴定申请的情形等。

《道路交通事故处理程序规定》第49条第1款、第2款和第3款规定："需要进行检验、鉴定的，公安机关交通管理部门应当按照有关规定，自事故现场调查结束之日起三日内委托具备资质的鉴定机构进行检验、鉴定。尸体检验应当在死亡之日起三日内委托。对交通肇事逃逸车辆的检验、鉴定自查获肇事嫌疑车辆之日起三日内委托。对现场调查结束之日起三日后需要检验、鉴定的，应当报经上一级公安机关交通管理部门批准。"

实践中有些鉴定因超过3天送检期限，且未报经上级公安机关交通管理部门批准而被认定程序违法无效。还有些因为未合法送达、未书面告知当事人重新鉴定的权利而需要重新鉴定，或者因丧失了重新鉴定的时机、鉴定对象灭失、受污染，直接被认定无效。

6. 出具《道路交通事故证明》是否符合规定

一般只有在案件关键事实无法查清的情形下才能不予认定事故责任。比如，一个发生在十字路口的事故，谁闯红灯无法查清，而不是无关紧要的事实。

（三）《道路交通事故复核申请书》的格式及注意事项

1.《道路交通事故复核申请书》没有固定格式，实践中都是笔者结合其他法律文书自创，笔者认为在其中应主要写明复核请求、理由和主要证据（如有），格式是次要的，主要是内容。应当让复核者第一眼就眼睛一亮，有理有据才好支持你，而不全是各种谈感情、绕来绕去的话，既无根据又无重点，想支持你都找不出理由。

一份好的《道路交通事故复核申请书》，应当逻辑清晰、重点突出、简明扼要，文中使用法言法语，叙述准确、抓住案件争议焦点。其内容应当按照重要性排序，最重要、核心的部分排在前面。此外，纸张、排版、字体、着重号、装订等也很重要，有条件的建议彩色打印，这样更能突出重点，特别是附有照片说明的，彩色的更一目了然。

2. 另外，在递交《道路交通事故复核申请书》时建议提前准备一份重点核心理由、观点简要介绍，或者内心提前想好应当如何简要介绍，争取说服接待你的警官，让接待你的警官认为你不服、复核的理由很充分、有理有据，第一感觉很重要。

3. 如果有当地案情基本相同的《道路交通事故认定书》、案例也建议附上，更有说服力。

4.《道路交通事故复核申请书》如果已经交上去了，又会有觉得不专业、不完满、有遗漏。笔者在办案实践中也经常遇到这种情况，有的当事人复核时没想找律师，就自己随便写一份《道路交通事故复核申请书》交上去了；还有的花费200元随便找了个律师写的，然后自己都觉得太差、不行，毫无信心。这种还能补救吗？如果是在刚申请复核一周内，还来得及再写一份《道路交通事故复核补充意见》，因为上级公安机关交通管理部门受理复核申请后30日内作出复核结论。如果太晚，复核结论马上就作出了，可能就没意义了。

（四）认真仔细研究道路交通事故涉及的法规、鉴定、国家标准

必须仔细认真研究道路交通事故主要涉及的法规、各种鉴定、国家标准，以便结合案件事实发现是否适用法律错误。比如，在笔者办理过的一个案子中，其主要争议焦点就是：行人横过道路距离人行横道多远应当走人行横道，笔者就是根据《城市道路工程设计规范》发现了本案应当适用的标准，从而推翻了原《道路交通事故认定书》。

办理交通事故案件具体需要研究的相关法规、标准等详见本书附录清单。

第二节　案例选编

一、云南孙某案

（一）核心要点

《城市道路工程设计规范》9.2.4.1 规定，路段内人行横道应布设在人流集中、通视良好的地方，设置间距宜为 250～300 米。

（二）案件简介

现场位于瑞丽市姐告国门大道江龙宾馆门前路段。姐告国门大道属城区主干道。现场路段为东西走向，东至姐告大国门方向，西至姐告大桥方向，现场道路由中心单实线划分双侧车道，中心实线以南及以北均依次为机动车道、机动车道线、机动车道、机动车道线、机非混合车道、路沿流水石、人行道，现场南北两侧未见行人过街设施及人行横道。事故现场路段平直，事故发生时间为夜晚，有夜间路灯照明，视线良好，事故发生时天气为晴天，路面为干燥沥青路面，现场路段为标线控制。

事故经过大致如下：2018 年 8 月 5 日晚上，孙某驾驶一辆小型轿车由瑞丽市姐告大国门方向驶往姐告大桥方向。22 时 20 分许，当其驾车沿瑞丽市姐告国门大道由东向西行驶至江龙宾馆门前路段时，恰遇杨某站立于道路中心单实线附近，孙某驾驶的小型轿车左前部与杨某相撞，造成杨某经送医抢救无效死亡、车辆受损的道路交通事故。事故发生后，双方未保留事故现场，由孙某驾驶肇事的小型轿车将伤者杨某送至医院抢救治疗。

（三）第一次认定司机全责

1. 道路交通事故形成原因分析

造成此事故发生的根本原因系孙某驾驶机动车在道路上行驶过程中，遇有行人在路面上站立时，未确保安全，其行为违反了《道路交通安全法》第22条第1款之规定。杨某在道路上站立系等待通行行为，不应认定该项行为与事故发生存在因果关系。

2. 当事人导致交通事故的过错及责任或者意外原因

根据事故经过、相关证据材料及对事故原因的分析，对此事故中当事人的过错行为分析后认为：造成此事故发生的根本原因系孙某驾驶机动车在道路上行驶过程中，遇有行人在路面上站立时，未确保安全。

依据《道路交通安全法实施条例》第91条及《道路交通事故处理程序规定》第60条第1款第1项之规定，据此认定：孙某承担此事故全部责任，杨某无责任。

（四）复核改为责任不确定

通过现场路况照片可见，现场路段为东西走向，中心单黄实线，双向各两条机动车道、各一条机非混合车道，两侧有路沿流水石，各一条人行道，距事故现场东侧55米、西侧141米处均漆划有人行横道，现场路段为标线控制，并非像第一次《道路交通事故认定书》里所说的“现场南北两侧未见行人过街设施及人行横道”（详见图2-1）。

图2-1 事后的案件现场路况

经过认真研究原《道路交通事故认定书》和当事人提供的有关材料，笔者发现该事故主要存在以下问题：

1. 现场南北两侧明明有人行横道，为什么《道路交通事故认定书》中称："现场南北两侧未见行人过街设施及人行横道?"

2. 杨某事发时到底是站立还是行走？是否有客观证据支持？

3. 站立和行走的区别是什么？适用哪条交规？最终交通目的是什么？

4. 事发地点距两侧的人行横道多少米？行人距人行横道多远应当走人行横道？是否有相关的规定、国家标准？

5. 杨某对周围路况是否熟悉？是否懂得相关交规？对单黄实线的意义是否清楚？

6. 原认定的程序是否合法？对该调查的事项是否进行了调查？对该鉴定的事项是否都进行了鉴定？

根据当事人提供的事故材料，并经过多次微信、电话沟通，笔者代当事人起草了《道路交通事故复核申请书》，供读者参考。

道路交通事故复核申请书

申请人：孙某

被申请人：某公安局交通警察大队

第三人：杨某

就申请人与杨某交通事故一案，申请人不服原作出的《道路交通事故认定书》，现申请复核。

复核请求：撤销原《道路交通事故认定书》，认定杨某承担事故主要责任，孙某承担事故次要责任。

不服原《道路交通事故认定书》的理由：

一、原《道路交通事故认定书》认定事实错误

1. 事发时正在下雨，交警到达现场时雨刚停，路面湿滑有水，而不是晴天、路面干燥。

2. 事发现场未见行人过街设施及人行横道与事实不符，事实是距事发地点西侧 64 米、东侧 125 米各有一处人行横道。

3. 认定杨某站立于道路中心单实线附近错误。事实上，杨某的最终交通目的是横过道路到马路对面，必须行走，所谓站或者行走只是一瞬间的状态，且认定杨某站立于道路中心单实线附近没有客观证据支持，而按照其家属的说法是到马路对面开车，因此应认定杨某的交通方式是步行横过道路。

二、原《道路交通事故认定书》适用法律错误

根据原《道路交通事故认定书》查明的事实：2018 年 8 月 5 日 22 时 20 分，孙某驾驶小轿车沿瑞丽市姐告国门大道由东向西行驶至江龙宾馆门前路段时，恰遇杨某站立于道路中心单实线附近（实际上杨某是由北向南横过道路，其所开餐馆“鸿福湘菜馆”就位于事发地点路北，所谓的“站立”，是因为事发时下雨，对向车辆开远光灯，孙某发现前方有人时的一瞬间的印象，事实上杨某不可能平白无故在晚上到道路中间站立，其目的和通行方式肯定是要横过道路)，车辆左前部与杨某相撞。

申请人认为本次事故类型属于“行人未按规定通行事故”，在事发地点西侧 64 米、东侧 125 米各有一处人行横道。

关于距人行横道多远应当走人行横道的问题，尽管《道路交通安全法》没有明确规定，但是通常应当考虑：(1) 行人在事发地点目力所及的范围内是否能够看到人行横道，能够看到依法就应当走人行横道。(2) 行人是否明知附近有人行横道，如行人长期在事发地附近居住、工作、生活，对附近道路状况非常熟悉的情况下，也应当通过人行横道横过道路。(3)《城市道路工程设计规范》9.2.4.1 规定，路段内人行横道应布设在人流集中、通视良好的地方，设置间距宜为 250～300 米。

本次事故中，事发地点西侧 64 米、东侧 125 米各有一处人行横道，完全在《城市道路工程设计规范》250～300 米的国家标准范围内，且事发时有路灯照明，视线良好，杨某完全能看到人行横道。杨某所开餐馆“鸿福湘菜馆”就位于事发地点路北，距事发现场约 5 米，其如果通过两侧人行横道横过道路，本次事故就不会发生。杨某作为一个 46 岁的完全民事行为能力人，长期在事发地经商，对家门口的道路状况应当是非常熟悉的，其有人行横道而不走，到快车道站立（其最终目的还是横过道路）的行为严重违法，侵犯了申请人的路权，危害了公共交通安全，与事故发生具有直接、重大因果关

系。据杨某妻子的询问笔录，杨某是要到马路对面开车，说明其具有驾驶资格，经过了交规考核，应当明知黄实线禁止穿行。

杨某的行为违反了以下法律规定：

（一）《道路交通安全法》第62条："行人通过路口或者横过道路，应当走人行横道或者过街设施；通过有交通信号灯的人行横道，应当按照交通信号灯指示通行；通过没有交通信号灯、人行横道的路口，或者在没有过街设施的路段横过道路，应当在确认安全后通过。"

（二）《道路交通安全法实施条例》第75条：" 行人横过机动车道，应当从行人过街设施通过；没有行人过街设施的，应当从人行横道通过；没有人行横道的，应当观察来往车辆的情况，确认安全后直行通过，不得在车辆临近时突然加速横穿或者中途倒退、折返。"

（三）《云南省道路交通安全条例》第47条第1款："行人应当按照交通信号灯规定通行，不得进入车行道和翻越隔离设施，不得在车行道上溜冰、使用滑板、坐卧、停留、嬉闹以及兜售、发送物品、广告或者乞讨。"

申请人驾驶机动车在机动车道正常行驶，没有超速、没有饮酒，车辆安全性能合格，事发后立即停车并抢救伤者，报警，并没有违法行为。

申请人认为本案事故发生的最根本原因是杨某横过道路不走人行横道，到快车道违法站立（其最终目的还是横过道路），严重侵犯了申请人的路权，导致申请人虽然发现情况，采取了紧急制动措施，但仍不能避免事故的发生。申请人认为按照法律规定，杨某本应承担事故全部责任，即使从照顾、同情死者家属的角度，申请人只承担次要责任，最多申请人承担同等责任，但无论如何也不至于到全部责任的程度，原《道路交通事故认定书》适用法律错误。

三、被申请人引用《道路交通安全法》第22条第1款认定申请人承担全部责任，缺乏具体违法行为的客观指向性，法律和事实依据不足，责任认定严重不公

《道路交通安全法》第22条第1款所规定的"安全驾驶""文明驾驶"并没有具体的认定标准，《道路交通事故认定书》也未明确指明申请人具体存在哪些违反了"安全驾驶""文明驾驶"原则的客观行为，最终结论的客

观性缺少保障。

如果说司机有注意安全驾驶的义务，那么行人横过道路同样要遵守《道路交通安全法》第62条、《道路交通安全法实施条例》第75条、《云南省道路交通安全条例》第47条第1款的规定，行人同样要遵守交通规则，注意交通安全，依法横过道路。本次事故单独认定司机违反安全驾驶、文明驾驶的原则，对行人明知有人行横道而不走的违法行为没有作出评价。

四、被申请人调查证据不全

在事发地点东20米路南侧有摄像头，但是被申请人并未调查，因事故发生后，杨某的女儿、妻子从“鸿福湘菜馆”很快就到了现场，要求申请人立即将杨某用自己的车送医。整个事故发生就是一瞬间的事，杨某的通行方式由南向北还是由北向南，是站立还是行走，如果调取了监控视频则一目了然。申请人吓懵后，还有语言表达的不足、不准确，所说的“站立”不一定与事实相符，应通过监控视频或者鉴定等客观、权威的证据予以证明，但被申请人并未依法调取监控，也未委托鉴定杨某在事发时是处于站立还是行走状态。

五、拒绝申请人复制交通事故证据材料的行为违法

根据《道路交通事故处理程序规定》第65条第2款的规定：“当事人收到道路交通事故认定书后，可以查阅、复制、摘录公安机关交通管理部门处理道路交通事故的证据材料，但证人要求保密或者涉及国家秘密、商业秘密以及个人隐私的，按照有关法律法规的规定执行。公安机关交通管理部门对当事人复制的证据材料应当加盖公安机关交通管理部门事故处理专用章。”申请人于2018年9月26日收到交通《道路交通事故认定书》，9月27日下午去复印交通事故证据，但是交警拒绝本人复印，只能看。申请人不是交通事故处理专业人士，必须复印后找专家分析。对于当事人复印交通事故证据的权利，法律规定得非常明确，被申请人作为执法部门，有法不依。

综上所述，申请人认为原《道路交通事故认定书》，认定事实错误、证据严重不足、适用法律错误，责任划分不公。请求上级公安机关交通管理部门在查清事实的基础上，依法合理、公平、公正地重新认定事故责任，支持申请人的合法请求。

上级公安机关交通管理部门经过复核，认为某交通警察大队对事故调查违反法定程序，责任认定不准确，根据《道路交通事故处理程序规定》第76条第3款第4项、第5项之规定，责令重新调查认定。

（五）二次认定

经过重新调查，并委托新的鉴定机构重新鉴定，然而新的鉴定机构无法对事故形态进行鉴定，死者当时是站立还是行走无法确定，案件基本事实无法查清，于是公安机关交通管理部门出具责任不确定的《道路交通事故证明》。

道路交通事故证明

当事人及车辆情况（同之前作出的《道路交通事故复核申请书》）

事故现场位于瑞丽市辖区姐告国门大道江龙宾馆门前路段，姐告国门大道属城区主干道。现场路段为东西走向，东至姐告大国门方向，西至姐告大桥方向。现场道路由中心单实线划分双侧车道，中心实线以南及以北均依次为机动车道、机动车道线、机动车道、机动车道线、机非混合车道、路沿流水石、人行道，现场东西两侧设有人行横道（具体距离详见后述），事故现场路段平直，事故发生时间为夜晚，有夜间路灯照明，视线良好，交警到达事故现场勘查时晴天，路面为潮湿沥青路面，现场路段为标线控制。

一、案件基本情况

根据现场勘查及所获材料证实：2018年8月5日晚上，孙某驾驶小型轿车由瑞丽市姐告大国门方向驶往姐告大桥方向。22时20分许，当其驾车沿瑞丽市姐告国门大道由东向西行驶至江龙宾馆门前路段时，恰遇步行至道路中心单实线附近的杨某（事故发生时，杨某呈步行或静止状态未确定），孙某驾驶的小型轿车左前部与杨某相撞，造成杨某经送医抢救无效死亡、车辆受损的道路交通事故。事故发生后，双方未保留事故现场，由孙某驾驶肇事的小型轿车将伤者杨某送至医院抢救治疗。

二、案件证据

以上事实有下列证据为证：（1）受案登记表：证实接警及受理情况。（2）现场记录图：证实现场情况。（3）现场勘查笔录：证实现场勘查情况。

(4) 现场补充勘查笔录：证实现场过街设施及监控设施情况。(5) 现场照片：证实现场情况及勘查情况。(6) 现场补充勘查照片：证实现场道路标线、过街设施及监控设施情况。(7) 孙某的陈述和申辩：证实其驾驶的车辆行驶情况。(8) 孙某红的证人证言：证实杨某事故发生当时情况。(9) 相关人员身份证、驾驶证、车辆行驶证复印件及查询件：证实相关人员驾驶资质及身份情况。(10) 道路交通事故尸体检验报告书：证实杨某因该起交通事故死亡。(11) 云南云通司法鉴定中心车辆技术鉴定书（云通司鉴中心［2018］车鉴字第 04663 号）证实孙某驾驶的小型轿车发生事故时转向系、制动系、行驶系、照明信号装置功能有效。(12) 云南云通司法鉴定中心血液乙醇含量检验报告书（云通司鉴中心［2018］理化检字第 03955、03956 号）证实送检的孙某血液中未检出乙醇成分；证实送检的杨某血液中未检出乙醇成分。(13) 云南云通司法鉴定中心司法鉴定意见书（云通司鉴中心［2018］形态鉴字第 00124 号）：证明第一次鉴定的事故形态为事故发生时，杨某应处于由北向南行走的状态。

三、案件复核及办理情况

事故发生后，我大队通过调查，于 2018 年 9 月 26 日，对该起事故作出认定，认定孙某承担事故全部责任。孙某对事故认定有异议，申请重新认定，经德宏傣族景颇族自治州公安局交警支队复核，认为该案责任认定不准确、故撤销原事故认定，责令我大队重新认定。

接到支队撤销及重新认定的决定文书后，我大队对该起事故进行了重新分析及调查，经研究认为，原认定中存在以下问题：一是对事故地点行人过街设施未做详细调查，该事故发生地点属城市道路，应当对路段是否建设或漆划行人过街设施进行调查；二是对行人在事故发生当时的交通状态调查不清，是属于站立还是行走调查不清，在第一次认定中，办案人员根据双方陈述，结合勘查经验，认为事故当时杨某处于站立状态，未对具体情况进行分析鉴定。

结合案件存在问题，我大队分别对案件当事人及证人进行了再次询问，对现场进行了重新勘查（主要是针对现场周边的行人过街设施及监控情况进行勘查）同时，委托云南云通司法鉴定中心对事故形态进行分析，经调查结果如下：

1. 当事人孙某及证人孙某红对杨某事故当时交通状态叙述不一致，孙某称杨某为行走状态，孙某红称杨某当时为静止避让状态。

2. 经现场复勘，发现距事故现场东侧55米、距现场西侧141米处均漆划有人行横道，人行横道设置符合国家标准，现场东侧40米、西侧40米设置有两组共4个摄像头（东侧3个，西侧1个），但摄像头覆盖区域未及事故现场。

3. 经委托云南云通司法鉴定中心对事故进行分析，结论为事故发生时，杨某呈由北向南行走状态。

四、对鉴定意见认定问题

在收到云南云通司法鉴定中心的鉴定意见书（云通司鉴中心［2018］形态鉴字第00124号）后，我大队将鉴定意见送达当事各方。之后杨某亲属对鉴定意见有异议，申请重新鉴定，为保证当事人方权益，结合《道路交通事故处理程序规定》第55条及第56条之规定，我大队决定对事故形态进行重新鉴定，经委托云南警官学院司法鉴定中心进行重新鉴定，但该鉴定中心在研究后中止该鉴定，后我队又分别与昆明医科大学司法鉴定中心及公安部交通管理科学研究所道路交通事故鉴定中心联系，此两个鉴定中心均称不能对事故形态进行重新分析鉴定。根据《道路交通事故处理工作规范》第52条第3款“重新检验、鉴定以一次为限，结论以重新检验、鉴定结论为准”之规定，第一次鉴定意见不视为生效鉴定意见，对事故形态分析鉴定呈不确定状态。

五、对事故原因的分析

根据事故现有调查情况，经分析认为，孙某作为机动车驾驶人，在驾车行驶在道路上的时候，对现场道路通行情况负有确保安全的义务，在该事故中未及时发现和避让已处于道路中心的行人，未确保安全，导致其所驾车辆与行人相撞，其行为违反《道路交通安全法》第22条第1款之规定，应承担事故同等以上责任。杨某通过道路时未走人行横道（其作为常住事故现场附近的人，应当知晓现场周边道路情况)，该违法行为与事故有因果关系，但仅是造成事故发生的次要原因。因事故形态分析呈不确定性，杨某在事故发生前可能处于两种状态：行走或静止。因杨某不同的交通状态所对应的事故认定的结果亦不相同，且事故中其状态现无法确定，故事故责任无法认定。

六、事故办理时限说明

在第一次形态分析鉴定意见送达并收到重新鉴定申请后，我队于2018年12月14日委托云南警官学院司法鉴定中心对事故形态进行重新鉴定，但在约定时限内，该鉴定机构未作出鉴定意见。因事故成因不明确，我队于2019年1月11日作出中止认定决定。截至认定中止到期日（2019年3月12日)，该鉴定中心回函称无法鉴定，对该鉴定终止。

综上所述，因事故成因未明确，根据《道路交通事故处理程序规定》第67条之规定，现制作此《道路交通事故证明》给当事双方。此证明属重新认定（证明)，当事双方可持本证明申请调解或向瑞丽市人民法院提起民事诉讼。

本《道路交通事故证明》为复核后重新作出，原《道路交通事故认定书》予以撤销。

（六）三次认定，改为同等责任

拿到了责任不确定的《道路交通事故证明》，此时作为律师，笔者已经知道不可能再追究司机交通肇事罪的刑事责任了，但是当事人依然担心，交通队不认定责任，不代表法院不认定责任，如果法院判决司机承担主要责任，死者家属拿着法院认定的主要责任判决，再找检察院要求追究司机的刑事责任，怎么办?

司机孙某和死者家属都不服《道路交通事故证明》，但复核以一次为限，于是双方均向上上级公安机关交通管理部门反映，申请执法监督（错案追究制)。

第三次出具的《道路交通事故认定书》是事故双方均不服，分别向州、市一级的有关部门反映的结果，是笔者见过的比较好的《道路交通事故认定书》之一，说理透彻、论据充分、逻辑清晰、以理服人，是德宏景颇族傣族自治州交警支队和各大队相关事故处理人员多次审核、集体讨论后的结果，并附相关问题解释说明。

分享一下其中的精彩部分，供各位学习、借鉴。

道路交通事故认定书

交通事故时间：2018 年 8 月 5 日 22 时 20 分　　天气：阴

交通事故地点：瑞丽市姐告国门大道江龙宾馆门前路段

当事人、车辆、道路和交通环境等基本情况：

一、当事人情况（略，同之前作出的《道路交通事故复核申请书》）

二、车辆情况

本案肇事车辆登记所有人为孙某，初次登记日期为 2016 年 3 月 11 日，检验有效期至 2020 年 3 月 31 日，事故发生时该车在中国人民财产保险投保有机动车交通事故责任强制险及商业第三者责任险，车辆使用性质为非营运。

三、道路情况

现场位于瑞丽市辖区姐告国门大道江龙宾馆门前路段，姐告国门大道属城区主干道。现场路段为东西走向，东至姐告大国门方向，西至姐告大桥方向。现场道路由中心单实线划分双侧车道，中心实线以南及以北均依次为机动车道、机动车道线、机动车道、机动车道线、机非混合车道、路沿流水石、人行道，距事故现场东侧 55 米、距现场西侧 141 米处，均漆划有人行横道，人行横道设置符合国家标准。事故现场路段平直，事故发生时间为夜晚有路灯照明，视线一般，勘查事故现场时为晴天（根据瑞丽市气象局观测数据 2018 年 8 月 5 日当天瑞丽市为阴天，其中 21 时有 0.1 毫米降雨），路面为潮湿沥青路面，现场路段为标线控制。

道路交通事故发生经过：

根据现场勘查及所获材料证实：2018 年 8 月 5 日晚上，孙某驾驶一辆小型轿车由瑞丽市姐告大国门方向驶往姐告大桥方向。22 时 20 分许，当其驾车沿瑞丽市姐告国门大道由东向西行驶至江龙宾馆门前路段时，恰遇由道路北侧步行至道路中心单实线附近的杨某，孙某所驾小型轿车左前部与杨某相撞，造成杨某受伤、送医抢救无效死亡、车辆受损的道路交通事故。事故发生后孙某驾驶肇事的小型轿车将伤者杨某送至医院抢救治疗（事故现场未保留）。

道路交通事故证据及事故形成原因分析：

以上事实有下列证据证实：（1）受案登记表：证实接警及受理情况。（2）现场记录图：证实现场情况。（3）现场勘查笔录：证实现场勘查情况。（4）现场补充勘查笔录：证实现场过街设施及监控设施情况。（5）现场照片：证实现场情况及勘查情况。（6）现场补充勘查照片：证实现场道路标线、过街设施及监控设施情况。（7）孙某的陈述和申辩：证实其驾驶的车辆行驶情况。（8）孙某红的证人证言：证实杨某事故发生当时情况。（9）其他证人证言：证明事故发生后的抢救情况。（10）相关人员身份证、驾驶证、车辆行驶证复印件及查询件：证实相关人员驾驶资质及身份情况。（11）道路交通事故尸体检验报告书：证实杨某因该起交通事故死亡。（12）云南云通司法鉴定中心车辆技术鉴定书（云通司鉴中心［2018］车鉴字第04663号）：证实孙某驾驶的小型轿车发生事故时转向系、制动系、行驶系、照明信号装置功能有效。（13）云南云通司法鉴定中心血液乙醇含量检验报告书（云通司鉴中心［2018］理化检字第0395503956号）：证实送检的孙某血液中未检出乙醇成分；证实送检的杨某血液中未检出乙醇成分。（14）云南云通司法鉴定中心司法鉴定意见书（云通司鉴中心［2018］形态鉴字第00124号）：证明第一次鉴定的事故形态为事故发生时，杨某应处于由北向南行走（在送达此结论后，孙某红对此有异议，申请重新鉴定，重新鉴定经委托多单位均无法做出，故此鉴定意见只作说明，不作为认定事故责任的证据使用）。（15）《道路交通事故认定书》：证明对事故的第一次认定的情况。（16）《道路交通事故证明》：证明对事故的第二次处理情况。（17）瑞丽市气象局气象证明：证明事故发生当天天气情况。

该案在《道路交通事故证明》送达后，孙某及杨某亲属分别至州、市相关部门进行反映，要求明确事故原因，划分事故责任。经德宏景颇族傣族自治州公安局交通警察支队召集支队和各大队相关事故处理人员对案件材料进行多次审核、讨论后，于2019年9月13日，德宏景颇族傣族自治州公安局交通警察支队根据《道路交通事故处理工作规范》第129条及《公安机关内部执法监督工作规定》第13条的规定，撤销《道路交通事故证明》，并责令我大队对事故进行重新认定。

综上所述，根据德宏景颇族傣族自治州公安局交警支队组织全州事故处理人员对该起事故讨论后，综合分析认为：

孙某驾驶机动车辆在夜间的道路交通环境条件下，作为一名机动车驾驶员在驾车行驶过程中理应保持警惕，将行车速度降低到可控、安全范围内，杨某已经从其行为方向的道路右侧横过到中心实线附近，横过机动车道已经是个较长的距离。事故现场路段道路平直，夜间有路灯照明，道路两侧均为商铺，属交通情况复杂路段，行经该路段应该充分观察道路情况，从而判断出危险。而其未注意观察道路情况，未提前发现横过公路的行人，其行为违反《道路交通安全法》第22条第1款之规定，其违法行为是造成此事故的原因之一。

杨某（行人）一方，在应当知道其工作场地周围有人行横道，且作为一名持有驾驶证的机动车驾驶员，在夜间情况下，理应懂得并遵守经人行横道通过道路的规定，但其却未遵守相关法律法规规定，实施直接横过漆划有道路中心实线的行为，将自身置于法律禁止且危及自身安全的境地，其行为违反《道路交通安全法》第62条之规定，其违法行为是造成此事故的另一原因。

当事人导致交通事故的过错及责任或者意外原因：

综上所述，根据事故发生经过及原因分析，对造成事故的过错分析认为：孙某驾驶机动车辆在夜间综合道路交通环境复杂的条件下驾驶，而其未注意观察道路情况并提前发现横过公路的行人的行为是造成此事故的原因之一。对于杨某一方，其应当知道其工作场地周围有人行横道，但其未遵守相关法律法规规定、直接横过道路的行为是造成此事故的另一原因。

依据《道路交通安全法实施条例》第91条及《道路交通事故处理程序规定》第60条第1款第2项之规定，据此认定：孙某承担事故同等责任，杨某承担事故同等责任。

相关问题解释说明：

（一）《道路交通事故认定书》的性质：从目前法律、法规及相关法理解释分析，《道路交通事故认定书》系公安机关交通管理部门对事故进行调查、分析后，对事故当事各方过错进行的分析认定，从其法律属性来看属于证据中的鉴定意见，其最终系由人民法院审理中采信（或不采信）来确定其有效性。

（二）未作出形态分析是否有条件进行认定？讨论研究人员认为，该案中办案机关在进行事故第二次处理认定（证明）过程过于纠结事故发生瞬间行人的状态问题，因此以不确定行人状态作出了《道路交通事故证明》。办案单位忽视了行人横过公路的行为是一个持续状态，故该案所获现有证据是能够对本案作出事故责任认定的。

（三）进行事故认定的原则。目前适用的事故认定的原则如下：首先是路权原则。即在事故发生路段，谁具备优先通行权。其次是安全原则。即在事故发生前及过程中，当事人是否履行众所周知的能够确保安全的道路交通通行行为。交通事故责任并非按照损害后果或道德行为认定。

（四）从路权原则分析，事故现场设有标线，且现场路段漆划有黄色中心实线（根据《道路交通标志和标线》的规定，黄色中心实线属于禁止跨越对向车道分道线，表示禁止双方向车辆越线或压线行驶），现场前后设有人行横道，现场道路不具备机动车必须避让行人的法律、法规规定事由，而杨某的违法行为是法律规定的具体性禁止条款（《道路交通安全法》第62条规定：行人通过路口或者横过道路，应当走人行横道或者过街设施），因此从路权原则来看，机动车在该路段具备优先通行权。

（五）从安全原则分析，机动车系其左侧与行人相撞，而事故发生前行人系从机动车行驶方向的右侧向左侧横穿，且已经横过两条车道（机非混合车道及中心快车道）并行至道路中心实线旁的快速车道内，而在如此距离下，孙某未能及时发现行人，说明其在驾车行驶过程中对路面情况是疏于观察的，孙某的违法行为是法律规定的普遍性（无具体规定应当如何做）禁止条款（《道路交通安全法》第22条第1款规定：机动车驾驶人应当遵守道路交通安全法律、法规的规定，按照操作规范安全驾驶、文明驾驶）。

（六）孙某行为涉及的违法条款问题。根据《道路交通安全法》第47条第2款的规定：机动车行经没有交通信号的道路时，遇行人横过道路，应当避让。国务院原法制办公室《对〈关于对《中华人民共和国道路交通安全法》及其实施条例有关法律条文的理解适用问题的函〉的答复》第2条中规定："这里的'没有交通信号'既包括了《道路交通安全法》第二十五条规定的任何交通信号，也包括虽有某些交通信号但未能明确指示在道路上行驶的机动车和横过道路的行人路权的情形。"而在事故发生路段前后均有可供行人横过道路的人行横道，故认为行人在人行横道通行即有路权，而未在人行横道内通行则路权优先属机动车一方，所以孙某行为不属于违反《道路交通安全法》第47条的情形。

（七）综合路权与安全原则分析，经讨论后认为，孙某与杨某的违法行为对造成事故的过错及原因相当，故作出二人承担事故同等责任的认定。

（八）关于车辆离开现场问题。《道路交通安全法实施条例》第92条第2款中所称的"当事人故意破坏、伪造现场、毁灭证据的，承担全部责任"，要求当事人的主观上必须存在故意破坏现场、毁灭证据的故意。而此案中，在事故发生后人员伤情危重，在无急救车辆到达及无社会车辆进行协助时，孙某驾驶车辆将伤者送至医院，其移动机动车辆未能做好标明位置的行为，尽管给该道路交通事故的现场勘查带来了一定的影响，但该行为并不是出于破坏或毁灭证据之故意而实施的行为，且不是造成道路交通事故发生的行为原因。因此，此原因不应作为认定其对该道路交通事故负主要责任的依据。

（七）律师点评

这个案子是笔者当律师20年来办得最远的一个成功案例，当事人很有法律意识，出事后他就在云南当地咨询了好几个律师甚至法官朋友，但是当地律师和法官都告诉他就是他全责，没希望。本来笔者不想接这个案子，但是客户诚意特别大，从网上找到笔者，非要请笔者去云南，鉴于路途遥远，费用高昂，前期都是电话、微信、写好材料发给他指导他去办，最后两次开庭笔者才飞到瑞丽市。

从2018年9月26日下达《道路交通事故认定书》当日，当事人就找笔者咨询、代写《道路交通事故复核申请书》，指导收集证据，电话、微信沟通无数。和客户共同经历一年半的艰辛努力，经历了三次责任认定，从全部责任到责任不确定再到同等责任，从涉嫌交通肇事罪到彻底无罪，从担心巨额赔偿到无须赔偿（当事人的车只有机动车交通事故责任强制保险和30万元的商业第三者责任险，死者家属一开始要求赔偿上百万元）。

最后终于收到了一审判决书，立即拍照发给当事人。赔偿也不用赔了，当事人前期垫付的费用也由保险公司直赔，诉讼费都是原告和保险公司承担。

孙某从一开始提心吊胆担心坐牢、赔钱，回到老家还担心被人议论是劳改犯，甚至担心孩子的前程和名誉，最终一颗悬着的心终于彻底放下了。

二、北京张某案

（一）核心要点

同等责任改为全部责任，帮助死者家属获得了全额赔偿，追究了肇事司机的刑事责任。

（二）案件简介

某日22时35分，在某单位西门南侧，张某1驾驶小型轿车与行人张某2由西向东步行发生交通事故，造成张某2受伤，车辆损坏，后张某2抢救无效死亡。

道路为南北走向，上下行各有两条机动车道和一条非机动车道，设有机非隔离带，道路中间双黄线，道路两侧有缺口，事发地点以北约63米处有人行横道和红绿灯（详见图2－2）。

交通事故现场图

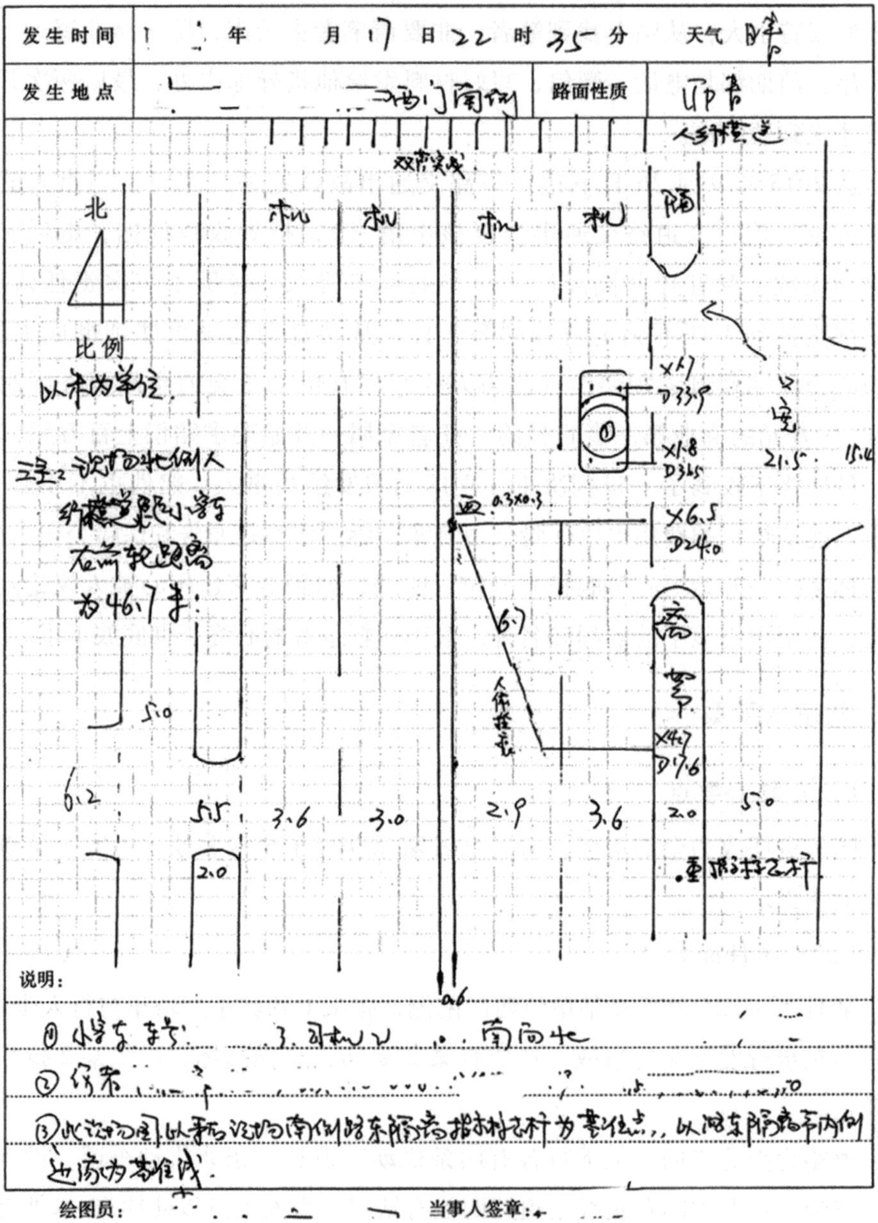

发生时间	1 年 月 17 日 22 时 35 分	天气	晴
发生地点	西门南侧	路面性质	沥青

说明：

① 小客车 ... 南向北

② 行人 ...

③ 此现场图以事故现场南侧路东隔离带指示杆为基准点，以路东隔离带内侧边缘为基准线。

绘图员： 当事人签章：

图 2－2 事发现场示意图

（三）第一次认定

张某1驾驶小型轿车由南向北行驶未确保安全，违反了《道路交通安全法》第22条第1款“机动车驾驶人应当遵守道路交通安全法律、法规的规定，按照操作规范安全驾驶、文明驾驶”的规定，是发生交通事故的原因之一。

张某2由西向东横过道路，未走人行横道，违反了《道路交通安全法》第62条“行人通过路口或者横过道路，应当走人行横道或者过街设施；通过有交通信号灯的人行横道，应当按照交通信号灯指示通行；通过没有交通信号灯、人行横道的路口，或者在没有过街设施的路段横过道路，应当在确认安全后通过”的规定，是发生交通事故的原因之一。

据此，公安机关交通管理部门认定此事故由张某1承担同等责任，张某2承担同等责任。

（四）申请复核

笔者在本案中担任死者家属的代理人，经调阅卷宗，现场路况勘察，主要提出了以下复核理由：

第一，原《道路交通事故认定书》认定事实不清，适用法律可能有误。根据现场实地勘察，在小轿车由南向北行驶时，司机完全可以看到道路右侧的“注意行人标志”（图2－3中就有这类标志，用于警告车辆驾驶人减速慢行，注意行人）。其设在行人密集，或不易被驾驶员发现的人行横道线以前的适当位置。城市中心区街道或设有信号灯处可不设。标志底色可采用荧光黄绿色（尽管交警已经勘察过现场，但依然有可能存在没有发现的道路交通标志，或者还有没有引起足够重视的交通标志，如果可能，建议律师亲自去现场实地勘察路况、交通信号灯、交通标志、交通标线等，至少有个直观感受。如果不能到现场，也建议让当事人从各个角度、方向拍些照片或者视频——编者注）。

根据原《道路交通事故认定书》记载，事发现场能见度20米以上，但现场照片反映大雾弥漫，从人体挫痕起点计算，到北侧人行横道的直线距离为63米，事发时间为22时35分，张某2作为一个75岁的老人，视力不好，在当时的天气条件下，20 米左右的能见度，不可能看到 63 米开外的人行横道（详见图 2－3）。

图 2－3　事发现场照片

张某 2 从某中医院出来，由西向东横过道路，该处有一 5.5～6.2 米宽的开放道口，道路中间虽划有双黄线，但也只是为机动车设置，没有哪一条法律规定行人必须遵守双黄线的规定。

本案应适用《道路交通安全法》第 47 条第 2 款“机动车行经没有交通信号的道路时，遇行人横过道路，应当避让”的规定，机动车在雾天，应该减速慢行，注意观察瞭望，遇行人横过道路应该避让。没有避让行人，造成事故，机动车理应承担事故全部责任。

第二，被申请人未对肇事车辆的车速，刹车、灯光等安全性能进行检验，程序违法。

（五）复核结论

上级公安机关交通管理部门采纳了笔者的意见，认为原认定部分事实不清，证据不确实充分，责令重新调查、认定（详见图 2－4）。

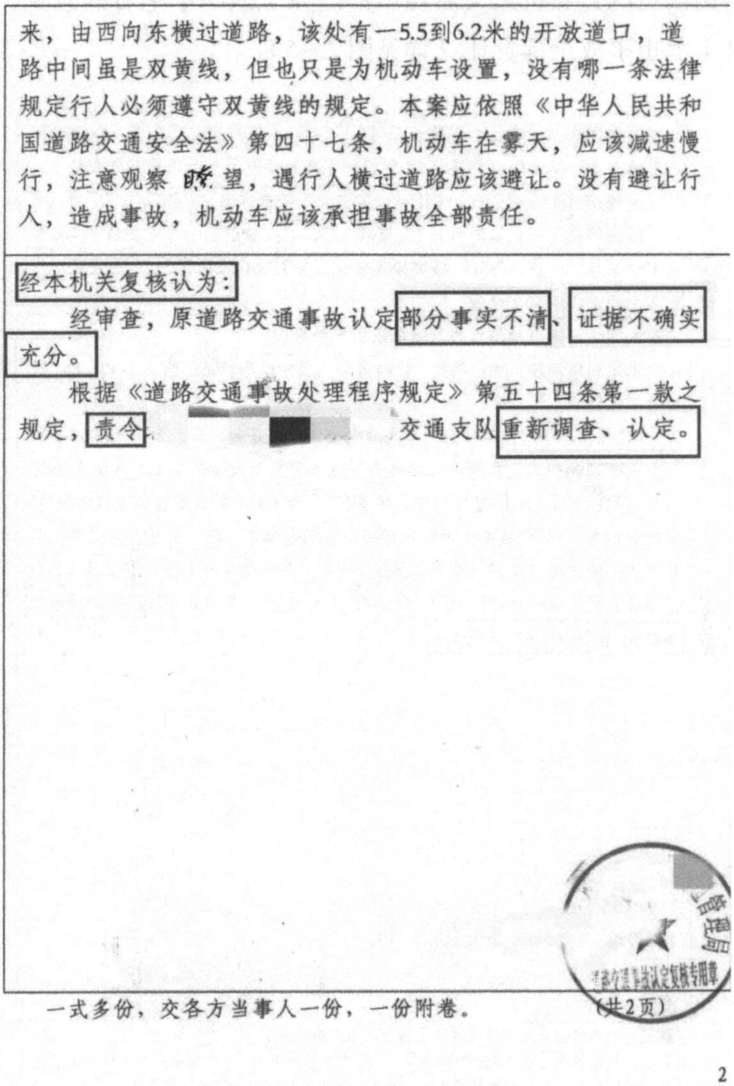

来，由西向东横过道路，该处有一5.5到6.2米的开放道口，道路中间虽是双黄线，但也只是为机动车设置，没有哪一条法律规定行人必须遵守双黄线的规定。本案应依照《中华人民共和国道路交通安全法》第四十七条，机动车在雾天，应该减速慢行，注意观察瞭望，遇行人横过道路应该避让。没有避让行人，造成事故，机动车应该承担事故全部责任。

经本机关复核认为：

经审查，原道路交通事故认定部分事实不清、证据不确实充分。

根据《道路交通事故处理程序规定》第五十四条第一款之规定，责令[redacted]交通支队重新调查、认定。

一式多份，交各方当事人一份，一份附卷。（共2页）

2

图 2－4 上级公安机关交通管理部门的复核结论

（六）重新认定

原作出认定的公安机关交通管理部门在接到上级公安机关交通管理部门作出的责令重新调查、认定的复核结论后，重新进行了调查、认定。得偿所愿，原作出认定的公安机关交通管理部门完全采纳了笔者的意见，认定肇事司机张某1承担事故全部责任（详见图2－5）。

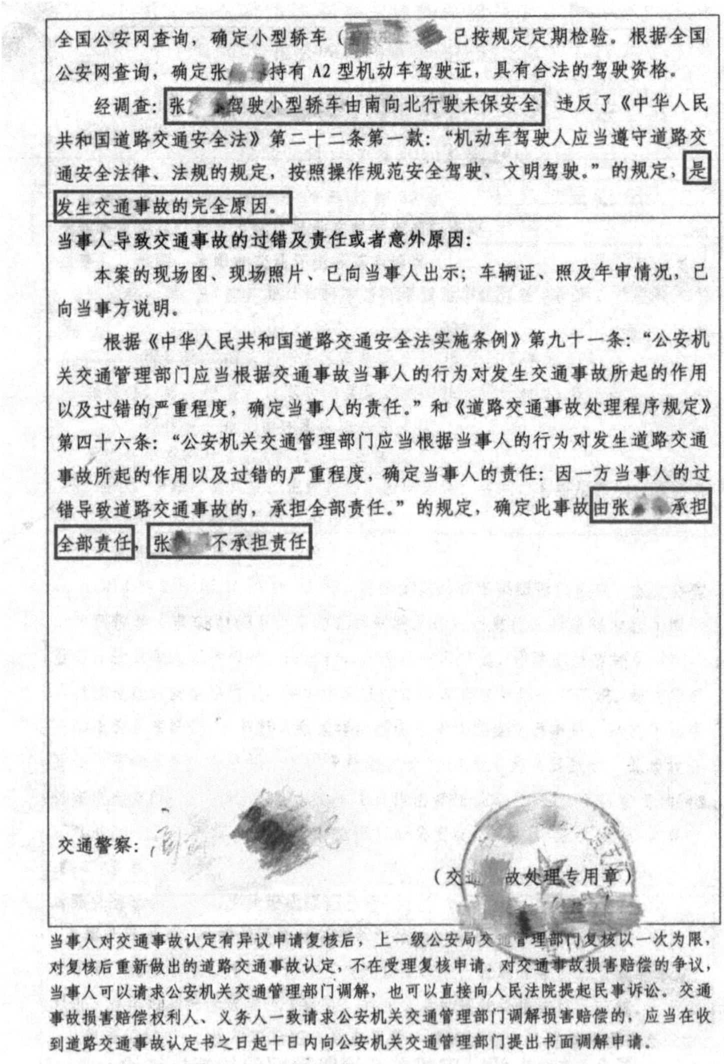

全国公安网查询，确定小型轿车（[redacted]已按规定定期检验。根据全国公安网查询，确定张[redacted]持有A2型机动车驾驶证，具有合法的驾驶资格。

经调查：张[redacted]驾驶小型轿车由南向北行驶未保安全，违反了《中华人民共和国道路交通安全法》第二十二条第一款："机动车驾驶人应当遵守道路交通安全法律、法规的规定，按照操作规范安全驾驶、文明驾驶。"的规定，是发生交通事故的完全原因。

当事人导致交通事故的过错及责任或者意外原因：

本案的现场图、现场照片、已向当事人出示；车辆证、照及年审情况，已向当事方说明。

根据《中华人民共和国道路交通安全法实施条例》第九十一条："公安机关交通管理部门应当根据交通事故当事人的行为对发生交通事故所起的作用以及过错的严重程度，确定当事人的责任。"和《道路交通事故处理程序规定》第四十六条："公安机关交通管理部门应当根据当事人的行为对发生道路交通事故所起的作用以及过错的严重程度，确定当事人的责任：因一方当事人的过错导致道路交通事故的，承担全部责任。"的规定，确定此事故由张[redacted]承担全部责任，张[redacted]不承担责任。

交通警察：[redacted]

（交通[redacted]故处理专用章）

当事人对交通事故认定有异议申请复核后，上一级公安局交[redacted]管理部门复核以一次为限，对复核后重新做出的道路交通事故认定，不在受理复核申请。对交通事故损害赔偿的争议，当事人可以请求公安机关交通管理部门调解，也可以直接向人民法院提起民事诉讼。交通事故损害赔偿权利人、义务人一致请求公安机关交通管理部门调解损害赔偿的，应当在收到道路交通事故认定书之日起十日内向公安机关交通管理部门提出书面调解申请。

图2－5　重新作出的事故责任认定

三、北京余某某案

（一）核心要点

通过法院将负主要责任改成同等责任，公安撤案无罪。

（二）案件简介

2015 年 8 月 29 日 17 时 40 分，在北京市丰台区南苑工商银行门前，杨某某驾驶电动自行车由北向南行驶时摔倒，适有余某某驾驶一辆别克牌小型轿车由南向北行至上述地点，余某某车前部左侧（查获时已修复）与杨某某车接触，杨某某受伤，两车损坏，事故后余某某驾车逃逸，于 2015 年 9 月 22 日被抓获。

（三）责任认定

事发后，公安机关交通管理部门依法进行了现场勘查、调查取证等工作。在查证的当事人违法行为、收集交通事故证据及确定适用法律后，作出如下分析：

1. 余某某驾驶轿车发生交通事故后驾车逃逸，有现场图、现场勘查笔录、现场监控录像、当事人笔录及证人证言为证。其行为违反了《道路交通安全法》第 70 条第 1 款的规定。该条规定，在道路上发生交通事故，车辆驾驶人应当立即停车，保护现场；造成人身伤亡的，车辆驾驶人应当立即抢救受伤人员，并迅速报告执勤的交通警察或者公安机关交通管理部门。因抢救受伤人员变动现场的，应当标明位置。乘车人、过往车辆驾驶人、过往行人应当予以协助。

2. 杨某某驾驶非机动车在道路上行驶未遵守有关交通安全的规定，有现场图、现场勘查笔录、现场照片及证人证言为证。其行为违反了《道路交通安全法》第 57 条关于驾驶非机动车在道路上行驶应当遵守有关交通安全的规定；非机动车应当在非机动车道内行驶，在没有非机动车道的道路上应当靠车行道的右侧行驶的规定。

3. 杨某某驾驶未依法登记的非机动车，有现场图、现场勘查笔录、现场照片及证人证言为证。其行为违反了《道路交通安全法》第 18 条第 1 款

“依法应当登记的非机动车，经公安机关交通管理部门登记后，方可上道路行驶”的规定。

对于交通事故成因及责任，分析如下：

余某某存在发生事故后未保护现场，驾车逃逸的违法行为。

杨某某的交通违法过错行为与本起道路交通事故的发生亦有因果关系。

根据《道路交通安全法实施条例》第92条第1款“发生交通事故后当事人逃逸的，逃逸的当事人承担全部责任。但是，有证据证明对方当事人也有过错的，可以减轻责任”的规定，确定：余某某为主要责任，杨某某为次要责任。

（四）复核终止

收到《道路交通事故认定书》当天，笔者就到交通队复制了主要证据，也代理余某某在3日内申请了复核，但是当时适用的2008年《道路交通事故处理程序规定》规定，复核期间，一方提起诉讼的，复核程序终止。因伤者提起民事诉讼，复核被迫终止。

鉴于杨某某的伤情经法医鉴定为重伤，余某某负事故主要责任，且存在肇事逃逸的行为，依法已经涉嫌交通肇事罪。杨某某多处受伤，且很严重，经鉴定为三级伤残，累计赔偿指数90%，离植物人的100%就差10%了，赔偿也是一笔巨款。

（五）通过法院改责任

根据调取的交通事故卷宗，笔者提出以下代理意见：

1. 根据以下证据，原告的伤并非余某某造成，余某某与原告的车辆没有接触

①2015年9月21日梅某某（杨某某的同事加老乡）笔录：张某伟在最前面，杨某某第二，梅某某第三，张某第四。张某伟距杨某某有20多米，梅某某在杨某某后三四米，梅某某的电动车与杨某某的电动车接触在一起。杨某某喝了一口杯的牛栏山二锅头，有三两。

②2015年9月23日梅某某笔录：杨某某平时都有骑车走到路中间的习惯，我们提醒过他不要向道路中间骑，他说没有事，撞到了对方会赔钱的。

事故发生前，杨某某驾车由边上向中间骑，杨某某倒地瞬间突然向右打把，然后倒地的，因此我猜测杨某某车与深灰色小型轿车接触了。

问：从录像上看，你和杨某某的倒地与深灰色小型轿车有关吗？

答：没有。

问：你之前说杨某某车与深灰色小型轿车确定接触，你是基于什么判断的？

答：我是基于我看到情况的一种猜测。

问：既然是猜测两车接触的，为什么我们对你询问时还那么肯定地说两车接触了？

梅某某沉默数分钟。

③2015 年 9 月 21 日张某笔录：

问：你看到杨某某发生事故的经过了吗？

答：因为我离得比较远，事故发生时我在事故现场北侧差不多 200 米远。

问：你看到深灰色小型轿车与杨某某的车接触了吗？

答：不敢确定接触了。

问：杨某某发生事故后，深灰色小型轿车停车了吗？

答：停车了。我到事故现场把车放在事故现场边上，听到深灰色小型轿车司机说人不是他撞的，为什么要拦住他的车。

④事故现场照片和视频。

通过现场照片，可以清楚看到电动自行车的车锁飞落在事故现场前方地上，与余某某所述车锁砸到车灯相吻合。梅某某与杨某某的电动自行车撞在一起，能够证明杨某某的伤是两辆电动自行车剧烈撞击造成。

对于《道路交通事故认定书》所说的两车接触的问题，主办警官在责任认定后给出的明确解释是：并不是认定两车车身接触，而是杨某某车的车锁砸到余某某的车，车锁是车身的一部分，仍然符合《道路交通安全法》中关于交通事故的定义，即“交通事故”，是指车辆在道路上因过错或者意外造成的人身伤亡或者财产损失的事件。既然发生了交通事故司机就应该报警，没有报警，离开现场的就属于肇事逃逸。先推定逃逸者余某某全部责任，再考虑杨某某的确存在一定的违法行为，故减轻余某某部分责任，认定余某某承担主要责任，现在杨某某重伤，又有肇事逃逸行为，故将本案立为交通肇事刑事案件。但是，2015 年 11 月 17 日报北京市公安局丰台分局刑事拘留时，丰台分局不认为构成犯罪，未予批准刑事拘留，也未采取其他刑事强制措施。

余某某认为，即使杨某某车甩出的车锁砸中余某某的车属于交通事故，但是余某某的车和杨某某的车并没有直接接触，杨某某的摔倒受伤是因为其自己酒后驾驶电动自行车，摇摇晃晃到道路中间骑行造成的，属于自行摔倒，余某某对杨某某的摔倒行为并未起到任何作用，杨某某的重伤也是其酒后驾车自行摔倒并被后面梅某某所驾电动自行车二次撞击造成。

同时，也不排除杨某某故意摔倒碰瓷的可能，因为 2015 年 9 月 23 日梅某某笔录显示："杨某某平时都有骑车走到路中间的习惯，我们提醒过他不要向道路中间骑，他说没有事，撞到了对方会赔钱的。"事故发生前，杨某某驾车由边上向中间骑，杨某某倒地瞬间突然向右打把，然后倒地。但是，未料到其身后梅某某的电动自行车跟得太紧，导致两辆电动自行车猛烈撞击，造成杨某某重伤的后果。

余某某认为，根据《道路交通安全法实施条例》第 91 条的规定："公安机关交通管理部门应当根据交通事故当事人的行为对发生交通事故所起的作用以及过错的严重程度，确定当事人的责任。"余某某的违法行为仅是自己的车被杨某某自行摔倒后甩出的车锁砸中，未报警离开现场，是因为的确没和对方的车接触，未撞倒对方，其是抱着多一事不如少一事、怕被讹诈的心理离开的，但是这对杨某某摔倒、受伤没有起到任何作用，不存在法律上的因果关系，故余某某认为自己不应该对杨某某的自行摔倒负任何法律责任。

2. 事故责任主体错误

杨某某与梅某某驾驶的电动自行车撞在一起，杨某某的伤是因为与梅某某撞击而造成，应该在杨某某与梅某某二人之间划分事故责任。

杨某某倒地后，又被紧随其后的梅某某驾驶的电动自行车直接撞击，根据现场照片，两辆电动自行车咬合在一起。杨某某与梅某某驾驶电动自行车在道路中间行驶，未在距离道路右侧边缘线向左 1.5 米的范围内行驶，梅某某驾驶车辆未保持安全距离，加重了杨某某的伤害后果。同时，也不排除梅某某驾驶电动自行车与杨某某电动车剐蹭、追尾造成事故的可能，因为梅某某前两次笔录都一直试图诬陷深灰色小型轿车，而且张某9月21日的笔录第四页上数第七行也说："我看到梅某某傻傻地待在那里。"因此，应该在杨某某与梅某某之间分配交通事故责任，而不应该让没有车身接触的余某某承担事故责任。

3. 未对事故车进行痕迹、成分比对鉴定

根据交通队提供的照片，杨某某所驾电动车脱落的车锁明确还在车筐中。余某某认为是车锁砸了左雾灯，故申请对车锁上的残留物与余某某车身油漆进行比对鉴定，虽然余某某的车辆进行了局部修复，但是电动车的车身和车锁是否有别克车的油漆或者其他材料成分，对于查明本案事实也至关重要。虽然余某某和律师申请了鉴定，但是依然未进行鉴定。

4. 凹进去的左雾灯损坏与余某某所述被甩出的车锁砸中的情形相符，而不是两车接触造成

根据修理厂修理工的证明，余某某的车左侧雾灯损坏并有轻微划痕，而雾灯是凹进去车身几厘米的，正符合余某某所述是被车锁砸中的情形，如果是损坏变形那么严重的电动自行车和小型轿车接触相撞，应该是汽车前保险杠、车身严重变形开裂才对。

5. 从未有人指证说明杨某某是被轿车撞倒

事故发生后，杨某某的老乡、同事均在现场，并且还报了警，但当时从未有人指证说明杨某某是被轿车撞倒。交警出现场也未及时对杨某某进行抽血检测酒精含量，同时未对明确相撞的梅某某所驾车辆进行查扣和处理。

综上所述，余某某认为本案《道路交通事故认定书》，事实不清、证据不足、未依法履行全部法律职责，适用法律错误，结果显失公正，不能作为本案承担赔偿责任的依据。

另外，被告余某某申请复核时，原告提起诉讼，导致余某某提起的复核不被受理，被告的救济权利没有实现，被告只能向法院申请救济。

关于事故责任，余某某2015年11月17日接到《道路交通事故认定书》，于11月19日到北京市公安交通管理局递交《道路交通事故复核申请书》，原告11月20日就向法院起诉，北京市公安交通管理局于11月23日下达了《道路交通事故认定复核不予受理通知书》，理由是杨某某已就该事故向北京

市丰台区人民法院提起诉讼，法院已受理。因此，根据《道路交通事故处理程序规定》第52条的规定，北京市公安交通管理局决定不予受理，导致余某某对事故责任不服无法得到公安机关交通管理部门的法律救济。

综上所述，余某某只能根据全国人民代表大会常务委员会法制工作委员会《关于交通事故责任认定行为是否属于具体行政行为，可否纳入行政诉讼受案范围的意见》在行政赔偿诉讼中向人民法院寻求救济。

（六）法院改为同等责任，公安撤销刑事案件

一审法院认为：被告余某某驾驶机动车未保护现场，驾车离开现场，其行为违反了《道路交通安全法》第70条第1款的规定；原告杨某某酒后驾驶非机动车在道路上行驶未遵守交通规则，其行为违反了《道路交通安全法》第57条的规定，故杨某某、余某某对事故的发生应承担同等责任。鉴于余某某驾驶的小轿车在中国人民财产保险股份有限公司密云支公司投保了机动车交通事故责任强制保险，故保险公司应在机动车交通事故责任强制保险限额内先行赔偿。因余某某发生事故后驾车离开现场，故商业第三者责任险不予赔偿，超出机动车交通事故责任强制保险限额的费用由余某某承担50%。

上诉后二审维持原判。因法院认定余某某承担同等责任，即使肇事逃逸，也不涉嫌刑事犯罪，最终公安机关撤销刑事案件，余某某未被追究交通肇事罪的刑事责任。

（七）律师点评

《道路交通事故认定书》认定的责任决定一个人罪与非罪，如果案件可疑，当事人极为不服的话，应当及时调阅公安机关交通管理部门处理事故的全部卷宗，在证据细节里发现问题，通过法院民事审判改变责任，同样可以帮助当事人洗脱罪名。

四、北京刘某忠案

（一）核心要点

通过法院判决否定肇事逃逸，100万元商业第三者责任险全赔，帮助了事故双方。

（二）案件简介

事故现场位于北京市昌平区回南路北京燕青公司门口处，现场系东西走向道路，道路中心画有单黄虚线，将路面划分为上下行各一条机非混合车道，沥青路面，路面平坦，事故现场东侧设有监控录像及禁止2吨（不含）以上货车通行的标志。发生事故时系白天，天气晴。

2015年11月16日16时25分，在北京市昌平区回南路北京燕青公司门口处，王某驾驶摩托车（无号牌）由东向西行驶，适有刘某忠驾驶“解放”牌重型自卸货车由东向西从其后驶来，重型自卸货车前部右侧与摩托车后部接触，造成王某当场死亡，两车损坏。事故后刘某忠驾车逃逸后又驾车回到现场。

（三）第一次认定

事故后，公安机关交通管理部门依法进行了现场勘查、调查取证等工作，调取了现场东侧的监控录像。在查证的当事人违法行为、调取道路交通事故证据及确定适用法律后分析如下：

1. 刘某忠未安全驾驶机动车，有现场勘查、鉴定意见及当事人笔录为证，其行为违反《道路交通安全法》第22条第1款“机动车驾驶人应当遵守道路交通安全法律、法规的规定，按照操作规范安全驾驶、文明驾驶”的规定。

2. 刘某忠驾驶机动车未与前车保持足以采取紧急制动措施的安全距离，有现场勘查及鉴定意见为证，其行为违反《道路交通安全法》第43条“同车道行驶的机动车，后车应当与前车保持足以采取紧急制动措施的安全距离”的规定。

3. 刘某忠驾驶机动车发生道路交通事故后驾车逃逸，有现场勘查、证人笔录及当事人笔录为证，其行为违反《道路交通安全法》第70条第1款“在道路上发生交通事故，车辆驾驶人应当立即停车、保护现场；造成人身伤亡的，车辆驾驶人应当立即抢救受伤人员，并迅速报告执勤的交通警察或者公安机关交通管理部门。因抢救受伤人员变动现场的，应当标明位置。乘车人、过往车辆驾驶人、过往行人应当予以协助”的规定。

4. 刘某忠驾驶机动车违反交通信号通行，有现场勘查、监控录像、证人笔录及当事人笔录为证，该行为违反《道路交通安全法》第 38 条“车辆、行人应当按照交通信号通行；遇有交通警察现场指挥时，应当按照交通警察的指挥通行；在没有交通信号的道路上，应当在确保安全、畅通的原则下通行”的规定。

5. 王某未取得机动车驾驶证驾驶机动车，有现场勘查、公安网上查询结果及证人笔录为证，其行为违反《道路交通安全法》第 19 条第 1 款“驾驶机动车，应当依法取得机动车驾驶证”的规定。

6. 王某驾驶摩托车未戴安全头盔，有现场勘查、监控录像及证人笔录为证，其行为违反《道路交通安全法》第 51 条“机动车行驶时，驾驶人、乘坐人员应当按规定使用安全带，摩托车驾驶人及乘坐人员应当按规定戴安全头盔”的规定。

7. 王某驾驶的摩托车未按规定登记，有现场勘查、公安网上查询结果、证人笔录为证，其行为违反《道路交通安全法》第 8 条“国家对机动车实行登记制度。机动车经公安机关交通管理部门登记后，方可上道路行驶。尚未登记的机动车，需要临时上道路行驶的，应当取得临时通行牌证”的规定。

道路交通事故成因及责任认定如下：刘某忠未安全驾驶机动车、未与前车保持足以采取紧急制动措施的安全距离的违法行为，与本起道路交通事故的发生有因果关系，是发生道路交通事故的直接原因，并且在发生道路交通事故后驾车逃逸。根据《道路交通安全法实施条例》第 91 条的规定：“公安机关交通管理部门应当根据交通事故当事人的行为对发生交通事故所起的作用以及过错的严重程度，确定当事人的责任。”另外，根据《道路交通事故处理程序规定》第 60 条第 1 款第 1 项的规定，因一方当事人的过错导致道路交通事故的，承担全部责任。根据以上 2 条规定，确定：刘某忠为全部责任；王某为无责任。

《刑法》第 133 条规定：“违反交通运输管理法规，因而发生重大事故，致人重伤、死亡或者使公私财产遭受重大损失的，处三年以下有期徒刑或者拘役；交通运输肇事后逃逸或者有其他特别恶劣情节的，处三年以上七年以下有期徒刑；因逃逸致人死亡的，处七年以上有期徒刑。”根据此规定，刘某忠肇事逃逸致一人死亡，要判处 3 ~7 年的有期徒刑。

（四）因死者提起民事诉讼复核终止

事故责任认定后，刘某忠对承担事故主要责任无异议，但不认可肇事逃逸，因肇事逃逸要判处 3 ~7 年有期徒刑，并且商业第三者责任险也会拒赔。

刘某忠称事发当时，确实未感知发生了碰撞，不知道发生了交通事故，在行驶到距现场 2 公里左右（后实际测量为 800 米左右）被后方车辆提醒才知道发生事故，后立即报警并返回现场等待交警处理。

刘某忠委托笔者向北京市公安交通管理局申请复核，但同时死者家属就民事赔偿问题起诉到法院。按照 2015 年适用的《道路交通事故处理程序规定》的规定，复核期间任何一方起诉到人民法院，复核终止。剩下的唯一可行的救济途径就是在法院诉讼中，就事故认定的事实和责任向法院提出不服的理由和证据。

肇事司机是河北太行山区的一个农民，有两个孩子需要抚养，且两个孩子都在上学。雇主是内蒙古的一对夫妻，好不容易攒点钱买辆货车在北京拉渣土，买车时就担心出事故，除了机动车交通事故责任强制保险外，还找人托关系到河北买了 100 万元的商业第三者责任险（因为在北京，当时保险公司对大货车不卖 100 万元的商业第三者责任险）。可是万万想不到，事发当天请的这个司机刚上路半个小时就撞死了人，而且还被交通队认定为肇事逃逸，商业第三者责任险很可能拒赔。

（五）民事诉讼

笔者接受这个案子，压力也很大。想尽各种办法，包括复核和三级信访，都没有结果。要想推翻交通队的《道路交通事故认定书》，可不是那么容易的事。通过调取案卷，仔细研究各种细节，查找可疑之处和漏洞，查证大货车的各项参数，实地丈量比对车辆参数，事故道路关键节点的数据，制作附参数说明的照片、地图等，并通过现场路况、距离等，尽可能还原现场，还原真相，想尽办法说服法官，准备的材料有数十份，论证司机当时确实无法感知发生碰撞事故。经过一次庭前谈话，两次合议庭开庭，激烈的法庭辩论，认真撰写代理词和辩护词、证据目录等文书，依据相关法律规定、证据规则，最终说服法官，成功帮助肇事司机去掉肇事逃逸情节。

笔者的代理意见主要如下：

刘某忠不构成肇事逃逸。具体理由如下：

1. 根据事发道路、车辆具体情况，刘某忠确实无法感知发生了剐擦的交通事故。刘某忠是事发当日受苏某波临时雇佣，驾驶大货车只开了半个多小时，而且第一次走事发道路，两车在前，刘某忠在最后，刘某忠只顾追赶前方车辆，生怕掉队。事发路段为上下行各一条3米宽的机非混合道路，大货车宽2.495米，高3.6米，座椅距地面高1.7米，右前角有剐擦痕迹的部位距地面0.5米，存在很大视觉盲区，而且道路两侧树木林立，遮挡了视线，大货车本身噪声就大，并且大货车右前角留下的痕迹非常轻微，客观情况导致司机当时确实完全无法感知发生了碰撞。

至于证人说听到“哐”的一声，应该是剐擦后，两轮电动车的塑料后备箱摔在地面发出的撞击声，这一点也与卷宗中两轮车电动车后备箱的照片碎裂情况互相印证，剐擦在先，两轮电动车倒地在后，而这时大货车已经驶过，声音在后，客观情况造成确实无法感知。

在行驶到距现场800米后（后经实际打表测量），经路过的一辆红色小轿车提醒（但是并未找到红色小轿车的车牌等信息，无从核实），刘某忠才知道发生交通事故，然后立即返回现场，在返回现场的路上立即报警，因“122”交警事故报警电话难打，直到第6次才打通，这件事情有刘某忠的手机号报警记录为证，刘某忠返回现场时交警还没到现场，一直在现场等交警到来，并且积极保护现场。

2. 肇事货车投保有机动车交通事故强制责任保险和100万元的不计免赔的商业第三者责任险，事故发生时事发路段车辆、人员众多，根本没有逃跑的必要和动机，也不具备逃跑的客观条件。

3. 最高人民法院《关于审理交通肇事刑事案件具体应用法律若干问题的解释》中的“交通运输肇事后逃逸”，是指行为人在发生交通事故后，为逃避法律追究而逃跑的行为。本案中，刘某忠在客观条件下确实无法感知、意识到发生了交通事故，而且在他人告知发生交通事故后立即报警并返回现场，之所以当初离开现场是因为不知情，并不是为了逃避法律追究，因此不具备逃逸的主、客观构成要件。

最后，法院采纳了笔者的意见。

（六）民事一审否定肇事逃逸

本案的一个争议焦点是，刘某忠的行为是否构成肇事逃逸。法院认为，根据《道路交通安全法》第70条的规定，在道路上发生交通事故，车辆驾驶人应当立即停车，保护现场；造成人身伤亡的，车辆驾驶人应当立即抢救受伤人员，并迅速报告执勤的交通警察或者公安机关交通管理部门。因抢救受伤人员变动现场的，应当标明位置。本案中，刘某忠驾驶机动车发生交通事故后驶离现场，但经后车告知后能够及时主动返回现场，并采取积极措施协助救治伤者。刘某忠在发生交通事故时未采取刹车等制动措施，且仍按计划路线继续行驶，按照交通队笔录中证人证言相关内容均为孤证，不足以证明刘某忠明知发生交通事故而逃逸。故法院根据现有证据，以保护伤者鼓励积极协助救治、配合调查为原则，对刘某忠在此次交通事故中构成逃逸的事实不予认可。

一审法院判决：机动车交通事故责任强制保险的保险公司赔偿11.02万元，商业第三者责任险的保险公司赔偿878007元，其中4万元支付给被告苏某波（雇主）。

后承保商业第三者责任险的保险公司坚持认为司机肇事逃逸，提起上诉，二审法院驳回上诉，维持原判。

（七）刑事判决

本案因死者家属为了使刘某忠申请的复核被终止，仓促提起民事诉讼，导致先民后刑，因民事判决否定了刘某忠肇事逃逸，刑事审判时直接以民事判决作为证据，在3年有期徒刑以下量刑，肇事司机也松了一口气。假设按照交警的《道路交通事故认定书》，肇事逃逸不但保险不赔，而且还要被判处3~7年的有期徒刑，且终身禁驾。

最终的判决结果是：刘某忠犯交通肇事罪，判处1年5个月有期徒刑。

细节决定成败，这个案子最少让司机刘某忠少坐两年牢，否掉肇事逃逸，死者家属也顺利拿到了保险公司的赔偿款。既帮了被告司机和雇主，也帮了原告，保障了死者家属及时得到赔偿，如果判由司机、雇主赔偿，执行起来估计遥遥无期。

五、河南于某某案

（一）核心要点

两辆电动自行车相撞，负主要责任改为责任不确定，有罪变无罪。

事故经过大致如下：2018 年 10 月 1 日 17 时 10 分许，于某某驾驶电动自行车沿西五公路由西向东行驶至盆尧乡大赵路口左转弯，与李某某驾驶由西向东行驶的电动自行车相撞，造成于某某和李某某受伤、两车损坏的道路交通事故。后李某某经医院抢救无效死亡。

（二）第一次认定

1. 事故成因分析

于某某驾驶电动自行车，转弯前未伸手示意、未让直行的车辆先行是造成事故的主要原因；李某某驾驶电动自行车未在确保安全、畅通的原则下通行是造成事故的次要原因。

2. 当事人导致交通事故的过错及责任或者意外原因

第一，于某某违反《道路交通安全法实施条例》第 69 条的规定，该条规定，转弯的非机动车让直行的车辆、行人优先通行，以及第 72 条第 4 项“转弯前应当减速慢行，伸手示意，不得突然猛拐，超越前车时不得妨碍被超越的车辆行驶”的规定，应负事故的主要责任。

第二，李某某违反《道路交通安全法》第 38 条的规定。该条规定：“车辆、行人应当按照交通信号通行；遇有交通警察现场指挥时，应当按照交通警察的指挥通行；在没有交通信号的道路上，应当在确保安全、畅通的原则下通行。”其应负事故的次要责任。

根据最高人民法院《关于审理交通肇事刑事案件具体应用法律若干问题的解释》规定，造成一人死亡，负事故主要责任的，构成交通肇事罪，因此于某某无论如何要争取复核成功，避免牢狱之灾，同时因为双方都是驾驶电动自行车，没有任何保险，赔偿也是个大负担。

（三）申请复核

笔者代写了复核申请，主要复核理由如下：

一、原认定事实错误，事实上并非于某某拐弯未让直行，而是李某某醉酒超车不当追尾于某某

原认定拐弯未让直行，没有客观证据支持，真实事故经过是：2018 年 10 月 1 日 17 时 10 分，于某某驾驶电动自行车由西向东行驶至路口左拐弯已接近路中间，被后方李某某酒后驾驶的电动车撞上，李某某趴在地上未起身，围观群众代为拨打“120”急救电话，后李某某起身扶起电动车，捡起手机，于某某身上有多处擦伤，血流不止，经围观群众劝解，于某某离去，120 救护车到达现场后，李某某拒绝到医院，120 救护车空车返回。

10 月 8 日下午，交警队到家中要求于某某 10 月 9 日上午到公安局录口供。录完口供得知李某某已经死亡。

二、李某某是否醉酒驾驶电动自行车的事实不清，未对李某某进行酒精含量鉴定

根据《道路交通安全法实施条例》第 72 条第 3 项，在道路上驾驶自行车、三轮车、电动自行车、残疾人机动轮椅车，不得醉酒驾驶。由此规定可以知晓，醉酒后驾驶电动自行车也是交通违法行为。围观群众及接诊医生护士均可以证明，闻到李某某身上有很大的酒味，但×××大队未委托对李某某进行酒精含量鉴定，也未抽取李某某的血液，现尸体已经火化，导致案件基本事实无法查清。

三、适用法律

本案事实是李某某醉酒驾驶电动自行车、超车不当、未与前车保持安全距离，故而造成追尾事故，应适用《道路交通安全法》第 43 条第 1 款关于“同车道行驶的机动车，后车应当与前车保持足以采取紧急制动措施的安全距离”的规定。所以，应由李某某承担事故全部责任。

（四）重新认定

上级公安机关交通管理部门出具的复核结论为：部分事实不清，适用法

律不当。责令原办案单位对该事故重新调查、认定。

12月18日原办案单位经重新调查后出具《道路交通事故证明》，其主要内容如下：

现场勘察情况：无交通事故现场

结论：由于当事人双方未及时报警，无法查清李某某是否醉酒驾驶；由于李某某已死亡，无法查清李某某是否存在超车行为。综上所述：该交通事故事实存在，无法查清道路交通事故成因。根据《道路交通事故处理程序规定》第67条“道路交通事故基本事实无法查清、成因无法判定的，公安机关交通管理部门应当出具道路交通事故证明，载明道路交通事故发生的时间、地点、当事人情况及调查得到的事实，分别送达当事人，并告知申请复核、调解和提起民事诉讼的权利、期限”之规定，就此次交通事故的赔偿，各方当事人可向人民法院提起民事诉讼。

（五）律师点评

本案因事故双方均未及时报警，第一现场已不复存在，各执一词。李某某是否醉酒驾驶电动自行车，是超车追尾还是拐弯未让直行，是案件最重要的基本事实，但该事实已无法查清。因此，交通队只能出具《道路交通事故证明》，不能认定事故责任，责任不确定，根据疑罪从无的原则，于某某也就不再涉嫌构成交通肇事罪。

六、河北贺某案

（一）核心要点

追尾重新认定为拐弯未让直行，主要责任改为同等责任，有罪变为无罪。

（二）案件简介

事故现场道路位于天津—兴隆（克黄线）156千米加10米（兴隆县青松岭镇北三岔口路口），沥青路面，呈南北走向，道路中心为黄色单虚线，路面全宽1150厘米，路东路口宽2290厘米。

经鉴定，此次事故成因应是：2019年9月26日8时35分许，贺某驾驶的帕萨特小型轿车沿天津—兴隆（克黄线）由北向南行驶至156千米加10米

（兴隆青松岭镇北三岔口路口）时，遇到徐某驾驶的从由北向南的非机动车道向左驶入机动车道的铃田牌二轮摩托车，帕萨特小型轿车前部右侧与铃田牌二轮摩托车左侧后部在西半幅道路机动车道内呈丁字角度发生碰撞，最终帕萨特小型轿车向南运行至西半幅道路机动车道及非机动车道分道线处，铃田牌二轮摩托车向南倒地滑行至东半幅道路非机动车道。

（三）案件办理经过

该起事故，第一次认定贺某承担主要责任，造成一人死亡，已经涉嫌交通肇事罪。后贺某对事故责任认定不服，申请复核。

第一次认定贺某和徐某同向行驶，贺某未保持安全距离，与前车相撞，造成追尾事故，但是前车存在无牌、无证、未戴安全头盔的违法行为，故认定由贺某承担主要责任。

复核时发现第一次认定存在重大疏漏，缺乏认定追尾的基本证据，当事双方的行驶方向不明，认定同向行驶缺乏依据，也不知徐某从哪里来到哪里去，并且还不知道碰撞的位置，具体事故形态等事故基本事实未查明，且未做车速鉴定。

上级公安机关交通管理部门撤销了原认定，重新认定期间交通队为了查明案情，又补做了两份鉴定。

1. 北京龙晟交通事故司法鉴定所于2019年12月16日作出鉴定意见：由北向南行驶的帕萨特小型轿车车身前部与从由北向南的非机动车道驶入由北向南的机动车道的铃田牌二轮摩托车车身左侧在由北向南的机动车道内发生直角碰撞。

2. 河北冀通司法鉴定中心于2020年2月26日作出鉴定意见：（1）经鉴定，贺某驾驶的帕萨特小型轿车车速约为77千米/小时。（2）经鉴定，铃田牌二轮摩托车车速约为6千米/小时。

直到2020年3月11日，兴隆县公安交通警察大队才重新作出《道路交通事故认定书》，最终改为贺某与徐某各负本次事故同等责任，使徐某免予承担刑事责任，仅须承担民事赔偿责任。

本案之所以复核成功，将主要责任改为同等责任，有罪变无罪，就是因为事故经过、基本事实未查清，导致事故成因、法律适用错误，而又通过第二次认定纠正了这些错误。第一次认定为追尾事故，第二次通过痕迹鉴定，查明是摩托车左转弯未让直行车辆优先通行。

笔者认为本起事故更适合用表格对比的形式展现两次事故责任认定的不同（详见表2－1）。

表2－1　两次事故责任认定对比

主要事项	第一次认定	第二次认定
事故发生经过	2019年9月26日8时35分许，贺某驾驶小型轿车，沿天津—兴隆（克黄线）由北向南行驶到156公里加10米（兴隆县青松岭镇北三岔口路口），与前方顺行左转弯徐某驾驶的无牌照125型两轮摩托车左侧尾部相撞，造成徐某当场死亡，车辆损坏的交通事故	2019年9月26日8时35分许，贺某驾驶小型轿车，沿天津—兴隆（克黄线）由北向南行驶到156公里加10米（兴隆县青松岭镇北三岔口路口），与前方从非机动车道驶入机动车道由北向东左转弯徐某驾驶的无牌照125型两轮摩托车左侧尾部相撞，造成徐某当场死亡，车辆损坏的交通事故
事故形成原因分析	1. 贺某驾驶机动车上道路行驶时，未与前车保持安全距离 2. 徐某无有效机动车驾驶证，驾驶无牌照125型两轮摩托车上道路行驶，未戴安全头盔	1. 贺某驾驶机动车上道路超速行驶，未确保安全 2. 徐某无有效机动车驾驶证，驾驶无牌照125型两轮摩托车上道路违反标志标线行驶，违法转弯，未戴安全头盔
当事人导致交通事故的过错及责任或者意外原因	1. 小型轿车驾驶人贺某方面 贺某驾驶机动车上道路行驶时，未与前车保持安全距离，违反了《道路交通安全法》第43条第1款“同车道行驶的机动车，后车应当与前车保持足以采取紧急制动措施的安全距离”之规定，其违法行为是造成本次事故的主要原因 2. 无牌照两轮摩托车驾驶人徐某方面 徐某无有效机动车驾驶证，驾驶无牌照125型两轮摩托车上道路行驶，未戴安全头盔，违反了《道路交通安全法》第8条“国家对机动车实行登记	1. 小型轿车驾驶人贺某方面 贺某驾驶机动车上道路超速行驶未确保安全，违反了《道路交通安全法》第22条第1款“机动车驾驶人应当遵守道路交通安全法律、法规的规定，按照操作规范安全驾驶、文明驾驶”的规定，以及该法第42条第1款“机动车上道路行驶，不得超过限速标志标明的最高时速。在没有限速标志的路段，应当保持安全车速”之规定，其违法行为是造成本次事故的原因

续表

主要事项	第一次认定	第二次认定
	制度。机动车经公安机关交通管理部门登记后，方可上道路行驶。尚未登记的机动车，需要临时上道路行驶的，应当取得临时通行牌证”的规定，以及该法第 19 条第 1 款“驾驶机动车，应当依法取得机动车驾驶证”的规定，还有该法第 51 条“摩托车驾驶人及乘坐人员应当按规定戴安全头盔”之规定，其违法行为是造成本次事故的次要原因	2. 无牌照两轮摩托车驾驶人徐某方面 徐某无有效机动车驾驶证，驾驶无牌照 125 型两轮摩托车在道路上违反标志标线行驶，违法转弯，未戴安全头盔，违反了《道路交通安全法》第 8 条“国家对机动车实行登记制度。机动车经公安机关交通管理部门登记后，方可上道路行驶。尚未登记的机动车，需要临时上道路行驶的，应当取得临时通行牌证”；第 19 条第 1 款“驾驶机动车，应当依法取得机动车驾驶证”；第 38 条“车辆、行人应当按照交通信号通行；遇有交通警察现场指挥时，应当按照交通警察的指挥通行；在没有交通信号的道路上，应当在确保安全、畅通的原则下通行”；第 51 条“摩托车驾驶人及乘坐人员应当按规定戴安全头盔”的规定，以及《道路交通安全法实施条例》第 52 条之规定，其违法行为是造成本次事故的原因
事故责任	根据《道路交通安全法实施条例》第 91 条和《道路交通事故处理程序规定》第 60 条第 1 款第 2 项之规定，贺某应负本次事故的主要责任；徐某应负本次事故的次要责任	根据《道路交通安全法实施条例》第 91 条和《道路交通事故处理程序规定》第 60 条第 1 款第 2 项之规定，贺某、徐某均负本次事故的同等责任

七、北京鲁某案

（一）核心要点

肇事车辆起步时造成一死一伤认定同等责任，经信访改为司机吕某负全部责任，追究刑事责任，伤者获得超额赔偿。

（二）案件简介

事故现场为某城市花园小区自建路，道路为南北走向，沥青铺设，公路中心设有黄色单实线，上下各有一条机非混行车道，两侧人行道为彩色方砖铺设，道路平坦视线良好。

某日16时20分，在北京市某区某城市花园会所门口，吕某驾驶一小轿车头南尾北由公路西侧起步行车时，适有鲁某、王某由南向北行走，轿车左前部和前部分别与王某、鲁某身体相撞，造成鲁某死亡，王某受伤。

（三）第一次认定

吕某驾驶轿车未在确保安全的原则下通行，其行为违反《道路交通安全法》第22条第1款“机动车驾驶人应当遵守道路交通安全法律、法规的规定，按照操作规范安全驾驶、文明驾驶”的规定，是发生事故的原因。

鲁某由南向北未在人行道内行走，其行为违反《道路交通安全法》第61条“行人应当在人行道内行走，没有人行道的靠路边行走”的规定，是发生事故的原因。

王某由南向北未在人行道内行走，其行为违反《道路交通安全法》第61条“行人应当在人行道内行走，没有人行道的靠路边行走”的规定，是发生事故的原因。

综上所述，确定吕某为同等责任，鲁某为同等责任；王某为同等责任。

（四）复核和信访

第一次复核，上级公安机关交通管理部门维持了原认定。然后，笔者继续向有关部门反映此事，主要理由如下：

1. 受害人夫妇从小区大门出来，沿着道路由南向北行走。尽管走的是机动车道，未走人行道，但事发时，道路西侧路边停满了一排汽车，阻碍了受害人的通行，受害人夫妇要到对面的人行道上必须要借道先走一段机动车道，在车辆空当处才能穿过。根据《北京市实施〈中华人民共和国道路交通安全法〉办法》第 34 条第 4 项的规定："行人遇人行道有障碍无法正常通行而借用车行道通行时，车辆应当避让借道通行的行人。"根据此条规定，此种情况下机动车应当避让行人，行人借道机动车道行走完全合法，不存在过错。

2. 本案事故较为特殊，是在车辆起步时发生事故，静止停放的车，只有司机才知道何时起步，旁边的路人不可能预知停着的车什么时候开动。

3. 车辆起步的时机掌握在司机手里，司机起步时应注意观察前后左右，确认无人、安全后才能起步。但根据吕某的笔录，他似乎并没有履行这些注意义务：

问：你车在起步时你都做了些什么？

答：我起步时回头向后看，没有向前看，这是我的习惯。

根据吕某的供述，从停车位置出来并不需要倒车，直接就可以开出来，起步向前开车不向前看反而回头向后看，还说是习惯，这一点严重不符合机动车安全驾驶规范，存在重大过失。

4. 事故责任认定前，让当事人先行调解可能程序违法。在事故发生后，还没有认定事故责任时，交通队副队长就多次要求死者家属先解决赔偿问题，并签订了《赔偿协议书》。违反了《道路交通安全法实施条例》第 94 条第 1 款的规定，该款规定："当事人对交通事故损害赔偿有争议，各方当事人一致请求公安机关交通管理部门调解的，应当在收到交通事故认定书之日起 10 日内提出书面调解申请。"

而且，调解人员并不是本次事故主办警官中的任何一位，而是×××交通支队的副队长。交通队也未出具调解书，而是让律师办理的见证，表面上看是当事人私了，赔偿问题公安机关交通管理部门根本没有参与，但实际上是在这位交通支队副队长诱导的情况下签订的。

综上所述，申请人认为本事故中行人遇人行道有障碍无法正常通行而借用车行道通行，完全符合法律规定，此种情况车辆应当避让借道通行的行人。从因果关系上来说本案完全是肇事司机未注意安全驾驶，起步时违反操作规则，未观察前方是否有人就快速起步造成的。

（五）第三次认定

信访后，上级公安机关交通管理部门责令重新调查认定，第三次的《道路交通事故认定书》对交通事故形成原因的分析为：吕某驾驶轿车未按照确保安全的原则通行，其行为违反《道路交通安全法》第22条第1款“机动车驾驶人应当遵守道路交通安全法律、法规的规定，按照操作规范安全驾驶、文明驾驶”的规定，是发生事故的原因。

当事人责任确定：根据《北京市道路交通事故当事人责任确定标准（试行）》“凡‘确定责任一’至‘确定责任五’未列举的情形，公安机关公安交通管理部门根据当事人道路交通安全违法行为在交通事故中的作用，以及过错的严重程度确定当事人责任”的规定，确定吕某为全部责任；鲁某、王某为无责任。

该起事故从双方同等责任最终改为司机负全责，一死一伤，肇事司机被追究交通肇事罪的刑事责任，伤者的民事赔偿最终以调解的方式解决，获得了比法定赔偿更多的赔偿。

八、北京孙某秀案

（一）核心要点

利用程序错误将负全部责任改为主要责任，获得机动车交通事故强制责任保险12万元全额赔偿+30%。

（二）案件简介

某日上午10时许，在北京市海淀区某小区东门，孙某秀骑自行车由南向西左转，李某驾驶小客车由南向北直行，两车相撞，造成孙某秀受伤，两车损坏。交通队按照简易程序当场认定孙某秀承担事故全部责任。

事发后孙某秀住院16天，事故造成孙某秀胸T12椎体呈楔形改变压缩性骨折，T11－L1椎体3根内固定压缩骨折等。腰部骨折手术后遗留部分活动受限，很可能构成残疾，且一年后还需要二次手术取钢板。

（三）简易程序认定孙某秀全责

交通队认定孙某秀全责，机动车方无责，最多赔偿10%。且由于机动车方无责，其投保的机动车交通事故强制责任保险限额医疗费只有1000元、伤残1.1万元。如果机动车方负次要责任，最少在其投保的机动车交通事故强制责任保险限额12万元之内能全额赔偿，超出部分赔偿30%。

（四）信访要求按一般程序重新认定

孙某秀找笔者时，早已超过了事故复核期限，因此笔者代理孙某秀向上级公安机关交通管理部门信访反映原简易程序违法，要求按照一般程序重新认定。

根据《交通事故处理程序规定》第23条第1款的规定，公安机关交通管理部门可以适用简易程序处理以下类型的道路交通事故：（1）财产损失事故；（2）受伤当事人伤势轻微，各方当事人一致同意适用简易程序处理的伤人事故。

本次事故造成孙某秀伤情严重，甚至残疾，不应适用简易程序处理，孙某秀当时处于剧烈疼痛和极度惊恐状态，无法向交警说明事故发生的经过；肇事司机对交通法规较为熟悉，这可能也误导交警作出了片面的结论。这种在各方面都处于非对称的情况下得出的事故结论显然是不可靠的，应在全面和详细调查后适用一般程序处理认定。

后公安机关交通管理部门采纳了笔者的意见。因孙某秀伤情严重，已不适用简易程序，故撤销原经简易程序作出的《道路交通事故认定书》，转为一般程序处理。

在双方当事人的带领下，交通队对事故现场的路况进行了勘察，绘制了现场路况图，制作了勘察笔录，拍摄了现场路况照片。经查证核实，事故现场为南北走向，为有交通标志、标线控制的路段。该路段中心设有中心虚黄线，中心虚黄线两侧均划设有一条机动车道一条非机动车道；该路段划设有一条东西走向的人行横道，道路平直。

（五）一般程序重新认定

交通事故形成原因分析：孙某秀驾驶自行车横过机动车道未下车推行，

违反了《道路交通安全法实施条例》第70条第1款“驾驶自行车、电动自行车、三轮车在路段上横过机动车道，应当下车推行，有人行横道或者行人过街设施的，应当从人行横道或者行人过街设施通过；没有人行横道、没有行人过街设施或者不便使用行人过街设施的，在确认安全后直行通过”的规定，是此事故发生的主要原因。

李某驾车未确保安全通行，违反《道路交通安全法》第22条第1款“机动车驾驶人应当遵守道路交通安全法律、法规的规定，按照操作规范安全驾驶、文明驾驶”的规定，是此事故发生的次要原因。

最终认定孙某秀为主要责任，李某为次要责任。

法院判决保险公司在机动车交通事故责任强制保险限额内全额赔偿，超过部分由孙某秀和李某按照3∶7的比例分担。

九、广东付某标案

（一）核心要点

已经申请复核后再请律师补充意见，机动车应同等适用安全驾驶、文明驾驶规则，主要责任改为同等责任。

（二）案件简介

事故现场位于240国道2379千米加900米处，道路呈南北走向，南往望埠方向，北往龙头山方向。水泥路面，干燥，视野一般。

2019年12月31日18时35分许，付某标驾驶无号牌普通二轮摩托车沿240国道由北往南方向行驶至2379千米加900米处时，与前方的行人黄某发发生碰撞，黄某发在倒地过程中再撞到前方行走的边某申和杨某磊，造成黄某发死亡、付某标倒地及车辆损坏。随即，付某标在倒地过程中再被同方向行驶由陆某全驾驶的重型半挂牵引车（该车牵引一辆重型平板自卸半挂车）碾压，造成付某标死亡。

（三）第一次认定

当事人导致交通事故的过错及责任或者意外原因：付某标驾驶无号牌机动车未按车道通行、未按操作规范安全驾驶，违反《道路交通安全法》第8

条、第22条第1款、第36条之规定，是导致此事故的主要原因，承担此事故的主要责任；陆某全驾驶机动车违反交通信号通行，违反《道路交通安全法》第38条之规定，是导致此事故的另一方面原因，承担此事故的次要责任；黄某发、边某申和杨某磊不承担此事故的责任。

（四）申请复核

《道路交通事故认定书》作出后，付某标家属于2020年3月17日向××市公安机关交通管理部门提出复核申请。因当事人已经自己委托当地律师起草并递交了《道路交通事故复核申请书》，但是觉得不够专业，又请笔者再起草一份《补充复核意见》，内容主要如下：

一、事实不清

1. 货车轧线或者越线行驶

根据现场照片可见遗留的轮胎刹车印记，在数十米长的机非分界线上均有深深的大货车轮胎印记，可见大货车轧线行驶，车身是超过外侧轮胎的，车身已经越线。

2. 大货车没有给摩托车、行人留出空间才是本案事故发生的根本起因

付某标为什么要向右打方向？事故的起因是什么？大货车强行、违法超车，没有给摩托车、行人留出空间才是本案事故发生的根本起因，在事故中的作用极大。

事发路段非机动车道宽2.3米，摩托车宽度65厘米，大货车超车时轮胎轧线或车身越线，可能还大声鸣笛或者大灯频闪，没有给旁边的摩托车与行人预留安全距离，摩托车本在机动车道依法正常行驶，如果出现一个快速移动的庞然大物，对驾驶摩托车的人肯定会造成心理压力和惊慌，而出于察觉危险威胁到自身的原因，被迫右转躲闪。因此，大货车强行违法超车、没有给摩托车、行人留出空间才是本案事故发生的根本起因，在事故中的作用极大。

二、法律适用错误

1. 陆某全驾驶的大货车轧线、越线违法超车，未给摩托车及行人留出空间，既违反了安全原则，又侵犯了摩托车的路权。《道路交通安全法实施条

例》第47条规定："机动车超车时，应当提前开启左转向灯、变换使用远、近光灯或者鸣喇叭。在没有道路中心线或者同方向只有1条机动车道的道路上，前车遇后车发出超车信号时，在条件许可的情况下，应当降低速度、靠右让路。后车应当在确认有充足的安全距离后，从前车的左侧超越，在与被超车辆拉开必要的安全距离后，开启右转向灯，驶回原车道。"

本案事故中，有两点需要注意：（1）大货车超车时未确认有足够的安全距离；（2）未完全从前车左侧超车，而是挤压摩托车的行驶空间，轧线或者越线超车，导致摩托车没有在机动车道上正常行驶的空间，被挤到非机动车道上，侵犯了摩托车的路权。机动车道宽3米，大货车宽2.55米，如果大货车靠机动车道左侧超车，给摩托车留出足够的在机动车道行驶的空间，本案事故就不至于发生，或者不至于导致付某标被拖行10.5米而死亡。因此，大货车违法超车才是本案事故发生的根本原因，具有引起与被引起的决定作用。

2. 付某标所驾摩托车无号牌与本案事故的发生没有因果关系，对事故的发生不起作用，原认定引用《道路交通安全法》第8条适用法律错误。

3. 原认定付某标未按车道通行，事实认定和法律适用均错误。付某标本在机动车道驾驶摩托车正常行驶，是在大货车强行超车造成付某标向右打方向避让的过程中发生的事故，不是付某标原本就未按车道通行。原《道路交通事故认定书》引用《道路交通安全法》第36条适用法律错误。

4. 原认定只给付某标适用《道路交通安全法》第22条第1款，而对陆某全负有的注意安全驾驶、文明驾驶的责任未进行评价，适用法律错误。

《道路交通安全法》第22条第1款规定的"安全驾驶、文明驾驶"问题，是一个万能条款。付某标和陆某全驾驶的都是机动车，一个在前，另一个在后；一个是摩托车，另一个是大货车；大货车超车和在前面正常行驶的摩托车相比，谁的安全驾驶、文明驾驶责任更重？显然是大货车。大货车超车时需要给摩托车留出足够的空间，而不是轧线、越线、挤占，把摩托车逼到非机动车道内。

（五）第二次认定

2020年4月1日，××市公安局交通警察支队作出复核决定，撤销了第一次的《道路交通事故认定书》，并要求重新调查、认定。

重新认定：委托广东达康司法鉴定所，重新对事故成因及车辆的行驶速度进行鉴定。经重新调查，于 2020 年 8 月 11 日作出涉案事故认定，重新调查认定付某标驾驶无号牌机动车、未按车道通行、未观察路面情况，其行为违反了《道路交通安全法》第 8 条、第 36 条、第 38 条之规定，是导致此事故的一方面过错，承担此事故的同等责任。

陆某全驾驶机动车未观察路面情况、轧线行驶，其行为违反了《道路交通安全法》第 22 条第 1 款、第 38 条之规定，是导致此事故的另一方面过错，承担此事故的同等责任；黄某发、边某申和杨某磊不承担此事故的责任。

重新认定采纳了笔者的部分意见，如陆某全驾驶机动车轧线行驶、未观察路面情况违反了《道路交通安全法》第 22 条第 1 款注意安全驾驶、文明驾驶的规定，从而认定双方同等责任，和当事人的复核请求一致。

十、北京石某案

（一）核心要点

《道路交通安全法》第 22 条第 1 款在实务中的运用。

（二）案件简介

事故经过大致如下：张某（女，时年 20 岁，血液酒精含量 87.74 毫克/100 毫升，未带手机、身份证等任何可以证明身份、联系方式的物品，2012 年是按照无名尸认定的，直到 2018 年才通过公安部的失踪人口系统，进行 DNA 比对查找到死者父母）于 2012 年 5 月 29 日 0 时 10 分由北向南在京藏高速最内侧快速车道行走，因正好赶上下坡、天桥有阴影、对向车道远光灯晃眼等，司机石某发现有人时，虽然猛踩刹车，但一切为时已晚，行人撞在前风挡上，弹出落下后，又被后方驶来的王某驾驶的高尔夫小轿车从身上碾过，导致醉酒的行人死亡。

（三）第一次认定

行人违反《北京市实施〈中华人民共和国道路交通安全法〉实施办法》第 57 条关于行人不得进入高速公路、城市快速路或者其他封闭的机动车专用道的规定，承担事故的主要责任。

石某违反《道路交通安全法》第 22 条第 1 款“机动车驾驶人应当遵守道路交通安全法律、法规的规定，按照操作规范安全驾驶、文明驾驶”的规定，承担事故次要责任。

王某违反《道路交通安全法》第 43 条“同车道行驶的机动车，后车应当与前车保持足以采取紧急制动措施的安全距离”的规定，承担事故次要责任。

（四）第二次认定

王某申请复核，认为原《道路交通事故认定书》适用法律错误，第二次认定就变成了王某没有《北京市道路交通事故当事人责任确定标准（试行）》所列 A、B 类且无其他与道路交通事故发生有关的过错行为，认定王某不承担事故责任。

石某未申请复核，依然是违反《道路交通安全法》第 22 条第 1 款未注意安全驾驶，文明驾驶，承担事故次要责任。

（五）一审裁判要旨

2018 年，公安机关通过 DNA 比对系统找到了死者家属，死者家属向石某索赔 70 余万元。

被告石某认为：众所周知，行人禁止进入高速公路是最基本的生活常识之一，张某“半夜”“醉酒”“孤身一人”“未有任何表明身份的物品”“进入禁止行人进入的封闭的京藏高速公路”“而且是最内侧的快速车道”，严重违反了《道路交通安全法》第 67 条“行人、非机动车、拖拉机、轮式专用机械车……不得进入高速公路”的规定，结合事故发生时间、地点不排除张某自杀的可能。

石某半夜在高速路上驾车正常行驶，不存在任何违法行为，作为一个司机，谁都不会想到半夜三更会有行人在高速路快车道上行走，远远超出了一个司机应当负有的注意义务，是根本无法预见、不能避免的突发不可抗力意外事件，不同意承担责任，且自己修车、诉讼请律师等会付出巨大的时间成本和经济成本，自己才是真正的无辜受害者。

一审法院认为：根据《侵权责任法》[①] 的规定，承担侵权责任的前提是行为人实施了侵权行为，并因此产生了损害后果，且行为人具有主观过错。本案系机动车交通事故责任纠纷，应适用上述侵权责任的归责原则。本案各方的争议焦点在于石某和王某对张某死亡的后果是否存在过错，一审法院对此做如下论述：

第一，张某作为成年人，应当明知行人不得进入高速公路、城市快速路或者其他封闭的机动车专用道，但其仍然在饮酒的情况下擅自进入封闭高速公路最内侧车道行走，不顾自身安全的同时，给正常行驶的车辆也造成了严重的安全隐患，直接导致发生本案事故。

第二，虽然《道路交通事故认定书》中记载石某未按规定做到安全驾驶，是发生事故的次要原因，但其中并未说明石某具体存在何种违反安全驾驶原则的行为，且该《道路交通事故认定书》中亦明确记载，事发时石某驾驶的车辆已按规定定期年检，性能正常，未超速行驶，因此不能据此认定石某具有侵权法意义上的过错。

第三，根据一审法院调取的监控录像显示，事发时间为凌晨，路面光线昏暗，视线较差，除非有由北向南进京车辆前照灯的近距离照射，否则根本无法看清张某在京藏高速公路上行走，而石某和王某作为车辆驾驶员，在封闭高速公路的最内侧车道正常行驶的情况下，不可能预见到前方会出现行人。

综上所述，一审法院认为石某和王某在涉案环境下已经尽到了其作为驾驶员的安全驾驶注意义务，现有证据不足以证明石某和王某对张某的死亡后果存在主观过错。

根据《道路交通安全法》的规定，机动车发生交通事故造成人身伤亡、财产损失的，由保险公司在机动车第三者责任强制保险责任限额范围内予以赔偿；不足的部分，在机动车与行人之间发生交通事故的，机动车一方没有过错的，承担不超过10%的赔偿责任。根据上文论述，张某深夜饮酒后擅自进入封闭高速公路最内侧车道行走，由此导致事故的发生，石某和王某对损害结果的发生不存在主观过错，故一审法院酌定其二人分别对涉案事故损失

① 该法现已废止。

承担10%的赔偿责任，死者家属主张超出机动车交通事故责任强制保险限额的部分由石某、王某承担40%的诉讼请求缺乏事实和法律依据，一审法院依法不予支持。

一审分别判决石某、王某的保险公司各赔偿死者家属61560.2元。

（六）二审裁判要旨

死者家属提起上诉，因石某认为一审已经胜诉，二审应该基本维持原判，未再委托律师代理，自行出庭答辩。

据二审判决书记载：二审法院审判人员对事发时的监控录像仔细观看。该录像显示，事发当时路面光线较为昏暗，视线较差，但从监控中依稀能看到路面的白色行车标线。以事故发生时为节点，逐帧慢慢回放，在时间刚刚进入2012年5月29日0时3分30秒时，通过仔细观察，可以隐约看到张某由北向南在京藏高速公路进京方向最内车道的路中央行走，随着石某驾驶车辆的临近，在车灯的照射下图像越来越清晰。此时并未看到石某采取制动措施，直至石某的车辆马上撞到张某时，石某车辆尾部的刹车灯才亮起。在时间进入2012年5月29日0时3分31秒后，石某驾驶的车辆与张某相撞，王某驾驶车辆随后跟来，可见王某与相邻右侧车道内的车辆均采取了制动措施。

二审法院认为：在封闭的高速公路上行车，确实很难预见到会有行人出现，但作为一名司机，在高速公路上驾驶车辆时，必须时刻保持高度警惕状态，集中注意力观看路面上随时可能发生的各种危险情况。正常情况下，小型轿车近光灯照射的距离在30～40米，通过监控录像可以看出，从距离张某更远的监控设施所在之空中观察，在没有灯光辅助的情况下，已然可以看到张某的身影，处在更近处的石某在行车灯的辅助下，如果注意观察更应该能看到张某在路中央行走，但直至马上要撞到张某时，石某才采取制动措施，由于为时已晚，石某驾驶的车辆猛烈撞击到张某，导致悲剧发生。因张某并非突然横向蹿出，如果石某能及时观察到张某并采取有效措施，也许结果不至于如此严重，甚至可以避免。综合事情发生的整个过程，二审法院认为石某在驾驶过程中未尽到谨慎安全驾驶的义务，未能及时观察到张某在高速公路上行走，以致本次事故发生。因而二审法院认为石某在此事故中存在过错。

同时，在事故发生后，公安机关交通管理部门作出《道路交通事故认定书》，认定张某负事故的主要责任，石某负次要责任，王某无责。对该责任认定，各方当事人均未提出异议。石某在二审期间亦表示其应承担本次事故的次要责任。因而二审法院对上述《道路交通事故认定书》予以认定。对于张某承担事故主要责任的理由，不再赘述。综上所述，整体考虑案件情况，对于本案的民事责任，二审法院酌情认定张某自身承担70%的责任，石某承担30%的责任，王某无责。一审法院对此认定错误，二审法院予以纠正。

二审判决如下：

1. 中国太平洋财产保险股份有限公司北京分公司在王某投保的机动车交通事故责任强制保险限额内赔偿死者家属丧葬费1.1万元。

2. 中国太平洋财产保险股份有限公司北京分公司在石某投保的机动车交通事故责任强制保险限额内赔偿死者家属11万元。

3. 中国太平洋财产保险股份有限公司北京分公司在石某投保的商业第三者责任险限额内赔偿死者家属154380.6元。

（七）律师点评

《道路交通安全法》第22条第1款规定："机动车驾驶人应当遵守道路交通安全法律、法规的规定，按照操作规范安全驾驶、文明驾驶。"此条款最核心的八个字是"安全驾驶、文明驾驶"，在找不到其他具体违法行为时，这是认定交通事故责任最常用的条款。

公安部在2021年4月27日发布了《机动车驾驶人安全文明操作规范》，但是也没有要求司机注意避让高速路上突然出现的行人，因为这超出了正常司机应当承担的注意义务范围，法律本身也严禁行人进入高速公路。

本次事故，尽管应当同情死者家属，死者为大，但不能因为有人死亡就让无辜者承担责任。且石某也是受害者，如果石某也车毁人亡，向谁去索赔？

石某因此事故担惊受怕，精神和物质上遭受极大损失，并支付车辆修理费等费用共计13万余元，与保险公司打了一场代位求偿权的诉讼，垫付了急救费、律师费、诉讼费共计数万元。

第三章　交通肇事罪的刑事辩护

第一节　实务要点

一、交通肇事罪的构成要件

在我国，交通肇事罪是指违反交通运输管理法规，因而发生重大事故，致人重伤、死亡或者造成重大公私财产损失的行为。交通肇事罪主要有以下四个犯罪构成要件。

（一）犯罪主体

交通肇事罪的犯罪主体属于一般主体，即年满16周岁的具有刑事责任能力的自然人都可能成为交通肇事罪的犯罪主体。

（二）犯罪主观方面

交通肇事罪属于过失犯罪，因此在主观方面只能是过失，包括疏忽大意的过失和过于自信的过失，即行为人对自己行为的严重后果应当预见，由于疏忽大意而没预见，或者虽然预见，但轻信能够避免，以致造成了严重后果。这种过失是行为人对所造成的严重后果的心理态度，而对于违反交通运输管理法规本身，则可能是故意犯。如果是故意撞伤或者撞死人，则属于借用交通工具故意杀人或者故意伤害。

（三）犯罪客观方面

本罪在客观方面表现为违反交通运输法规，发生重大事故，致人重伤、死亡或者使公私财产遭受重大损失。其客观方面主要有以下四个不可分割的部分：

1. 发生重大事故，致人重伤、死亡或者使公私财产遭受重大损失的行为。这种行为必须发生在交通运输的过程中，这是交通肇事罪的特定时空条件。如果事故发生在交通运输过程以外的时空内，则不能构成交通肇事罪。

2. 行为人必须违反了交通运输管理法规。违反交通运输管理法规是交通肇事的原因，也是构成本罪的前提条件。行为人在交通运输中如果没有违反交通管理法规，即使致人重伤、死亡或者使公私财产遭受重大损失，也不构成本罪。

3. 必须实际发生了重大事故，造成致人重伤、死亡或者使公私财产遭受重大损失的严重后果。这是构成交通肇事罪的必要条件之一。行为人虽然违反了交通运输管理法规，但未造成上述法定严重后果的，不构成本罪。

4. 行为人的违章行为和造成的严重后果之间必须存在必然的因果关系。如果违章行为和后果之间没有因果关系，则不构成本罪。

（四）犯罪客体

本罪侵犯的客体，是交通运输的安全。交通肇事罪在客观上对不特定多数人的生命财产安全造成了侵害，其行为实质是对公共安全的侵害。

目前有关交通肇事罪的主要法律、司法解释规定有以下两个：

1. 《刑法》第133条规定："违反交通运输管理法规，因而发生重大事故，致人重伤、死亡或者使公私财产遭受重大损失的，处三年以下有期徒刑或者拘役；交通运输肇事后逃逸或者有其他特别恶劣情节的，处三年以上七年以下有期徒刑；因逃逸致人死亡的，处七年以上有期徒刑。"

2. 最高人民法院《关于审理交通肇事刑事案件具体应用法律若干问题的解释》。将该解释表格化会更有利于理解该解释的内容（详见表3-1）。

表3-1 最高人民法院《关于审理交通肇事刑事案件具体应用法律若干问题的解释》中的有关规定

事故责任	具体情节	处罚
负事故全部或者主要责任	（1）死亡1人或者重伤3人以上 （2）造成公共财产或者他人财产直接损失，无能力赔偿数额在30万元以上的 （3）交通肇事致1人以上重伤，并具有下列情形之一的：①酒后、吸食毒品后驾驶机动车辆的；②无驾驶资格驾驶机动车辆的；③明知是安全装置不全或者安全机件失灵的机动车辆而驾驶的；④明知是无牌证或者已报废的机动车辆而驾驶的；⑤严重超载驾驶的；⑥为逃避法律追究逃离事故现场的[1]	3年以下有期徒刑或者拘役
负事故同等责任	死亡3人以上	
负事故全部或者主要责任	（1）死亡2人以上或者重伤5人以上 （2）造成公共财产或者他人财产直接损失，无能力赔偿数额在60万元以上的	3年以上7年以下有期徒刑
负事故同等责任	死亡6人以上	

[1]“交通运输肇事后逃逸”，是指行为人具有本解释第2条第1款规定和第2款第1~5项规定的情形之一，在发生交通事故后，为逃避法律追究而逃跑的行为。

此外，最高人民法院《关于审理交通肇事刑事案件具体应用法律若干问题的解释》中还规定了有关的共犯情形：交通肇事后，单位主管人员、机动车辆所有人、承包人或者乘车人指使肇事人逃逸，致使被害人因得不到救助而死亡的，以交通肇事罪的共犯论处。单位主管人员、机动车辆所有人或者机动车辆承包人指使、强令他人违章驾驶造成重大交通事故，具有该解释第2条规定情形之一的，以交通肇事罪定罪处罚。该解释中，有关“因逃逸致人死亡”的规定也值得注意。因逃逸致人死亡，是指行为人在交通肇事后为逃避法律追究而逃跑，致使被害人得不到救助而死亡的情形。将处以7年以上有期徒刑。

二、交通肇事罪的刑事辩护方案

无论是交通肇事罪的刑事辩护，还是其他刑事案件的辩护，大方向上都是分为罪轻辩护和无罪辩护两种类型。辩护方案的内容分为三部分：（1）事实和证据辩护；（2）定性及适用法律辩护；（3）量刑辩护。下面，我们来展开说说交通肇事罪的罪轻辩护与无罪辩护。

（一）交通肇事罪的罪轻辩护

交通肇事案件罪轻辩护中的主要从轻、减轻情节有：

1. 自首，立功。

2. 事发后立即停车，主动报警，拨打“120”急救电话积极救助，积极垫付抢救费用。

3. 积极赔偿，达成协议，取得谅解。

4. 认罪认罚、认罪态度好，真诚认罪悔罪。

5. 初犯、偶犯、过失犯罪。

6. 被害人或者第三方有过错、负有事故（次要）责任。

7. 以前表现良好，无前科劣迹，未受过任何刑事、行政处罚。

8. 符合缓刑适用条件，建议适用缓刑。

9. 受害人的死亡并非完全由交通事故造成，交通事故对于受害人死亡的参与度不高。

10. 如果肇事逃逸，检察机关量刑建议为判处3年以上有期徒刑的，并且交通队已经适用过一次肇事逃逸，据此认定主要或者全部责任，并且如果没有肇事逃逸，不可能承担事故主要或者全部责任，则可以从已将逃逸行为作为入罪情节这一点上出发进行辩护，如再将该行为作为量刑加重情形，则有违刑法“禁止重复评价原则”角度，可以争取3年以下有期徒刑。

（二）交通肇事罪的无罪辩护

认定是否构成交通肇事罪，主要就是看事故责任和后果。我国刑法中规定的交通肇事罪是以交通事故责任的认定为前置条件的，因此事故责任的判定对交通肇事罪能否成立意义重大，而围绕《道路交通事故认定书》的相关问题也就成为法律适用中的难点。若肇事者在事故中不承担责任或承担次要责任的话，即使造成了严重的后果，无论如何都不构成交通肇事罪，无须承担刑事责任。因此，律师在办理交通肇事刑事案件时，如果是为肇事人做无罪辩护，往往会在《道路交通事故认定书》上选择突破口。但是，在司法实践中，法官对《道路交通事故认定书》过度依赖，以及对《道路交通事故认定书》的审查可能会不准确，导致律师在交通肇事案件中做无罪辩护时会陷入困境。

《道路交通安全法》第73条规定："公安机关交通管理部门应当根据交通事故现场勘验、检查、调查情况和有关的检验、鉴定结论，及时制作交通事故认定书，作为处理交通事故的证据。"根据《道路交通安全法》的立法原意，"作为处理交通事故的证据"含义包括以下三个方面：一是确定事故因果关系事实的证据；二是确定当事人行政责任的依据；三是公安机关交通管理部门进行民事赔偿调解的依据。但在实务中，有人认为公安机关交通管理部门的责任认定是"一责代三责"，即以事故责任认定代替刑事责任、民事责任和行政责任的认定。实际上，公安机关交通管理部门的责任认定是对行政责任的认定，民事责任、刑事责任的认定还是应当由法院或者由法院组织专家来认定。

尽管如此，有不少法官在审理交通肇事案件时，仍将《道路交通事故认定书》中的事故责任认定简单等同于刑事责任的认定。原因是交通事故发生后，交警最先赶到现场进行勘验处理，法官不可能到交通事故现场。对交通事故是如何造成的，责任谁来承担，均由交警进行勘验、调查取证，进而进行认定，对交通事故有最直接认识的是交警；而且由于分工的不同，交警是勘验、认定交通事故的专业队伍，而法官一般不具有认定交通事故责任的专业知识和经验。由于存在上述因素，法官对于改变先前的事故认定会心存顾虑，往往不愿意改变交警作出的认定。

因此，律师在为交通肇事罪的被告人做无罪辩护时，要在复核阶段积极认真为当事人复核。在复核阶段，如果能将责任改为主要责任以下或者出具责任不确定的《道路交通事故证明》，一般也就不会进入刑事诉讼程序。

第二节 案例选编

为了更好地研究交通肇事罪的无罪辩护，寻找突破口，笔者除整理了自己办理的成功案例，也收集整理了中国裁判文书网等公开的一些有借鉴意义的判决。毕竟一个人的力量是有限的，他山之石可以攻玉，这些典型的无罪判决也可以供大家研究、吸收、借鉴。

一、包头焦某案

肇事逃逸死亡一人全责，发回重审后检察机关撤诉，无罪获国家赔偿。

（一）核心要点

1. 死者系因自身疾病而猝死、猝死是一种自然死亡。
2. 死者的死亡与肇事者的行为没有刑法意义上的因果关系。
3. 肇事者主观上没有逃避法律追究的故意，客观上没有逃匿行为。
4. 肇事逃逸如果已成为入罪情节，则不可再作为量刑情节。

（二）案件简介

现场位于内蒙古自治区包头市东河区内环路与财神庙广场南侧道路岔路口，为无信号灯控制的丁字路口，沥青路面，施画有道路标线和人行横道线。

事故经过大致如下：2019 年 5 月 19 日 9 时 22 分，焦某驾驶一辆小型轿车在包头市东河区内环路由北向南行驶至财神庙广场南侧道路岔路口向东左转弯过程中，遇高某驾驶的电动自行车沿内环路由南向北行驶至此，高某所驾车辆在向左前方行驶过程中，其所驾车辆左侧与焦某所驾车辆左侧发生剐碰。高某及所驾电动自行车倒地，焦某下车察看后驾驶肇事车辆离开现场。后高某经抢救无效死亡。焦某于当日 10 时 45 分驾驶肇事车辆途经事故现场时询问情况并接受调查。

经包头市公安交通司法鉴定中心检验，高某死亡原因为：冠心病急性发作猝死。

（三）事故责任认定

经集体讨论，综合分析后，交通队认为：焦某驾驶机动车上道路行驶未确保安全驾驶且发生事故后，未保护现场、及时报警抢救伤者，驾车逃逸，其行为违反了《道路交通安全法》第38条“车辆、行人应当按照交通信号通行；遇有交通警察现场指挥时，应当按照交通警察的指挥通行；在没有交通信号的道路上，应当在确保安全、畅通的原则下通行”的规定，以及该法第70条第1款“在道路上发生交通事故，车辆驾驶人应当立即停车，保护现场；造成人身伤亡的，车辆驾驶人应当立即抢救受伤人员，并迅速报告执勤的交通警察或者公安机关交通管理部门。因抢救受伤人员变动现场的，应当标明位置。乘车人、过往车辆驾驶人、过往行人应当予以协助”之规定，过错严重；根据《道路交通安全法实施条例》第91条和《道路交通事故处理程序规定》第61条第1款第1项的规定，认定：焦某应承担本起事故的全部责任，高某不承担责任。

后焦某被刑事拘留、逮捕。因肇事逃逸致人死亡，一旦成立面临3～7年的有期徒刑，且终身禁驾，后果很严重，当地律师都认为没有希望，于是焦某亲属通过网络找到了笔者。

（四）一审

包头市东河区人民法院部分采纳了笔者的意见，认为被害人驾驶电动自行车逆向行驶，对于事故的发生也有过错，可以减轻被告人的责任。一审法院未采纳交通队作出的《道路交通事故认定书》所认定的全部责任，将焦某的全部责任改为主要责任（70%），但仍然以交通肇事罪判处焦某有期徒刑3年，并附带民事赔偿47万余元（不含机动车交通事故责任强制保险赔偿）。

（五）二审

包头市中级人民法院经过公开开庭审理，全部采纳了笔者的辩护意见，以被害人的死亡与事故之间的因果关系以及参与度的事实及证据不足，且对肇事逃逸情节重复评价、量刑不当为由，发回重审。二审出庭检察官也完全同意笔者的辩护意见。

（六）重审无罪

东河区人民检察院以无犯罪事实、不符合交通肇事罪的构成要件，不构成交通肇事罪为由撤回起诉，包头市东河区人民法院裁定准许撤诉，同时裁定驳回死者家属的刑事附带民事诉讼。

至此，焦某得以避免刑事责任，并且检察机关以无犯罪事实、不构成交通肇事罪为由撤诉，相当于宣告焦某无罪，公安机关交通管理部门也不应再作出肇事逃逸终身禁驾的行政处罚。

（七）国家赔偿

焦某从2019年8月30日被刑事拘留至2021年4月12日取保候审，共被错误羁押592天。

这个案子，公安刑事拘留，检察机关批捕，一审法院判3年有期徒刑，二审发回重审，重审期间，检察机关撤诉，然后作出无犯罪事实不起诉决定，就把国家赔偿的问题交给了一审法院。

根据《国家赔偿法》第21条第4款规定：“再审改判无罪的，作出原生效判决的人民法院为赔偿义务机关。二审改判无罪，以及二审发回重审后作无罪处理的，作出一审有罪判决的人民法院为赔偿义务机关。”因此，《国家赔偿法》规定很明确，二审发回重审后作无罪处理的，只有一审法院来承担国家赔偿责任。于是，本案的一审法院包头市东河区人民法院决定赔偿笔者的当事人限制人身自由赔偿金、精神损害抚慰金共计24万余元，并在当地社区赔礼道歉、消除影响。

（八）律师点评

根据《刑事诉讼法》的规定，人民法院依照法律规定独立行使审判权，人民法院、人民检察院和公安机关进行刑事诉讼，应当分工负责，互相配合，互相制约，以保证准确有效地执行法律。刑事案件中，法院是最后把关的，必须严格适用法律，独立、客观、公正地依法判决。完全按照公安机关、检察机关的意思办，最后如果出现错判，就需要由其自身承担国家赔偿责任。

分享一下本案的二审辩护词，仅供学习研讨，欢迎指正。

焦某交通肇事案二审辩护词

尊敬的审判长、审判员：

经过阅卷、会见被告人，并结合法律规定，本律师认为焦某不构成交通肇事罪，辩护意见如下：

一、一审判决认定事实不清，无证据证明受害人高某是因交通事故致死或者和交通事故有任何因果关系，没有证据支持，本案经法医鉴定高某在冠心病突发急性心肌梗死时摔倒，死亡原因系冠心病急性发作猝死，根据公安部《猝死尸体的检验》，猝死是自然死亡，自然死亡即不是交通事故致死、与交通事故无刑法上的因果关系，因此建议改判焦某无罪。

1. 根据内蒙古迪安恒正司法鉴定中心出具的蒙迪安［2020］临床鉴字第286号《司法鉴定意见书》最终的鉴定意见：高某在冠心病突发急性心肌梗死时摔倒。并有分析说明中的以下表述为证："冠心病急性发作可在家、工作或公共场所中突然发病，心脏骤停而迅速死亡。包头市蒙中医院院前急救病例说明其死亡过程迅速"，"患者生前患有严重的冠状动脉粥样硬化病，存在陈旧心梗及急性心肌缺血的病理表现，在患有严重的冠状动脉粥样硬化病的基础上患者有突然发病、心脏骤停而迅速死亡的可能"。

2. 根据包公交鉴（尸检）字［2019］210087号《法医学尸体检验鉴定书》，死者生前患有冠心病、陈旧性心梗，冠状动脉前降支近段次全闭塞（支架植入术），右冠近中段次全闭塞，心脏功能不全等基础疾病。尸体解剖见心脏肥大、心室壁增厚、右冠状动脉严重狭窄（管腔狭窄达90%以上）；左冠状动脉主干及前降支见金属支架（支架植入术）；病理组织学检查示急、慢性心肌缺血改变。

鉴定意见为高某系冠心病急性发作猝死。

3. 关于"猝死"的概念：根据《猝死尸体的检验》4.1关于猝死的定义如下："……一个貌似健康的人，由于患有潜在的疾病或机能障碍，发生突然的、出人意外的非暴力死亡（自然死亡）。猝死的时间限度，目前一般指从开始发病（或病情突变）到死亡在24小时以内者。"4.2关于"即时死"

的定义如下：“部分猝死者，死亡过程十分急骤，自出现症状到死亡仅几十秒钟。”

4. 监控视频可以证明：事发前，高某驾驶电动自行车摇摇晃晃，不受控制地闯入机动车道逆行，没有像正常人一样采取任何避撞、减速措施，而是径直撞过去，没有明显致命外伤，不存在挣扎等常见死亡现象，倒地后抽搐了几下就不动了。

死者生前患有重大疾病，两次住院做心脏搭桥手术，以前也突发过心肌梗死。本案中，死者无明显外伤，从摔倒到死亡时间极其短暂，完全符合《猝死尸体的检验》所定义的猝死概念，足以证明高某系完全死于自身疾病突然发作，迅速死亡，属于猝死，而猝死按照国家标准是一种自然死亡现象，与交通事故无关，只是恰巧摔倒在焦某车前，本案完全是焦某无法预料、因受害人自身疾病突然发作而自然死亡的意外事件，根本不是交通事故，根据《刑法》第16条的规定，行为在客观上虽然造成了损害结果，但不是出于故意或者过失，而是由于不能抗拒或者不能预见的原因所引起的，不是犯罪。

5. 关于因果关系鉴定，举证责任在公诉机关，一审无法医鉴定证明受害人的死亡与交通事故存在任何因果关系，本案不符合交通肇事罪追责的前提——受害人因交通事故致死。

自2019年9月初，本律师即向交通队、检察机关多次申请因果关系、参与度鉴定，也数次委托，但均不予受理，其中法大法庭科学技术鉴定研究所（司法部评出的10家国家级司法鉴定中心之一）于2019年10月25日出具《不予受理函》，其中第2项说：被鉴定人死亡过程急促，其发病致死过程无法评价，故无法判断其相关因果关系。

这恰恰证明受害人从发病到死亡时间极其短暂，符合冠心病急性发作猝死的特征，而不是交通事故外伤导致的死亡。

案件移送法院后，一审法院委托的内蒙古迪安恒正司法鉴定中心也不予受理因果关系、参与度鉴定。

一个公民没有义务证明自己无罪，证明一个人有罪是检察机关的法定职责。不能认定受害人的死亡与交通事故之间存在因果关系，恰恰证明检察机关没有证据证明受害人死于交通事故，交通肇事罪构成的基本前提是受害人因交通事故导致死亡，不能证明受害人死于交通事故，且现有证据证明受害人死于自身疾病而且是自然死亡，因此建议改判焦某无罪。

退一步讲，如果不能认定因果关系，即不能完全排除受害人因自身疾病发作猝死恰巧摔倒在焦某停止的车前的合理怀疑，根据疑罪从无的原则，也应当宣告焦某无罪。

二、一审法院认为焦某有对前方道路观察不够、未确保安全的交通违法行为错误，没有事实和法律依据。根据监控视频和技术鉴定，两车接触前焦某已经停车，完全依法驾驶，尽到了高度注意义务，不存在交通违法行为。

根据监控视频，事发前，因为车多、人多，可见焦某一直在小心翼翼地驾驶，并且在拐弯时为了避让车辆行人完全停了下来，说明焦某已经尽到了高度注意义务。

根据公安部交通管理科学研究所道路交通事故鉴定中心出具的公交鉴［2019］第 40177 号《鉴定书》，9 时 22 分 20 秒第 16 帧时段~9 时 22 分 26 秒第 1 帧时段，小型轿车停车，位置未发生变化；在 9 时 22 分 21 秒第 13 帧时段，电动自行车突然开始向右转向，随后电动自行车及其骑车人向右倾倒；在 9 时 22 分 24 秒第 10 帧时段，电动自行车及其骑车人向右完全倒地。

可见，在受害人高某的电动自行车突然转向、倒地前的一秒至完全倒地，焦某所驾车辆一直处于停止状态。焦某已经充分尽到了观察、注意义务，完全按照操作规范安全驾驶、文明驾驶。

三、一审法院认定焦某构成肇事逃逸错误。根据本案证据，可以证明事发后焦某被围观者误导离开现场，后按部就班上下班。焦某主观上没有逃避法律追究的故意，客观上没有潜逃藏匿的行为，不符合肇事逃逸的主客观构成要件。

根据最高人民法院《关于审理交通肇事刑事案件具体应用法律若干问题的解释》第 3 条的规定，“交通运输肇事后逃逸”是指行为人具有该解释第 2 条第 1 款规定和第 2 款第 1 ~5 项规定的情形之一，在发生交通事故后，为逃避法律追究而逃跑的行为。

根据《道路交通事故处理程序规定》第 112 条的规定，“交通肇事逃逸”，是指发生道路交通事故后，当事人为逃避法律责任，驾驶或者遗弃车辆逃离道路交通事故现场以及潜逃藏匿的行为。

肇事逃逸的主观构成要件是“为逃避法律责任”；客观构成要件是驾驶或者遗弃车辆逃离道路交通事故现场以及潜逃藏匿的行为，此二者缺一不可。本案事故发生在闹市区，车多人多，受害人高某倒地后，立即有高某的熟人、邻居上来喊他的名字或者是喊“老高”，焦某下车后，有人说不是焦某撞的，高某的熟人、邻居都知道他有病，随时可能犯病，所以有人让焦某先走，赶快去上班，有蒋某的证言（证据卷一第50页）“我听见围观群众跟我们说，没事，都是邻居你们先走吧”可以证明。

焦某离开后并未潜逃藏匿，而是按部就班地去单位上班（单位的三位同事、领导的朋友圈视频等都可以证明）。上完班后，回家路过事发地，看警察在现场，主动上去询问伤者情况，并且如实陈述了事情经过，予以积极配合，事后没有逃跑以及清洗车辆痕迹等故意逃避法律责任的行为，毫无隐瞒和逃避法律追究的主观故意。

焦某车辆有机动车交通事故责任强制保险和100万元的商业第三者责任险，事故发生在早高峰，车多、人多，多处监控，熟人也很多，焦某根本不存在逃避法律追究、肇事逃逸的机会和动机。交警调查阶段积极配合，从未抵赖、否认有接触的事实，从未想逃避责任，只是认为本次事故和自己无关，是高某自行倒地摔倒过程中碰到了自己的车，自己没想追究高某修车的责任，加上高某熟人、邻居的劝离才走的。

因此，焦某主观上根本没有逃避法律追究的故意，客观上也没有潜逃藏匿的行为，之所以离开现场，主要是因为以下几点：一是认为不是自己撞了受害人、自己没有交通违章行为；二是被围观者误导；三是自己法律意识淡薄、认识错误。离开现场后，既未藏匿，也未潜逃，更未擦洗车辆痕迹逃避法律责任，而是按部就班地去工作单位给学员正常上课，上完课按原路线回家，一切都是按照正常生活、工作轨迹进行，没有特殊异常行为。因此，焦某的行为不符合《刑法》第133条规定的“交通运输后肇事逃逸”的主客观构成要件，不属于肇事逃逸。

四、本案《道路交通事故认定书》先定责，后鉴定，程序违法，本案刑事立案本身就不存在合法的证据支持。

本案据以刑事立案的证据材料主要有以下几件：

1. 包头市公安局交通管理支队东河大队于2019年8月6日出具第150202120190000133号《道路交通事故认定书》。

2. 2020年1月7日内道交司法鉴定中心出具的［2020］交鉴字第5号《司法鉴定意见书》。

3. 2020年5月28日出具的包公交鉴（视频）字［2020］510081号《视频车速鉴定书》。

上述第2、3项证据材料的委托单位均是包头市东河区交管大队。

根据《道路交通安全法实施条例》第93条的规定："公安机关交通管理部门对经过勘验、检查现场的交通事故应当在勘查现场之日起10日内制作交通事故认定书。对需要进行检验、鉴定的，应当在检验、鉴定结果确定之日起5日内制作交通事故认定书。"本案在检验鉴定意见未确定、事实未查清的情况下提前出具《道路交通事故认定书》，违反法定程序。

五、一审判处焦某三年有期徒刑适用法律错误，有违刑法禁止重复评价原则，由于已将肇事逃逸作为入罪情节，故而不能再将其作为量刑情节加重处罚。

1. 焦某没有交通违法行为，对受害人的倒地没有引起与被引起的因果关系、没有施加作用力和影响。

根据《道路交通安全法实施条例》第91条的规定："公安机关交通管理部门应当根据交通事故当事人的行为对发生交通事故所起的作用以及过错的严重程度，确定当事人的责任。"本案中，焦某驾车左转，遇前方拥堵停车等候通过，没有任何交通违法行为。相反，高某驾驶非机动车在机动车道逆行，突然冠心病急性发作摇摇晃晃摔倒。本案事故的发生和后果，与焦某的驾驶行为根本没有任何因果关系。

2. 一审判决未采纳《道路交通事故认定书》，而是自行认定焦某构成肇事逃逸，承担本案事故主要责任，已将逃逸行为作为入罪情节加以考量。如再将该行为作为量刑加重情形，则有违刑法禁止重复评价原则。因为如果焦某不离开现场，焦某根本不可能承担事故主要或者全部责任，也就不可能构成犯罪。即使构成犯罪，也应基于刑法原理和公平正义的精神，在“三年以下有期徒刑或者拘役”的法定刑幅度内量刑。

六、关于附带民事赔偿，一审判决认定事实不清，无证据证明受害人的死亡与交通事故存在因果关系，焦某无交通违法行为，完全不同意赔偿，理由如下：

1. 被上诉人无证据证明受害人的死亡与焦某有因果关系。

2. 经法医鉴定，高某在冠心病突发急性心肌梗死时摔倒，死亡原因系冠心病急性发作猝死，根据公安部《猝死尸体的检验》（GA/T 170—1997），猝死是自然死亡，受害人死亡不是交通事故致死，与交通事故无关。

3. 本案不是交通事故，只是受害人因为自身疾病发作恰巧摔倒在被告车前，完全是一场意外事件。

4. 焦某没有交通违法行为，没有过错，对受害人的倒地和死亡没有起到任何作用。

七、人民法院定罪判刑必须讲刑法上的因果关系。以下三个案例的案情与本案类似，但是被司法机关判决免予刑事处罚或认定为无罪，或判决不承担民事侵权赔偿责任。

1. 包头市东河区人民法院（2020）内0202刑初33号刑事附带民事判决书

本案中，经审理查明：经包头市公安局交通司法鉴定中心鉴定，被害人张某2死亡原因为大面积脑梗死；经内蒙古迪安恒正司法鉴定中心鉴定，张某2死亡与外伤有因果关系，原因力大小为轻微作用。

在确定原被告的责任承担时，对于本次交通事故与被害人死亡之间的因果关系应当予以考虑。因鉴定意见为被害人死亡与外伤有因果关系，原因力大小为轻微作用，法院认定30%的比例较为适当。

综合以上观点，包头市东河区人民法院作出如下判决：被告人张某1犯交通肇事罪，免予刑事处罚。

可见，即使在包头市东河区人民法院，也是要讲交通事故与死亡之间的因果关系的，定罪判罚必须具有刑法上的因果关系。如果没有因果关系，尽管有损害事实，根据《刑法》第16条的规定："行为在客观上虽然造成了损害结果，但是不是出于故意或者过失，而是由于不能抗拒或者不能预见的原因所引起的，不是犯罪。"本案没有任何证据证明高某的死亡与交通事故有任何因果关系、参与度或者原因力。

2. 北京市大兴区人民检察院京大检一部刑不诉［2020］5号不起诉决定书

本案中，被不起诉人苗某某也是事发后离开现场，被害人向某某符合创伤性休克死亡（比本案的死亡原因明确得多），北京市公安局大兴分局交通支队出具《道路交通事故认定书》及相关说明，认定在不考虑苗某某案发后驶离现场的情况下，苗某某在本起交通事故中无责任。

检察机关认为，被不起诉人苗某某在本起交通事故中无责任，其正常驾驶、正常停驶等红灯的行为与被害人向某某的死亡结果之间不具有刑法意义上的因果关系，因此苗某某无犯罪事实，决定对苗某某不起诉。

3. 最高人民法院关于发布第25批指导性案例的通知（法〔2020〕253号）指导案例142号

该案裁判要点如下：因自身疾病发生猝死，其近亲属请求行为人承担侵权责任的，人民法院不予支持。郭某实际死亡原因为心脏骤停。因此，孙某的阻拦行为与郭某死亡的后果之间并不存在法律上的因果关系。孙某对郭某的死亡无法预见，其对郭某的死亡后果发生没有过错。

根据最高人民法院的观点：郭某系因自身疾病猝死，侵权行为与死亡没有法律上的因果关系，对受害人的死亡无法预见，不承担侵权责任，与本案高度一致。民事责任不用承担，更谈不上承担刑事责任，追究刑事责任的标准要远远大于追究民事责任的标准。刑事案件实行的是严格责任标准，疑罪从无，而民事案件则是执行高度盖然性的证明标准。

综上所述，辩护人认为一审判决认定事实不清、检察机关无任何证据证明受害人的死亡与交通事故存在刑法上的因果关系，相反辩护人有法医鉴定证明受害人的死亡原因是自身疾病突发导致的自然死亡，与交通事故完全无刑法上的因果关系。一审判决也没有证据证明焦某存在交通违法行为，适用法律错误。请求二审法院查清事实后依法改判焦某无罪，不承担民事赔偿责任。

二、江苏孟某某案

（一）核心要点

1. 被害人一方的谅解、和解是对犯罪人确定刑罚，进而决定可否适用缓刑的重要量刑情节，但绝非唯一考量因素。法院裁判案件既要依法维护被害人一方的合法权益，也要依法保障被告人的诉讼权利，并兼顾平衡社会公共利益。

2. “金钱不可能摆平一切。”即使足额乃至超额赔偿补偿，被害人一方也予以谅解和解，但如果被告人的犯罪情节恶劣，不符合缓刑条件，法院也不会判决适用缓刑。

3. 如果被告人的犯罪情节符合缓刑适用条件，也不能因为被害人一方的不予谅解就拒绝对被告人适用缓刑。

（二）案件简介

2019 年 4 月 21 日，被告人孟某某驾驶小型轿车行驶至某小学西侧，违规将车辆临时停靠在道路北侧的禁停区域内，打开驾驶室车门欲下车时未注意观察，适遇睢某骑行电动自行车搭载其女儿蒋某（2005 年 8 月 10 日生）沿道路右侧由东向西经过而被碰撞倒地，此时张某驾驶小型轿车同方向行驶随即赶到而再次相撞发生事故，致被害人睢某、蒋某受伤。蒋某经抢救无效于当日死亡。经交通队认定，被告人孟某某承担事故的全部责任。

事发后，被告人孟某某当即电话报警，并在事故现场等候交通警察处理，到案后如实供述了自己的犯罪事实。案发后，被告人孟某某先行支付医疗费、丧葬费合计 80000 元。

（三）被告方辩护意见与被害人意见

被告人孟某某对指控事实及罪名无异议，并当庭向被害人及其家人道歉悔罪。

辩护人的辩护意见：对检察机关指控罪名无异议，但被告人孟某某交通肇事因开车门发生事故与驾驶车辆中直接发生事故相比，主观过失情节较轻，孟某某具有自首情节，积极赔偿损失，自愿认罪认罚，确有悔罪表现，请求法院对孟某某判处缓刑。

被害人的法定代理人及诉讼代理人认为被告人孟某某的行为具有严重的社会危害性，并对孟某某的行为不予谅解，请求法院对其依法判处 2 年 6 个月以上有期徒刑，且不能适用缓刑。

（四）民事赔偿部分

审理期间，蒋某 2、睢某提起刑事附带民事诉讼，后又撤回附带民事诉讼，另行在法院提起民事诉讼，请求判决阳光保险公司赔偿 1006710.86 元。

对于原告诉请的精神损害抚慰金，鉴于孟某某已被提起公诉而追究刑事责任，根据相关司法解释不应支持赔偿精神损失，但孟某某自愿承担精神损害抚慰金 50000 元，依法予以确认。

刑事案件审理过程中，被告人孟某某向法院缴纳了 120000 元（包含一审民事判决由孟某某承担的 50000 元精神损害抚慰金），作为对被害人及其法定代理人的赔偿、补偿。被害人的法定代理人蒋某 2 向法庭提交了书面意见，表示拒绝接受被告人的补偿，对被告人的犯罪行为坚决不予谅解，请求法院不将被告人自愿补偿的情节作为从轻、减轻处罚的理由，也不能对被告人判处缓刑。

（五）刑事量刑裁判要旨

1. 被告人孟某某是否应当承担事故全部责任

公安机关交通管理部门就责任认定依据出具了详细说明，并认为："孟某某开车门时直接碰到了睢某在属于其路权范围内骑行的电动自行车，未给睢某采取观察和减速制动的时间和空间，即便睢某骑车搭载的人员年龄在 12 周岁以下，该起事故依然会发生，因此睢某所搭载人员的年龄大小与该起事故是否会发生没有直接因果关系，不应当承担事故责任，睢某骑车搭载超过 12 岁人员的违法行为另行处理。"确认被告人孟某某承担本起事故全部责任的同时，法庭评议认为针对车辆驾驶人停车开车门不注意观察撞击他人而发生事故与驾驶车辆中因违章直接发生事故相比概率确实更小的客观现实，辩护人提出的关于被告人孟某某因开车门撞击他人发生事故与驾驶车辆违章而直接发生事故相比的主观过失相对较轻的辩护意见亦有一定道理。

2. 对被告人孟某某如何适用刑罚

检察机关认为被告人孟某某具有自首情节，提起公诉时提交了被告人孟某某签署的认罪认罚具结书，其辩护人亦在具结书上签字认可，开庭审理时检察机关提出了2年以上3年以下的量刑意见，法庭要求就量刑意见的依据及所提取的具体量刑要素和刑罚量予以明确，再次开庭检察机关的量刑意见又变更为有期徒刑1年6个月以上2年以下，并慎用缓刑；法院就量刑问题进行专门听证，并建议检察机关按照认罪认罚的相关规定提出精准量刑建议并对是否可以适用缓刑予以明确，公诉人认为对被告人孟某某适用缓刑符合法律规定；庭审后，检察机关根据庭审查明的事实证据及相关量刑情节又调整量刑建议为有期徒刑1年2个月以上2年以下。

被告人孟某某愿意最大限度予以赔偿、补偿，当庭向被害人亲属表示道歉，并接受法律处罚，请求法院从轻从宽处罚并给其悔罪改过的机会；其辩护人认为被告人孟某某具有自首情节，积极赔偿，自愿认罪认罚，确有悔罪表现，应当从轻、减轻处罚，具备缓刑条件，依法应予宣告缓刑。

被害人的法定代理人认为被告人孟某某的行为破坏了其原本幸福的家庭和对美好生活的憧憬，其夫妻二人不能接受失去女儿的惨痛现实，拒绝接受被告人的补偿请求，对被告人的犯罪行为坚决不予谅解，希望法院从重判处2年6个月以上实刑。诉讼代理人认为，被告人在学校门口停车具有较大的社会危害性，导致蒋某2、睢某唯一孩子的死亡，几乎使夫妻二人失去生活希望，造成了严重精神伤害，尽管被告人孟某某愿意赔偿补偿，但金钱不能摆平一切，且被害人家庭拒不接受其金钱的补偿，对其行为绝不谅解。

本案中，被告人孟某某违反交通法规，导致发生一人死亡的交通事故，应承担刑事责任毋庸置疑。但是，其犯罪后自首、认罪认罚，且当庭痛哭流涕、悔罪道歉，在民事赔偿的基础上愿意尽力给予补偿，以求得宽恕和谅解，且到社区、驾校等处现身说法，以己之罪过警示教育他人，也是不争的事实。诉讼代理人在庭审中提出了经查询相关案例对交通肇事案件不能获得被害方谅解，均未适用缓刑，并提交了相关案例，请求法庭对被告人判处两年半以上实刑的意见，法庭予以高度关注。法庭对公开的裁判文书进行类案查询，查明交通肇事罪案例中被害人一方不谅解，对肇事者判处实刑、适用缓刑的案件兼而有之，不谅解的原因亦多是因肇事者不能赔偿或未足额全部赔偿，被告人的辩护人亦提交了交通肇事罪中未获得谅解而对被告人判处缓刑的案例。因此，委托诉讼代理人所谓查询的交通肇事罪中不谅解案例均被判处实刑的说法属以偏概全，其认为只要被害人一方不谅解就不能判处缓刑的意见可能有点不妥。根据我国《刑法》第 61 条规定，对犯罪分子确定刑罚的依据是犯罪的事实、犯罪的性质、情节和对社会的危害程度，并按照《刑法》的规定予以判处。被害人一方的谅解、和解是对犯罪人确定刑罚进而决定可否适用缓刑的重要量刑情节，但绝非唯一考量因素。法院裁判案件既要依法维护被害人一方的合法权益，也要依法保障被告人的诉讼权利，并兼顾社会公共利益。亦如诉讼代理人所言“金钱不可能摆平一切”，即使足额乃至超额赔偿补偿，被害人一方也予以谅解和解，如果被告人的犯罪情节恶劣，不符合缓刑条件，法院也不会判决适用缓刑；如果被告人的犯罪情节符合缓刑适用条件，也不能因为被害人一方的不予谅解就拒绝对被告人适用缓刑。

为了使本案的量刑公开、公平、公正，法庭公开开庭审理案件时就量刑问题专门进行了法庭调查，按照量刑规范化的程序步骤组织了法庭辩论，就量刑中起刑点和基准刑的确定、量刑要素的提取、量刑幅度的运用，以及是否适用缓刑，让控辩各方充分发表意见，法庭对量刑规范化的相关问题进行了释明。根据江苏省高级人民法院《〈关于常见犯罪的量刑指导意见〉实施细则》的规定，对于交通肇事犯罪死亡 1 人或重伤 3 人，负事故全部责任的，在 1 年 6 个月 ~2 年有期徒刑幅度内确定量刑起点。检察机关考虑到被害人的法定代理人未予谅解的情形，提出量刑起点为 2 年（24 个月）的建议，法院予以确认并作为基准刑，在确定基准刑以后，按照量刑规范化的要求提取量刑要素，确定刑罚量。根据前述实施细则的规定，对于交通肇事罪的被告人具有自首且认罪认罚情节可以减少基准刑的 30% 以下，法院确定减少基准刑的 20%；对于积极赔偿但没有取得谅解的，基准刑在 3 年以下的可以减少基准刑的 30% 以下，法院确定减少基准刑的 15%，据此得出宣告刑为 16 个月，因此检察机关调整后的量刑建议及可以适用缓刑的意见符合相关规定，法院予以支持。被害人的法定代理人及其委托诉讼代理人关于对被告人孟某某判处有期徒刑 2 年 6 个月以上的意见，不符合江苏省高级人民法院《〈关于常见犯罪的量刑指导意见〉实施细则》的规定，法院不予采纳。

为了保证案件在依法处理的基础上更加贴近民意，符合“常情、常理、常规”，使法院判决契合人民群众的朴素情感，法院在委托社区矫正机构进行社会调查后，组织了人大代表、政协委员参加的量刑听证，听取了代表委员的意见，又专门到被告人居所地亦是被害人的法定代理人居住地所在社区，听取群众意见。经过代表委员听证以及基层组织收集民意，认为本案是因为被告人一时疏忽导致事故发生；事故的发生也反映出被告人孟某某缺乏规则意识，先是在禁停区域随意停车，在打开车门时又不按照交通法规的规定注意观察，导致事故发生，此类事故应引起社会关注。被害人的法定代理人认为以此案件警示他人的观点应予认同；本案毕竟是过失犯罪，被告人也不想发生这样的事故，且已赔偿、补偿，还有自首认罚情节。综上对被告人适用缓刑，也可以起到警示教育作用。

法院审理案件，进行个案刑罚裁量及决定刑罚执行方式，在做到罪责刑相一致的同时，一般还应当与类案裁判规则保持一致。法庭通过类案系统未检索到交通肇事犯罪案件致 1 人死亡负事故全部责任，法定刑在 3 年以下，被害人一方可以获得足额赔偿后，被告人又予以赔偿补偿，并有自首认罪认罚等情节，因被害人一方不予谅解就不适用缓刑的案例。法院量刑既要考虑被害方不予谅解的态度，也必须考虑案件的犯罪事实、性质、情节和对于社会的危害程度及犯罪人认罪悔罪的表现等，做到宽严相济、罚当其罪。如果抛开犯罪的事实、性质、主观罪过以及被告人赔偿补偿、自首悔罪、认罪认罚等情节，主要根据被害人一方不予谅解的情形来确定案件能否适用缓刑，也容易引发社会公众对裁判本身的质疑，还可能会造成类案裁判的冲突，今后亦可能产生在处理此类案件时当事人及社会公众更加关注被害人一方是否有谅解的意向，而非案件事实以及自首认罪、积极赔偿等情节的社会导向。刑罚的目的是预防犯罪，并非惩罚与报复，通过刑罚的施治，达到防止犯罪人再犯罪的特殊预防和威慑他人的一般预防效果，实现刑罚的震慑警示、教育感化、安抚补偿和强化规范意识等功能。我国刑法确定了缓刑制度，对于被判处拘役或者 3 年以下有期徒刑，犯罪情节较轻，有悔罪表现，没有再犯罪的危险，对所居住社区没有重大不良影响的犯罪人，可以确定一定的考验期限，暂缓刑罚的执行。根据《社区矫正法》的规定，对于判处缓刑的罪犯在缓刑考验期内依法实行社区矫正，社区矫正也是刑罚的执行方式，蕴含刑罚的惩罚性和恢复性的双重价值，并非只有收监服刑才是对犯罪人予以处罚。

法院认为，被告人孟某某违反交通运输管理法规，因而发生重大交通事故，致1人死亡，负事故全部责任，其行为已构成交通肇事罪，依法应处3年以下有期徒刑或者拘役。检察机关指控的事实、罪名成立，法院予以确认。被告人孟某某犯罪以后主动报警，并在事故现场等候民警处理，到案后如实供述犯罪事实，符合自首的构成条件，并自愿认罪认罚，依法予以从轻从宽处罚。辩护人关于被告人孟某某具有自首情节，自愿认罪认罚，并赔偿补偿被害人损失，请求从轻处罚的意见，符合本案事实和法律规定，法院予以采纳。被害人亲属的损失在民事诉讼中可以根据车辆保险等得到足额赔偿，被告人孟某某又自愿赔偿被害人亲属损失，尽管被害人亲属予以拒绝，并对被告人孟某某的犯罪行为不予谅解，但孟某某主动自愿赔偿补偿的行为亦是其悔罪认罚的具体体现，仍然可以作为从轻处罚的情节考量。被告人孟某某所犯之罪为过失犯罪，主观恶性较小，且法定刑为3年以下有期徒刑或拘役，属轻罪范畴，在交通肇事犯罪过程中没有无证驾驶、酒后驾驶及肇事逃逸等不宜适用缓刑的恶劣情节。根据其犯罪事实、情节和认罪悔罪表现，结合社区考察及听证意见，对其适用缓刑对所居住社区没有重大不良影响。经全面考量、综合评判，认为被告人孟某某所犯之罪符合缓刑适用条件，依法予以宣告缓刑。被害人的损失经法院民事判决可获赔偿，被告人孟某某又自愿交到法院120000元（包含一审民事判决由孟某某承担的50000元精神损害抚慰金在内），作为对被害人法定代理人的赔偿补偿，法院依法予以确认。

综上所述，根据被告人孟某某的犯罪事实性质、主观过失程度、肇事具体情节、社会危害程度以及其认罪悔罪表现等，依照《刑法》第67条第1款，第72条第1款，第73条第2款、第3款，第133条；《刑事诉讼法》第15条之规定，判决如下：

被告人孟某某犯交通肇事罪，判处有期徒刑1年4个月，缓刑2年（缓刑考验期限从判决确定之日起计算）。

三、北京法院参阅案例2号：李某某交通肇事案

（一）核心要点

被告人仅因“肇事后逃逸”情节被公安机关交通管理部门认定负事故全部责任或主要责任，并由此被认定为交通肇事罪的，该“肇事后逃逸”行为不应再作为加重处罚的情节。

（二）案件简介

2011年10月10日21时30分许，被告人李某某驾驶中联牌重型特殊结构货车由东向西行驶至北京市朝阳区朝阳北路金榆路口西内侧车道时，适逢樊某某骑普通二轮摩托车由东南方向驶来，李某某所驾车辆碾轧樊某某，造成樊某某当场死亡。事发后，李某某继续驾车向前行驶六七十米后停车，后驾车驶回公司。经公安机关交通管理部门认定：李某某发生交通事故后驾驶车辆逃逸，樊某某未按照驾驶证载明的准驾车型驾驶机动车，李某某负主要责任，樊某某负次要责任。当日23时许，被告人李某某连人带车被公安机关一并查获。

（三）裁判要旨

“交通运输肇事后逃逸”情节在交通肇事案定罪和量刑时如何考量，应注意以下方面。

1. “交通肇事后逃逸”既属于定罪情节也属于量刑情节

根据《刑法》第133条、最高人民法院《关于审理交通肇事刑事案件具体应用法律若干问题的解释》的相关规定，只有行为人负事故全部、主要或者同等责任，并具有特定情节，造成一定人身伤亡或者重大财产损失的，才构成交通肇事罪，予以定罪处罚。《道路交通事故认定书》是判断违反交通运输管理法规的行为是否构成交通肇事罪的前提。最高人民法院《关于审理交通肇事刑事案件具体应用法律若干问题的解释》第2条第2款明确规定了六种特定的入罪情节，其中之一即“为逃避法律追究逃离事故现场”。

“为逃避法律追究逃离事故现场”，是“交通运输肇事后逃逸”的具体表现形式。最高人民法院《关于审理交通肇事刑事案件具体应用法律若干问题

的解释》第2条第2款规定，如果行为人负事故全部或主要责任，“为逃避法律追究逃离事故现场”，且造成一人以上重伤的，构成交通肇事罪。最高人民法院《关于审理交通肇事刑事案件具体应用法律若干问题的解释》第3条规定，“交通运输肇事后逃逸”是指行为人具有最高人民法院《关于审理交通肇事刑事案件具体应用法律若干问题的解释》第2条第1款规定和第2款第1~5项规定的情形之一，发生交通事故后，为逃避法律追究而逃跑的行为。前款条文将肇事后逃逸作为影响犯罪成立与否的定罪情节，后款条文则将肇事后逃逸定位为影响法定刑升格的量刑情节。

2. 定罪情节与量刑情节重合时禁止重复评价

本案被告人李某某在发生交通事故后逃逸，公安机关交通管理部门根据《道路交通安全法实施条例》第92条第1款的规定，认定被告人李某某负全部责任。但在交通事故发生过程中，被害人对于未按照驾驶证载明的准驾车型驾驶机动车的行为，存在一定过错，故依据《道路交通安全法实施条例》关于“有证据证明对方当事人也有过错的，可以减轻责任”的规定，认定被告人李某某负主要责任。简言之，“交通运输肇事后逃逸”是被告人李某某承担事故主要责任的全部原因。根据最高人民法院《关于审理交通肇事刑事案件具体应用法律若干问题的解释》第2条第1款，行为人负事故主要或全部责任，导致一人死亡的，构成交通肇事罪。本案被告人李某某因肇事后逃逸而负事故主要责任，并导致一人死亡，其行为已构成交通肇事罪。对于已作为定罪情节的“交通运输肇事后逃逸”情节，在对被告人量刑时应基于刑法原理和公平正义的精神，适用禁止重复评价原则，故本案被告人李某某尽管具有逃逸行为，但不属于《刑法》第133条规定的“交通运输肇事后逃逸”的加重情形，对李某某应在“三年以下有期徒刑或者拘役”法定刑幅度内量刑。

需要说明的是，在排除“肇事后逃逸”情节后，行为人仍然构成交通肇事罪的（行为人还具有最高人民法院《关于审理交通肇事刑事案件具体应用法律若干问题的解释》第2条第2款第1~5项情形之一的），“逃逸”应作为加重处罚情节，在“三年以上七年以下有期徒刑”法定刑幅度内量刑。

综上所述，北京市朝阳区人民法院于2013年6月14日作出（2013）朝刑初字第316号刑事判决，认定被告人李某某犯交通肇事罪，判处有期徒刑1年。宣判后，被告人未上诉，检察机关未提起抗诉，判决已发生法律效力。

法院生效裁判认为：本案中，公安机关交通管理部门认定被告人李某某在事故发生后具有逃逸行为，故推定其负全部责任。鉴于被害人樊某某未按照驾驶证载明的准驾车型驾驶机动车，存在一定过错，最终认定李某某负主要责任，樊某某负次要责任。检察机关据此指控李某某的行为构成交通肇事罪，已将逃逸行为作为入罪情节加以考量，如再将该行为作为量刑加重情形，则有违刑法禁止重复评价原则，故本案被告人李某某尽管肇事后具有逃逸行为，但不属于《刑法》第133条规定的“交通运输肇事后逃逸”的情形。被告人李某某法治观念淡薄，违反交通运输管理法规，造成1人死亡，承担事故主要责任，其行为触犯了《刑法》，已构成交通肇事罪，依法应予惩处。鉴于被告人李某某具有投案情节，法院在量刑时酌情予以考虑，故依法作出如上判决。

第四章 人民法院认定交通肇事刑事案件无罪的64个典型案例选

附：核心观点和裁判要旨

他山之石可以攻玉，为了更好地服务于当事人，提高辩护技巧，避免无罪者受刑事追究，认真研究无罪案例的裁判要旨、核心观点对于确定承办案件的辩护思路、方案一定大有裨益。笔者通过检索中国裁判文书网等网站，认真研究无罪裁判理由，梳理分析，发现交通肇事最终判决无罪的大致分为六类，当然也有数个无罪理由综合在一起判决无罪的。

第一节 事实不清，证据不足，疑罪从无

一、李某国二审改判无罪案

(2018) 冀11刑终388号

(一) 核心要点

1. 《道路交通事故认定书》系在没有委托司法鉴定机构鉴定车速、没有出示相关限速证据的情况下，认定司机“不按照规范安全驾驶未保持安全车速，负主要责任”。事实不清，证据不足。

2. 先前的民事审判过程中，未对《道路交通事故认定书》做进一步确定，阻隔了被告人的复核申请权，剥夺了被告人的诉权。

(二) 裁判要旨

法院经审判委员会研究后认为，上诉人（原审被告人）李某国深夜驾驶

机动车在S392省道行驶，与在行车道中间坐着的被害人相撞，致被害人死亡，事实清楚，证据确实、充分。但是，原判认定李某国超速行驶，对致人死亡的交通事故负主要责任，事实不清，证据不足。衡水市公安局交通警察支队直属一大队出具的《道路交通事故认定书》存在如下问题：

1. 该《道路交通事故认定书》于2017年4月28日邮寄送达给李某国，李某国不服，随后提出对该《道路交通事故认定书》的复核申请。在复核申请期间，衡水市桃城区人民法院于2017年5月17日受理了被害人亲属提起的纯民事诉讼，衡水市公安交通警察支队依据《道路交通事故处理程序规定》有关复核审查期间，任何一方当事人就该事故向人民法院提起诉讼并经法院受理的，公安交通管理部门应当终止复核的规定，终止了复核。衡水市桃城区人民法院以纯民事案件对本案予以受理，违背了最高人民法院《关于适用〈中华人民共和国刑事诉讼法〉的解释》“被害人因人身权利受到犯罪侵犯或者财物被犯罪分子毁坏而遭受物质损失的，有权在刑事诉讼过程中提起附带民事诉讼”的规定。而该院又没有在民事审理过程中对《道路交通事故认定书》做进一步确定，阻隔了被告人的申请复核权，剥夺了被告人的诉权。

2. 该《道路交通事故认定书》在事实认定上也存在问题。该事故现场草图及现场勘察笔录，没有显示该省道的宽度、形制，也没有确定死者及事故车辆在公路中的具体位置，只表明了距北侧路肩的距离。该《道路交通事故认定书》系在没有委托司法鉴定机构鉴定车速，没有出示相关限速证据的情况下，认定李某国“不按照规范安全驾驶未保持安全车速，负主要责任”。本案在法院第一次审理过程中，法院建议检察机关补充调查，调查李某国哪些驾驶行为不规范、不安全。检察机关调取了2017年12月7日衡水市公安交通警察支队直属一大队原办案人员出具的情况说明，说明答复为“无法确认李某国有哪些驾驶行为不按规范行使”，与之前出具的《道路交通事故认定书》的认定理由相矛盾。综上，李某国驾驶的货车，案发时车速为61～64千米/小时，虽超过60千米/小时的限速，应负交通事故责任，但认定其负交通事故主要责任，事实不清，证据不足，程序存在问题；李某国称其不负该次交通事故主要责任的上诉理由成立，予以采纳。判决如下：

第一，撤销河北省衡水市桃城区人民法院（2018）冀1102刑初62号刑事判决。

第二，上诉人（原审被告人）李某国无罪。

二、马某高交通肇事二审改判无罪案

（2018）晋09刑终14号

（一）核心要点

1. 两次证言截然相反，证人证言真实性存疑，依法不能作为定案依据。

2. 专家意见认为“被告人事发时驾车嫌疑和可能性更大”，不具有唯一性、排他性，不能作为定案依据。

3. 《道路交通事故认定书》在驾驶员改变就将原来的同等责任变更为主次责任，没有合理解释，且缺乏证据支持，不予采信。

（二）裁判要旨

忻州市五台县人民法院作出如下一审判决：被告人马某高犯交通肇事罪，判处有期徒刑1年零6个月。

二审法院认为，忻州市五台县人民法院认定上诉人（原审被告人）马某高构成交通肇事罪主要依据以下三方面证据：（1）证人证言；（2）山西省公安厅的专家分析报告；（3）《道路交通事故认定书》。针对上述证据二审法院评判如下。

1. 证人证言

本案中证人邵某有两次笔录。第一次笔录陈述两车碰撞时，看见对方的司机从车的前挡风玻璃被甩出去，其在两个月后再次作证，称车是马某高驾驶的，当时掉出去的人不是驾驶员。推翻第一次证言的理由是出事时只看到掉出来一个人，以为对方车上就一个人，掉出来的就应该是司机。分析邵某的证言可以证实，当时掉出来一个人后邵某再没看到对方车上有其他人。这与他之前马某高是驾驶员，马某高没有掉出去，就应该在驾驶位置的说法相矛盾。邵某两次证言截然相反，自己又陈述在肇事后五六天就知道了车是马某高驾驶的这一情况，却在两个半月后才向交警队反映，对此，邵某没有合理解释，更不能自圆其说，故邵某证言真实性存疑，依法不能作为定案依据。

证人左某5、左某3、左某2的证言，证实马某高在案发现场和他们说过车是自己开的，马某高对此否认，三人在两个月后去交警队反映情况，证言真实性亦存疑，证明力明显不足。

2. 山西省公安厅的专家分析报告

原判认定上诉人（原审被告人）马某高构成交通肇事罪是山西省公安厅交通管理局道路交通事故专家管理办公室接受忻州市公路局交警支队邀请作出的分析意见。该意见认为，“现有收集到的证据材料证明事发时马某高处于驾驶人位置的条件比死者翟某更充分，马某高事发时驾车可能性更大”。该专家意见的结论不具有唯一性、排他性，不能排除重型半挂车的驾驶人是其他人的可能性，故该意见不能作为定案依据。

3.《道路交通事故认定书》

案发后，五台县交警队做了现场勘验，并询问了马某高、邵某，双方均称是死者翟某开的车，交警队于2016年8月9日作出《道路交通事故认定书》，认为翟某、邵某双方均未靠道路右侧通行，且超速行驶，是造成事故的原因，认定翟某、邵某双方负事故同等责任。案发两个月后，即2016年9月28日，邵某到五台县交警队反映，称对方车上的司机不是死者翟某而是马某高，五台县交警队又询问了左某5、左某3、左某2，五台县交警队根据邵某等几人的情况反映和专家分析意见，于2016年11月1日再次作出《道路交通事故认定书》，这次区分了主次责任，马某高驾驶具有安全隐患的车辆越过中心线超速行驶，是造成事故的主要原因，负事故的主要责任；邵某驾驶车辆未靠道路右侧，且超速行驶是造成事故的次要原因，负事故的次要责任。

五台县交警队作出的两次事故责任认定不相同，第二次认定马某高驾驶具有安全隐患的车辆，越过中心线超速行驶是造成交通事故的主要原因。庭审中，办案民警称“存在安全隐患的说法是一个法律条款，是支队会议研究的”，后又称“专家在对车辆进行检查后，发现马某高驾驶的车辆后面轮胎严重磨损存在刹车隐患”。既然说认定轮胎磨损严重有刹车隐患，就应该鉴定该轮胎的磨损程度及该车的刹车距离是否在安全范围内，该《道路交通事故认定书》未充分说明理由。关于事故原因并未真正查清，责任认定仅是依据事故后的现场勘验图而作出，交警队在其他因素均未发生变化，只是驾车人不一样的情况下，将原认定的同等责任变更为主次责任，没有合理解释，且缺乏证据支持，此《道路交通事故认定书》的责任认定二审法院不予采信。上诉人（原审被告人）马某高辩护人的辩护意见二审法院予以采纳。一审法院在证人证言真实性存疑，专家意见不具有唯一性、排他性，《道路交通事故认定书》在驾驶员改变就将原来的同等责任变更为主次责任的情况下，认定马某高构成交通肇事罪，事实不清、证据不足。判决如下：

第一，撤销忻州市五台县人民法院（2017）晋0922刑初78号刑事判决。

第二，上诉人（原审被告人）马某高无罪。

三、梁某东交通肇事无罪案

（2017）粤0902刑初424号

（一）核心要点

1. 据以作出事故认定的鉴定意见不完整，鉴定意见不具有唯一性，无法排除合理怀疑，鉴定意见与案件事实相矛盾。

2. 在案证据未能合理地排除被告人在不知自己涉及交通事故而离开现场的可能性，不足以证实被告人有肇事后逃逸的行为，难以认定被告人的行为是引发本案交通事故的主要原因，仅依据因逃逸而承担主要责任来认定被告人构成交通肇事罪明显与客观事实不符，责任认定依据不足以及责任分担显失公平，故对《道路交通事故认定书》不予采信。

（二）裁判要旨

对于控辩双方在本案证据采信和事实认定方面存在的争议焦点，综合分析评价如下。

1. 对于南方医科大学司法鉴定中心的鉴定意见是否应当采信的问题

案发后，茂名市公安局交通警察支队侦查大队委托南方医科大学司法鉴定中心进行鉴定，南方医科大学司法鉴定中心作出的［2016］交鉴字第340号道路交通事故司法鉴定意见书认为：事故过程符合杨某驾驶二轮摩托车在南行车道向南行驶时，两轮摩托车前部右侧接触碰撞铲车左侧后部而致摩托车及其驾驶员倒地，倒地时驾驶员杨某头部佩戴头盔并位于北行车道，被随后从南往北驶至的小型客车左前轮碰撞挤压，杨某头部佩戴的头盔被挤压飞出并落于铲车斗位置，杨某头部暴露后右侧颞顶部与地面剐擦。

控辩双方对该鉴定意见存在以下争议焦点。

（1）争议焦点一：小客车碾压头盔时，头盔是否处于被害人头部填充佩戴状态的问题

根据鉴定意见书第五部分痕迹分析第6项：通过模拟车辆与头盔接触碰撞的形态和头盔仅见裂纹而未见碎裂的损坏程度，并结合头盔内侧裂缝中有多根可见疑似人体毛发夹附其中，符合头盔被碰撞时处于被人头部填充的佩戴状态下的推断；由于头盔呈球状且被碰撞挤压部分小于半球，在被碰撞挤压状态下具备挤飞抛起条件；碰撞过程中头盔出现裂痕并夹扯多根人体毛发，随后在头盔被压挤飞出落于铲车前部铲斗下方过程中致所夹毛发断脱。以上情况符合杨某在佩戴头盔的状态下，头盔和头部与小客车左前轮接触的推断。

经查，事故发生时，杨某在佩戴头盔的状态下先猛烈碰撞铲车后部，其倒地后头盔与被告人梁某东驾驶的小客车前轮接触挤压，因此头盔与小客车前轮产生接触的痕迹。但对于头盔是否处于杨某头部填充佩戴状况下的问题，经法院对案件材料的全面审查，在案证据未能证实事故发生时杨某佩戴头盔是否正确系扣头盔系带，从现场头盔照片来看，也未发现头盔有系带，侦查机关现场没有提取到系带残留，尸检报告亦未表示杨某下颚有头盔系带勒痕，而鉴定人庭审时证实其在作出鉴定时查看过头盔，头盔系带在事故中已部分被拉断，但其没有对该事项进行鉴定。经分析，如依鉴定人庭审时的证言所述，死者头盔系带在事故中部分已被拉断，而尸体下颚未留任何勒痕，存在重大疑点且未能得到合理解释。如果事故发生时杨某没有正确地系好头盔系带，其在与铲车进行猛烈撞击时，头盔即可能脱落，且鉴定意见中“头盔内侧裂缝中有多根疑似人体毛发夹附其中”的毛发亦有可能是在第一次与铲车猛烈碰撞时所留，因此该认定头盔被小客车碰撞时处于被死者头部填充佩戴状态的鉴定意见，因没有对头盔系带进行鉴定，以致鉴定依据不完整，鉴定意见不具有唯一性。对于头盔左侧与小客车前轮的接触痕迹，不能排除在第

一次撞击后头盔脱落处于翻滚状态下被小客车前轮碾压腾飞落至铲车斗后方的可能。因该项鉴定意见无法排除合理怀疑，法院不予采信。

（2）争议焦点二：现场尸体方位形成的问题

南方医科大学司法鉴定中心鉴定意见第五部分痕迹分析第7项显示：擦痕起点位于北行车道，摩托车驾驶员倒地时其头部应位于北行车道，结合车轮和头盔碰撞模拟情形，符合小客车碰撞摩托车驾驶员头盔时摩托车驾驶员头部佩戴头盔右侧朝向地面，头部右侧与地面发生剐擦的推断。

经查，根据现场事故图及照片等证据可知，事故现场道路为水泥路面，路面干燥，有明显的防滑线，死者右颞部可见头皮挫裂创伤，道路见一段擦印痕迹，擦痕起点距死者头部约2.5米，尸体位置头朝西北脚朝东南。据上述现场勘验材料分析如下：

第一，鉴定意见认定小客车碰撞到死者头盔时死者头部佩戴头盔右侧朝向地面，头部右侧与地面发生剐擦，但根据尸检照片，死者除右颞部可见头皮挫裂创伤外，右脸部及耳部并无其他受伤痕迹，对此鉴定人未能作出充分合理的解释。

第二，鉴定意见认为，摩托车驾驶员倒地时其头部应位于北行车道，而现场尸体位置位于南行车道且头朝西北脚朝东南，并经救护人员证实，事故发生后尸体位置未经移动。现场尸体位置与鉴定意见认定倒地时死者头部位置呈约180度旋转。鉴定人解释为尸体的位置变化是有可能的，摩托车、铲车及小客车的碰撞几乎是同时发生，这时人体的摩擦阻力相对较小，动、静力学的特征是不一样的，其根据经验，体位的变动是符合的。法院认为，事故现场道路为水泥路面，路面干燥，有明显的防滑线，死者身高1.68米，估算体重达50千克以上，死者在第一次碰撞铲车倒地后，身体与地面接触将产生巨大的摩擦力，鉴定意见认定小客车前轮挤压死者头部佩戴的头盔致使尸体头脚旋转换位，头部移动至距离撞击点约2.5米外的位置，该项鉴定意见明显与常理不符，且无法排除合理怀疑，法院不予采信。

（3）争议焦点三：尸体伤痕的原因分析

第一，尸体检验所见，死者颜面部可见多处挫擦伤，其中左面部可见大面积挫擦伤，右胸肩可见大面积挫伤。鉴定人庭审时解释为死者左侧面部大面积挫擦伤为小客车车轮碾压形成，左侧脸部到颈部有疑似胎压的痕迹，右胸肩处大面积挫伤不排除为小客车后轮的第二次碾压造成。法院分析认为，如依鉴定人所述，死者碰撞铲车落地后，其头部右脸朝下左脸朝上，且身体趴在地上，如果小客车碾压到死者左脸部并后续碾压到死者右肩部，则车轮必横跨死者头部或颈部，但在死者头部或颈部处未能发现相应的碾压痕迹，所以鉴定人作出的该解释与其鉴定意见相矛盾，不能反映客观事实。

第二，尸体检验所见，死者右下肢畸形、右股骨下段骨折，南方医科大学司法鉴定中心对此未作出任何的鉴定意见。法院分析认为，南方医科大学鉴定中心的鉴定意见认定死者在碰撞铲车倒地后，死者头部在佩戴头盔的状况下被梁某东驾驶的小客车前轮碰撞挤压。如果依该结论，若小客车只碰撞挤压了死者头部，但没有接触到死者的身体部位，则死者右下肢畸形、右股骨下段骨折的状况是何种原因造成得不到充分合理的解释。而结合死者右胸肩可见大面积挫伤、右下肢畸形、右股骨下段骨折等伤情，更符合死者驾驶摩托车碰撞铲车后其身体右侧猛烈碰撞铲车所致，也充分合理地解释了死者现场体位形成的原因——由于死者猛烈撞击铲车后反作用力所致。故该鉴定意见认定的事实不清，不具有唯一性。

综上所述，南方医科大学司法鉴定中心作出的该鉴定意见与案件事实相矛盾，未能排除合理怀疑，该鉴定意见不具有唯一性、排他性，法院不予采信。辩护人所提南方医科大学司法鉴定中心作出的鉴定意见书不客观，不能作为本案定案依据的辩护意见，经查属实，法院予以采纳。

2. 对于茂名市公安局交通警察支队侦查大队作出的《道路交通事故认定书》是否应当采信的问题

案发后，茂名市公安局交通警察支队侦查大队作出《道路交通事故认定书》，认定：梁某东驾驶制动系不合格的机动车上路行驶，肇事后驾车逃逸承担事故的主要责任；梁某在加油站30米以内的道路上临时停车，停车时未开启危险报警灯、示廓灯、后位灯并且离开车辆，是事故的次要过错，承担事故的次要责任；杨某持注销的驾驶证驾驶摩托车上路行驶是事故的次要过错，承担事故的次要责任。

控辩双方对事故责任的承担存在以下争议焦点。

（1）争议焦点一：梁某东是否构成肇事逃逸

根据最高人民法院《关于审理交通肇事刑事案件具体应用法律若干问题的解释》第3条之规定，“交通运输肇事后逃逸”是指行为人具有该解释第2条第1款和第2款第1～5项规定的情形之一，在发生交通事故后，为逃避法律追究而逃跑的行为。据此可知，“交通运输肇事后逃逸”的行为人在主观上存在“为逃避法律追究而逃跑”的故意。

本案中，梁某东是否知道或者应当知道自己已发生交通事故是认定其是否构成“肇事后逃逸”的关键。根据已查明的事实，被害人杨某驾驶二轮摩托车碰撞铲车倒地，与梁某东驾驶小客车经过均发生在18时42分4～5秒这段时间内。梁某东供述其在车上听到摩托车撞击铲车的巨大响声后，其下车查看车况，见其车辆无恙，在现场停留约4分钟，打电话报警后，于18时46分21秒驾车离开现场，该供述的事实有证人赖某、黄某、梁某等的证言及现场监控录像等证据证实。而根据上述事实可知，杨某驾驶摩托车猛烈撞击铲车，发出巨大响声，声音足以惊动到店面里吃饭的铲车司机梁某及其他群众，梁某及群众才出来围观。梁某东经过碾压到头盔正好是摩托车与铲车碰撞时间的同一秒钟之内，撞击铲车的巨大响声也正好掩盖了碾压到头盔的声音。且法院认为，梁某东驾驶小客车正常在道路上行驶，其耳边突然传来巨大的撞击声音，按普通人的判断能力，在正常的情况下，此时精神状态必然会高度紧张，其感知能力也必将受到严重影响甚至会瞬间丧失。因此，梁某东称其经过事故现场时没有感觉到有碾压或者碰撞到东西的供述是具有可信性的。

此外，梁某东停车查看车辆状况并打电话报警，由其报警的行为可知，梁某东并没有故意隐瞒身份“为逃避法律追究而逃跑”，而是在查看其车辆无恙后，其基于普通人心理，主观上确认该事故与自己无关，在不知车辆有碾压到头盔的情况下报警后离开了现场。

综上所述，以在案证据未能合理地排除梁某东在不知自己涉及交通事故而离开现场的可能性，不足以证实梁某东有肇事后逃逸的行为，故对该项责任认定，法院不予采信。

（2）争议焦点二：梁某东是否应承担事故的主要责任

茂名市公安局交警支队侦查大队认定，梁某东驾驶制动系不合格的机动车上路行驶，肇事后驾车逃逸承担事故的主要责任；梁某在加油站30米以内的道路上临时停车，停车时未开启危险报警灯、示廓灯、后位灯并且离开车辆，是事故的次要过错，承担事故的次要责任；杨某持注销的驾驶证驾驶摩托车上路行驶是事故的次要过错，承担事故的次要责任。

茂名市人民检察院对梁某东不批准逮捕，认为杨某驾驶摩托车撞上铲车倒地到梁某东驾车撞上杨某是在同一秒发生的事情，在此种情况下事故的发生难以避免。梁某东不知自己碾压到东西有一定的可信性。按照既有证据情况和情节，难以认定梁某东的行为是引发本案交通事故的主要原因，仅依据因逃逸而承担主要责任来认定梁某东构成交通肇事罪明显与客观事实不符。

综合上述两部门的意见，法院认为：第一，梁某东在故事发生后离开现场，不能排除其确实是因不知情而离开的可能性，在案证据认定其“为逃避法律追究而逃跑”的依据不足；第二，杨某碰撞铲车后倒地与梁某东驾驶小客车经过发生在同一秒钟之内，时间之短已超出人的正常应急能力，在此种情况下即使是驾驶制动系合格的车辆也难免发生事故，造成事故的原因与梁某东驾驶的机动车不合格无直接的因果关系；第三，事故的发生究其主要原因，是梁某在道路上临时停放铲车，停车时未开启危险报警灯、示廓灯、后位灯并且离开车辆，以致杨某在天色昏暗的环境下驾驶摩托车与铲车发生猛烈碰撞。交警认定梁某是事故的次要过错，承担事故的次要责任，显失公平。

综上所述，茂名市公安局交通警察支队侦查大队作出的《道路交通事故认定书》，因不能确认梁某东有肇事逃逸行为，责任认定依据不足以及责任分担显失公平，故对该《道路交通事故认定书》法院不予采信。辩护人所提的公安机关交通管理部门作出的《道路交通事故认定书》没有事实依据及法律依据的辩护意见，经查属实，法院予以采纳。

法院认为，根据我国《刑法》及最高人民法院《关于审理交通肇事刑事案件具体应用法律若干问题的解释》关于交通肇事罪的立案追诉标准，行为人违反交通管理法规，因而发生重大事故，致一人死亡，负事故的全部或者主要责任的，才构成交通肇事罪。但是，根据法院对案件争议焦点的综合分析评价意见，可以得出本案现有证据无法证实被告人梁某东应当负事故的全部责任或主要责任的结论。因此，检察机关指控被告人梁某东犯交通肇事罪，事实不清、证据不足，指控罪名不能成立。被告人梁某东及其辩护人辩称梁某东无罪的辩护意见，经查属实，法院予以采纳。被害人家属陈某2提出的梁某东因逃逸致人死亡，请求对其判处7年以上有期徒刑的意见，与查明的事实不符，法院不予采纳。本案经法院审判委员会讨论决定，判决如下：被告人梁某东无罪。

四、聂某光交通肇事一审无罪案

（2018）辽1402刑初346号

（一）核心要点

1. 根据行车记录仪，无法认定集装箱半挂车驾驶员李某对发生剐擦是否明知，故对公安机关交通管理部门作出的《道路交通事故认定书》，不予采纳。

2. 事实不清、证据不足，在不能确定李某对两车剐擦不明知的情况下，根据有利于被告人原则，应宣告被告人无罪。

（二）裁判要旨

法院认为，交通肇事罪，是指违反交通管理法规，因而发生重大事故，致人重伤、死亡或者使公私财产遭受重大损失的行为。交通肇事致一人死亡的，负事故全部或主要责任的，承担刑事责任。对于检察机关指控被告人聂某光构成交通肇事罪的公诉意见，经查，根据现代牌小型轿车的行车记录仪视频，被告人聂某光驾驶的桑塔纳轿车在撞向中央护栏之前，后保险杠已经脱落，集装箱半挂车有踩刹车并向左轻微打方向的操作。结合两车的车痕，能够认定李某驾驶的集装箱半挂车与被告人聂某光驾驶的桑塔纳轿车发生剐擦，如李某知道发生交通事故，未立即停车保护现场，驾车驶离的行为则构成交通肇事逃逸，应负事故全部责任，但根据现有证据无法认定集装箱半挂车驾驶员李某对发生剐擦是否明知，故对公安机关交通管理部门作出的《道路交通事故认定书》，法院不予采纳。本案事实不清、证据不足，在不能确定李某对两车剐擦不明知的情况下，根据有利于被告人原则，应宣告被告人聂某光无罪。对检察机关指控被告人聂某光犯交通肇事罪的公诉意见，法院不予采纳。综上所述，本案证据不足，不能认定被告人聂某光构成交通肇事罪，公诉机关的指控不能成立。判决如下：被告人聂某光无罪。

五、刘某甲交通肇事案

（2016）皖1323刑初305号

（一）核心要点

铲车是停止状态，被摩托车快速追尾，被告人为抢救被害人，用石头做了现场标记，且及时拨打报警电话，积极抢救伤者，其行为属于因抢救受伤人员而变动现场，不宜认定被告人有故意破坏现场的行为。

（二）裁判要旨

关于检察机关指控被告人刘某甲驾驶铲车与由北向南行驶的被害人苏某乙驾驶的两轮摩托车发生碰撞，被告人刘某甲辩解他没有驾驶车辆，当时铲车是停止状态，他在车下加油；辩护人认为被告人事故发生时未驾驶车辆，不属于无证驾驶。经查，检察机关当庭出示了被告人刘某甲在侦查期间的多份供述，均证明案发当时自己没有驾驶车辆，此外证人吴某甲的证言证明，从他发现事故发生到他达到现场仅一二十秒，他没有看到铲车在行驶；证人吴某乙的证言证明，被害人苏某乙驾驶的摩托车行驶速度很快，撞上了铲车，他没有看到铲车行驶，且他先到现场后，被告人才从车后面过来；证人张某的证言证明，事故之前他到达现场就看到铲车停在路边，发生事故后，他到达现场，铲车仍停在当时的位置；证人刘某乙、刘某丙均能证明他们发现事故时，铲车是停放在路边的状态，且有现场勘查图表明被害人受伤后的血迹是在靠近路边的位置。本案仅有被害人陈述证明被告人正驾驶铲车，但被害人第一次陈述为他感觉铲车由西往东行驶，没有灯光，他也看不清，他驾驶的摩托车就开到铲车上了，然后他就倒地了。以上证据无法证实事故发生时被告人刘某甲驾驶铲车行驶，故检察机关指控事实不清，证据不足，一审法院不予采纳；对于被告人的辩解及辩护人的辩护意见予以采纳。

关于检察机关指控被告人刘某甲在事故发生后，驾驶铲车驶离现场，未保护现场且未做标记。被告人刘某甲辩解事故发生后，因为铲头没有落地，他怕躺在铲头下的被害人被砸到，才将车移开，并用石头作了标记；辩护人提出刘某甲未实施故意破坏现场的行为。经查，检察机关当庭出示的被告人的多次供述均承认是其移动车辆的，但当时是因为被害人受伤后倒在铲头的下方，他害怕铲头落下再次伤到被害人。多个证人证言也表明当时看到案发现场的情况是被害人倒在铲头下方，现场勘查图显示被告人虽移动了车辆，但当时其用石头做了标记。综上，被告人为抢救被害人，用石头做了现场标记，且及时拨打报警电话，积极抢救伤者，其行为属于因抢救受伤人员变动现场，不宜认定被告人主观上有故意破坏现场的行为。同时，灵璧县公安局交通管理大队在事故现场处理中标明，对事故双方不要求扣车，自行协商处理，故检察机关指控被告人在事故后移车，未保护现场且未标记，事实不清，证据不足，一审法院不予采纳，被告人的辩解及辩护人的辩护意见一审法院予以采纳。

交通肇事致一人以上重伤，并具有最高人民法院《关于审理交通肇事刑事案件具体应用法律若干问题的解释》规定的下列情形之一的，且负事故全部或者主要责任，以交通肇事罪定罪：（1）酒后、吸食毒品后驾驶机动车辆的；（2）无驾驶资格驾驶机动车辆的；（3）明知是安全装置不全或者安全机件失灵的机动车辆而驾驶的；（4）明知是无牌证或者已报废的机动车辆而驾驶的；（5）严重超载驾驶的；（6）为逃避法律追究逃离事故现场的。本案中，被告人刘某甲将铲车停放在路边，铲车铲头轻微占道，虽具有一定过错，但被害人苏某乙无证驾驶机动车辆，且未佩戴安全头盔，在本案中同样具有违反交通运输管理法规的行为。而灵璧县公安局交通管理大队是以被告人刘某甲驾驶铲车为依据，且对事故形成的原因没有进行详细分析，没有对无证驾驶机动车辆且未戴安全头盔的被害人苏某乙的责任进行确定，进而认定被告人刘某甲破坏、伪造现场、毁灭证据，认定其承担全部责任明显不当，故灵璧县公安局交通管理大队出具的《道路交通事故认定书》与庭审查明事实不符，依法不予采用。根据现有证据，被告人刘某甲不构成交通肇事罪。

一审法院认为：检察机关指控被告人违反交通运输管理法规，无证驾驶铲车与被害人驾驶的摩托车相撞，事故发生后，被告人刘某甲驾驶铲车驶离现场，未保护现场且未做标记，造成一人重伤二级且负事故全部责任，应构成交通肇事罪，事实不清，证据不足，指控的罪名不能成立。被告人刘某甲的辩解及辩护人认为刘某甲的行为不构成犯罪的辩护意见，一审法院予以采纳。本案经一审法院审判委员会讨论决定，判决如下：被告人刘某甲无罪。

后灵璧县人民检察院以原判认定事实和采信证据错误为由提出抗诉。宿州市中级人民法院于2016年12月26日作出（2016）皖13刑终558号刑事裁定，撤销原判，发回重审。一审法院受理后，依法另行组成合议庭。在诉讼过程中，灵璧县人民检察院决定向一审法院撤回起诉。一审法院裁定准许灵璧县人民检察院撤回起诉。

六、吴某再审改判无罪案

（2020）冀02刑再1号

（一）核心要点

1. 没有直接证据证明被告人的车辆与被害人发生过碰撞，鉴定意见书是推断性结论，达不到刑事定罪排除一切合理怀疑的标准，各证据之间无法形成证据链条。

2. 虽然现有证据达不到对被告人定罪的标准，但符合民事诉讼的证明标准，确认被告人为肇事司机具有高度可能性，故被告人仍应承担对各原审附带民事诉讼原告人的民事赔偿责任。

（二）裁判要旨

再审法院认为，本案的物证、书证、监控视频、证人证言等证据中，没有能证明吴某的车辆与被害人发生过碰撞的直接证据；司法鉴定意见书是推断性结论，达不到刑事定罪中排除一切合理怀疑的标准；各证据之间无法形成证据链条证明吴某确有犯交通肇事罪的事实。综上，检察机关指控吴某犯交通肇事罪的事实不清，证据不足，故吴某犯交通肇事罪的指控不能成立。对于各原审附带民事诉讼原告人要求民事赔偿的诉讼请求，虽然本案现有证据达不到对申诉人吴某定罪的标准，但符合民事诉讼的证明标准，再审法院经审查并结合相关事实，确认吴某为肇事司机具有高度可能性，故吴某仍应承担对各原审附带民事诉讼原告人的民事赔偿责任。根据唐山市玉田县交通警察大队出具的《道路交通事故认定书》，以唐山市公安交通警察支队作出的道路交通事故认定复核结论，认为吴某应负事故的全部责任，但不能认定吴某具有为逃避法律责任而逃逸的主观过错，故保险人不能据此免除赔偿责任。因吴某驾驶的车辆在中国人民财产保险股份有限公司唐山市分公司投保了商业第三者责任险且不计免赔率，事故发生在保险期间内，属于保险责任，故原审附带民事诉讼原告人的合理损失应由中国人民财产保险股份有限公司唐山市分公司在赔偿责任限额内进行赔偿。综上，经再审法院审判委员会讨论决定，判决如下：

第一，撤销该法院自己作出的（2018）冀02刑终203号刑事附带民事裁定及唐山市玉田县人民法院（2017）冀0229刑初107号刑事附带民事判决第1项，即被告人吴某犯交通肇事罪，判处有期徒刑1年4个月。

第二，申诉人吴某无罪。

第三，维持唐山市玉田县人民法院（2017）冀0229刑初107号刑事附带民事判决第2项，即附带民事诉讼被告单位中国人民财产保险股份有限公司唐山市分公司赔偿附带民事诉讼原告人王某1、刘某锘、刘某2、许某死亡赔偿金（含被扶养人生活费）、丧葬费、处理丧葬事宜误工费及交通费共计435697.96元，于本判决生效后5日内付清。

七、李某月交通肇事两审均无罪案

（2018）冀0181刑初12号、（2018）冀01刑终807号

（一）核心要点

1. 两份鉴定报告存在矛盾，比较结果所说的“相近”和“同一”是两回事。

2. 发生碰撞的证据存在疑点，且不能排除合理怀疑；证据与证据之间存在矛盾，且未能经法定程序查证属实。

3. 坚持证据裁判原则，定罪证据不足的案件，应当坚持疑罪从无原则，依法宣告被告人无罪，不得降格作出“留有余地”的判决。

（二）裁判要旨

一审法院认为：检察机关指控被告人李某月犯有交通肇事罪，证据不足，

不能认定被告人有罪，指控的犯罪不能成立，应判决宣告被告人无罪。

理由是：本案中，被告人李某月自侦查阶段始对交通事故的发生一直持否认态度，在侦查阶段的笔录及当庭的供述中均称在2015年9月10日18时左右，其驾驶无牌照三轮汽车在禽蛋市场交完鸡蛋后，沿工业路由南向北行驶经过了宏大化工厂，没有什么事情发生，没有碰倒骑电动自行车的妇女。检察机关出示的北京龙晟交通事故司法鉴定所京晟［2015］交鉴字第09048号司法鉴定意见书认定被害人电动自行车与被告人三轮汽车发生过接触，其理由如下。

1. 奥斯牌二轮电动车后车座及其支架剐撞损坏痕迹处黑色油漆与无号牌福田五星三轮车（被告人所驾驶车辆）右侧油箱前紧固带右侧螺栓处剐撞痕迹处附着黑色物质元素种类及含量相似。

2. 死者董某2下着装损坏痕迹处纤维与无号牌福田五星三轮车右侧纵梁启动手摇柄支架下部槽钢前部附着的黑色纤维直径相近，物理形态特征相吻合。被害人车损坏处及死者董某2下着装痕迹处分别与被告人车辆有造痕体与承痕体介质的转移，可认定事故中被害人车辆与被告人车辆发生过接触。中华人民共和国公安部公物证鉴字［2015］4987号物证检验报告认定：检材1（三轮汽车上附着的黑色纤维）与检材2（董某2下着装损坏处提取的布片）织物层纤维直径相近，红外光谱图无明显差异，但干涉特征有差异。公安部物证鉴定中心电话答复记录进一步说明：（1）“干涉特征有差异”，是指：①化学成分一样；②物质特征有区别，有可能是染料不同、制作工艺不同、外界污染等因素造成；③不能认定同一性。（2）检材3（三轮汽车上附着的黑色物质）与检材4（电动自行车后支架处提取的黑色油漆）均为含有碳（C）、氧（O）元素的氨基漆，从技术角度讲不能解决油漆成分排他性问题，应结合案件其他证据确定。中华人民共和国公安部公物证鉴字［2016］948号物证检验报告认定三轮汽车深蓝色捆绑带与公物证鉴字［2015］4987号物证检验报告中检材1（三轮汽车上附着的黑色纤维）的纤维种类相同，直径无显著差异。被告人及辩护人均对北京龙晟交通事故司法鉴定所出具的鉴定意见有异议，认为公安部第一次鉴定两种纤维不能认定同一性，即两种纤维不是同一种东西，第二次鉴定可以表述为被告人车上所提取的纤维是来自经常使用的捆绑带；油漆的成分从技术角度不能解除排他性问题。并且，被告人及辩护人认为不存在被害人车辆尾部与被告人车辆螺栓发生接触的可能性。北京龙晟鉴定所鉴定人在庭审中，称检验内容是比对物理形态，对化学成分没有涉及，比较结果所说的相近和同一是两种不同的概念。对于介质转移的问题是否具有排他性和唯一性，未予回答。对于车辆如何接触，鉴定人称电动自行车和螺栓接触的时候应该是有角度的，没有角度碰不上。北京龙晟交通事故司法鉴定所认定车辆有过接触的依据是黑色油漆与黑色物质元素种类及含量相似，黑色纤维直径相似，物理形态特征相吻合。而公安部［2015］4987 号物证检验报告认为通过对比检材不能认定同一性，亦不能解决排他性问题，应结合其他证据确定。公安部［2016］948 号物证检验报告认定深蓝色捆绑带与黑色纤维种类相同，直径无显著差异。所以，北京龙晟鉴定意见与公安部的鉴定意见存在矛盾。

证人李某 3、李某 4、李某 5 证言均系传来证据，其所谓的目击者武某在多次笔录中均否认目击了交通事故及对其他人说过交通事故的情况，对当天是否经过事故地点也称没有印象。根据被害人同事杨某的陈述，被害人发生事故后说是被前面有棚后面有斗的三轮车撞的，而被告人李某月所驾驶的三轮汽车没有棚。

综上所述，上述认定被告人李某月驾驶三轮车与被害人发生碰撞的证据存在疑点，且不能排除合理怀疑；证据与证据之间存在矛盾，且未能经法定程序查证属实。最高人民法院《关于建立健全防范刑事冤假错案工作机制的意见》第 5 条规定，坚持证据裁判原则。认定案件事实必须以证据为根据，应当依照法定程序审查、认定证据。认定被告人有罪，应当适用证据确实、充分的证明标准。最高人民法院《关于建立健全防范刑事冤假错案工作机制的意见》第 6 条规定，定罪证据不足的案件，应当坚持疑罪从无原则，依法宣告被告人无罪，不得降格作出“留有余地”的判决。综上所述，指控被告人李某月犯交通肇事罪证据不足，指控的犯罪不能成立，应判决宣告被告人无罪。对于被告人及辩护人无罪的辩护意见一审法院予以支持。判决如下：

第一，被告人李某月无罪。

第二，驳回附带民事诉讼原告人的诉讼请求。

一审宣判后，检察机关提起抗诉，刑事附带民事诉讼原告提起上诉，二审法院裁定驳回抗诉、上诉，维持原判。

八、符某兴交通肇事无罪案

（2019）琼9007刑初200号

（一）核心要点

1. 侦查实验在程序方面存在不合法性，对本案不具有可参考性。

2. 检察机关指控被告人交通肇事后逃逸，未能向法庭提供被告人交通肇事后逃逸的直接证据，据以推定被告人交通肇事后逃逸的间接证据，不能排除被告人在事故发生后未明知或应知发生交通事故而驾车驶离现场的合理怀疑。

（二）裁判要旨

法院认为，检察机关指控符某兴明知发生事故未及时报警而驾车逃离现场以及东方市公安局交警大队的《道路交通事故认定书》认定符某兴承担本道路交通事故的全部责任，被告人符某兴构成交通肇事罪的证据不足，理由如下。

1. 检察机关根据符某2的证言所述“我听到声音的时候离事故地点还有五六十米，而且四个车窗是关闭着的，车内放着8分贝左右的音乐，我都能清晰地听到刹车声和碰撞声，那辆拖拉机的驾驶员应该也能听到”，证人高某的证言所述“我开车有20多年，以自身驾驶拖拉机的经验，作为驾驶员绝对能听得到事故的声响，那天晚上他听到的撞击声很大，如果拖拉机在行驶，没有原地踩油门、轰油门，司机肯定能听得到，我家离事故地点四五十米”，以及证人符某4的证言、符某2手机中提取的行车记录仪视频、法医学DNA检验鉴定书、公安部交通管理科学研究所道路交通事故鉴定中心鉴定书、车辆检验痕迹鉴定书、侦查实验以及被告人符某兴前后不一致的供述，可以推定符某兴主观上明知或者应当知道其驾驶的拖拉机发生了交通事故而驾车逃离事故现场。但是，根据证人符某2的证言及行车记录仪等证据，证明事故发生后符某兴继续保持缓慢的车速行驶，这与一般驾驶人员在明知自己所驾驶的车辆发生事故时的自然反应不相符，且证人符某2、高某表示能听到碰撞声，不能证实符某兴就一定能听到车辆碰撞的声音。

2. 根据道路交通事故现场勘查笔录及照片、车辆检验痕迹鉴定书等证据，可以证明二轮摩托车前车头左侧以一定的斜角度撞擦到无号牌拖拉机的后尾右侧下端边缘和右后轮轮胎部位。从现场照片看，拖拉机上留下的碰撞痕迹相对不明显，加之被告人所驾驶的拖拉机无挡风玻璃，在拖拉机载沙且原本存在噪声的情况下，不能排除被告人在驾驶过程中未听到撞擦声音的可能。

3. 根据被告人符某兴所述："事故发生后我对驾驶的车辆未做过冲洗等任何处理，我在接到我堂哥符某5电话后并没有检查车辆，还在第二天中午驾驶车辆出去拉过小石子，且到过案发现场。"检察机关当庭出示的证据亦未能证实被告人在事故发生后已对肇事车辆进行过处理，这与明知自己所驾驶的车辆发生事故造成他人死亡而又想向侦查机关作虚假供述的行为不相符。

4. 根据《刑事诉讼法》的规定，为了查明案情，在必要的时候，经公安机关负责人批准，可以进行侦查实验。侦查实验的情况应当写成笔录，由参加实验的人签名或者盖章。本案中，检察机关在庭审中出示的侦查实验笔录只有一张纸。关于是否经过公安机关负责人批准，检察机关在2019年7月17日（庭审后）向法院补送了一份东方市公安局的《呈请侦查实验报告书》。从侦查实验笔录上来看，侦查实验找了三辆拖拉机，三辆拖拉机的司机均表示能听到敲击声，但对三辆拖拉机的司机信息没有描述。由此可见，整个侦查实验在程序方面存在不合法性。并且，本案的侦查实验是侦查人员在路边随机找了几辆载物的拖拉机来完成的，并没有明确所载的物体以及载物的重量，后侦查人员直接用铁锹或钢筋敲击拖拉机右后尾部的车厢，驾驶员表示能听到敲击声，该侦查实验的情境与符某兴驾驶的载沙拖拉机的重量、二轮摩托车与符某兴驾驶的拖拉机发生撞擦的位置、撞击的力度、事故路段等均不相符，因此该侦查实验对本案不具有可参考性。

5. 2018年11月29日，东方市公安局交通警察大队以符某兴无机动车驾驶证驾驶无号牌拖拉机上道路行驶，事故发生后未及时报警且驾车逃离事故现场，认定符某兴承担本道路交通事故的全部责任，符某1无责任。2019年

1月8日，海南省公安厅交通警察总队维持东方市公安局交通警察大队的《道路交通事故认定书》。但是，本案中被害人符某1追尾、醉酒、未戴安全头盔、驾驶与其准驾车型不相符且灯光系统不符合安全技术性能标准的二轮摩托车在道路上行驶时未与前车保持安全距离而驾车追尾撞擦到符某兴所驾驶的拖拉机，继而发生了导致被害人符某1死亡的道路交通事故，被害人符某1的行为对本案交通事故的发生有重大过错，但公安机关交通管理部门在划分责任时并没有认定符某1追尾的责任。在本案中，东方市公安局交警大队以推定被告人在事故发生后未及时报警而驾车逃离现场来认定被告人符某兴承担本道路交通事故的全部责任，并没有考虑符某1追尾存在的过错。

综上所述，检察机关指控被告人符某兴交通肇事后逃逸，构成交通肇事罪，但检察机关未能向法庭提供被告人符某兴交通肇事后逃逸的直接证据，而检察机关当庭提交的据以推定被告人交通肇事后逃逸的间接证据，又不能排除被告人在事故发生后未明知或应知发生交通事故而驾车驶离现场的合理怀疑，故检察机关指控被告人符某兴构成交通肇事罪的证据不足，指控的犯罪不能成立。被告人符某兴提出“我是在不知情的情况下正常行驶离开现场，我没有逃逸”及辩护人提出“公诉机关指控被告人符某兴构成交通肇事罪证据不足，指控的罪名不能成立”的辩解、辩护意见，法院予以采纳。经法院审判委员会讨论决定，判决如下：被告人符某兴无罪。

九、张某军再审改判无罪案

（2019）辽07刑再5号

（一）核心要点

1. 证明有罪的证人证言和证明无罪的证人证言同时存在，证明的内容截然相反、相互矛盾，原审只采信证明有罪的证人证言，违反了证据全面审查的原则和疑罪从无的原则。

2. 油漆鉴定从其性质上讲，属于种类物鉴定，其结论不具有排他性、唯一性。鉴定意见和《道路交通事故认定书》均未达到“确实、充分”的证明标准。

（二）裁判要旨

本案再审的争议焦点是：本案证据是否充分，依据现有证据能否认定原审被告人张某军实施了交通肇事犯罪行为。再审法院认为，依据证据裁判原则，原一审、二审在卷的证据不足以认定张某军实施了交通肇事犯罪行为。

1. 无论是在公安机关的侦查阶段，还是在法院的审理阶段，张某军始终未做过有罪供述。其一，在卷的审讯笔录显示，公安机关办案人员于1994年12月26日、1995年1月4日、1995年2月20日分别对张某军所做的三次讯问笔录中，张某军始终未供述实施交通肇事犯罪行为。在公安机关办案人员于1995年1月24日对张某军所作的讯问笔录中，张某军的回答内容之间相互矛盾，亦不能凭此认定张某军实施过交通肇事犯罪行为的有罪供述。其二，张某军在原一审法院（1995）凌法刑初字第77号、（1996）凌法刑初字第6号、（1999）凌法刑重字第4号案件的庭审中，始终未做过实施交通肇事犯罪行为的供述。在再审法院之前作出的（2000）锦刑终字第6号判决书中，承办法官对张某军讯问时，张某军仍否认实施过交通肇事犯罪行为。

2. 本案原一审、二审中证明有罪和证明无罪的证人证言同时存在，且相互间的矛盾没有得到合理解释。本案原一审、二审据以认定张某军实施交通肇事犯罪行为的证据材料有3位证人的证言，其中，苗某1证实肇事嫌疑车辆的颜色为蓝色，是一主一挂，与张某军驾驶车辆的特征相符。金某证实骑自行车的男子所穿大衣的颜色与被害人所穿大衣颜色一致；杨某证实案发当天，其乘郑某1家的车回部队，车速为50~60公里/小时。同时，本案中的三位证人——郑某2、张某1、张某2作为张某军驾驶车辆的跟车人，另一位证人杨某作为同乘人，均证实未看到张某军驾驶车辆实施交通肇事犯罪行为。可见，本案认定有罪的证据方面，苗某1、金某的证言仅能证实涉案车辆颜色和被害人大衣的颜色，而不能直接证明张某军驾驶车辆发生交通肇事的事实。鉴于本案证明有罪的证人证言和证明无罪的证人证言同时存在，证明的内容截然相反、相互矛盾，而一审、二审刑事附带民事判决在并未排除4位证人的证言所证明无罪事实存在可能性的情况下，只采信证明有罪的2位证人的证言，系违反了证据全面审查的原则和疑罪从无的原则，故认定张某军犯交通肇事罪存在证据不足的问题。

3. 本案中，公安机关针对张某军驾驶的车辆涉嫌交通肇事所做的涉及油漆方面的鉴定意见和《道路交通事故认定书》，作为定案方面的重要证据并没有达到“确实、充分”的证明标准。首先，公安机关作出的张某军在涉案交通事故中负全部责任的认定，缺乏有力证据支持。根据凌海市公安交通警察大队出具的《九四年十一月十二日重大交通事故综合材料》所载明的内容，凌海市公安交通警察大队在未发现张某军驾驶车辆有肇事痕迹的情况下，采取了在车辆右叶子板上取漆、与死者身上大衣留下的漆痕一同送交鉴定的做法。因所送交鉴定的车辆油漆并非来源于车辆肇事痕迹，在此情况下所提取的车辆油漆与死者身上大衣留下漆痕的比对鉴定，缺乏车辆取样油漆材料来源真实、可靠的事实基础，其结果必然导致鉴定意见缺乏客观性。其次，油漆鉴定从其性质上讲，属于种类物鉴定，其鉴定意见不具有排他性、唯一性。辽宁省公安厅在1994年作出的刑事技术检验报告（［1994］辽公科化185号）的鉴定意见为：死者樊某1棉大衣擦蹭的蓝色油漆与嫌疑人驾驶的货车车主提取的油漆种类相同；在1995年所作的刑事技术检验报告（［1995］辽公科化298号）的鉴定意见为：死者大衣背部擦蹭的蓝色油漆及自行车货架擦蹭的蓝色油漆与嫌疑人驾驶的车辆主车蓝色油漆无机组分种类相同。根据辽宁省公安厅在《检验鉴定补充说明》中的解释说明，以上两次鉴定意见中“种类相同”的含义为“（油漆）元素种类及含量结论为对应相同”。而凌海市公安交通警察大队综合材料表述为“鉴定结果与死者身上大衣留下的漆痕相符”，“相符”与鉴定意见中的“种类相同”并非同一概念。因而，凌海市公安交通警察大队在无证据证明涉案车辆存在肇事痕迹，且送交的油漆鉴定意见不具有排他性、唯一性的情况下，即在《道路交通事故认定书》中认定张某军负该起事故的全部责任，缺乏证据支持，再审法院不予采信。

综上所述，再审法院认为，本案中证明有罪和证明无罪的证人证言之间的矛盾没有得到合理排除，证明有罪的另2份重要证据，即公安机关出具的鉴定意见和《道路交通事故认定书》均未达到“证据确实、充分”的证明标准。原审被告人张某军亦始终未做过有罪供述。据此，原审中，检察机关指控张某军驾驶车辆将被害人樊某1撞倒致其死亡，以及原一审、二审法院认定原审被告人张某军驾驶车辆将被害人樊某1撞倒致其死亡，因所依据的证据不充分，指控及认定犯罪的证据均不能形成完整的证明体系，故检察机关指控的事实和原一审、二审法院认定的事实均不能成立。再审法院对原审中检察机关的指控不予支持。原一审、二审刑事附带民事判决认定事实不清、证据不足，以交通肇事罪对原审被告人张某军判处刑罚，属于适用法律错误，再审法院予以纠正。

该案经再审法院审判委员会讨论决定，判决原审被告人张某军无罪。

十、朱某交通肇事二审改判无罪案

（2016）粤06刑终5号

（一）核心要点

被害人是否在人行横道上被撞存疑，被害人是否故意制造交通事故存疑，根据现有证据，不足以认定朱某应承担事故的主要责任。

（二）裁判要旨

原判认为，被告人朱某无视国家法律，违反交通运输管理法规，因而发生重大事故，在事故中负主要责任并致一人死亡，其行为已构成交通肇事罪，应当依法追究其相应的刑事责任。被告人朱某犯罪后明知他人报案仍留在现场等候处理，到案后能如实供述其基本罪行，可以认定其具有自首情节，依法可以从轻处罚。同时，鉴于被告人朱某是初犯，依法对其宣告缓刑。原判以交通肇事罪，判处被告人朱某有期徒刑10个月，缓刑1年6个月。

原审被告人朱某上诉及其辩护人辩护提出：（1）在案证据表明被害人谢某的精神状况有异常，谢某案发前多次故意横躺在马路上，碰撞行驶中的机动车自杀寻死，鉴定意见也能证实事发时谢某低头弯腰头朝机动车方向与迎面而来行驶中的肇事车辆车头前保险杠左下侧发生碰撞剐擦并被压趴至车底；（2）事故发生时被害人谢某并非在人行横道上；（3）朱某驾驶的车辆虽制动系不合格，行经划有人行横道的路段时也没有减速，但上述违章行为不是事故发生的主要原因。综上，原判认定朱某负事故的主要责任不当，应宣告朱某无罪。

出庭检察人员认为，被害人是否在人行横道上被撞存疑，被害人是否故意制造交通事故存疑，故根据现有证据，不足以认定朱某应承担事故的主要责任，建议对朱某宣告无罪。

再审法院认为，控辩双方对事故发生不持异议，故本案的焦点集中于上诉人与被害人之间的责任划分问题，进而涉及上诉人是否构成交通肇事罪。而要划分双方的责任，需要厘清以下两个问题。

1. 事故发生时被害人是否在人行横道上

关于此点，上诉人朱某的辩解与证人缪某的证言不一致。朱某辩称事故发生时被害人并非走人行横道横过马路，而是从路中花基上跑下来。证人缪某2015年3月23日的证言称被害人是从路中间的花基缺口跑出来，跑到车道中间位置时被撞；2015年8月14日的证言又称不清楚被害人从路中花基人行横道的缺口跑出后是如何过马路的，不确定被害人是否经人行横道通过及蹲下。故在朱某的辩解与证人缪某的证言不一致、缪某的证言有反复和本案并无其他证据对此加以佐证的情况下，确实无法判断事故发生时被害人是否在人行横道上。原判认定被害人系在人行横道上被撞的证据不足，而检察机关提出的这些事实存疑的意见有理，予以采纳。

2. 被害人是否故意制造交通事故

尽管本案多名证人均证实被害人案发前不久在同一道路上实施了危害道路交通安全的危险行为，鉴定意见也显示事发时被害人系低头弯腰头朝机动车方向与迎面而来行驶中的肇事车辆车头前保险杠左下侧发生碰撞，但正如佛山市公安局交通警察支队出具的有关文件所示，证人钟某、邓某、叶某、张某、黄某等的证言只能反映事前或事后的情况，不能确证事发时谢某的道路通行行为就是为了轻生；事发时天正在下雨，被害人若为匆忙赶路欲通过机动车道，在猛然发现庞大的机动车驶过来的情况下，也有可能蹲下以求避险，故在案证据也不足以证实此次交通事故系被害人故意为之，对检方所提此节事实存疑的意见，予以采纳。

综上所述，再审法院认为，原判在被害人是否在人行横道上被撞及被害人是否故意制造交通事故这两个影响责任划分的关键事实存疑的情况下，认定上诉人朱某负事故的主要责任不当。根据在案证据能够证实的其他事实，如上诉人朱某确有驾驶制动系不合格、具有安全隐患的机动车上路行驶，行经人行横道时也没有减速行驶，而被害人谢某案发前也确有实施一系列危害道路交通安全的危险行为，再审法院认定双方均应就其具体行为对此事故的发生承担相应的过错责任。据此，原判认定上诉人朱某犯交通肇事罪的事实不清，证据不足，原公诉机关指控上诉人朱某所犯罪名不能成立，控辩双方所提应对上诉人朱某宣告无罪的意见有理，予以采纳。判决如下：

第一，撤销佛山市三水区人民法院（2015）佛三法刑初字第523号刑事判决。

第二，上诉人朱某无罪。

十一、胡某某交通肇事再审改判无罪案

（2017）湘0321刑再2号

（一）核心要点

1. 交通事故现场勘查笔录与对黄某某的询问笔录存在时间冲突，不符合常理，检察机关对此不能补正，亦不能作出合理解释，应当予以排除。

2. 尸表检验笔录仅有一位鉴定人员签名，没有见证人的签名，也未根据公安机关的委托要求将检验、鉴定情况及结论制作检验、鉴定报告。

3. 鉴定人员凭借尸表摸排手段即认定死者系血气胸、左肺挫裂伤导致死亡的结论明显不客观、准确，不能作为定案的根据。

（二）裁判要旨

再审法院湖南省湘潭县人民法院认为，就本案事实而言，检察机关指控被告人胡某某驾驶车辆与行人杨某某发生碰撞，从而引发交通事故，被害人杨某某在被撞后当场被送往湘潭县花石医院抢救后死亡，被告人胡某某承担此次事故主要责任的事实清楚，证据确实、充分。

至于本案被告人胡某某的交通肇事行为是否构成交通肇事罪，就本案全部证据来看，除事实证据外，能证明被告人胡某某犯交通肇事罪的关键证据即道路交通事故现场勘查笔录和交通事故尸表检验笔录，被告人及其辩护人

对该两份证据均提出异议。关于道路交通事故现场勘查笔录，该笔录制作时间为2013年12月22日10时整至10时20分，现场勘查人员为周某军、张某波二人，勘查地点为湘潭县花青公路青山桥镇上方村卢故组，而公安机关对黄某某的询问笔录，其制作时间亦为2013年12月22日9时39分至10时30分，询问地点为湘潭县公安局交通警察大队事故处理中队216办公室，询问人亦为周某军、张某波二人，两者之间存在时间冲突，不符合常理，检察机关对此不能补正，亦不能作出合理解释，对该证据应当予以排除。

关于交通事故尸表检验笔录，从程序上来看，根据《刑事诉讼法》第131条的规定，勘验、检查的情况应当写成笔录，由参加勘验、检查的人和见证人签名或者盖章。同时，公安部发布的《公安机关鉴定规则》第31条第2款规定："鉴定的实施，应当由两名以上具有本专业鉴定资格的鉴定人负责。"第33条第1款规定："鉴定机构应当在受理鉴定委托之日起十五个工作日内作出鉴定意见，出具鉴定文书……"第45条规定："鉴定文书分为《鉴定书》和《检验报告》两种格式。客观反映鉴定的由来、鉴定过程，经过检验、论证得出鉴定意见的，出具《鉴定书》。客观反映鉴定的由来、鉴定过程，经过检验直接得出检验结果的，出具《检验报告》。鉴定后，鉴定机构应当出具鉴定文书，并由鉴定人及授权签字人在鉴定文书上签名，同时附上鉴定机构和鉴定人的资质证明或者其他证明文件。"第46条规定："鉴定文书应当包括：（一）标题；（二）鉴定文书的唯一性编号和每一页的标识；（三）委托鉴定单位名称、送检人姓名；（四）鉴定机构受理鉴定委托的日期；（五）案件名称或者与鉴定有关的案（事）件情况摘要；（六）检材和样本的描述；（七）鉴定要求；（八）鉴定开始日期和实施鉴定的地点；（九）鉴定使用的方法；（十）鉴定过程；（十一）《鉴定书》中应当写明必要的论证和鉴定意见，《检验报告》中应当写明检验结果；（十二）鉴定人的姓名、专业技术资格或者职称、签名；（十三）完成鉴定文书的日期；（十四）鉴定文书必要的附件；（十五）鉴定机构必要的声明。"从检察机关提供的交通事故尸表检验笔录以及湘潭县公安局法医物证鉴定室出具的说明来看，尸表检验笔录仅有一位鉴定人员签名，没有见证人的签名，鉴定人员在制作尸表检验笔录后也未根据公安机关的委托要求将检验、鉴定情况及结论制作成检验、鉴定报告；从内容上看，尸表检验笔录记载的死亡原因为杨某某因交通事故致右侧多肋多发骨折、血气胸、左肺挫裂伤而死亡，鉴定人员依据尸表摸排手段即认定死者系血气胸、左肺挫裂伤导致死亡的结论明显不客观、不准确，上述证据不能作为定案的根据。所以，检察机关指控被告人胡某某犯交通肇事罪的证据不足，应宣告被告人胡某某无罪。

对于被告人胡某某及辩护人提出2013年12月21日交通事故尸表检验笔录和2013年12月22日道路交通事故勘验笔录均不能作为指控被告人胡某某犯交通肇事罪的有效证据的意见，再审法院予以采纳。

原审判决确有错误，应当予以纠正。经再审法院审判委员会讨论决定，判决如下：

第一，撤销再审法院之前作出的（2014）潭刑初字第107号刑事判决。

第二，宣告被告人胡某某无罪。

十二、冯某雨交通肇事重审无罪案

（2018）黔0322刑初235号

（一）核心要点

1. 未做车辆压痕、撞击点、车轮印的比对以及人车同一的鉴定，不能认定被害人右下肢骨折是被告人所驾车辆撞击所致。

2. 受害人受伤至死亡时间相隔10日，对于其伤情与死亡之间的因果关系未做鉴定，不能认定其伤情直接致其死亡。

3. 从现场图片看，受害人倒下的方向是头朝巷道内，而被告人驾车从巷道内往外倒车，如果是被告人倒车将其撞倒，则与常理不符。

（二）裁判要旨

经审理查明：2003年9月15日6时30分左右，被告人冯某雨驾驶某农用车从桐梓县娄山关镇长征南路三段巷道内倒车出来后，往金环城方向驶去。2003年9月15日6时45分左右，宋某倒卧在桐梓县娄山关镇长征南路三段巷道口，头朝向巷道内，经人送桐梓县人民医院救治。经医院检查，宋某右下肢胫腓骨骨折，继发下肢坏疽及下肢蜂窝织性炎症，全身感染严重，10日后，终因全身多器官功能衰竭死亡，经遵义市公安交警支队认定，被告人冯某雨负事故全部责任。

法院认为，检察机关指控被告人犯交通肇事罪所依据的事实不清、证据不足：其一，因本案未做车辆压痕、撞击点、车轮印的比对，以及人车同一的鉴定，不能认定宋某右下肢骨折是被告人冯某雨所驾车辆撞击所致；其二，宋某受伤至死亡时间相隔10日，对于其伤情与死亡之间的因果关系未做鉴定，不能认定其伤情直接致其死亡；其三，从现场图片看，宋某倒下的方向是头朝巷道内，而被告人冯某雨是驾车从巷道内往外倒车，如果是被告人冯某雨倒车将之撞倒，则与常理不符。本案在重审过程中，再审法院向检察机关发函要求对前述问题进行补充侦查，在法定期限逾期后，检察机关没有提交与前述问题相关的证据。因此，检察机关指控被告人冯某雨犯交通肇事罪的事实不清，证据不足，再审法院不能认定被告人冯某雨犯交通肇事罪，依照《刑事诉讼法》第200条的规定，应当作出证据不足、指控的犯罪不能成立的无罪判决。

判决如下：被告人冯某雨无罪。

十三、张某再审改判无罪案

（2016）豫1081刑再1号

（一）核心要点

1. 纵观全案，缺乏能够认定被告人作案的直接证据，根据目击证人的证言所做的推论不具有唯一性、排他性。

2. 证据没有形成完整的证据链条，没有达到证据确实、充分的法定证明标准，也没有达到基本事实清楚、基本证据确凿的定罪要求。

（二）裁判要旨

再审法院认为：原审认定原审被告人张某犯交通肇事罪的主要依据是根据目击证人的证言所做的推论。但纵观全案，本案缺乏能够认定张某作案的直接证据，根据目击证人的证言所做的推论不具有唯一性、排他性。原判据以定案的证据没有形成完整的证据链条，没有达到证据确实、充分的法定证明标准，也没有达到基本事实清楚、基本证据确凿的定罪要求。原审认定张某驾车撞人，造成他人死亡的后果，认定其行为构成交通肇事罪的事实不清，证据不足，应予改判。被告人及其辩护人、抗诉机关提出的应当改判张某无罪的意见，再审法院予以采纳。依照《刑事诉讼法》，以及最高人民法院《关于适用〈中华人民共和国刑事诉讼法〉的解释》的相关规定，经再审法院审判委员会讨论决定，判决如下：

第一，撤销再审法院之前作出的（1995）禹刑初字第3号刑事附带民事判决。

第二，宣告原审被告人张某无罪。

第三，驳回附带民事诉讼原告人王某芳民事赔偿的诉讼请求。

十四、赵某佳交通肇事一审、二审均无罪案

（2018）黑0109刑初43号、（2019）黑01刑终21号

（一）核心要点

1. 事故发生后，肇事车辆未处在封存状态，不排除有其他相关痕迹但已灭失的可能，不排除物证在扣押期间受到污染的可能，制作检验报告所依据的检材存疑，故应予以排除。

2. 碰撞痕迹的认定是鉴定人员根据侦查人员介绍的案情及视频，对两车相撞后可能发生碰撞的位置进行检验后得出的意见，虽经补充侦查，但是对两车的碰撞接触过程无法通过技术手段进行还原，在无其他证据证实轿车与自行车发生碰撞的情况下，不能得出上述碰撞、剐擦痕迹是两车接触后形成的唯一结论。

3. 委托鉴定时间距离立案和扣押嫌疑车辆时间均长达数月，不符合办案程序规定。

4. 被害人陈述的车辆特征仅与扣押的车辆存在相似之处，该特征不具有唯一性、排他性。

5. 车漆片种类相同的检验鉴定，不具有排他性，不能认定涉案的两辆车存在必然的碰撞事实。

（二）一审裁判要旨

针对检察机关指控被告人赵某佳犯罪的主要证据，一审法院分析论证如下：

1. 关于哈尔滨市驾友交通事故鉴定中心交通事故痕迹司法鉴定意见书（驾友司法鉴定中心［2017］司鉴字第1672－2号）。该鉴定意见书载明，经检验和测试认定：轿车前端左部与左侧前部距地高40～80厘米，左前至右0～20厘米，左前至后0～105厘米范围内有接触碰撞痕迹，左前转向灯罩（边灯）与左前照灯罩色泽差异明显，更换特征明显，前保险杠左部、左前翼子板前部有剐擦痕迹，左前翼子板后上部有凹陷痕迹；自行车左侧前部距地高40～70厘米、左前至后20～40厘米范围内有碰撞痕迹，前货筐左部碰撞变位，前、后车闸部件摔损；交通事故发生后，轿车未处在封存状态，不排除有其他相关痕迹但已灭失的可能；其中，轿车前左翼子板后上部凹陷痕迹系交通事故中与软体接触形成，前保险杠左部、左前翼子板前部剐擦痕迹为与硬质造痕体接触所致，自行车左侧前部碰撞痕迹系与硬质造痕体接触所致。辩护人认为，现有证据不能证明轿车和自行车上的碰撞痕迹是两车碰撞后形成。一审法院认为，经对出庭作证的鉴定人询问，上述碰撞痕迹的认定是鉴定人员根据侦查人员介绍的案情及视频，对两车相撞后可能发生碰撞的位置进行检验后得出的意见，后经补充侦查，对两车的碰撞接触过程无法通过技术手段进行还原，故在无其他证据证实轿车与自行车发生碰撞的情况下，不能得出上述碰撞、剐擦痕迹是两车接触后形成的唯一结论。

2. 关于黑龙江省公安厅刑事技术总队检测报告。该检测报告载明，鉴定人员通过立体显微镜观察到徐某2驾驶的二轮自行车前轮左侧轴螺母上有黑色、粉红色二层的片状附着物，和赵某佳驾驶车辆的车漆片进行SEM/EDS、FTIR分析，认定二者种类相同。一审法院认为：首先，根据《道路交通事故处理程序规定》，交通警察调查处理交通事故时，应当合法、及时、客观、全面地收集证据；痕迹、物证等证据可能因时间、地点、气象等原因导致改变、毁损、灭失的，交通警察应当及时固定、提取或者保全；需要进行检验、鉴定的，公安机关交通管理部门应当按照有关规定，自事故现场调查结束之日起3日内委托具备资质的鉴定机构进行检验、鉴定；对现场调查结束之日起3日后需要检验、鉴定的，应当报经上一级公安机关交通管理部门批准。本案中，公安机关受案、立案时间分别为2017年6月13日、23日，抓获被告人赵某佳及扣押其驾驶车辆的时间为2017年8月25日，而委托鉴定的时间为2017年12月12日，该时点距离立案和扣押嫌疑车辆的时间均长达数月，不符合办案程序规定。其次，根据辩护人提交的赵某佳车辆现状照片，该车左侧翼子板部位新增多处撞、剐痕迹，说明侦查机关未能妥善保管扣押的物证，不能排除物证在扣押期间受到污染的可能。最后，根据痕迹检验的鉴定意见，赵某佳车辆前端左部及左侧前部距地高40～80厘米、左前至右0～20厘米、左前至后0～105厘米范围内，及自行车左前距地高40～70厘米处、左前至后20～40厘米，有碰撞痕迹，自行车前货筐左部碰撞变位，而自行车前轮左侧螺母轴距地高约为20厘米，并不在检测认定的碰撞范围内。即使如鉴定人员所言，碰撞部位并不必然会附着漆片，但在两车相撞的情况下，有明显碰撞痕迹的突出部位未检测到对方车辆漆片，而在碰撞范围之外的部分检测到漆片，显然不合常理。综上，一审法院认为此份检验报告所依据的检材存在疑点，故应予以排除。

3. 关于被害人徐某2的陈述。根据被害人住院病案及相关鉴定意见，被害人伤后长期处于意识不清状态，且经鉴定存在因受伤导致的严重精神障碍，现无证据表明被害人的陈述是在意识清醒的情况下作出。另外，被害人在陈述中称其是被一辆深黑色的轿车撞倒，该车车牌尾号有个“8”，其陈述的车辆特征仅与扣押的车辆存在相似之处，该相似之处不具有唯一、排他性，故此份被害人陈述不能作为证实本案犯罪事实成立的依据。

4. 关于证人石某的证言。该证人在侦查阶段的第一次陈述中称肇事车辆是一辆灰色大众捷达牌轿车，在侦查阶段的第二次陈述及当庭陈述中称肇事车辆是一辆黑色的大众牌轿车，证人解某称第一次陈述时因紧张没有想清楚。但是，案发现场附近及周边位置的监控视频显示，在案发时段由北向南经过监控位置的车辆中，除被告人赵某佳驾驶的车辆外，还有一辆深色大众捷达牌轿车。综上，一审法院认为，证人石某的两次陈述分别在赵某佳车辆被扣押前（2017年7月14日）及扣押后（2017年12月24日）作出，对两次陈述中关于车辆特征的描述不一致之处，证人未作出合理解释，且监控视频显示案发时段另有一辆与证人第一次描述特征相近的车辆经过，而侦查机关对该车辆未进行排查，故石某的证言亦不应作为证实本案犯罪事实成立的依据。

一审法院认为，现有指控被告人赵某佳犯交通肇事罪的证据存在疑点，相关事实尚有合理怀疑不能排除，不能得出被告人驾车肇事逃逸的唯一结论，故检察机关指控被告人犯有交通肇事罪，事实不清，证据不足，依法不能予以认定。判决如下：

第一，被告人赵某佳无罪。

第二，驳回附带民事诉讼原告人徐某2的诉讼请求。

（三）二审裁判要旨

一审宣判后，检察机关抗诉、附带民事诉讼原告上诉。

根据二审庭审中质证的证据，结合抗诉机关的抗诉理由，对控辩双方争论的焦点，根据相关法律规定，二审法院评判如下：

1. 关于哈尔滨市驾友交通事故鉴定中心的鉴定意见书。这份鉴定意见书认为，轿车左前翼子板后上部与软体碰撞痕迹明显；轿车前保险杠左部、左前翼子板前部与硬质造痕体刷擦痕迹明显；自行车左侧前部与硬质造痕体碰撞痕迹明显。徐某1左胫骨腓骨骨折符合车辆撞击形成的判断。抗诉机关及市人民检察院支持抗诉意见认为，被害人的身体为软体，轿车、自行车为硬体，可以认定轿车左前翼子板后上部凹陷痕迹系交通事故中与被害人徐某1左胫腓骨部位撞击形成；前保险杠左部、左前翼子板前部刷擦痕迹，为与硬质造痕体接触所致，完全符合车辆与被害人的自行车碰撞后所留痕迹的特征。辩护人认为，鉴定意见书没有鉴定出赵某驾驶的车辆与被害人的自行车有相互碰撞的结论，根据该鉴定意见书推定出被害人的伤是赵某驾车撞击形成的结论不能成立。

二审法院认为，痕迹检验鉴定仅说明涉案的两辆车的相关部位有碰撞痕迹，但并未说明这些痕迹是涉案的两辆车相互碰撞所形成的。

2. 关于刑事技术检验报告。检验报告认定，徐某1的二轮自行车前轮左侧车轴螺母上黑色附着物与赵某驾驶的车漆片种类相同。抗诉机关及市人民检察院支持抗诉意见认为，该鉴定合法有效，鉴定意见书客观、真实，以检材存在疑点为由排除该份检验报告错误。辩护人认为，鉴定意见仅为“车漆片种类相同”，不能认定被害人自行车螺母上的黑色附着物是与赵某车上的漆刷擦形成。

二审法院认为，车漆片种类相同的检验鉴定，只说明了车漆片种类相同，不具有排他性，不能认定涉案的两辆车存在必然的碰撞事实。

3. 关于证人石某的证言。石某第一次证实，一辆灰色捷达车将老人撞飞了。第二次证实，一辆黑色大众标志轿车将老人撞飞了。二审庭审中，辩护人申请播放勘查现场录像，录像显示石某曾先后三次讲到是灰色捷达车撞的。抗诉机关及市人民检察院支持抗诉意见认为，石某一审出庭前已承诺如实作证，经控辩审三方询问，撞飞老人的是一辆黑色大众车辆，其证言应当作为认定本案犯罪事实的依据。辩护人认为，证人石某对其互相矛盾的证言不能作出合理解释，原判对其改变后的证言不予采纳是正确的。

二审法院认为，对证人数次证实的内容不一致的情形，证人必须作出合理解释，否则其证言效力将受到影响。证人石某对其改变后的证言，没有作出合理解释，其改变后的证言不应采信。

二审法院认为，认定原审被告人赵某犯交通肇事罪的证据尚不充分、确实，指控证据没有排除合理怀疑。一审法院认为不能得出赵某驾车肇事逃逸的唯一结论，以证据不足，宣告赵某无罪，适用法律正确。二审中，抗诉机关及上诉人徐某1对指控事实，没有提出新的证据，其抗诉理由、上诉理由，二审法院不予支持。裁定如下：驳回抗诉、上诉，维持原判。

十五、吕某连交通肇事案

（2016）京03刑终361号

（一）核心要点

1. 行政执法意义上的责任主体认定的证据标准不同于刑事犯罪责任主体认定的证据标准。当对行为主体的认定作为刑事案件争议焦点时，不能直接将《道路交通事故认定书》作为定案依据。

2. 办案过程中，既有可以证明被告人构成犯罪的证据，也有能够证明其不在案发现场的证据，二者形成角力局面。然而，以犯罪为基础对行为人科以刑罚的严酷性，要求其入罪的证据标准必须是最严格的，即要求确实、充分，排除合理怀疑。目前既有的证据，既不能证实，也无法证伪。人民法院理应恪守证据裁判规则，遵从“疑罪从无”。

（二）裁判要旨

二审法院综合评判如下：

1. 在案证据能够证实案发前“行为人”从市场出来，步行来到涉案小轿车旁，先拉拽打开车左后门进而打开车左前门进入驾驶室，直至胡某某驾驶电动三轮车即将经过小轿车左前门时，“行为人”打开左前门，胡某某驾驶的电动三轮车撞上小轿车左前门，在翻倒向路中央的过程中，与随后董某某驾驶的货车发生剐撞。货车遂紧急左转弯、刹车。胡某某落地昏迷，经抢救无效死亡。故“行为人”打开车左前门妨碍其他车辆通行的违法行为，与本起道路交通事故的发生有因果关系，是本案发生的全部原因。

2. 在案证据在证明案发时系吕某连打开车左前门，导致事故发生方面，不能达到确实、充分的标准，无法认定吕某连构成交通肇事罪。抗诉机关认为，在案能够认定“行为人”系吕某连的主要证据有现场监控录像、《道路交通事故认定书》、证人董某某的证言及辨认笔录等证据。首先，由于监控录像距离现场较远，尽管录像记录了系“行为人”打开车门造成本案的发生，且“行为人”未当即离开现场，但因图像模糊，无法据此判断该“行为人”为吕某连，故而不能单独作为定案依据。其次，《道路交通事故认定书》认定系吕某连开关车门，妨碍其他车辆通行的违法行为，是事故发生的全部原因，亦不能直接作为定案依据。本案中，行政执法机关对道路交通事故主体的认定，与行为人构成交通肇事罪的主体认定之间是并列关系，而非先后递进关系；道路交通事故主体的认定依据和交通肇事罪主体的认定依据都是本案在案证据。由于行政执法意义上的责任主体认定的证据标准不同于刑事犯罪主体认定的证据标准，所以当对行为主体的认定作为本案争议焦点时，不能直接将《道路交通事故认定书》作为定案依据。最后，证人董某某关于案发时系被告人吕某连打开车门的相关证言和辨认笔录，具有猜测性和推断性，且本案处理结果不排除与其有利害关系，不应采信。从证人董某某的上述证言不难看出，案发时，董某某并没有看清楚是谁打开的小轿车车门；案发后，也未能在第一时间确认关小轿车车门的人是谁。董某某下车后，看到一男子正在关小轿车车门，结合监控录像，该关车门的人，正是案发时开车门的人。然而，董某某下车后先去查看倒地女子，并脱衣服给女子盖上，后让路人打电话报警，等受伤女子的爱人来到现场，又协助受伤女子的爱人把该女子抬上车，直至后来吕某连在现场问是不是董某某撞的吕某连的小轿车，并向董某某要钱修车。由于董某某实施这些行为的时间段内，现场有多人出入，在其下车第一时间没能确认那个正在关车门的人的情况下，即凭主观推断其他人没有那么快，进而认为后来问他要钱修车的人就是他下车看见的那个关车门的人，具有一定的主观猜测性和推断性。

在案证据证明，被害人胡某某驾驶电动三轮车在倒地过程中与董某某驾驶的货车发生剐撞，最终致其死亡，故本案处理结果亦不能排除与董某某有利害关系。因此，二审法院认为，证人董某某关于案发时系吕某连打开车门的相关证言和辨认笔录不足以采信。

此外，认定吕某连系本案行为人，还存在有违常理之处。现场监控录像显示，行为人经过多次拉拽，打开车左后门，弯腰进入车内又出来，关上左后门，打开车左前门，进入驾驶室。如果为车主吕某连本人的话，其完全可以用钥匙直接打开车门，显然该过程有违常理。行为人推开车门致胡某某倒地后，其并没有对受害人胡某某采取任何措施，而是原地转了一圈，又反复开关车门，后走到车头部位。此行为亦与正常理性人行为方式不符，有违常理。

综上所述，在案证据在证明案发时系吕某连打开车左前门，导致事故发生方面，不能达到确实、充分的标准，无法认定吕某连构成交通肇事罪。故北京市朝阳区人民检察院所提相关抗诉理由及北京市人民检察院第三分院所提支持抗诉理由，不能成立，二审法院不予采纳。

3. 在案证据亦不能完全排除案发时吕某连在现场的可能性。在案证人杨某某、林某 2 的证言虽然能够证明案发后，王某某来到市场喊的吕某连，后经杨某某告知吕某连后，吕某连和林某 2 一起来到案发地，该过程与被告人吕某连的供述基本一致。但正如抗诉机关所言，杨某某、林某 2 的证言在一些细节方面均存在矛盾之处，且考虑到被告人吕某连与杨某某、林某 2 之间的熟人关系，以及案发后未能及时取证，不排除形成虚假言词证据的可能。故证人杨某某、林某 2 的证言和吕某连的供述等言词证据，不能单独形成完整的证据链，无法证明吕某连案发时不在现场。

另外，现场监控录像作为客观证据，能够证明行为人打开车门走到车头处后，有多人涌入现场，无法确定行为人的行为轨迹，进而无法判断行为人是否为后来向董某某索要修车费的吕某连。因此，该客观证据亦不能印证前述杨某某、林某2、吕某连等人作出的言词证据。故被告人吕某连关于案发时其不在现场的辩解，二审法院亦不予采纳。

4. 关于北京市朝阳区人民检察院刑事抗诉书及北京市人民检察院第三分院支持抗诉理由中所提，因为原判错误采信了证人杨某某、林某2的证言以及被告人吕某连的供述，导致认定事实错误的抗诉理由，二审法院认为不能成立。从原审判决所引《刑事诉讼法》第200条的规定可知，一审法院对被告人宣告无罪，是因为证据不足，指控的犯罪不能成立，即以“疑罪从无”宣告无罪，而非本条第2项所规定的“依据法律认定被告人无罪的，应当作出无罪判决”的无罪，故如前述分析，一审法院显然并未采信证人杨某某、林某2的证言以及被告人吕某连的相关供述而认定吕某连不在现场。

二审法院认为，本案证据既有如抗诉机关及二审公诉机关所称可以证明被告人吕某连构成犯罪的证据，也有如被告人吕某连所述能够证明其不在案发现场的证据，二者形成角力局面。然而，以犯罪为基础对行为人科以刑罚的严酷性，要求其入罪的证据标准必须是最严格的，即要求证据确实、充分，排除合理怀疑。就本案目前既有的证据而言，对于被告人吕某连是否为本案行为人，既不能证实，也无法证伪。在此情况下，人民法院理应恪守证据裁判规则，遵从“疑罪从无”的刑事司法理念，依法宣告被告人吕某连无罪。本案辩护人的相关辩护意见成立，应予采纳。故此，原审判决认定事实和适用法律正确，审判程序合法，应予维持，之前未对能够体现法官形成内心确信的在案证据的判断和采信过程予以清晰表述，二审予以明确。裁定如下：驳回抗诉，维持原判。

十六、朱某召交通肇事再审改判无罪案

（2009）周刑再字第8号

（一）核心要点

1. 证人“好像”“可能”挂着了，后又翻证，始终没有确切证明摩托车

与大货车相碰撞、剐擦这一关键事实。

2. 痕迹鉴定检材提取的蓝色油漆，没有提取笔录，来源不清，检材是否与本案具有关联性不能确定。

（二）裁判要旨

朱某召原被判处3年有期徒刑。

被告人朱某召虽然在侦查阶段曾表示愿意赔偿、对《道路交通事故认定书》无异议，但其始终没有供认其所驾驶的大货车与摩托车相碰撞或剐擦。证人曹某田在侦查阶段两次证明摩托车“好像”“可能”被大货车斗子剐着了；后又翻证，称没有看到怎么撞的。综合证人曹某田的证言，其始终没有确切地证明摩托车与大货车相碰撞、剐擦这一关键事实。证人刘某、桑塔纳车主张某东、司机张某彬等证人也均未证明摩托车与大货车相撞；证人郭某勇还证明摩托车绝对没有与货车接触。现场勘查笔录、现场方位示意图、现场照片反映了当时倒地摩托车、尸体及路边停放的四轮车位置，还记载在中心线南侧及四轮车头处有一划痕；侦查阶段现场勘查中没有对摩托车进行更详细的记载。原始现场勘查笔录和现场照片没有反映出摩托车把手上有蓝色附着物。鹿邑县人民法院（2008）鹿刑初字第12号诉讼正卷第16页的物证照片来源不清，对摩托车把手上蓝色附着物的提取亦没有制作提取笔录，故该物证的来源不明，是否与本案有关联性不清。故作为河南省公安厅豫公化监字第（2005）883号刑事科学技术鉴定书检材的“摩托车把手上提取的蓝色附着物”来源不清；同样，作为该份鉴定意见检材的“肇事嫌疑车车体后侧提取的蓝色油漆”，没有提取笔录，该份检材是否与本案具有关联性也不能确定。因此，河南省公安厅豫公化监字第（2005）883号刑事科学技术鉴定书不能作为认定被告人朱某召犯交通肇事罪的定案依据。综上，本案认定被告人朱某召犯交通肇事罪的证据不能形成完整的证据链条。

再审法院认为，原审判决认定被告人朱某召犯交通肇事罪事实不清，证据不足，经再审仍无法查清，证据不足，不能认定被告人朱某召有罪，原审公诉机关指控被告人朱某召犯交通肇事罪不能成立。判决如下：

第一，撤销二审法院（2009）周刑终字第42号刑事裁定和淮阳县人民法院（2008）淮刑初字第189号刑事判决。

第二，被告人朱某召无罪。

十七、卓某交通肇事重审无罪案

（2015）徐刑终字第00057号

（一）核心要点

1. 案发后侦查机关对关键证人取证是在立案侦查前，且没有在立案后合法转化该证言，该证言依法不能作为证据采纳。

2. 在案证据不能证明原审被告人驾驶的车辆与被害人死亡结果之间的关联性，且不具有唯一性、排他性；现有证据既不能认定原审被告人交通肇事致人死亡，也不能认定其肇事后逃逸，更不能认定其因逃逸致人死亡。

（二）裁判要旨

本案的焦点问题是被害人朱某戊尸体系于2012年12月1日被发现，该死亡后果是否是原审被告人卓某2012年11月26日驾驶车辆行为造成的。法院分析如下。

1. 监控录像证实2012年11月26日17时28分15秒和17时34分24秒，朱某戊和一辆“灯光散漫”的三轮车先后经过监控录像现场。监控截图中的三轮车图像不清，不能证实是卓某驾驶的三轮摩托车。因睢岚线的车流量较大，不能排除有其他三轮车也表现出“灯光散漫”的特征。另根据道路交通事故现场图，有监控录像处距离事故地点以西大约450米，在不能证明监控录像里的三轮车车速和朱某戊步行速度的情况下，无法准确认定两者同时到达事故地点的时间。故现有的监控录像截图不能证实卓某驾驶的三轮摩托车撞击了朱某戊。

2. 案发后，侦查机关多次对卓某驾驶的三轮摩托车进行勘查，虽发现该摩托车刮碰痕迹较多、有损坏，但不能确定车辆接触痕迹，未发现该摩托车与朱某戊发生过碰撞的痕迹、线索，且未对朱某戊的外衣等衣着状况进行及时取证。侦查机关开始鉴定证实卓某驾驶车辆的灯光不工作，后相隔一年又鉴定证实该车辆大灯不工作，大灯内部的小灯工作正常，前后鉴定意见不符。

原判决对两次鉴定意见书的内容选择性采纳，显然不妥。故车辆鉴定意见不能证实卓某驾驶的车辆与被害人朱某戊之间产生了必然联系。

3. 在案证据证实2012年11月26日下午6时许，宋某发现被害人朱某戊受伤后向东走了，5天后在距离起诉书指控的撞击现场1150米处的沟内发现朱某戊尸体，且鉴定损伤程度十分严重，分别为头皮挫裂伤、颅骨骨折、全脑广泛性蛛网膜下腔出血、硬脑膜下血肿，双侧肋骨多发骨折，双侧胸腔积血，系颅脑损伤死亡。现有证据不能确定如此复杂、严重的损伤后果是一次外力作用形成还是多次外力作用形成、系何种物体碰撞或碾压等外力形成，以及被害人又是如何到达死亡现场、途中有无其他因素介入等。

4. 本案被害人朱某戊死亡前无任何陈述，没有现场目击证人的证言，原审被告人卓某的供述和辩解以及证人朱某甲等相关证人的证言，均不能直接证明卓某驾车撞了被害人。案发后，侦查机关对关键证人朱某甲取证是在立案侦查前，且没有在立案后合法转化该证言，故该证言依法不能作为证据采纳。

综上所述，在案证据不能证明原审被告人卓某驾驶的车辆与被害人朱某戊死亡结果之间的关联性，且不具有唯一性、排他性；现有证据既不能认定原审被告人卓某交通肇事致人死亡，也不能认定其肇事后逃逸，更不能认定其因逃逸致人死亡。判决如下：原审被告人卓某无罪。

十八、谢某聚交通肇事案

（2019）新4021刑初229号

（一）核心要点

1. 没有直接证据证实被告人驾驶的轿车撞上被害人和将被害人拖行到108.7米处，根据刑法疑罪从无的原则，应宣告被告人无罪。

2. 案发后，公安机关没有对被告人立案侦查，至今已经历时十余年，检察机关指控被告人犯伪证罪的追诉时效已过。

（二）裁判要旨

法院认为，被告人谢某聚违反道路交通管理法规，驾驶机动车在道路上行驶，与被害人驾驶的因故倒在路上的二轮摩托车发生碰撞。事故发生后，被告人驾车离开现场。在检察机关当庭出示的证据中，没有直接证据证实被告人驾驶的轿车撞上被害人和将被害人拖行到108.7米处。伊宁县交警大队综合本案案情作出的认定被告人谢某聚负事故的主要责任、被害人陈某2负事故的次要责任的《道路交通事故认定书》，以及伊犁哈萨克自治州公安交通警察支队核对伊宁县公安局交警大队《道路交通事故认定书》作出的维持复核结论，不能作为认定被告人谢某聚犯有交通肇事罪的证据，该证据法院不予采信，根据疑罪从无的原则，应宣告被告人谢某聚无罪。

伊宁县人民检察院对被告人谢某聚犯交通肇事罪的指控事实不清，证据不足，指控不能成立，法院不予支持。被告人谢某聚及其辩护人关于检察机关指控被告人谢某聚犯交通肇事罪的辩护意见成立，法院予以采纳。根据最高人民法院《关于适用〈中华人民共和国刑事诉讼法〉若干问题的解释》的相关规定，犯罪已过追诉时效期限且不是必须追诉，应当裁定终止审理。本案案发后，公安机关没有对被告人高某兵、陈某桂立案侦查，至今已经历时十余年，检察机关指控被告人高某兵、陈某桂犯伪证罪的追诉时效已过，对被告人高某兵、陈某桂辩护人关于诉讼时效已过的辩护意见法院予以采信。对被告人高某兵、陈某桂应裁定终止审理。判决如下：被告人谢某聚无罪。

十九、张某臣交通肇事抗诉案

（2013）沈刑二终字第230号

（一）核心要点

1. 两份鉴定意见不具有完全排他性和唯一性，其证明力有待其他证据予以辅证，鉴定意见作为证据定案须与其他证据相互印证，相辅相成，形成完整的证明体系。

2. 在在案证据既有证明被告人有犯罪嫌疑，又有可能无罪的情况下，应当根据经验判断和逻辑推理，对全案证据进行综合审查。全案证据之间存在明显矛盾，证据与指控的事实之间不能形成完整证据链条，没有达到内心确信并排除合理怀疑的，应当依据疑罪从无原则，作出证据不足、指控的犯罪不能成立的无罪判决。

（二）裁判要旨

2010年9月15日10时，因闫某友家乔迁在会宾楼宴请张某臣、韩某甲、孙某、宋某等人，14时许张某臣、韩某甲、孙某、宋某等从饭店出来，张某臣与韩某甲同乘一辆两轮摩托车，行驶至沈阳经济技术开发区沈辽路远兴门业门前，发生单方交通事故，造成张某臣受伤、韩某甲死亡的后果。沈阳经济技术开发区人民检察院指控被告人张某臣无证驾驶无号牌两轮摩托车载乘韩某甲发生单方交通事故，造成张某臣受伤、被害人韩某甲死亡的后果，且负事故的全部责任，应当以交通肇事罪追究其刑事责任。

被告人张某臣辩称：案发时骑摩托车的是死者韩某甲，自己是乘员应无罪。其辩护人的辩护意见为：检察机关指控被告人张某臣犯交通肇事罪的证据不足。理由为：（1）被告人张某臣不承认自己是骑车人，并且与证人宋某、闫某友、张某荣的证言一致；（2）证人张某系悬赏后的证人，其证言不具有真实性，事发现场没有证人目击事发的瞬间；（3）被告人张某臣系视力二级残疾人，其左眼先天失明，右眼视力为0.2~0.3，看5米内的物体都非常模糊，根本不能驾驶摩托车，而且死者韩某甲是持有摩托车驾驶证的，故骑摩托车符合常理推断；（4）现场勘验记录上记载肇事车辆车牌号为辽K×××××，现场记录在卷的照片肇事车辆是无牌照的，沈阳市公安局交警支队开发区大队出具的《道路交通事故认定书》中确定肇事车辆是无牌照的，现场勘验笔录、现场照片以及《道路交通事故认定书》之间互相矛盾；（5）侦查机关已经提取的物证监控录像没有完全提供，重要的物证缺失。

检察机关的抗诉理由是：综合中国刑事警察学院司法鉴定中心、沈阳汽车性能质量司法鉴定所出具的鉴定意见书及证人张某的证言等证据，能够形成完成的证据体系，认定被告人张某臣犯交通肇事罪事实清楚，证据确实、充分。沈阳市人民检察院认为沈阳经济技术开发区人民检察院抗诉正确，支持抗诉。

沈阳经济技术开发区人民法院于2013年1月25日作出（2011）经开刑初字第216号刑事附带民事判决：认定被告人张某臣无罪；驳回附带民事诉讼原告人韩某祥、李某兰对被告人张某臣的诉讼请求。宣判后，沈阳经济技术开发区人民检察院以沈开检刑抗［2013］1号抗诉书提出抗诉，辽宁省沈阳市人民检察院支持抗诉。原审附带民事诉讼原告人韩某祥、李某兰提出上诉。辽宁省沈阳市中级人民法院于2013年6月13日作出（2013）沈刑二终字第230号刑事附带民事裁定：驳回抗诉、上诉，维持原判。

二审法院生效裁判认为：中国刑事警察学院司法鉴定中心检验意见书和沈阳汽车性能质量司法鉴定所鉴定意见书证实张某臣损伤符合交通事故中驾驶员损伤特点，张某臣为事故发生时的摩托车驾驶人，同时证人张某亦证实该情节。但是，综合全案其他证人宋某、张某荣、闫某友、韩某祥、韩某乙之证言等证据，能够证实最初及中途的摩托车驾驶人均是韩某甲，被害人韩某甲家属曾因保险理赔事宜找过张某臣，让其承认骑摩托车的事实。另外，张某臣具有眼部残疾、无驾驶证，并且一直否认驾驶摩托车肇事。综上，检察机关出示的鉴定意见及证人张某的证言与上述证据相矛盾，不能形成证实从饭店到肇事地点韩某甲与张某臣之间存在换乘事实的完整证据链条，并得出张某臣驾驶机动车辆发生交通事故导致韩某甲死亡的结论，故检察机关指控被告人张某臣犯交通肇事罪的主要事实不清、证据不足，按照疑罪从无的原则，依法应认定张某臣无罪。

二十、杨某交通肇事一审、二审无罪案

（2014）张刑终字第53号

（一）核心要点

《道路交通事故认定书》认定，被告人驾车由西向东行驶与郑某驾驶由东向西行驶的轿车迎面相撞。两份鉴定意见书中的鉴定意见为，被告人驾车由东向西行驶，郑某驾车由西向东行驶。两份证据材料在认定肇事车辆的行驶方向上完全相反，不能形成一致意见，采信任何一份证明材料都缺乏事实依据和法律依据，不能排除一切合理怀疑，不能得出排他性、唯一性结论，不能达到事实清楚，证据确实、充分的刑事诉讼证明标准。

（二）裁判要旨

原审法院认为，2010年7月7日15时许，被告人杨某在张家口市桥东区

五一东大街10号院路段处发生交通事故，虽然此次事故造成对方车辆驾驶员一人死亡以及本车二人（含杨某）受伤的严重后果，但是在事故中，被告人并未违反道路交通运输管理法规，此次事故主要是对方车辆驾驶员酒后驾车逆向行驶造成的，依照交通肇事罪的相关规定，被告人的行为不构成交通肇事罪，检察机关对被告人杨某构成交通肇事罪的指控不能成立。

根据抗诉机关的意见，公安机关交通管理部门根据现场图、现场勘查照片、录像、车辆痕迹检验报告、现场目击证人陈述等作出的《道路交通事故认定书》，明确认定被告人杨某驾车由西向东逆向行驶，与被害人所驾驶的车辆相撞，致被害人死亡。一审判决根据两鉴定机构的鉴定意见书，认定被告人杨某事故发生时系正常行驶，不构成交通肇事罪，该判决与事实不符，确有错误，请二审法院依法判处。

根据检察员出庭意见，事故发生时三位目击证人，从现场不同角度证实原审被告人杨某由西向东越双黄线违章行驶，被害人由东向西正常行驶。三位证人互不相识，且与当事人无任何利害关系，一审当庭作证与原审笔录及其他证据之间存在不一致，但只是一些细枝末节问题，在案件主要事实方面均能够相互印证。公安机关交通管理部门根据事故现场、事故车辆痕迹等物证，并结合证人证言作出事故认定，具有客观真实性，应予以采信。两份鉴定意见书与现场及事故车辆痕迹存在明显不符，且两份鉴定意见书均未附相应的鉴定机构及鉴定人的鉴定资质证明，证据形式不合法。请求二审法院综合全案证据，准确认定案件事实，对一审判决予以纠正，依法改判。

原审被告人杨某上诉提出，两份鉴定意见书均能证实上诉人车辆的正常行驶方向，上诉人在此次交通事故中无任何责任，不承担刑事责任和民事责任。上诉人当庭辩解说，鉴定机构的意见是在科学分析的基础上得出的，是正确的，刑事上不承担责任，民事上也不应承担任何责任。

辩护人表示，两份鉴定意见书均证实上诉人驾车行驶的方向是由东向西，且车辆系正常行驶，一审法院对上诉人的无罪判决是准确的，但判决上诉人承担交通事故10%的责任，没有任何证据支持。

经审理查明，原判认定2010年7月7日15时10分许，被告人杨某驾驶东风日产颐达轿车（白色）沿张家口市桥东区五一路东大街行驶至10号院路段时，遇郑某驾驶的东风日产轩逸轿车（深灰色）迎面驶来，双方避让不及，在双黄线北侧第一车道与第二车道分道线附近发生碰撞，造成两辆车严重受损、杨某及同车人员张某丙受伤、郑某经抢救无效死亡的交通事故。公安机关交通管理部门对郑某血液中酒精含量进行了检测，为33.45毫克/100毫升。杨某血液中未检测出酒精成分。

关于抗诉机关、出庭检察员提出的公安机关交通管理部门根据现场勘查图、勘查照片、车辆痕迹检测报告并结合能够相互印证的现场目击证人证言作出的事故认定，具有客观真实性，以及两份鉴定意见书与现场及事故车辆痕迹存在明显不符，一审判决根据该鉴定意见书，认定原审被告人杨某事故发生时系正常行驶，不构成交通肇事罪，与事实不符，确有错误的抗诉意见、出庭意见，关于原审被告人杨某及其辩护人提出的两份鉴定意见书均能证实上诉人车辆的正常行驶方向，上诉人在此次交通事故中无任何责任，不承担刑事责任和民事责任的上诉理由、当庭辩解及辩护意见，经查，本案现有《道路交通事故认定书》《物证技术学鉴定意见》《司法鉴定意见书》三份证据材料，其中《道路交通事故认定书》认定，事故发生时原审被告人杨某驾车由西向东行驶与郑某驾驶的由东向西行驶的轿车迎面相撞。杨某驾驶机动车越过双黄线逆向行驶负此次事故的主要责任，郑某负此次事故的次要责任。两份鉴定意见书中的鉴定意见为，事故发生时，杨某驾车由东向西行驶，郑某驾车由西向东行驶。上述三份证据材料对肇事车辆行驶方向的认定完全相反。在证明本案主要事实上相互矛盾，不能形成一致意见，采信任何一份证明材料都缺乏事实依据和法律依据，不能达到事实清楚，证据确实、充分的刑事诉讼证明标准。故抗诉机关的抗诉理由、检察员的出庭意见、原审被告人的上诉理由及其辩护人的辩护意见均不能成立。

二审法院认为，本案主要证据间的矛盾无法排除，在证明本案车辆事故发生的主要事实上，不能排除一切合理怀疑，得出排他性、唯一性结论。原审法院适用《刑事诉讼法》第295条第1款的相关规定，认定原审被告人杨某无罪，作出无罪判决缺乏事实依据，适用法律不当，应予以纠正；认定原审被告人杨某承担此次事故10%的过错责任也明显不当，不符合公平原则，也应予以纠正，应以事故双方各承担50%为宜。根据最高人民法院《关于审理道路交通事故损害赔偿案件适用法律若干问题的解释》的规定，对于被害人郑某的损失应由承保机动车交通事故责任强制保险的保险公司在责任限额范围内予以赔偿，不足部分由承保商业第三者责任险的保险公司根据保险合同予以赔偿，仍不足的，由侵权人予以赔偿。抗诉机关的抗诉理由、检察员出庭意见、附带民事诉讼原告人上诉理由及其代理人的代理意见、原审被告人的上诉理由及其辩护人的辩护意见均不能成立。判决如下：

维持河北省张家口市桥东区人民法院（2012）东刑初字第151号刑事附带民事判决书第一项，即被告人杨某无罪。

第二节　主观上不存在过失，属于意外事件

一、杜某再审改判无罪案

（2015）聊刑再终字第6号

（一）核心要点

1. 一审法院以民事案件的证明标准来裁判刑事案件，属于适用法律错误。

2.《道路交通事故认定书》在刑事诉讼中属于书证的一种，因其制作机关的特殊性，属于公文书证，相较其他书证有更高的证明力，但在认定事实时仍须通过审查书证的方式进行审查。

3.《道路交通事故认定书》对事故责任的认定不能直接拿来作为交通肇事罪定罪、量刑的依据，还应分析案件的全部证据，还原事故的发生过程，分析事故产生的原因，从而确定行为人是否承担刑事责任。

4. 对于车辆行驶过程中轮胎脱落致人死亡是否构成交通肇事罪，不能一概而论；车辆发生故障，车辆驾驶员、所有者以及维修保养单位都可能负有责任。

5. 在驾驶员日常维护作业中，即便是尽到了注意义务，有些故障也是无法检查发现的，也就不存在疏忽大意的过失可言。

（二）裁判要旨

法院认为：对于车辆行驶过程中轮胎脱落致人死亡是否构成交通肇事罪，不能一概而论。交通肇事罪作为过失犯罪，其过失表现为：行为人对自己违反交通运输管理法规的行为导致的严重后果应当预见，由于疏忽大意而未预见，或者虽然预见，但轻信能够避免。本案中，杜某显然不存在“预见到轮胎将要脱落、伤人，但轻信能够避免”这种过于自信的过失；就是否存在疏忽大意的过失而言，疏忽大意的过失是指对结果的发生存在预见义务的前提下，行为人由于疏忽大意，没能履行注意义务，导致了本可避免的危害结果的发生。从山东交院交通司法鉴定中心（2013）痕鉴字第0319号司法鉴定意见书可以看出，车轮轴头锁止销缺失是轮胎脱落的原因，而“脱落的轮胎表面完好，轮轴外端盖完好”；另外根据有关规定，“拆检轮胎”属于车辆二级维护的内容，系车辆维修企业的职责范围。这足以说明，本案中的轴头锁止销缺失在驾驶员日常维护作业中，即便是尽到了注意义务，也是无法检查发现的。因此，作为驾驶员的杜某也就不存在疏忽大意的过失可言。原审法院再审裁定以“杜某没有提供该肇事车辆依规进行二级维护的车辆维修记录”为由认定其存在主观过失，系举证责任分配错误。二级维护的车辆维修记录是否作出、作出后由谁保管，不是仅作为驾驶员的杜某所能控制，还可能涉及道路运输经营业户以及维修企业是否依规范办理的问题。在不能排除合理怀疑的情况下，一审时检察机关以交通肇事罪提起公诉，一审法院判处杜某构成交通肇事罪，系以民事案件的证明标准来裁判刑事案件，属于适用法律错误；聊城市人民检察院的抗诉意见成立。

在本案中，还需关注公安机关交通管理部门作出的《道路交通事故认定书》认定的责任是否可以直接作为定罪量刑之依据的问题。对此法院认为，《道路交通事故认定书》在刑事诉讼中属于书证的一种，因其制作机关的特殊性，属于公文书证，相较其他书证有更高的证明力，但在认定事实时仍须按照审查书证的方式进行审查。最高人民法院《关于审理交通肇事刑事案件具体应用法律若干问题的解释》中虽然有“负事故全部或者主要责任”的规定，但该解释并没有直接指向《道路交通事故认定书》中的责任认定。对此可以参考一下民事诉讼方面的规则。最高人民法院《关于审理道路交通事故损害赔偿案件适用法律若干问题的解释》第27条（现为最高人民法院《关于审理道路交通事故损害赔偿案件适用法律若干问题的解释》第24条）规定："公安机关交通管理部门制作的交通事故认定书，人民法院应依法审查并确认其相应的证明力，但有相反证据推翻的除外。"在民事诉讼中尚且要审查《道路交通事故认定书》相应的证明力，在对证据审查更为严格的刑事诉讼中更要如此。故《道路交通事故认定书》中对事故责任的认定不能直接拿来作为交通肇事罪定罪、量刑的依据，还应通过分析案件的全部证据，还原事故的发生过程，分析事故产生的原因，从而确定行为人是否承担刑事责任。本案中，机动车的轴头锁止销缺失属于"安全装置不全"的范畴，最高人民法院《关于审理交通肇事刑事案件具体应用法律若干问题的解释》第2条第2款的相关规定，"明知是安全装置不全或者安全机件失灵的机动车辆而驾驶的"，致1人以上重伤，负事故全部或者主要责任，以交通肇事罪定罪处罚。本案中没有证据证明杜某明知轴头锁止销缺失而仍然驾驶这一事实。另外，机动车一方的责任，也并不完全等同于驾驶员的责任。驾驶员不承担刑事责任，并不必然得出机动车所有人不承担民事责任的结论。故在本事故民事诉讼中机动车一方承担损害赔偿责任与刑事诉讼中杜某不构成交通肇事罪，并不存在必然的矛盾。

综上所述，原审裁定认定事实不清，适用法律错误，依法应予纠正。经法院审判委员会研究决定，判决如下：

第一，撤销茌平县人民法院（2015）茌刑再初字第1号刑事裁定和（2013）茌刑初字第105号刑事判决。

第二，上诉人杜某无罪。

二、严某杰交通肇事二审改判无罪案

（2018）粤01刑终2168号

（一）核心要点

1. 刑法中的交通肇事后逃逸，是在因当事人一方逃逸，客观证据无法判定责任的情况下才适用，属于责任推定，而非刑法中因果关系的认定。

2. 本案事故并没有因为逃逸行为影响事故原因的查明，监控视频及证人证言、被告供述等证据足可查清事故的主要原因是违法施工，并非被告违章，认定被告承担事故主要责任不符合客观事实。法院应根据案件的具体情况考虑是否采纳公安机关交通管理部门的责任认定，而不能简单地将其作为认定刑事责任的法律依据。

3. 公安机关交通管理部门是以被告人逃逸而认定其负主要责任，不是负主要责任而逃逸，原审公诉机关又将逃逸行为作为入罪要件进行指控，违背了禁止对同一事实进行重复评价的原则。

4. 行为虽然造成了损害结果，但不是出于故意或者过失，而是由于不能预见的原因所引起的，不是犯罪。

（二）裁判要旨

经审查全案的事实和证据，二审法院综合评析如下。

1. 关于上诉人严某杰对造成本次事故是否有主观上的过失的问题。本案事故中，施工单位进行道路施工既没有征得公安机关交通管理部门的同意，也没有设置任何安全警示标志及采取防护措施，施工人员不具备相关从业资格，在未中断交通的情况下在城市交通主干道上放置横跨双向四车道的钢丝绳，给正常通行埋下了巨大安全隐患。而上诉人严某杰驾驶的五菱牌小货车制动系、方向系均合格，其在正常通行的道路上正常行驶，没有证据证明其违反操作规范不安全驾驶、文明驾驶。在没有设置施工警示标志、道路上没有显而易见的障碍物且前车正常通行的情况下，面对突然拉起的钢丝绳并不能苛求驾驶员能够预见并及时采取措施有效避免事故的发生。《刑法》第16条规定："行为在客观上虽然造成了损害结果，但是不是出于故意或者过失，而是由于不能抗拒或者不能预见的原因所引起的，不是犯罪。"因此，上诉人严某杰对事故的发生不可能预见，故上诉人严某杰对造成本次交通事故没有主观上的过失。

2. 关于通过逃逸行为能否推定上诉人严某杰承担事故主要责任的问题。公安机关交通管理部门认定上诉人严某杰负事故主要责任的理由是其交通肇事后逃逸。《道路交通安全法实施条例》第92条第1款的规定是在因当事人一方逃逸，客观证据无法判定责任的情况下才适用，属于责任推定，而非刑法中因果关系的认定。但是，本案事故并没有因为逃逸行为影响事故原因的查明，监控视频及证人证言、上诉人供述等证据足可查清事故的主要原因是违法施工，而不是上诉人违章，上诉人严某杰承担事故主要责任不符合客观事实。故本案应根据案件的具体情况考虑是否采纳公安机关交通管理部门的责任认定，而不能简单地将其作为认定刑事责任的法律依据。

3. 关于逃逸行为是否重复评价的问题。根据最高人民法院《关于审理交通肇事刑事案件具体应用法律若干问题的解释》第 2 条第 2 款的规定，逃逸行为要与致 1 人以上重伤、负事故全部或主要责任结合起来才能作为交通肇事罪的入罪条件。本案被害人于 2017 年 3 月 20 日在家中死亡，而原审公诉机关于 2017 年 3 月 27 日起诉时，并未就被害人已死亡的事实提出指控。公安机关交通管理部门是以上诉人严某杰逃逸而认定其负主要责任，不是负主要责任而逃逸，原审公诉机关又将逃逸行为作为入罪要件进行指控，违背了禁止对同一事实进行重复评价的原则。

二审法院认为，上诉人严某杰的行为虽然造成了损害结果，但不是出于故意或者过失，而是由于不能预见的原因所引起的，不是犯罪。原公诉机关指控上诉人严某杰犯交通肇事罪不成立。上诉人严某杰及其辩护人提出的相关上诉意见、辩护意见有理，二审法院依法予以采纳。判决如下：

第一，撤销广州市花都区人民法院（2017）粤 0114 刑初 459 号刑事判决。

第二，上诉人严某杰无罪。

三、任某过失致人死亡案

（2019）津 0101 刑初 277 号、（2020）津 01 刑终 471 号

（一）核心要点

1. 车辆驾驶人在驾车过程中应当尽到相应的安全驾驶义务，但不宜苛求超出社会一般成员的预见范围和预见能力（不可能预见到仅供单位内部使用的地下车库车行道会有躺卧的行人）。

2. 被告人对于本案损害结果的发生不具有能够预见的条件和能力，损害结果的发生完全出乎被告人的意料，因此本案属于意外事件，被告人不应当负刑事责任。

（二）一审裁判要旨

针对控辩双方争议焦点——被告人任某是否构成过失致人死亡罪，根据庭审查明的事实、证据及相关法律规定，一审法院综合评判如下。

检察机关指控被告人构成过失致人死亡罪，即认定被告人具有疏忽大意的过失。疏忽大意的过失，是指行为人对行为发生危害结果的可能性能够预见、应当预见，只是由于其疏忽大意的心理而导致了未能实际预见。本案中，被害人躺卧在地下车库入口的通道内，该地下车库入口通道供机动车单向下行，且仅供银行内部员工使用。按一般常识分析，驾驶人员无法预见仅供单位内部使用的地下车库车行道上会有躺卧的行人，且根据案发现场地形位置，车辆下坡行进过程中驾驶人员会有一定的视线盲区，根据一般人的认知能力和当时的情况，行为人对损害结果的发生不应当预见，因此对于本案的危害结果不能苛责于被告人。被告人对于本案损害结果的发生不具有能够预见的条件和能力，损害结果的发生完全出乎被告人的意料，因此本案属于意外事件，被告人不应当负刑事责任，即被告人不构成过失致人死亡罪。

一审法院认为，被告人任某在地下车库入口通道内驾驶机动车与处于躺卧状态的被害人接触，造成被害人死亡的结果，并不是出于被告人故意或者过失，根据一般常识和现场情况，被告人无法预见也不应当预见该通道内有躺卧的行人，因此被告人的行为不构成犯罪，检察机关的指控不能成立，辩护人的辩护意见一审法院予以采纳。

综上所述，经一审法院审判委员会讨论决定，判决如下：被告人任某无罪。

（三）二审裁判要旨

针对控辩双方争议的焦点，结合在案事实、证据，二审法院综合评判如下。

关于原审被告人任某在案发时是否足以预见到案件后果以及是否对被害人死亡结果承担刑事责任，分析如下：（1）被害人张某1无故躺卧在民生银行专用地下车库通道内，客观上超出了社会一般成员的预见范围。首先，从原审被告人的角度来看：本案中，事故发生地系仅供民生银行内部员工使用的地下车库入口通道，该通道系下坡且为机动车单向行驶，原审被告人任某在驾车进入车库时，并无明显违反道路交通安全法规的相关表现。虽然监控录像显示，涉案车库确有个别人员曾步行出入通道，但上述行为本身即违反相关交通法规，不宜苛求驾驶人员对此做到提前预判或赋予过高的注意义务。其次，从被害人张某1的角度来看：本案中，证人李某、张某3的证言证实，被害人张某1生前身体健康，无突发性疾病；司法鉴定意见书证明，张某1案发前无醉酒、吸毒等情形；车库外的监控录像显示，张某1步行进入车库时无异常情况。案发当日，民生银行负责催收贷款的工作人员曾与被害人通过电话，但双方并未预约到民生银行洽谈业务。根据《道路交通安全法实施条例》第74条第2项之规定，行人不得在车行道内坐卧、停留、嬉闹。案发现场地下车库内的指示牌亦规定"禁止行人出入车库"。虽然目前尚不能查明张某1进入地下车库并在通道内躺卧的具体动机，但其未经允许进入民生银行地下车库，并违反交通法规在车道内躺卧，客观上应对本次事故负有一定责任。（2）侦查实验是在较为理想的预设条件下作出的，客观上对原审被告人的预见能力存在估计不足的可能。根据公安机关于2020年4月24日所做的侦查实验，可以推出案发时原审被告人可以看到人体模特小腿以下部分，但该结论是以被害人呈平躺状态为前提得出的，而目前尚不能查明被害人实际躺卧的具体姿势。此外，参加侦查实验的侦查人员已经提前预知车辆前方有障碍物，客观上会更为聚焦和关注车辆前方的地面，故从侦查实验的角度难以客观还原案件真实情况。（3）案发地点环境具有一定特殊性，客观上降低了原审被告人的预见条件和预见能力。地下车库是较为特殊的驾驶区域，车库入口复杂、车辆行进过程中光线较差，案发时的客观环境和实际状况在一定程度上限制和降低了车辆驾驶员的注意能力。现场照片显示，涉案车库出于防止雨水倒灌的需要将入口处垫高，车辆在通过坡道顶部时由于车头轻微上扬，致使驾驶员驾车进入地库时视线存在一定盲区。此外，根据现场勘验笔录、现场方位示意图等证据，涉案地下车库的入口两侧宽度相对于通道较窄，且车辆从路面进入地下车库时需拐急弯进入，正常情况下车辆驾驶人进入地下车库时除要注意车辆前方外，还需关注入口两侧以防止车辆出现剐蹭，客观上导致驾驶人员进入车库的瞬间难以及时发现或看清车辆前方是否有障碍物。此外，涉案地下车库虽设置了限速5千米/小时的标识牌，但该标识牌摆放于地下车库下坡后的通道内，而不是在车库入口。公安部交通管理局《城市道路交通标志标线设置指南》规定，限制速度标志应设置在需要限制车辆行驶速度路段的起点，故上述标识牌能否适用于车库入口处尚存在一定争议。（4）本案发生在公共道路以外的单位内部地下车库，因而公安机关交通管理部门未出具《道路交通事故认定书》，但鉴于本案客观上系机动车驾驶过程中发生的交通事故，与交通肇事罪的罪状、责任及主观、客观方面较为类似，故在认定原审被告人是否构成过失致人死亡罪时，应参照交通肇事罪的认定方式和适用精神。根据相关法律和司法解释的规定，车辆驾驶人在行车过程中致一人死亡，且负事故全部责任或主要责任的，构成交通肇事罪。根据相关规定，车辆驾驶人在驾车过程中应当尽到相应的安全驾驶义务，但不宜苛求超出社会一般成员的预见范围和预见能力。本案中，考虑到被害人违反交通法规躺卧在车库通道内的实际情况，客观上对案件结果负有一定责任，应相应减轻原审被告人对案件结果承担的责任比例，不宜认定原审被告人承担本次事故的全部或主要责任，即参照上述交通肇事罪的入罪标准，依法认定原审被告人不构成过失致人死亡罪。

二审法院认为，从现有证据来看，原审被告人任某在驾车进入地下车库时，难以预见到有人躺卧在车辆前方，不宜苛求原审被告人有超出社会一般成员的预见范围和预见能力。原审判决认定事实清楚，审判程序合法。天津市和平区人民检察院抗诉理由、天津市人民检察院第一分院支持抗诉意见及诉讼代理人所提代理意见，依据不足，不予采纳；辩护人所提原审被告人的行为不构成过失致人死亡罪的辩护意见，予以采纳。经二审法院审判委员会讨论，裁定如下：驳回抗诉，维持原判。

第三节　行为与结果之间无因果关系或者存疑

一、刘某力二审改判无罪案

（2020）粤51刑终169号

（一）核心要点

1. 追尾事故，交警认定肇事逃逸承担主要责任，是一种行政推定责任形式，不适用于刑事案件。

2. 承担刑事责任不仅要求行为人的交通肇事行为与被害人死亡结果的发生存在直接的因果关系，而且要求该行为对死亡结果的发生起决定性的原因力作用，即行为人的交通肇事行为对死亡结果的发生负全部或者主要责任。

3. 当事人事后的逃逸行为，并不是引起事故发生的原因，与危害结果没有刑法意义上的因果关系，不得作为犯罪构成要件予以评价。

（二）裁判要旨

二审法院认为，依照最高人民法院《关于审理交通肇事刑事案件具体应用法律若干问题的解释》第2条第1款的规定，交通肇事致1人死亡，负事故的全部或者主要责任的，应以交通肇事罪定罪处罚。该司法解释的上述规定，不仅要求行为人的交通肇事行为与被害人死亡结果的发生存在直接的因果关系，而且要求该行为对死亡结果的发生起决定性的原因力作用，即行为人的交通肇事行为对死亡结果的发生负全部或者主要责任。本案公安机关交通管理部门提供的《道路交通事故认定书》虽然认定上诉人刘某立负本事故的主要责任，但是有以下两点需要注意：其一，根据在案证据可知，发生事故时路面完好，路面两侧路灯较亮，视线良好，刘某立的重型货车后车厢开了双闪灯进行警示。从陈某鑫驾车至发生碰撞时没有刹车痕迹的情况来分析，陈某鑫严重醉酒导致其驾车时注意力严重下降，致使没有发现路边停放的车辆，且其无驾驶资质驾驶未经检测合格的无牌照车辆，未保持安全车速，是发生碰撞的最主要原因。刘某立夜间在道路临时停车时未开启后位灯及黄某群驾车未保持安全车速，只是一般违章行为，对事故的发生起次要作用。另外，陈某鑫在非机动车道行驶未戴安全头盔还会使事故后果进一步扩大。其二，《道路交通事故认定书》认定刘某立负本事故的主要责任，是根据刘某立发生事故后驾车逃逸的情节，适用《道路交通安全法实施条例》第92条第1款规定的结果，认定其负主要责任的结果是一种行政推定，不适用于刑事案件。行为人承担刑事责任的根据是行为与结果存在刑法意义上的因果关系。当事人事后的逃逸行为，并不是引起事故发生的原因，与危害结果没有刑法意义上的因果关系，除法律或者司法解释明确规定可以作为犯罪构成要件外，一般均不得作为犯罪构成要件予以评价。因而，本案《道路交通事故认定书》以刘某立肇事逃逸为由，推定刘某立负该事故的主要责任与法相悖，且与其他证据矛盾，不能予以采信。

综上，现有材料足以证明被害人陈某鑫的严重违章行为是本次交通事故发生的主要原因力，上诉人刘某立违章停车只是引发本次事故的次要原因力，也即依法应认定上诉人刘某立在本次事故中负次要责任。而交通肇事造成一人死亡的，行为人只有负事故的全部或者主要责任的才构成交通肇事罪，否则不负刑事责任。因此，上诉人刘某立的行为依法不构成交通肇事罪。

上诉人刘某立及辩护人提出刘某立不构成交通肇事罪的理由成立，予以采纳。其又提出刘某立不构成逃逸情节及一审程序违法的理由依据不足，不予采纳。检察员提出上诉人刘某立的行为应以交通肇事罪追究其刑事责任的意见依据不足，不予支持。

综上，原审判决认定事实不清，认定上诉人刘某立犯交通肇事罪错误，判决如下：

第一，撤销饶平县人民法院（2020）粤5122刑初122号刑事判决。

第二，上诉人刘某立无罪。

二、张某某一审无罪案

（2015）陇刑初字第134号

（一）核心要点

1. 追尾同向停放的车辆，后车驾驶员与处于停止状态下的车辆的驾驶员相比，负有更大的安全驾驶义务。

2. 车辆停止状态下驾驶员的逃逸行为，系发生于交通事故之后，并非导致交通事故发生的原因之一，与交通事故的发生及被害人的死亡都没有法律上的因果关系，且不具有因逃逸导致事故责任无法查清的情况，故不应将逃逸作为事故发生的原因来推定其应承担的责任。

（二）裁判要旨

对于被告人张某某及其辩护人围绕“张某某是否存在逃逸行为，是否负有事故的主要责任”的问题所提出的辩解及辩护意见，以及对《道路交通事故认定书》所提出的异议，法院分析如下：

1. 虽然被告人张某某听力有一定障碍，但是其在侦查阶段多次供述均一致，称在发生事故时其听到过“砰”的响声。此外，侦查机关在事发次日找到张某某调查时，其始终对驾车到过案发地的事实拒不承认，直至侦查机关向其出示现场监控视频等证据后才承认，结合现场视频等证据综合分析上述情况，张某某在交通事故发生时应当就已经意识到可能发生了事故，其作为驾驶员在交通肇事后负有下车查看情况、保护现场、抢救伤员等义务，其未履行上述义务而驾车离开现场，应认定为逃逸行为。故对被告人张某某及其辩护人提出发生事故时张某某并不知情的辩解及辩护意见，法院不予采信。

2. 公安机关交通管理部门对本案作出了《道路交通事故认定书》，该《道路交通事故认定书》认为，造成此次事故的主要原因为：（1）张某某驾驶机动车在道路上临时停车，妨碍其他车辆和行人通行；（2）张某某驾车逃离现场。公安机关交通管理部门据此认定张某某负有事故的主要责任。经法院审查，《道路交通安全法实施条例》第 92 条第 1 款规定，“发生交通事故后当事人逃逸的，逃逸的当事人承担全部责任。但是，有证据证明对方当事人也有过错的，可以减轻责任”。在本案中，根据现场的监控视频以及公安机关交通管理部门的调查、勘查结果，能够充分证实交通事故发生的经过，且在事故中被害人亦存在过错，属于上述条款中规定的“有证据证明对方当事人也有过错的，可以减轻责任”的情况，即在一方当事人逃逸的情况下，如果有证据证明对方当事人的过错，就仍然应根据证据所证明的对方当事人的过错程度，确认对方的责任，并相应减轻逃逸方的责任。

根据查明的事实和证据进行分析，事故发生时，被告人张某某主要具有以下违规情节：（1）持有的驾驶证已经过期；（2）车辆转向系的主要性能、照明信号装置的主要性能不符合规定；（3）临时停车未使用警示灯或警示标志，妨碍其他车辆、行人通行。以上情节中，因张某某的拖拉机处于停驶状态，且事故发生时间系晚上，故拖拉机的照明信号装置主要性能不符合规定，停车时警示灯未正常使用，且也没有使用警示标志的情节，确实对过往车辆、行人的通行造成了一定影响，系导致交通事故发生的原因之一。被害人罗某乙主要具有以下违规情节：（1）未持有二轮摩托车驾驶证；（2）驾驶的摩托车无号牌；（3）驾驶过程中未尽安全注意义务，未能在确保安全畅通的原则下通行。经鉴定，该摩托车性能符合规定，故在以上情节中，罗某乙在驾驶二轮摩托车的过程中未尽安全注意义务，未能在确保安全畅通的原则下通行，系导致交通事故的原因之一。至于被告人张某某的逃逸行为，系发生于交通事故之后，并非导致交通事故发生的原因之一，且从现有证据看，在被告人逃逸的同时，肇事现场就已被他人发现并及时报警，并无证据显示被害人的死亡系因被告人逃逸无法得到及时救治而造成，故被告人张某某的逃逸行为虽然情节恶劣，但与交通事故的发生及被害人的死亡都没有法律上的因果关系，且不具有因逃逸导致事故责任无法查清的情况，故不应将逃逸作为事故发生的原因来推定其应承担的责任。

根据《道路交通事故处理程序规定》“公安机关交通管理部门应当根据当事人的行为对发生道路交通事故所起的作用以及过错的严重程度，确定当事人的责任：……（二）因两方或者两方以上当事人的过错发生道路交通事故的，根据其行为对事故发生的作用以及过错的严重程度，分别承担主要责任、同等责任和次要责任；……”的规定，经庭审查明，本案系后车追尾同向的前车、行驶的车辆撞到停放的车辆，对肇事双方的过错进行比较，罗某乙作为正在行驶中的后车的驾驶员，与处于停止状态下的车辆的驾驶员相比，负有更大的安全驾驶义务，罗某乙应认真观察并及时避让前方的车辆、行人或其他障碍，在确保安全的情况下才能通行。

综上，根据现有证据所证实的情况，对于该起交通事故的发生，被告人张某某只应承担次要责任，公安机关交通管理部门作出的《道路交通事故认定书》法院不予采信。对被告人张某某及其辩护人提出被告人张某某在事故中不应承担主要责任的辩解及辩护意见，法院予以采纳。

3. 最高人民法院《关于审理交通肇事刑事案件具体应用法律若干问题的解释》第1条规定：“从事交通运输人员或者非交通运输人员，违反交通运输管理法规发生重大交通事故，在分清事故责任的基础上，对于构成犯罪的，依照刑法第一百三十三条的规定定罪处罚。”该司法解释第2条第1款规定：“交通肇事具有下列情形之一的，处三年以下有期徒刑或者拘役：（一）死亡一人或者重伤三人以上，负事故全部或者主要责任的；……”根据上述两条规定，被告人在交通事故中负有全部或者主要责任，是构成《刑法》第133条交通肇事罪的要件之一。本案中，交通事故发生在前，张某某的逃逸行为发生在后，其逃逸并非导致事故发生的原因，被告人张某某在交通事故中达不到主要以上责任，不符合交通肇事罪的构成要件，不构成交通肇事罪。对于其逃逸行为，亦不能单独作为交通肇事罪的构成要件，不能仅因其逃逸而认定为交通肇事罪，只有在被告人构成交通肇事罪的前提下，才能将逃逸作为量刑情节从严惩处。综上，对被告人张某某及其辩护人提出被告人张某某不构成交通肇事罪的辩解及辩护意见，法院予以采纳。

综上所述，法院认为，被告人张某某在道路上临时停车，妨碍其他车辆和行人通行，以至于发生一人死亡的交通事故，但现有证据不足以证实张某某对事故的发生应负有主要责任或全部责任，也没有证据证实被害人罗某乙的死亡系因张某某的逃逸所致，因此对被害人罗某乙的死亡，被告人张某某不承担刑事责任，其行为不构成交通肇事罪，检察机关的指控证据不足，法院不予支持。

判决如下：被告人张某某无罪。

三、刘某艳交通肇事二审改判无罪案

（2017）粤01刑终1128号

（一）核心要点

1. 公安机关交通管理部门根据交通运输管理法规认定事故责任，这种认定通常是出于交通行政管理的需要，不等同于刑法上的责任。不能将认定行政责任的法律依据直接作为认定刑事责任的法律依据，而应当根据交通肇事罪的构成要件进行实质性的分析判断。

2. 因被害人系从后面碰撞上诉人驾驶的车辆致当场死亡，上诉人离开现场的行为不是造成被害人死亡的直接原因，与被害人的死亡不存在刑法上的因果关系，即重大事故不是上诉人的违章行为所引起的，其行为不构成交通肇事罪。

（二）裁判要旨

1. 上诉人刘某艳驾驶的三轮汽车是否与被害人曾某1驾驶的摩托车发生碰撞的问题

经审查，道路交通事故现场勘查笔录、现场图及照片证实公安机关初步判断逃逸的车辆为蓝色，在现场亦提取到尾灯灯罩碎片；交通事故车辆痕迹检验笔录及照片，证实上诉人在案发时驾驶的三轮汽车的尾部有碰撞痕迹，反映右后灯罩破损脱落，现场提取到的逃逸车辆的尾灯灯罩碎片与该辆三轮汽车的尾灯破损位置痕迹相吻合；无号牌两轮摩托车车前挡板上附着的蓝色油漆，反映车头有碰撞痕迹，尾部则未见任何撞击痕迹或者其他车辆的油漆附着物；公安机关分别提取了涉案无号牌三轮汽车尾部的油漆样本和涉案摩托车前饰板上附有的油漆部分碎片样本送至中国广州分析测试中心司法鉴定所，委托进行微量比对鉴定，证实送检的从无牌三轮汽车尾部提取的蓝色油漆样本与二轮摩托车前挡板上附着的少量蓝色可疑物质样本为同一油漆。证人陈某1的证言称事故发生时其感觉到身体异常晃动，向前倾斜了一下，上诉人刘某艳因此而缓慢刹车并询问发生什么事；证人陈某2的证言称事故发生时其听到车尾后方发出响声，上诉人刘某艳因此而短暂停车；上诉人刘某艳也曾供述称案发时曾听到车后发出响声，感觉到车辆有异常震动，停车后车斗内乘车人员告知有摩托车撞上了其驾驶的三轮汽车，并要求其继续开车离开，与其无关。综上，上述证据能形成完整的证据链，足以证实上诉人刘某艳驾驶的三轮汽车与被害人驾驶的摩托车发生碰撞。上诉人刘某艳及辩护人的相关辩护意见不成立，二审法院不予采纳。

2. 上诉人刘某艳的行为是否构成交通肇事罪的问题

根据最高人民法院《关于审理交通肇事刑事案件具体应用法律若干问题的解释》第2条第1款的规定，死亡1人或者重伤3人以上，负事故全部或者主要责任的，构成交通肇事罪。该司法解释第5条第1款还规定，因逃逸致人死亡，是指行为人在交通肇事后为逃避法律追究而逃跑，致使被害人因得不到救助而死亡的情形。广州市公安局交通警察支队从化大队对本次事故调查后，出具《道路交通事故认定书》，认定：刘某艳驾驶制动系、照明系不合格的、未经公安机关交通管理部门登记的机动车上路行驶，发生交通事故后逃逸，其行为是造成本次事故的主要原因；曾某1在未取得机动车驾驶证、未按规定戴安全头盔的情况下，醉酒后驾驶未经公安机关交通管理部门登记的机动车上路行驶，未与同车道行驶的前车保持足以采取紧急制动措施的安全距离，其行为是造成本次事故的次要原因，刘某艳承担本次事故的主要责任，曾某1承担本次事故的次要责任。公安机关交通管理部门的上述认定，是根据交通运输管理法规认定的事故责任，这种认定通常是出于交通行政管理的需要，不等同于刑法上的责任。虽然在多数情况下，法院在审理案件时会依据案件的具体情况采纳公安机关交通管理部门的责任认定，但并不意味着所有案件均应当如此，尤其是涉及当事人刑事责任的刑事案件，更不能将认定行政责任的法律依据直接作为认定刑事责任的法律依据，而应当根据交通肇事罪的构成要件进行实质性的分析判断。具体到本案，上诉人刘某艳离开现场的行为即公安机关交通管理部门所认定的逃逸，与被害人曾某1死亡的结果有无因果关系是本案的关键。

本案中，被害人曾某1没有佩戴安全头盔，无证、醉酒驾驶，没有与前车保持足以采取紧急制动措施的安全距离，驾驶摩托车直接碰撞同方向正常行驶的上诉人刘某艳驾驶的三轮汽车尾部，道路交通事故登记表和交通警情单证实2016年2月6日0时10分许事故发生，0时15分20秒有群众报警，0时17分称被害人躺在地上一动不动，可能已死亡，0时34分拨打“120”急救电话，0时40分交警到场，0时44分医生到场后证实被害人已死亡，道路交通事故现场勘查笔录、法医学检验鉴定书及死亡医学证明也证实被害人曾某1因交通事故造成重型颅脑损伤死亡，属于当场死亡。上诉人刘某艳在本案中驾驶制动系、照明系不合格，未经公安机关交通管理部门登记的机动车上路行驶，其行为当然也属于违章驾驶，被害人曾某1追尾碰撞时，上诉人刘某艳正在同一车道同一方向正常行驶，其上述违章行为不是本次事故发生的必然原因；碰撞发生后，上诉人刘某艳在未真正确认是否发生了事故的情形下认为其应该没有责任，继续行驶离开了现场，因被害人系从后面碰撞上诉人驾驶的车辆致其当场死亡，因此可以认定上诉人刘某艳离开现场的行为也不是造成被害人死亡的直接原因，即上诉人刘某艳离开现场的行为与被害人的死亡无直接因果关系。

综上所述，尽管上诉人刘某艳在本案中有实施违反交通运输管理法规的行为，也发生了重大交通事故致1人死亡，但是二者之间不存在刑法上的因果关系，即重大事故不是上诉人刘某艳的违章行为所引起的，其行为不构成交通肇事罪。

二审法院认为，原审判决认定的事实不清，证据不足，原公诉机关指控上诉人刘某艳犯交通肇事罪的罪名不成立，二审法院依法予以改判。上诉人刘某艳及辩护人提出的相关辩护意见于法有据，二审法院予以采纳。判决如下：上诉人刘某艳无罪。

四、陈某交通肇事再审无罪案

（2016）苏0826刑再3号

（一）核心要点

未尸检即火化，现有证据尚不足以证实交通肇事行为与被害人死亡之间具有必然的因果关系，也不足以证实被害人左股骨胫骨折的损伤后果已构成重伤，检察机关指控被告人交通肇事罪的证据不足。

（二）裁判要旨

辩护人提出的主要辩护意见是，原审被告人陈某的交通肇事逃逸行为与被害人蒋某1死亡之间无关键证据证实存在因果关系，且也无证据证实原审被告人陈某的交通肇事行为致被害人蒋某1左股骨胫骨折的损伤后果已构成重伤，故请求宣告原审被告人无罪。

经再审查明，2013年6月27日21时许，原审被告人陈某驾驶小型客车，从涟水县城往涟水县东胡集镇，沿原327线由西向东行驶至涟水县大东镇东方超市门前路段时，车右侧后视镜刷到由北向南横过马路的蒋某1（男，1931年12月出生），致蒋某1倒地受伤。事故发生后，原审被告人陈某驾车逃离现场，蒋某1于当日晚被送到涟水县人民医院治疗，诊断为左股骨胫骨折。2013年7月13日，蒋某1出院回家。出院医嘱为：继续牵引制动，暂避免负重行走，如情况好转可考虑行股骨头置换术；出院证载明治疗结果为好转。同月 18 日，蒋某 1 死于家中。次日，涟水县交警大队拟委托涟水县公安局物证鉴定室对蒋某 1 的死亡原因进行鉴定，因其子拒绝尸检，致蒋某 1 未经尸检即被火化并安葬。2013 年 7 月 29 日，涟水县交警大队出具《道路交通事故认定书》，认定蒋某 1 因本起交通事故受伤经医院抢救无效死亡，被告人陈某负该起事故全部责任，蒋某 1 无责任。

2013 年 6 月 28 日，原审被告人陈某到涟水县公安局投案，并如实供述了交通肇事经过。

本案在再审期间，再审法院先后依法委托南京医科大学司法鉴定所、司法鉴定科学技术研究所司法鉴定中心对原审被告人陈某交通肇事行为与被害人蒋某 1 的死亡之间是否存在因果关系、原因力大小及被害人蒋某 1 左股骨胫骨折的损伤后果是否构成重伤进行鉴定，均因鉴定材料不够充分而不予受理。

对于上述事实，原审被告人陈某在开庭审理过程中亦无异议，并有被害人蒋某 1 陈述、证人杨某、蒋某 2 等人证言、现场照片、涟水县公安局制作的道路交通事故现场勘查笔录及《道路交通事故认定书》、情况说明、涟水县人民医院住院治疗材料、出院记录、火化证、协议书、谅解书、退卷函等证据证实，足以认定。

再审法院认为，原审被告人陈某违法驾驶车辆，发生交通事故致人受伤及肇事后逃逸属实，但现有证据尚不足以证实其交通肇事行为与被害人死亡之间具有必然的因果关系，也不足以证实被害人蒋某 1 左股骨胫骨折的损伤后果已构成重伤，故检察机关指控原审被告人陈某犯交通肇事罪的证据不确实、充分，二审法院不予支持。辩护人所提的辩护意见成立，二审法院予以采纳。原审认定原审被告人陈某的行为构成交通肇事罪的证据不足，依法应予撤销。判决如下：

第一，撤销二审法院之前作出的（2014）涟刑初字第 0079 号刑事判决，即被告人陈某犯交通肇事罪，判处有期徒刑 3 年，缓刑 4 年。

第二，宣告原审被告人陈某无罪。

五、蔡某珍交通肇事一审无罪案

（2019）陕0104刑初949号

（一）核心要点

1. 被害人在交通事故发生后辗转多家医院并于180余日后死亡，其死亡结果是否由被告人的违章行为直接造成，需要由专业机构的专业人员根据相关规定作出司法鉴定意见。

2. 检察机关认定被害人死因的依据是根据被害人的住院病历作出的文证审查司法鉴定意见书，不符合法医学鉴定相关规定，不是法定证据种类，不能作为定案证据使用。

3. 证明被告人的违章行为与被害人死亡之间的直接因果关系的证据不足，指控被告人犯交通肇事罪不能形成完整证据链条。

（二）裁判要旨

法院认为，根据《刑法》第133条及最高人民法院《关于审理交通肇事刑事案件具体应用法律若干问题的解释》第2条第1款第1项之规定，违反交通运输管理法规，因而发生重大事故，致死亡1人或者重伤3人以上，负事故全部责任或者主要责任的，构成交通肇事罪。本案中，被告人有违反交通管理法规的行为，也确实造成被害人当时受伤住院的结果，但被害人在交通事故发生后辗转多家医院并于180余日后死亡，其死亡结果是否由被告人的违章行为直接造成，需要由专业机构的专业人员根据相关规定作出司法鉴定意见。对于何为司法鉴定意见，全国人民代表大会常务委员会及司法部给出了明确规定。全国人民代表大会常务委员会《关于司法鉴定管理问题的决定》第17条规定，法医类鉴定包括法医病理鉴定、法医临床鉴定、法医精神病鉴定、法医物证鉴定和法医毒物鉴定。根据司法部发布的《法医类司法鉴定执业分类规定》第5条的规定，对死亡原因的鉴定通常有以下几种类型：尸体解剖、尸表检验、器官/切片检验。结合本案，检察机关认定被害人死因的证据是根据被害人的住院病历作出的文证，即审查司法鉴定意见书不符合法医学鉴定相关规定，不是法定证据种类，不能作为定案证据使用。故证明被告人的违章行为与被害人死亡之间的直接因果关系的证据不足，指控被告人蔡某珍犯交通肇事罪的证据不能形成完整证据链条。

被告人蔡某珍违反交通运输管理法规造成交通事故，致被害人张某某受伤，负事故全部责任，但西安市莲湖区人民检察院指控蔡某珍犯交通肇事罪的事实不清，证据不足，指控蔡某珍犯罪不能成立。判决如下：被告人蔡某珍无罪。

六、荆某交通肇事案

（2015）兴中法刑一终字第121号

（一）核心要点

法医鉴定受害人的损伤与此次外伤无直接因果关系，不宜以损害后果为依据进行损伤程度鉴定，受害人的伤情不能构成重伤，指控的交通肇事罪不能成立。

（二）一审裁判要旨

乌兰浩特市人民法院认为，被告人荆某违反道路交通安全管理法规，无证驾驶安全机件不符合标准的机动车上道行驶，发生交通事故，负事故全部责任的事实可以认定。但是，根据兴安盟公安局鉴定中心出具的意见书，敖某某左侧基底节区脑内血肿与此次外伤无直接因果关系，不宜以损害后果（脑内血肿）进行损伤程度鉴定，所以自诉人敖某某控诉荆某犯有交通肇事罪不能成立。对敖某某要求荆某赔偿经济损失的合理部分应予支持。宣告被告人荆某无罪。

（三）二审裁判要旨

二审法院认为，原审法院认定上诉人荆某违反道路交通安全管理法规，无证驾驶安全机件不符合标准的机动车上道行驶，发生交通事故，且负事故全部责任的事实是正确的。但是，根据兴安盟公安局鉴定中心出具的意见书，敖某某左侧基底节区脑内血肿与此次外伤无直接因果关系，不宜以损害后果（脑内血肿）为依据进行损伤程度鉴定，原审自诉人敖某某的伤情不构成重伤，所以原审自诉人敖某某控诉荆某犯有交通肇事罪不能成立。原审法院宣告上诉人荆某无罪，赔偿敖某某经济损失的合理部分，二审法院应予支持。上诉人荆某的上诉理由没有证据佐证，不能成立，二审法院不予支持。裁定如下：驳回上诉，维持原判。

七、李某一审无罪，二审抗诉被驳回案

（2020）陕0111刑初11号、（2020）陕01刑终270号

（一）核心要点

1. 违反交通运输管理法规、构成交通肇事罪的实行行为，只能是危及交通安全，有造成重大交通事故的危险性行为。

2. 经鉴定，受害人的伤不构成致命伤，且在死因中的参与度仅为30%，该伤害程度尚未达到应被处以刑事处罚、承担刑事责任的起点。

3. 违章行为没有导致死亡结果发生的实在可能性，也不会合乎规律地引起死亡。

4. 被害人自身患高血压、冠状动脉粥样硬化性心脏病，且系极高危组、病变较重，故死亡结果不能归责于被告人。

（二）一审裁判要旨

一审法院认为，《刑法》关于交通肇事罪的规定，对犯罪行为的要求是因交通违法行为发生重大事故，也就是具有致人重伤、死亡危险的重大交通违法行为，才构成刑法意义上的犯罪行为。本案中，被告人李某的交通违法行为，造成被害人卫某某双侧胫部前内侧皮下肌肉出血，该损伤程度不构成致命伤，且事故发生后二人先就小额赔偿问题进行协商，双方未协商一致才选择报案，故被告人的交通违法行为不构成重大交通事故，且并非被害人死亡的直接、决定性原因，故被告人的行为不构成犯罪行为，不属于犯罪。西安市灞桥区人民检察院指控被告人犯罪不能成立。辩护人的第3点辩护意见和无罪的辩护观点，予以采纳。判决如下：被告人李某无罪。

（三）二审裁判要旨

一审宣判后，检察机关提出抗诉。

根据审查后的事实及证据，针对抗辩双方的争议焦点，综合评判如下。

1. 关于交通肇事罪中重大交通违法行为的认定

交通肇事罪属于过失犯罪，无行为则无过失。而刑法理论中的行为，归根结底就是实行行为。实行行为要求对法益的侵害具有现实危险性，即这种行为已使刑法保护的具体权益面临现实的危险，对法益的侵害已经达到了紧迫的程度。交通肇事罪的实行行为，是指违反交通运输管理法规，且具有发生重大交通事故现实危险性的行为。违反交通运输管理法规是确认交通肇事罪实行行为的前提，但并非所有违反交通运输管理法规的行为都是交通肇事罪的实行行为。违反交通运输管理法规、构成交通肇事罪的实行行为，只能是危及交通安全，有造成重大交通事故的危险性的行为。如若按抗诉机关所提“重大”是对事故发生结果的描述来认定交通肇事罪的实行行为，来追究行为人的刑事责任，会使实施相同违章行为的不同行为人，因为被害人不同的身体状况，导致不同的法律后果。这样以结果责任方式确定交通肇事罪的实行行为，并进而追究刑事责任的做法，一方面会导致刑罚范围过于宽泛，另一方面会导致人们无法根据法律规定预测行为的法律后果，会使权利义务处于不确定的状态。这样解释不合乎情理，也不符合法律的预测作用和刑法的责任主义原则。

综上，抗诉机关所提“重大”是对事故发生结果的描述，并非对违反交通运输管理法规行为的限定之意见不能成立，二审法院不予采纳。

2. 关于刑法意义上因果关系的认定

抗诉机关指出，没有原审被告人李某的违法行为，就不会发生被害人卫某某死亡的结果，即“若无前者，即无后者”。这是从物理关系角度说明了事物的联系，是一种事实上的因果关系，但是事物联系的普遍性并不等同于刑法意义上因果关系的成立。刑法上的因果关系，是犯罪实行行为在一定的具体条件下，能合乎规律地引起危害结果的发生。它包括两方面内容：一是作为原因的实行行为，必须具有引起危害结果发生的实在可能性。二是作为原因的危害行为，必须合乎规律地引起危害结果。只有这两方面同时具备，刑法意义上的因果关系才能成立。原审被告人李某与被害人卫某某素不相识，卫某某当天骑电动车带着妻子出行，在发生事故后卫某某的妻子先行离开去上班，卫某某在现场和李某协商几百元的赔偿数额，后因协商未果共同去交警队处理，在卫某某身体不适时，李某又陪同去医院就诊。从客观上看，该交通事故仅造成卫某某双侧胫部前内侧皮下肌肉出血，经鉴定该损伤程度不构成致命伤，且在死因中的参与度仅为30%，该伤害程度尚未达到应被处以刑事处罚、承担刑事责任的起点。在这种情况下，如果被害人卫某某没有患有高血压、冠状动脉粥样硬化性心脏病，或者病情没有达到极高危组、病变较重的程度，原审被告人李某的违章行为仅会造成卫某某双侧胫部前内侧皮下肌肉出血，是不会导致死亡的。对于原审被告人李某的违章行为和被害人死亡的结果之间的关系，从主观上看，本案的原审被告人、被害人、被害人的妻子、处理事故的交警均没有认识到该行为可能会造成死亡。以社会上普通人的认知能力来判断，预见这种仅造成胫部皮下肌肉出血的损伤可能导致死亡结果，超出了一般人的合理认知范围，是不符合常识常理的。在被害人卫某某患有严重疾病这一特殊条件下，原审被告人李某的违章行为引起的损伤可引起疼痛、应激、情绪激动等，导致心率加快、血压升高、心肌耗氧量增加、主动脉夹层形成继发性堵塞冠状动脉开口，引起被害人卫某某急性循环、呼吸功能障碍而死亡。原审被告人李某的违章行为没有导致死亡结果发生的实在可能性，也不会合乎规律地引起死亡。该违章行为尽管与被害人的死亡结果尽管存在事实上的因果关系，但由于被害人自身患高血压、冠状动脉粥样硬化性心脏病，且系极高危组、病变较重，故死亡结果不能归责于原审被告人李某。此外，结合原审被告人李某积极协商赔偿、共同去交警队处理、陪同去医院就诊、达成调解并取得被害人亲属的谅解之情节，在此情况下依然认为原审被告人李某的违章行为与被害人死亡存在因果关系，进而追究原审被告人李某交通肇事罪的刑事责任，也是不能被群众所理解和接受的。

综上所述，抗诉机关所提原审被告人李某的行为与死亡结果之间存在因果关系的意见不能成立，不予采纳。

3. 关于《道路交通事故认定书》的责任认定

经查，《道路交通事故认定书》认定，李某驾驶机动车上路转弯未让直行车辆是造成事故的主要原因，因此承担主要责任。对此，原审被告人李某和辩护人均提出李某驾驶的车辆当时并不是转弯，而是直行的，因此不应承担主要责任。二审经过开庭，并当庭播放监控视频，可以看出案发时李某驾驶的车辆已进入弯道。另外，李某在公安机关的多次笔录均称他当天是要去蓝田的，该方向需转弯。故《道路交通事故认定书》认定李某驾驶机动车上路转弯未让直行车辆的事实正确。原审被告人李某驾驶机动车上路转弯未让直行车辆是造成事故的主要原因，也是导致此事故的主要过错，负事故主要责任；卫某某驾驶非机动车上路未确保安全是造成事故的次要原因，也是导致此事故的次要过错，负事故的次要责任。该责任划分正确。综上，原审被告人李某及其辩护人所提《道路交通事故认定书》有误之意见不能成立，不予采纳。

二审法院认为，原审被告人李某的违章行为不具有发生重大交通事故的现实危险性，且该违章行为不具有刑法意义上的因果关系，故该抗诉意见不能成立。原审判决认定事实清楚，适用法律正确，审判程序合法。裁定如下：驳回抗诉，维持原判。

八、李某交通肇事无罪案

（2015）阜刑二终字第00115号

（一）核心要点

1. 被告人在非禁停路段道路边临时停车，被害人驾驶摩托车追尾后经抢救无效死亡。这种情况下，无法确定路边临时停车的行为是否违反了交通运输法规，虽然有被害人死亡的后果，但是被告人的行为仍不能构成交通肇事罪。

2. 公安机关交通管理部门认定被告负事故主要责任的理由是被告人交通肇事后逃逸。这是依照行政法规认定的推定责任，而非刑法中因果关系的认定，不能据此而推定被告人有罪。

（二）裁判要旨

原审法院认为，交通肇事犯罪是指违反交通管理法规而发生重大事故，致人重伤、死亡或者使公私财产遭受重大损失的行为，其客观方面表现为违反交通管理法规，继而发生重大交通事故，致人重伤、死亡或者使公私财产遭受重大损失的行为，即行为人不仅违反交通管理法规，而且其违法行为与人员伤亡之间应有因果关系。本案中，李某在非禁停路段紧靠路边停车，并无其存在违法行为的相关证据。公安机关交通管理部门认定李某在事故中负主要责任的法律依据是《道路交通安全法实施条例》以及《道路交通事故处理程序规定》的相关规定，据此认定李某负此起事故的主要责任，黄某某负此起事故的次要责任，即认定李某负事故主要责任的原因是交通肇事逃逸。根据最高人民法院《关于审理交通肇事刑事案件具体应用法律若干问题的解释》第3条的规定，交通运输肇事后逃逸是指行为人为逃避法律追究而逃离事故现场。本案中，李某离开现场后，即向其领导报告，同时给其妻子打电话，之后与领导及其妻到公安机关交通管理部门投案自首，从这一点来说，李某的行为难以构成肇事逃逸，也正是基于此，阜新市人民检察院于2014年7月9日出具了不批准逮捕决定书，该决定书指出："经本院审查认为，能够认定犯罪嫌疑人李某涉嫌交通肇事逃逸的主观要件的证据不足，根据《刑事诉讼法》的规定，决定不批准逮捕犯罪嫌疑人李某。"所以，公安机关交通管理部门以肇事后逃逸认定李某负主要责任的理由不充分，检察机关指控被告人李某构成交通肇事罪的罪名不能成立。关于本案民事责任问题，综合考虑案情并兼顾对被害人的赔偿，认定李某负此起事故50%的责任。判决如下：（1）被告人李某无罪；（2）附带民事诉讼原告毛某某、黄某的损失599685.98元，由平安保险阜新分公司在机动车交通事故责任强制保险限额内赔偿121000元；余款478685.98元由平安保险阜新分公司在商业第三者责任险限额内赔偿20万元；李某赔偿39342.99元（已给付10000元）。

二审法院认为，构成《刑法》第133条规定的交通肇事罪，必须满足以下两个条件：一是行为人违反交通运输法规；二是致人重伤、死亡或者使公私财产遭受重大损失。原审被告人李某在非禁停路段道路边临时停车，被害人黄某某驾驶摩托车追尾后经抢救无效死亡。现有证据无法确定李某道路边临时停车的行为是否违反了交通运输法规，虽然有被害人死亡的后果，但是李某的行为仍不能构成交通肇事罪。关于检察机关所提抗诉理由及意见，经查，公安机关交通管理部门的《道路交通事故认定书》认定李某负事故主要责任的理由是李某交通肇事后逃逸。这是依照行政法规作出的推定责任，而非刑法中因果关系的认定，不能据此而推定被告人有罪。最高人民法院《关于审理交通肇事刑事案件具体应用法律若干问题的解释》所规定的“交通运输肇事后逃逸”，是指行为人在发生交通事故后为逃避法律追究而逃跑的行为，是交通肇事罪的情节加重犯。该情节的成立条件有二：一是行为人的交通肇事行为首先必须已构成交通肇事罪的基本犯；二是行为人必须是基于逃避法律追究的目的而逃跑。即使发生交通肇事，若行为人实施的肇事行为因为不具备交通肇事罪基本犯的某项构成条件而达不到犯罪的程度，即使系逃逸，也不属于最高人民法院《关于审理交通肇事刑事案件具体应用法律若干问题的解释》所规定的“交通运输肇事后逃逸”。最高人民法院《关于审理交通肇事刑事案件具体应用法律若干问题的解释》所规定的“交通运输肇事后逃逸”构成交通肇事罪的前提条件是交通事故致一人以上重伤、负事故的全部或者主要责任。公安机关交通管理部门是以李某逃逸而认定其负主要责任，不是负主要责任而逃逸，李某的行为不构成交通肇事罪。故对检察机关的抗诉理由及意见不予支持。判决如下：维持一审法院（2015）海刑初字第185号刑事附带民事判决主文第1项即被告人李某无罪。

第四节　公安机关交通管理部门认定事故责任不当，法院不予采纳《道路交通事故认定书》

一、许某交通肇事一审、二审、再审均无罪案

（2017）宁刑再2号

（一）核心要点

十字路口内的交通事故，不能仅以没有让右方道路车辆先行，就加重未让右车一方承担事故的责任。主要应考虑双方车辆的行驶速度和是否遵守了有关停车瞭望的规定。

（二）一审裁判要旨

宁夏回族自治区西吉县人民法院一审审理认为，被告人许某在侦查、审

查起诉阶段均供述其在事故中受伤，记不起是何人驾驶肇事车辆和许某自己坐在什么位置，庭审中又辩解其没有驾驶肇事车辆，他在副驾驶位置乘坐，该车是何某2驾驶，且向法庭提交证人许某某、包某某等证言欲证实其在固原市人民医院苏醒后他们来探望，曾对他们说："我没有开车，车主驾驶车辆我坐在副驾驶位置，路试过程中发生交通事故。"被告人许某对案件发生前后的事情记忆犹新，唯独对案件发生时的情节完全失忆，并刻意回避案件发生的经过，其在固原市人民医院的住院病历记载"开车过十字路口时与侧面行驶的汽车相撞，神志清楚"。被告人许某既未在侦查、审查起诉阶段供述过其未驾驶肇事车辆，也从未供述过曾在住院期间对探望他的亲朋好友说过他没有开车、车主驾驶车辆他坐在副驾驶位置的话。而本案被害人何某2的陈述与证人余某某、马某2、马某3、马某4、马某5的证言、交通事故现场勘验检查笔录及照片、法庭科学DNA检验鉴定书鉴定在副驾驶气囊沾有的疑似血迹、硬塑料沾有的疑似血迹、在肇事车辆内前窗玻璃提取的毛发均系被害人何某2所留，特别是作为现场目击证人的马某5的证言，证实了事故发生后被害人何某2系其从副驾驶位置抢救出来，上述证据相互印证、吻合，形成了完整的证据链条，排除了被害人何某2事故发生时驾驶该车的可能，被害人何某1又不懂驾驶技术，从而证实了被告人许某驾驶肇事车辆的事实。《道路交通安全法》第73条规定："公安机关交通管理部门应当根据交通事故现场勘验、检查、调查情况和有关的检验、鉴定结论，及时制作交通事故认定书，作为处理交通事故的证据。交通事故认定书应当载明交通事故的基本事实、成因和当事人的责任，并送达当事人。"交警队在事故发生后对该起事故进行了侦查取证，并依法对本次事故作出了《道路交通事故认定书》，认定被告人许某承担事故主要责任，附带民事诉讼被告人马某军承担事故次要责任，被害人何某2、何某1无责任，后交警支队对被告人许某家属的复议申请作出复核结论，维持《道路交通事故认定书》。该《道路交通事故认定书》对本次事故的基本事实认定清楚，但成因分析不准确、不客观，对陕西省长安大学机动车物证司法鉴定中心司法鉴定意见书认定两车事故发生前的速度在本事故中起到的作用未考虑，从而对事故责任划分有误。根据最高人民法院、公安部《关于处理道路交通事故案件有关问题的通知》[①] 第4条的规定，人民法院审理交通肇事刑事案件时，人民法院经审查认为公安机关所作出的责任认定、伤残评定确属不妥，则不予采信，以人民法院审理认定的案件事实作为定案的依据。据此，法院对该《道路交通事故认定书》不予采信。《道路交通安全法》第38条规定："车辆、行人应当按照交通信号通行；遇有交通警察现场指挥时，应当按照交通警察的指挥通行；在没有交通信号的道路上，应当在确保安全、畅通的原则下通行。"第42条规定："机动车上道路行驶，不得超过限速标志标明的最高时速。在没有限速标志的路段，应当保持安全车速。夜间行驶或者在容易发生危险的路段行驶，以及遇有沙尘、冰雹、雨、雪、雾、结冰等气象条件时，应当降低行驶速度。"《道路交通安全法实施条例》第45条第1款规定："机动车在道路上行驶不得超过限速标志、标线标明的速度。在没有限速标志、标线的道路上，机动车不得超过下列最高行驶速度：（一）没有道路中心线的道路，城市道路为每小时30公里，公路为每小时40公里；……"因被告人许某在事故发生时驾驶的"北京"小型普通客车以66千米/小时的时速与附带民事诉讼被告人马某军驾驶的"雷克萨斯"越野车以79千米/小时的时速通过西吉县兴隆镇围一路十字路口时均未减速、停车瞭望、保持安全车速，事故发生时该公路没有划分道路中心线，双方均违反了上述交通安全法规的相关规定。因此，根据法庭查明的事实，认为被告人许某与附带民事诉讼被告人马某军均应承担本次事故的同等责任，被害人何某2、何某1无责任。最高人民法院《关于审理交通肇事刑事案件具体应用法律若干问题的解释》第2条第1款规定："交通肇事具有下列情形之一的，处三年以下有期徒刑或者拘役：（一）死亡一人或者重伤三人以上，负事故全部或者主要责任的；……"根据该规定，本次交通事故虽造成被害人何某1死亡，但被告人许某承担事故的同等责任，根据法律规定，被告人许某不应承担交通肇事罪的刑事责任，故检察机关指控被告人许某犯交通肇事罪的证据不足，指控的罪名不能成立。被告人许某关于其无罪的辩解及其辩护人关于被告人许某不构成交通肇事罪的辩护意见，予以采纳，但被告人许某及其辩护人关于许某未驾驶"北京"小型

① 该通知现已废止。

普通客车的辩解及辩护意见与一审法院审理查明的事实不符，不予采信。判决：被告人许某无罪。

（三）二审裁判要旨

宁夏回族自治区西吉县人民检察院抗诉认为，一审法院认为被告人许某和附带民事诉讼被告人马某军在事故发生时驾驶机动车辆通过没有划分道路中心线的十字路口时，双方均未减速、停车瞭望、保持安全车速通过，认定许某和马某军二人承担此次事故的同等责任，从而认定被告人许某无罪，一审法院判决错误。

关于抗诉机关宁夏回族自治区西吉县人民检察院的抗诉理由，经查，原审被告人许某在事故发生时驾驶的“北京”小型普通客车以66千米/小时的时速与原审附带民事诉讼被告人马某军驾驶的“雷克萨斯”越野车以79千米/小时的时速通过西吉县兴隆镇围一路十字路口时均未减速慢行、保持安全车速，事故发生时该公路没有划分道路中心线，双方均违反了交通安全法规的相关规定，原审被告人许某与原审附带民事诉讼被告人马某军均应承担本次事故的同等责任，据此原审被告人许某依法不构成交通肇事罪，检察机关的抗诉理由不能成立。

宁夏回族自治区固原市中级人民法院二审审理认为，原审被告人许某驾驶车辆发生交通事故，虽然造成一人死亡，但因原审被告人许某在此次事故中承担事故的同等责任，故原审被告人许某的行为不构成交通肇事罪，检察机关指控原审被告人许某犯交通肇事罪的公诉意见不成立。故原判认定事实清楚，证据确实、充分，适用法律正确，处理适当，审判程序合法。依照《刑事诉讼法》的规定，裁定驳回抗诉、上诉，维持原判。

（四）再审裁判要旨

宁夏回族自治区人民检察院抗诉认为，原判认定原审被告人许某和马某军承担事故同等责任缺乏法律依据，判决原审被告人许某无罪错误。

宁夏回族自治区人民检察院出庭检察员意见如下：原判认定原审许某和马某军承担事故的同等责任，不构成交通肇事罪，系裁判错误。

原审被告人许某及其辩护人意见如下：《道路交通事故认定书》中的事

故责任认定是错误的，原审法院改判双方负同等责任适用法律正确；原审法院认定许某驾驶车辆的证据严重不足；原审法院认定许某负同等责任，刑事附带民事部分判决正确。

再审庭审中，原审被告人许某向法庭提交了涉案车辆受损后的三张照片，欲以此证明该车在发生交通事故后主驾左侧车门从未打开过，自己不可能从左侧车门出来，涉案车辆不是由其驾驶。经庭审质证和审查，这三张照片系单方拍摄，无法确认其真实性，故不予采信。

再审法院再审认为，原判认定原审被告人许某驾驶车辆发生交通事故，造成一人死亡，许某承担本次事故的同等责任并无不当，判决原审被告人许某无罪正确。

关于检察机关抗诉提出“原判认定原审被告人许某和马某军承担事故同等责任缺乏法律依据，判决原审被告人许某无罪错误”的意见。经查，许某驾驶的“北京”小型普通客车以66千米/小时与马某军驾驶的“雷克萨斯”越野车以79千米/小时的时速通过西吉县兴隆镇围一路十字路口时发生相撞。根据《道路交通安全法实施条例》第45条“机动车在道路上行驶不得超过限速标志、标线标明的速度。在没有限速标志、标线的道路上，机动车不得超过下列最高行驶速度：（一）没有道路中心线的道路，城市道路为每小时30公里，公路为每小时40公里；……”的规定，许某和马某军驾驶的车辆均没有遵守该交通规定，存在超速行驶的情形。另外，根据《道路交通安全法实施条例》第52条第2项的规定，机动车在通过没有交通信号灯控制也没有交通警察指挥的岔路口，没有交通标志、标线控制的，在进入路口前停车瞭望，让右方道路的来车先行。本案中，许某驾驶的车辆是沿西吉县兴隆镇围一路由南向北行驶，马某军驾驶的车辆由东向西行驶，双方车辆行驶至十字路口时均没有遵守有关以安全车速行驶和停车瞭望的规定，致使发生交通事故。在此情况下，对于许某和马某军的交通事故责任认定，主要应考虑双方车辆的行驶速度和是否遵守了有关停车瞭望的规定，不能仅以许某驾驶的车辆没有让右方道路马某军驾驶的车辆先行，就加重许某承担的事故责任。原判结合本案证据情况，经综合分析判断，认定许某在本次交通事故中承担同等责任并无不当，判决结果正确。检察机关的抗诉理由不能成立。原审被告人许某及其辩护人的部分辩解及辩护意见成立。裁定如下：驳回抗诉，维持宁夏回族自治区固原市中级人民法院（2015）固刑终字第94号刑事附带民事裁定和宁夏回族自治区西吉县人民法院（2015）西刑初字第60号刑事附带民事判决。

二、袁某一审无罪案

（2018）赣0302刑初383号

（一）核心要点

1. 受害人驾驶摩托车驶入他人行驶的车道内后，从他人车辆右侧超车、搭载两名不满12周岁且未戴头盔的未成年人的行为，与事故发生的结果存在较大的因果关系，应当负事故的主要责任。

2. 被告人未确保安全驾驶、文明驾驶承担次要责任。

3.《道路交通事故认定书》未全面分析事故发生原因，未根据事故当事人的行为对发生交通事故所起的作用以及过错的严重程度，确定当事人的责任，对该《道路交通事故认定书》不应采信。

（二）裁判要旨

法院认为，被告人袁某违反《道路交通安全法》第22条第1款的规定，在驾驶机动车时疏于观察，未履行安全驾驶、文明驾驶的义务，与事故结果的发生有一定的因果关系，应当负事故的次要责任。被害人易某5违反《道路交通安全法实施条例》第44条第1款“在道路同方向划有2条以上机动车道的，左侧为快速车道，右侧为慢速车道……摩托车应当在最右侧车道行驶。有交通标志标明行驶速度的，按照标明的行驶速度行驶。慢速车道内的机动车超越前车时，可以借用快速车道行驶”，第55条关于摩托车后座不得乘坐未满12岁的未成年人，以及《道路交通安全法》第51条关于摩托车驾驶人及乘坐人员应当按规定戴安全头盔之规定，驶入他人行驶的车道内后从他人车辆右侧超车、搭载两名不满12周岁且未戴头盔的未成年人的行为，与事故发生的结果存在较大的因果关系，应当负事故的主要责任。萍乡市公安局交通警察支队开发大队所作《道路交通事故认定书》，未全面分析事故发生原因，未根据事故当事人的行为对发生交通事故所起的作用以及过错的严重程度确定当事人的责任，对该《道路交通事故认定书》不应采信。《刑法》第133条规定，违反交通运输管理法规，因而发生重大事故，致人重伤、死亡或者使公私财产遭受重大损失的，处三年以下有期徒刑或拘役；交通运输肇事后逃逸或者有其他特别恶劣情节的，处三年以上七年以下有期徒刑；因逃逸致人死亡的，处七年以上有期徒刑。最高人民法院《关于审理交通肇事刑事案件具体应用法律若干问题的解释》第2条第1款规定："交通肇事具有下列情形之一的，处三年以下有期徒刑或者拘役：（一）死亡一人或者重伤三人以上，负事故全部或者主要责任的；……"根据本案事实及上述法律规定，被告人袁某的行为不构成交通肇事罪。检察机关指控罪名不能成立。

关于被告人袁某及辩护人提出《道路交通事故认定书》未送达给被告人、程序违法的问题。因法院对《道路交通事故认定书》并未采纳，该问题并不影响本案事实的认定及案件结果的处理，但对于涉案执法行为是否合法，法院有必要断明，以规范执法行为。经查，袁某于2018年6月19日被萍乡市公安局开发区分局刑事拘留，萍乡市公安局交通警察支队开发大队于2018年6月22日作出《道路交通事故认定书》，6月26日送达给袁某的妹妹袁某乙。鉴于当时袁某被羁押于萍乡市看守所，袁某乙客观上并不能将该《道路交通事故认定书》交给袁某，萍乡市公安局交通警察支队开发大队在能够直接送达给袁某本人的情形下而不送达，该行为违反《道路交通安全法》第73条"交通事故认定书应当载明交通事故的基本事实、成因和当事人的责任，并送达当事人"之规定，造成袁某丧失了对《道路交通事故认定书》申请复核的权利，系程序违法。

经法院审判委员会讨论决定，判决如下：被告人袁某无罪。

三、朱某龙交通肇事一审无罪案

（2017）青0123刑初73号

（一）核心要点

1. 事发路段最高限速无法确定，事故形成的原因分析不到位，对事故双方的违法行为与交通事故之间存在的因果关系及作用大小等问题未进行分析论证，达不到证据的客观性证明标准，对《道路交通事故认定书》不予采信。

2. 部分证据来源不明，证据之间不能形成完整证据链条，未能完整、客观地反映案件的基本事实，法院应恪守证据裁判规则，依法作出证据不足、事实不清的判决，认定不成立犯罪。

（二）裁判要旨

法院认为，检察机关指控被告人朱某龙违反交通运输管理法规，驾驶机动车造成一人死亡的重大交通事故，其行为已构成交通肇事罪。但是，经审理并对全案证据进行综合性审查，本案中定罪的关键性证据《道路交通事故认定书》认定的事实不清，事故形成的原因分析不到位。一方面，事发当时事发地限速牌标示的限速为30千米/小时还是60千米/小时并未明确。检察机关针对该问题出示了两份情况说明，并当庭提交了照片4张，但公诉人出示的侦查卷宗中的限速牌照片、庭审中补充提交的限速牌照片及情况说明存在前后矛盾之处，补充提交的照片来源和拍照时间不明，故事发之时事发路段的最高限速无法确定。因此，死者贾某所驾驶车辆超速的具体情况无法确定。另一方面，《道路交通事故认定书》中也未分析被告人朱某龙违反《道路交通安全法实施条例》的违法行为和贾某违反《道路交通安全法实施条例》的违法行为与此次交通事故之间存在的因果关系及作用大小，即对被告人驾驶油罐车在事发路段调头行驶时是否尽到了充分注意义务、油罐车超载3.9吨与事故的发生有无因果关系等问题未进行分析论证，达不到证据的客观性证明标准，故对该份《道路交通事故认定书》不予采信。全案的证据中，部分证据来源不明，证据之间不能形成完整证据链条，未能完整、客观地反映案件的基本事实，故应当恪守证据裁判规则，依法作出证据不足、事实不清、指控的犯罪不能成立的判决。综上，检察机关指控被告人朱某龙的犯罪事实及罪名，因事实不清、证据不足，不能成立。被告人朱某龙的辩护人对《道路交通事故认定书》的质疑，理由充分，在合理质疑的范围之内。但是，辩护人关于事发路段限速牌标识为30千米/小时，死者贾某驾驶的车辆事发时车速为80千米/小时以上，死者贾某系疲劳驾驶的意见，因未提交任何证据予以证明，故不予采纳。判决如下：被告人朱某龙无罪。

四、皮某一审无罪，二审检察院抗诉被驳回案

（2014）常刑一终字第65号

（一）核心要点

1. 超载与交通事故的发生不存在必然的因果关系。

2. 事故认定前，没有召集各方当事人到场，公开调查取得的证据，亦没有将相关鉴定意见告知被告人，剥夺了其申请重新鉴定和补充鉴定的权利。

3. 事故认定后，没有及时送达给被告人，程序违法，故该《道路交通事故认定书》不能作为定案依据。

（二）一审裁判要旨

原审法院认为，根据《刑法》第133条之规定，交通肇事罪，是指违反交通运输管理法规，因而发生重大事故，致人重伤、死亡或者使公私财产遭受重大损失的行为。本罪在客观方面必须具备三个要件：第一，在交通运输中实施了违反交通运输管理法规的行为；第二，必须发生重大事故，致人重伤、死亡或使公私财产遭受重大损失；第三，违反交通运输管理法规的行为与事故发生的结果之间具有因果关系。最高人民法院《关于审理交通肇事刑事案件具体应用法律若干问题的解释》规定，交通肇事具有死亡1人或者重伤3人以上，负事故全部或者主要责任的情形的，处3年以下有期徒刑或者拘役。本案交通事故致1人死亡，还需要被告人对事故的发生负事故全部或者主要责任方可构成交通肇事罪。《道路交通事故认定书》是交通肇事刑事案件中的主要证据之一。本案中，公安机关作出的《道路交通事故认定书》认定被告人皮某负事故的全部责任，其依据是被告人皮某违反了《道路交通安全法》第22条第1款“机动车驾驶人应当遵守道路交通安全法律、法规的规定，按照操作规范安全驾驶、文明驾驶”，第48条“机动车载物应当符合核定的载质量，严禁超载”，及《湖南省实施〈中华人民共和国道路交通安全法〉办法》“车辆进出道路，应当减速或者停车瞭望，让在道路内正常

行驶的车辆、行人优先通行”之规定。本案中，被告人皮某所驾驶的车辆确系超载，有称重单予以证明，违反了《道路交通安全法》第48条之规定，但超载与本案交通事故的发生不存在必然的因果关系。从公安机关、检察机关提供的现有证据来看，无证据证明被告人皮某有违反《道路交通安全法》第22条第1款、《湖南省实施〈中华人民共和国道路交通安全法〉办法》之规定的相关行为。另外，公安机关作出的《道路交通事故认定书》所依据的货车速度鉴定（32.07～36.57千米/小时）与常德市公安局交通警察支队事故预防和处理大队认定的货车在该路段转弯时不翻车的最大车速为21.9千米/小时的结论相违背，且该《道路交通事故认定书》所依据的事故车辆行驶速度鉴定、事故车辆痕迹鉴定、事故车辆技术状况鉴定、尸体检验报告书及该《道路交通事故认定书》均未直接送达被告人皮某本人，而是送达被告人皮某的亲属，其理由是被告人皮某在押或刑事拘留，而这并非无法直接送达给被告人的正当理由，侦查机关的行为违反了《道路交通安全法》第73条“公安机关交通管理部门应当根据交通事故现场勘验、检查、调查情况和有关的检验、鉴定结论，及时制作交通事故认定书，作为处理交通事故的证据。交通事故认定书应当载明交通事故的基本事实、成因和当事人的责任，并送达当事人”之规定，送达程序不合法。在本案审理过程中，常德市公安交通警察支队直属四大队作出的《道路交通事故认定书》认定被告人皮某负事故全部责任，而常德市公安局交通警察支队出具的建议及分析意见认为被告人皮某负事故的主要责任，鉴于上述《道路交通事故认定书》与两份意见的结论相互矛盾，且《道路交通事故认定书》送达程序不合法，故该《道路交通事故认定书》依法不能作为本案定案依据，不予采信。根据检察机关提供的现有证据，无法认定被告人皮某在本次事故中具有违反《道路交通事故认定书》中提到的相关规定的行为，无法得出被告人皮某在本次交通事故中应负事故主要以上责任的事故认定结论，检察机关指控的基本事实不清，基本证据不足，指控的犯罪不能成立。据此，原审依据《刑事诉讼法》的相关规定，判决：本案证据不足，检察机关指控的犯罪不能成立，被告人皮某无罪。

（三）二审抗诉

常德市武陵区人民检察院抗诉提出：（1）原审判决认为无法认定皮某有《道路交通事故认定书》中提到的超载、未让行行为，属事实认定错误。理由如下：①原审被告人皮某驾驶的货车超载的事实存在，原审判决认定超载与本案交通事故的发生不存在必然因果关系，系主观臆断；②原审被告人皮某驾驶车辆右转弯时，未依照法律规定让行同向直行车辆，是导致本次事故发生的直接原因。（2）原审判决认定无法得出被告人皮某应负事故主要以上责任的结论，系证据采信错误，理由如下：①常德市公安局交通警察支队直属四大队制作《道路交通事故认定书》证据形式合法、内容客观真实，原审判决不予采信于法无据；②常德市公安局交通警察支队出具的《对2011.12.12 交通事故认定的建议》及《关于 2011.12.12 交通事故的分析意见》在《刑事诉讼法》规定的证据范围之内，应当认定为证据，原审将其排除与法律规定相悖；③具有专门知识的人当庭说明皮某在事故中应负主要以上责任，原审判决未在判决书中对其证言进行论证分析，属遗漏关键证据。（3）原审判决宣告被告人皮某无罪，属适用法律错误。

（四）二审裁判要旨

经审理查明，2011 年 12 月 12 日 7 时 20 分许，原审被告人皮某驾驶超载（核定载重量为 1995 千克，超载 5405 千克）的中型自卸货车沿省道 306 线由南向北行驶至桃树岗村七组，开启右转向灯向右转弯准备驶入道路东侧一水泥管厂，被害人陈某驾驶两轮摩托车（系机动车）在货车后同向直行，中型自卸货车在转弯过程中与两轮摩托车相撞，造成被害人陈某被自卸货车碾压致死的重大事故。案发后原审被告人皮某打电话报案，并在事故现场等待。

另查明，案发现场位于常德市柳叶湖开发区白鹤山乡桃树岗村七组省道S306 线路段，该路段单向为一机动车道（宽 4 米）及一非机动车道（宽 1.5 米）。

二审法院认为，本案虽然造成了致一人死亡的严重后果，但根据检察机关提供的现有证据，无法认定原审被告人皮某应负本次事故的主要责任或全部责任，检察机关指控的犯罪不能成立，原审被告人皮某无罪。

常德市武陵区人民检察院抗诉提出原审判决认为无法认定皮某有《道路

交通事故认定书》中提到的超载、未让行行为，属事实认定错误。经查，关于超载行为，原审对于皮某驾驶车辆的超载行为已予以认定，但原审认为超载行为与事故发生不存在必然的因果关系不当，车辆超载会导致车辆制动和操作等安全性能下降，与本案的发生有一定因果关系；关于未让行行为，省道S306线同向仅有一条机动车道，在皮某驾驶的货车转弯前，货车在前，摩托车在后，摩托车应当与货车保持足以采取紧急制动措施的安全距离，且超车时应从车辆的左侧超车。因此，本案中摩托车不属于道路内正常行驶的车辆，货车并无法定让行义务。该抗诉理由部分成立，二审法院部分予以采纳。

常德市武陵区人民检察院抗诉提出原审判决认定无法得出被告人皮某应负事故主要以上责任的结论，系证据采信错误。经查，关于《道路交通事故认定书》，在程序上，常德市公安局交通警察支队直属四大队在制作《道路交通事故认定书》前，没有召集各方当事人到场，公开调查取得的证据，亦没有将相关鉴定意见告知原审被告人皮某，剥夺了其申请重新鉴定和补充鉴定的权利；在作出《道路交通事故认定书》后，没有及时送达给原审被告人皮某，程序违法；在责任划分上，该《道路交通事故认定书》未认定被害人陈某违反《道路交通安全法》第43条之规定，未与前车保持足以采取紧急制动措施的安全距离，及违反《道路交通安全法实施条例》第47条之规定，从货车的右侧超车等违法行为，责任划分不当，原审判决对其不予采信并无不当；关于常德市公安局交通警察支队出具的《对2011.12.12交通事故认定的建议》及《关于2011.12.12交通事故的分析意见》，该建议及分析意见在形式上不符合证据的形式要件，不属于《刑事诉讼法》规定的证据种类，在内容上与《道路交通事故认定书》相矛盾，原审对此不予采信并无不当；对于具有专门知识的人出庭作证的问题，具有专门知识的人参与法庭审理，针对鉴定意见发表意见，其自身并没有提出独立意见，具有专门知识的人的意见不是证人证言一类的证据，原审未将其意见列为证据并无不当。综上，原检察机关指控皮某应负事故主要责任的证据不足，原审判决认定无法得出皮某应负事故主要以上责任的结论并无不当，该抗诉理由不能成立，二审法院不予采纳。

常德市武陵区人民检察院还提出原审判决宣告被告人皮某无罪，属适用法律错误。经查，本案虽然造成致1人死亡的严重后果，但原审公诉机关未提供确实、充分的证据证明原审被告人皮某应负事故全部或者主要责任，故认定被告人有罪的证据不足，原审公诉机关指控的犯罪不能成立。原审法院依据相关法律宣告被告人皮某无罪并无不当。

综上，原判认定事实和适用法律正确，审判程序合法。裁定如下：驳回抗诉，维持原判。

五、刘某不构成肇事逃逸，法定无罪案

（2016）京0105刑初149号

（一）核心要点

1.《道路交通事故认定书》是刑事审判的证据之一，但不是确定罪与非罪的绝对标准。

2. 人民法院应结合其他证据，从刑事角度客观认定被告人的行为是否属于刑法规定的逃逸。

（二）裁判要旨

关于本案的定性，检察机关认为被告人刘某发生交通事故致一人重伤，且发生事故后逃逸，构成交通肇事罪。检察机关作出此认定所依据的规定为最高人民法院《关于审理交通肇事刑事案件具体应用法律若干问题的解释》第2条第2款，也就是交通肇事致一人以上重伤，负事故全部或主要责任，具有为逃避法律追究逃离事故现场的情形的，以交通肇事罪定罪处罚。法院认为，刘某发生交通事故致一人重伤，在排除了其他违法行为的情况下，认定其行为构成交通肇事罪，必须证明其符合“为逃避法律追究逃离事故现场”的情形。这一情形要求行为人在主观上系为了逃避法律追究，客观上逃离了事故现场，二者同时具备，而刘某的行为并不符合这一要求。

首先，在案证据不能证明刘某离开医院系为了逃避法律追究。刘某在事故发生后，及时将被害人送至医院进行救治，其在离开医院的时候让其母亲和妹夫在医院看护伤者。刘某称其离开医院系为了借钱，在案有证据证明其

确实在离开医院后向多人筹措了钱款，并于当日为伤者交付了6万元的费用，且刘某在被害人进行开颅手术时亦到医院进行探望。在刘某投案之前，被害人的家属与刘某之间能够保持畅通的联系。事实上，公安机关对刘某的身份完全掌握，刘某亦确系自己主动到公安机关投案，故不能据此认为刘某离开医院系为了逃避法律的追究。

其次，刘某从医院离开的行为不属于逃离事故现场。在发生交通事故后，刘某并未离开事故现场，而是及时停车，并在第一时间驾车带被害人到医院进行救治。医院不属于事故现场，在刘某以筹钱为名离开医院的情况下，也不能把医院认定为事故现场的延续。最高人民法院《关于审理交通肇事刑事案件具体应用法律若干问题的解释》对“逃离事故现场”和“逃逸”作出了区别规定。从条文来看，二者在主观方面的要求是一致的，都是为了逃避法律追究，而在客观上有所不同。“逃离事故现场”只限于从事故现场逃跑，而“逃逸”可以是各种逃跑行为，前者是后者的一种特定情形。交通肇事致一人重伤承担全部或者主要责任的，一般情况下不构成犯罪，最高人民法院《关于审理交通肇事刑事案件具体应用法律若干问题的解释》规定了对这种情况按犯罪处理的六种情形，“为逃避法律追究逃离事故现场”作为入罪条件之一，具有较高的条件要求，这种制度安排的目的在于避免肇事司机将受害人遗留于事故现场自己逃跑，从而导致受害人得不到及时救治。而“逃逸”作为在构成交通肇事罪的情况下加重处罚的情节，指代范围相对较广，包括但不限于“逃离事故现场”。鉴于此，法院认为，刘某将受害人送至医院，且由其亲属出面协助救治的情况，不属于逃离事故现场。

最后，公安机关交通管理部门在《道路交通事故认定书》中认定行为人有逃逸情节，不必然导致行为人构成交通肇事罪。对于交通肇事案件，公安机关交通管理部门均会根据交通运输管理法规对事故责任进行认定，出具《道路交通事故认定书》。《道路交通事故认定书》是刑事审判的证据之一，但不是确定罪与非罪的绝对标准。人民法院应结合其他证据，从刑事角度客观认定被告人的行为是否属于刑法规定的逃逸。从刑法角度判断是否逃逸，主要看行为人是否违反了肇事后应履行的基本义务，如保护现场、救治被害人及向公安机关报告等。本案中，刘某在驾车发生交通事故后立即停车并搭载伤者到医院进行救治，其虽然没有保护现场但目的是救治受害人，不能据此对其责难。其在将伤者送往医院后虽未主动向公安机关报告，但其让亲属留在医院配合工作，并无逃避责任的主观动机。综合分析，刘某的行为并未根本违背义务，不符合刑法中有关逃逸的规定。

综上，北京市朝阳区人民检察院关于被告人刘某犯交通肇事罪的指控不能成立。对辩护人的辩护意见，法院亦不予采纳。判决如下：被告人刘某无罪。

六、刘某某二审改判无罪案

（2015）乐刑终字第89号

（一）核心要点

1. 检测站不具有司法鉴定机构资质，其作出的检测结论不能采信。

2. 仅凭被告人的供述就作出被告人闯红灯的认定证据不足。现场没有目击证人，也没有监控设备，没有证据能够证实受害人的行车轨迹和行车时信号灯的情况，认定被告人没有让先放行的车辆通过，证据不足。

3. 根据口供的补强规则，补强证据不能与口供是同一来源，否则不能起到补强的作用。原审法院作为补强证据的《道路交通事故认定书》，其依据即为被告人的供述，违背了口供的补强规则。

（二）裁判要旨

一审判决刘某某犯交通肇事罪，判处有期徒刑1年，缓刑2年。

二审法院认为，本案的争议焦点是峨眉山市交警大队出具的《道路交通事故认定书》所依据的证据是否充分，责任划分是否恰当，二审法院是否予以采纳。《道路交通安全法》第73条规定，公安机关交通管理部门应当根据交通事故现场勘验、检查、调查情况和有关的检验、鉴定结论，及时制作《道路交通事故认定书》，作为处理交通事故的证据。因此，人民法院应按照《刑事诉讼法》及最高人民法院《关于适用〈中华人民共和国刑事诉讼法〉的解释》，就证据的真实性、关联性、合法性对《道路交通事故认定书》进行审查。

本案中，峨眉山市交警大队出具的《道路交通事故认定书》认定刘某某负全部责任的依据之一为刘某某在通过案发路段（斑马线）时未保持安全车速，违反了《道路交通安全法》第42条的规定，理由是从现场勘查情况来看，刘某某案发时的制动距离为29米，而案发后对刘某某车辆以30千米/小时作为初速度进行测量，发现其制动距离是8.1米，由此可知刘某某当时的车速非常快，并未保持安全车速。经查，案发现场没有摄像头和测速装置，无法直接测得车速，案发时亦没有目击证人，无法间接描述刘某某的车速。现有证据只有刘某某供述其当时的车速为60~70千米/小时。案发后，乐山市机动车辆安全技术检测站出具检测结论，对刘某某车辆以30千米/小时作为初速度进行测量，得出该车制动距离是8.1米。经查，根据2005年2月28日全国人民代表大会常务委员会《关于司法鉴定管理问题的决定》第9条的规定："在诉讼中，对本决定第二条所规定的鉴定事项发生争议，需要鉴定的，应当委托列入鉴定人名册的鉴定人进行鉴定……"由于乐山市机动车辆安全技术检测站没有载入《国家司法鉴定人和司法鉴定机构名册》，侦查机关提供的四川省公安厅交通管理局事故处发布的《四川省交通事故检验、鉴定、评估机构2006年度公告名册》为网上下载，且与上述规定相冲突，二审法院不予采信，故该检测站不具有司法鉴定机构资质，其作出的检测结论不能采信。因此，现有证据不能证实刘某某案发时的车速。《道路交通事故认定书》认定刘某某负全部责任的依据之二为刘某某的行为违反了《道路交通安全法实施条例》第38条第1款第3项"红灯亮时，禁止车辆通行"的规定，其理由为刘某某供述其驾驶货车进入斑马线时信号灯才转为绿灯，因此刘某某未按照信号指示灯的提示通行。经查，刘某某在其供述中对此有两种描述：一是"进入斑马线刚好变为绿灯"；二是"当走到人行道斑马线看见是绿灯"。仅凭刘某某的供述就作出刘某某闯红灯的认定，依据不足。《道路交通事故认定书》认定刘某某负全部责任的依据之三是刘某某的行为违反了《四川省〈中华人民共和国道路交通安全法〉实施办法》有关机动车通过有交通信号灯控制的交叉路口，遇放行信号时，应当让其他方向先被放行的车辆和行人优先通行的规定，刘某某没有让先放行的车辆通过。经查，因为现场没有目击证人，也没有监控设备，没有证据能够证实石某某的行车轨迹和行车时信号灯的情况，因此认定刘某某没有让先放行的车辆通过，证据不足。

另外，本案石某某所驾驶车辆究竟是机动车还是非机动车，经补充侦查仍未查清。如果为机动车，石某某应有相应的驾驶证及行驶证，如果为非机动车，石某某应走非机动车道并且下车推行。根据有关规定，该份《道路交通事故认定书》应当考虑以上因素。

综上，本案的《道路交通事故认定书》认定刘某某负事故全部责任的主要依据为刘某某的供述，其认定刘某某负事故全部责任所依据的证据不足，不应采纳。此外，根据口供的补强规则，补强证据不能与口供是同一来源，否则不能起到补强的作用。原审法院作为补强证据的《道路交通事故认定书》，其依据即为刘某某的供述，违背了口供的补强规则。检察机关所提供的证据不能达到证据确实充分的证明要求，指控刘某某犯交通肇事罪不能成立。上诉人刘某某提出的上诉理由及其辩护人提出的辩护意见成立，二审法院予以采纳。判决如下：

第一，撤销峨眉山市人民法院（2014）峨眉刑初字第212号刑事判决。

第二，上诉人（原审被告人）刘某某无罪。

七、郭某梅交通肇事案

（2018）赣0103刑初734号

（一）核心要点

1. 公安机关交通管理部门依据受其他客观因素影响的行车记录所作出的推论，不具备排他性，不能成立。

2. 不能充分证明被告人知道或者应当知道造成其车辆抖动的原因是碰撞挤压过行人，亦不能认定其是为了逃避法律追究而离开案发现场，故被告人驾车离开现场，不属交通肇事后逃逸。

3. 被害人进入禁止行人通过的沿江快速路，并在沿江快速路涵桥下坐卧于中间机动车道，该行为是造成此次事故的重要因素，故确定被告人与被害人负事故的同等责任。

（二）一审裁判要旨

法院认为，本案争议焦点有：（1）郭某梅驾驶的车辆是否与被害人万某接触？（2）如果发生接触，郭某梅交通肇事后驶离现场，是否构成肇事逃逸？公安机关交通管理部门以郭某梅交通事故后逃逸认定其负事故主要责任是否依据充分？

关于争议焦点1，分析如下：首先，根据死者死亡原因分析，被害人万某除小腿伤情外，其他部位主要伤情有右额部头皮裂创口并触及颅骨骨折，右上臂触及粉碎性骨折，胸部触及多发性肋骨骨折，左腕部触及粉碎性骨折，该伤情与郭某梅车辆底盘痕迹检验报告的擦灰痕具有高度吻合性。其次，现场勘查笔录、侦查实验、行车路线、行车时间、对监控视频中车辆经过时间、特征甄别与排查、证人证言等证据均能相互对应，相互印证，应予采信。最后，被告人郭某梅驾驶的车辆左侧叶子板底部残片脱落在事发现场附近，显然系车体受到剧烈撞击所致，这与被告人郭某梅经过事发路段感觉到车子有抖动的供述相互吻合。综上，法院对被告人郭某梅在沿江快速路上行驶，碰撞挤压躺卧于机动车道中央的行人万某导致其颅脑及胸腹腔脏器复合性损伤而死亡的事实予以确认。

被告人郭某梅及其辩护人认为掉落在事故现场的挡泥板及车辆左前方未检测出有效DNA及衣物纤维残留可以排除郭某梅驾驶的车辆与万某接触。因事发时在下大雨，且案发后该车辆在雨中长时间行驶，不排除经雨水长时间冲刷，无法提取有效DNA和衣物纤维残留的可能性，故未检测出有效DNA及衣物残留致使无法排除郭某梅车辆与万某接触的可能性。辩护人以万某身上未发现轮胎痕迹，遗体胸腹部表面不存在皮肤与皮下组织及肌肉分离及内脏破裂出血，而认为不能认定郭某梅的车辆碾压了万某。根据现场照片，事发时被害人穿有多件衣物，存在一定的缓冲，发生碰撞挤压后，并不必然在其身体上出现轮胎痕迹及导致皮肤与皮下组织及肌肉分离、内脏破裂出血现象。辩护人的该辩护意见与事实不符，不予采纳。

关于争议焦点2，最高人民法院《关于审理交通肇事刑事案件具体应用法律若干问题的解释》第3条中的“交通运输肇事后逃逸”，是指行为人具有该解释第2条第1款和第2款第1～5项规定的情形之一，在发生交通事故后，为逃避法律追究而逃跑的行为。在本案中，被告人郭某梅是否构成交通事故后逃逸，关键是其是否“知道”或者“应当知道”其驾车碰撞挤压了行人。被告人郭某梅对此始终予以否认，而交通事故责任认定技术分析报告说明，公安机关交通管理部门认为被告人郭某梅是“应当知道”交通事故后逃逸。其理由有二：一是报案人王某的行车记录仪显示，箱涵桥洞内，驾驶室内观察前方路况不受车窗雨水或对向远光灯影响，车辆在进入箱涵桥洞时就能看到中间车道上的躺地人员，其他证人均在笔录中反映进入桥洞就发现有人倒地，郭某梅也应当能够发现前方情况；二是被告人郭某梅在案发后存在规避常规行驶路线的可疑行为。对此，有以下两点需要注意：（1）证人王某的行车记录仪显示，其行驶时左前方有一辆同向行驶的厢式货车，其观察力和行车记录仪的记录均受到前方货车灯光的影响。而证人魏某称其经过案发桥洞时，“发现前方有一团漆黑的东西……直到第二天交警打电话给我，我才知道是个人”，证人洪某称其进入桥洞后，“看到前方路段有个障碍物……倒车回头一看才发现是个人”。二人的证词表明在案发时正常行驶进入没有照明设备的箱涵桥洞时，难以分辨中间车道上有人。故公安机关交通管理部门依据受其他客观因素影响的行车记录所作出的推论，不具备排他性，不能成立。（2）被告人郭某梅供述其在经过案发路段时车辆有异常抖动，但认为是路面颠簸，其对当日异常行驶路线的解释与道路施工等客观情况相符。被告人郭某梅在案发前后无可疑通信记录，证人黄某证实其在案发次日无异常表现；其在接到排查电话后亦立即赶往公安机关交通管理部门接受调查。综合全案证据，不能充分证明被告人郭某梅知道或者应当知道造成其车辆抖动的原因是碰撞挤压过行人，亦不能认定其是为了逃避法律追究而离开案发现场，故被告人郭某梅驾车离开现场，不属交通事故后逃逸。

被害人万某进入禁止行人通过的沿江快速路，并在沿江快速路朝阳洲路口箱涵桥下坐卧于中间机动车道，其行为是造成此次事故的重要因素。综上，南昌市公安局交通管理局直属二大队出具的《道路交通事故认定书》认定被告人郭某梅交通事故后逃逸，负事故主要责任的理由与依据并不充分。法院确定被告人郭某梅与被害人万某负事故的同等责任。根据最高人民法院《关于审理交通肇事刑事案件具体应用法律若干问题的解释》第 2 条第 1 款的规定，交通肇事致一人死亡的，还需同时具备负事故全部责任或者主要责任的条件，才构成交通肇事罪。如前所述，被告人郭某梅与被害人万某负事故的同等责任，根据上述最高人民法院《关于审理交通肇事刑事案件具体应用法律若干问题的解释》的规定，被告人郭某梅的行为不构成交通肇事罪，检察机关对被告人郭某梅构成交通肇事罪的指控不能成立，应宣告被告人郭某梅无罪。

经法院审判委员会讨论决定，判决如下：被告人郭某梅无罪。

八、吕某洲二审改判无罪，抗诉被驳案

（2017）苏03刑终354号、（2019）苏刑抗2号

（一）核心要点

1. 高速路上行驶速度不到60千米/小时、车身后部反光标识及防撞护栏不符合标准等多项违章，都不是造成事故的主要原因，其行为属于处于持续稳定运动状态、后方能够采取措施避让的被动型的一般过错行为。

2. 追尾事故的主要原因应当是后车疏于观察、操作不当，故后车应负事故主要责任。

（二）二审裁判要旨

1. 扬州大学机械工程学院出具的交通事故检验评估意见书不是严格意义上的鉴定文书，只是专家意见，没有加盖鉴定机构的印章，该机构亦不具有鉴定资质，不能作为鉴定意见使用。虽然后来对行驶速度问题已委托有司法鉴定资质的鉴定机构——淮安市淮工车辆检测研究所司法鉴定所重新鉴定，但公安机关认定事故责任的原始依据不足。

2. 认定吕某洲肇事后逃逸与事实不符。证人黄某1、杜某、李某3等人的证言可以证实案发时段吕某洲给车主黄某1打了几次电话，均未提到出事故，同时证实到了钢厂之后他人先发现吕某洲车的保险杠和车牌掉了，推测已发生事故，并说车牌都留在现场，跑是跑不掉，赶紧报警。进一步证实案发时吕某洲主观上不明知发生了交通事故而离开事故现场，公安机关交通管理部门认定其逃逸没有依据。

3. 后车驾驶员黄某2超载，疲劳驾驶，未保持安全车距，观察疏忽，操

作不当，撞击前方同方向车辆而造成追尾，应负事故的主要责任。

4. 吕某洲驾驶的车辆在事故发生时速度不到60千米/小时，车身后部反光标识及防撞护栏不符合标准等多项违章，均不是造成事故的主要原因，其行为属于处于持续稳定运动状态、后方能够采取措施避让的被动型的一般过错行为，在该起交通事故中起到次要作用，评价为同等责任不当，应评价为负事故次要责任。

综上，二审法院对公安机关交通管理部门作出的《道路交通事故认定书》的证明效力不予确认。上诉人吕某洲提出的其不应承担同等责任的上诉理由和辩护人提出的《道路交通事故认定书》认定吕某洲承担事故同等责任与事实不符，对方车辆驾驶人员黄某2有多项违法行为，应承担事故次要责任的辩护意见理由充分，二审法院予以采纳。

关于上诉人吕某洲提出的其当时车速不低于60千米/小时的上诉理由和辩护人提出的认定吕某洲驾驶的重型半挂牵引车低于60千米/小时证据不足，低于60千米/小时不违法的辩护意见。经查，淮安市淮工车辆检测研究所有限公司司法鉴定所具有交通事故痕迹鉴定资质，所鉴定出的车速与同行同类型车辆驾驶员的证言能够相互印证；《道路交通安全法实施条例》有关高速公路最低车速不得低于60公里/小时的规定系强制性规定，任何在高速公路上行驶的机动车均应遵守。故对上诉人及辩护人提出的以上意见二审法院不予采纳。

二审法院认为，上诉人吕某洲在本起事故中虽然存在行驶速度不到60千米/小时、车身后部反光标识及防撞护栏不符合标准等多项违章情形，但都不是造成事故的主要原因，本起追尾事故的主要原因应当是后车疏于观察、操作不当，故吕某洲应负事故次要责任。一审认定吕某洲犯交通肇事罪不当，应当宣告无罪。黄某2的损伤构成重伤二级，一审认定为轻伤二级错误，依法予以纠正。检察机关建议维持原判的意见不成立，二审法院不予采纳。判决如下：

第一，撤销江苏省新沂市人民法院（2016）苏0381刑初841号刑事判决。

第二，上诉人吕某洲无罪。

（三）再审要旨

江苏省高级人民法院再审认为，原审被告人吕某洲驾驶大货车被黄某2

驾驶的小客车追尾发生交通事故，致小客车内4人死亡，1人重伤，3人轻伤，二审判决认为吕某洲应负事故的次要责任，对其宣告无罪是正确的。

关于抗诉机关提出应当采信公安机关交通管理部门作出的《道路交通事故认定书》、二审判决认定吕某洲负次要责任证据不足、理由不充分和没有证据证实黄某2疲劳驾驶的抗诉意见。经查：（1）《道路交通事故认定书》载明："吕某洲的违法行为为：驾驶安全设施不全及机件不符合技术标准的机动车上高速公路行驶，且行驶速度低于高速公路标明最低时速，事故发生后逃逸，承担事故同等责任。黄某2的违法行为为：驾驶超过核定人数的机动车上高速公路行驶，观察疏忽，且操作不当，承担事故同等责任。"《道路交通事故认定书》认定吕某洲肇事后逃逸与事实不符，有证人黄某1、杜某、李某3等人的证言及报警记录等证据证实，发生交通事故后，吕某洲驾车驶离事故现场并非逃逸，对此，检方、辩方均无异议。虽然后来公安机关交通管理部门出具书面材料说明吕某洲有无逃逸情节不影响事故责任的划分，但逃逸作为交通事故的重要情节，被否定后对《道路交通事故认定书》的证明效力有一定影响。（2）公安机关依据扬州大学机械工程学院出具的交通事故检验评估意见书，对大货车行驶速度作出判断，进而作出《道路交通事故认定书》，因扬州大学机械工程学院不具备鉴定资质，故《道路交通事故认定书》中关于大货车行驶速度的原始依据不足。（3）被害人陈某、潘某均证实黄某3劳累一天，现场勘查笔录证实事故现场无小客车刹车痕迹，故二审判决认定黄某3疲劳驾驶并无不当。（4）本案是一起追尾事故，现有证据查明的双方违法行为为：吕某洲驾驶安全设施不全及机件不符合技术标准的大货车在事故发生时低速行驶。黄某3驾驶小客车超载、疲劳驾驶、未保持安全车距、疏于观察、操作不当。在责任划分上，造成本次事故的主要原因是黄某3的违法行为，应负事故的主要责任。吕某洲驾驶载重大货车在接近出口处提前减速，虽然反光标识有部分缺失，但因车辆处于向前运动状态，其过错属于后方能够采取措施避让的被动型的一般过错，对事故的发生起次要作用，应负事故次要责任。故二审判决不采纳《道路交通事故认定书》及认定吕某洲负事故的次要责任是正确的，抗诉机关的抗诉意见法院不予采纳，对辩护人提出的《道路交通事故认定书》责任划分错误的辩护意见予以采纳。

关于原审被告人吕某洲否认低速行驶的辩解及辩护人提出认定低速行驶证据不足，即使存在也不应认定违法的辩护意见。经查，淮安市淮工车辆检测研究所司法鉴定所经鉴定，事故发生时大货车的行驶速度约为40千米/小时，该鉴定意见系有鉴定资质的机构依法定程序作出，合法有效。《道路交通安全法实施条例》第78条第1款规定有关高速公路最低车速不得低于60千米/小时的规定系行政法规的强制性规定，任何在高速公路上行驶的机动车违反该规定即为违法。该辩解及辩护意见法院不予采纳。

综上所述，原二审判决认定事实清楚，证据确实、充分，适用法律正确，应予维持。抗诉机关的抗诉意见不能成立，法院不予采纳。对吕某洲提出的二审判决其无罪是正确的意见予以采纳。经法院审判委员会讨论决定，裁定如下：驳回抗诉，维持江苏省徐州市中级人民法院（2017）苏03刑终354号刑事判决。

后吕某洲申请国家赔偿，获赔20余万元。

九、李某伟交通肇事无罪案

（2018）云0925刑初105号

（一）核心要点

1. 在没有其他证据证实被告人明知发生交通事故而为逃避法律追究逃离现场的情况下，以现有证据来推断被告人具有逃逸行为不能排除合理怀疑，甚至可得出两种完全相反的结论。

2. 被告人在岔路口临时停车，被害人驾驶摩托车追尾后死亡，现有证据无法证实被告人在岔路口临时停车的行为需承担事故的主要责任。根据“疑罪从无”的原则，应宣告被告人无罪。

（二）裁判要旨

经审查全案的事实和证据，法院综合评判如下。

1. 被告人是否有逃逸行为

公安机关交通管理部门作出的《道路交通事故认定书》认定了被告人李

某伟逃逸，检察机关未认定《道路交通事故认定书》中认定的李某伟的逃逸行为，却采纳了《道路交通事故认定书》中依据李某伟逃逸等相关行为而认定其负主要责任的结论，为逻辑错误。

关于被告人李某伟是否有逃逸情节，需有证据证实在交通事故发生时被告人是否知情，而本案中相关的直接证据只有被告人的供述。被告人在侦查阶段的供述与在庭审中的供述均称在发生事故时其并不知道摩托车撞在自己车上。被告人关于车尾部泥土痕迹如何形成的供述有一些细节上的出入。其在公安机关供述："我接到交警大队民警的电话，要我看一下挂车尾部左侧防撞杆有没有碰撞痕迹，我看到有碰撞痕迹之后，是我再用泥土覆盖上去的。"其当庭供述："防护栏上的泥巴是下雨时溅上去溅到的，我到景谷时，交警给我打电话说有可能有车撞在我的车尾上，防护栏上本来就有泥巴了，交警让我看一下有没有碰撞的痕迹，我就用手擦了一下。"根据被告人供述，其是在接到民警电话后，查看车辆尾部时才发现有碰撞后留下的剐痕，无论是通过被告人发现有剐痕后是刻意用泥土覆盖还是擦开泥土查看故而形成了擦拭痕迹都不能推断出事故发生时被告人已知情。发生事故当天下过雨，被告人关于车辆行驶过程中有泥土溅到防护栏的辩解具有合理性。从查获车辆的照片及视频看，不能判断出泥土覆盖的痕迹是否有明显的人为特征，不能直接证实泥土痕迹是被告人覆盖上去的。另外，关于车尾灯如何损坏的相关证据也有一些细节上的差异。被告人供述称："我接到双江县公安局交警大队民警的电话，对方问我的左尾灯是否损坏，当时我说是在广东损坏的，也撞到过，也损坏了一点，我认为我的左尾灯不是这次事故撞到的，当时我不能接受，后面到双江县后，带着我去看，看到遮阴网还有油漆，我就觉得是我的车发生了事故。"根据公安机关对证人李某的询问笔录，办案民警询问李某："在做笔录之前，和你交谈中你说尾灯是在广州就损坏了，为何在询问你时你说你不知道？"李某答："我就是记不得了。"被告人车辆尾灯是否确实在事故发生前就损坏过无法查实，故该证据也无法直接证实被告人为逃避法律追究而隐瞒尾灯如何损坏的事实。办案机关在事发后找被告人调查时，其积极配合调查，发定位给民警等待民警查看车辆，对驾车经过案发地、驾车路线及看到摩托车和人倒在路上的事实均能全面、如实供述，并未为逃避责任而一概否认。

法院对查明的以下证据进行了如下分析：事故发生时是5：40许，当时正在下雨，驾车人的视线及对声音的辨别会受到影响；被告人的车辆为重型半挂牵引车，杞某驾驶的摩托车撞到李某伟驾驶的车辆尾部左侧，现有证据无法证实撞击力度是多大，驾驶室内的驾驶员是否能感知；从现场照片来看，摩托车挡位为五挡，摩托车倒地后（杞某摔落）在地面留有15.7米的剐擦痕迹，摩托车车速较快的可能性较大；被告人驾驶的车辆投保了机动车交通事故责任强制保险和商业第三者责任险。结合上述证据，再结合被告人关于其车辆停止但未熄火、车辆长17.5米、货物约重十六七吨的供述，被告人提出的根本不知道摩托车撞在自己车尾左侧、如果知道没有必要逃跑的辩解意见及辩护人提出的相关辩护意见，具有可信性。本案在没有其他证据证实被告人明知发生交通事故而为逃避法律追究逃离现场的情况下，以现有证据来推断被告人具有逃逸行为不能排除合理怀疑，甚至可得出两种完全相反的结论。

所以，《道路交通事故认定书》认定被告人具有逃逸行为事实不清、证据不足。

2. 对《道路交通事故认定书》是否采纳

在公安机关交通管理部门对本案作出的《道路交通事故认定书》中，对当事人导致交通事故的过错及责任或者意外原因认定如下：（1）当事人李某伟驾驶机动车上道路行驶，在岔路口停车且在其发生交通事故后驾车逃逸，致现场部分证据灭失。（2）当事人杞某驾驶二轮摩托车上道路行驶，在行经岔路口处时未充分观察道路上其他车辆的停放情况且保持安全车速通行，其行为与此事故的发生有着直接的因果关系。综上所述，当事人李某伟在发生交通事故后驾车逃离事故现场，致使证据灭失；当事人杞某存在与事故的发生有直接因果关系的违法行为。根据《道路交通安全法实施条例》第92条第1款之规定，认定李某伟承担此事故的主要责任，杞某承担此事故的次要责任。经法院审查，《道路交通安全法实施条例》第92条第1款规定：“发生交通事故后当事人逃逸的，逃逸的当事人承担全部责任。但是，有证据证明对方当事人也有过错的，可以减轻责任。”根据查明的事实和证据进行分析，被害人杞某在驾驶二轮摩托车的过程中未尽安全注意义务，未能在确保安全畅通的原则下通行，是导致交通事故的原因之一；被告人李某伟在岔路口停车也是导致事故发生的原因之一。经查，公安机关交通管理部门的《道路交通事故认定书》依据《道路交通安全法实施条例》第92条第1款认定李某伟负事故主要责任的理由是李某伟交通肇事后逃逸，但根据上文分析，公安机关交通管理部门认定李某伟逃逸证据不足，故而该《道路交通事故认定书》认定被告人承担主要责任事实不清、证据不足，法院对此认定书不予采纳。

3. 被告人的行为是否构成交通肇事罪

根据最高人民法院《关于审理交通肇事刑事案件具体应用法律若干问题的解释》第2条第1款的相关规定，死亡1人或者重伤3人以上，负事故全部或者主要责任的构成交通肇事罪。该司法解释第5条第1款还规定，因逃逸致人死亡，是指行为人在交通肇事后为逃避法律追究而逃跑，致使被害人因得不到救助而死亡的情形。这是交通肇事罪的情节加重犯。本案中，现有证据无法证实被告人李某伟逃逸。被告人李某伟在岔路口临时停车，被害人杞某驾驶摩托车追尾后死亡，现有证据无法证实李某伟在岔路口临时停车的行为需承担事故的主要责任。故虽然本案造成了被害人杞某死亡的严重后果，被告人李某伟也有在岔路口临时停车的违法行为，但现有证据不足以证实被告人李某伟有逃逸行为，且被告人李某伟是否负主要责任存疑，不符合交通肇事罪的构成要件。根据“疑罪从无”的原则，应宣告被告人无罪。

综上所述，法院认为，被告人李某伟在岔路口临时停车，妨碍其他车辆和行人通行，发生一人死亡的交通事故，但现有证据不足以证实被告人李某伟对事故的发生应负有主要责任或全部责任。因此，对被害人杞某的死亡，被告人李某伟不承担刑事责任，其行为不构成交通肇事罪。检察机关指控证据不足、指控的犯罪不能成立，法院不予支持。判决如下：被告人李某伟无罪。

十、万某田交通肇事案

（2019）湘0521刑初590号

（一）核心要点

1. 交通肇事后的“逃逸”属于加重处罚情节，不是法定的主要定罪条件，不能将“逃逸”作为划分交通事故刑事责任的依据。

2. 不考虑逃逸情节，应认定双方负事故同等责任。在同等责任的情况下，须造成3人以上死亡结果才能构成犯罪，被告人造成2人死亡，不构成交通肇事罪。

（二）裁判要旨

法院认为，根据《刑法》第133条、最高人民法院《关于审理交通肇事刑事案件具体应用法律若干问题的解释》第2条的规定，符合下列四类情形之一的，才可以交通肇事罪定罪处罚：（1）交通肇事导致死亡1人或者重伤3人以上，负事故全部或者主要责任的；（2）死亡3人以上，负事故同等责任的；（3）造成公共财产或者他人财产直接损失，负事故全部或者主要责任，无能力赔偿数额在30万元以上的；（4）交通肇事致1人以上重伤，负事故全部或者主要责任，且具有酒后或吸食毒品后驾车、无驾驶资格驾车、明知是安全装置不全或者安全机件失灵的机动车辆而驾驶的、明知是无牌证或者已报废的机动车辆而驾驶的、严重超载驾驶的、为逃避法律追究逃离事故现场等6种情节之一的。经查，被告人万某田造成交通事故，导致2人死亡，1人受伤。虽然邵东大队出具的《道路交通事故认定书》认定万某田负事故主要责任，但《道路交通事故认定书》将“逃逸”作为划分责任的理由之一，于法律上不妥。结合《刑法》第133条和最高人民法院《关于审理交通肇事刑事案件具体应用法律若干问题的解释》的规定，交通肇事后的“逃逸”属于加重处罚情节，不是法定的主要定罪条件，故不能将“逃逸”作为划分交通事故刑事责任的依据。虽然最高人民法院《关于审理交通肇事刑事案件具体应用法律若干问题的解释》第2条第2款做了适当的扩张解释，将“逃逸”作为“交通肇事致一人以上重伤，负事故全部或者主要责任”时附加的六种入罪条件之一，但不是法定的最基本的定罪条件，法定的基本定罪条件首先是要符合“负事故全部或者主要责任”，如果不是负事故全部或者主要责任，即使有“逃逸”，也不能认定为交通肇事罪。同时，作出《道路交通事故认定书》的邵东大队在回复检察机关的函中表示：不考虑逃逸情节，应认定双方负事故同等责任。此时被告人万某田负同等责任，而在同等责任的情况下，须造成3人以上死亡结果才能构成犯罪，被告人万某田的行为造成2人死亡，不符合该条件，故被告人万某田不构成交通肇事罪。虽然检察机关在第二次开庭审理时提交的五位现任职于湖南省高速交警部门的具有交通事故处理高级资格证的干警作出的关于S80衡邵高速“2018.2.20”道路交通事故有关技术性问题审查意见书认为：“在不考虑本次事故逃逸情节的前提下，根据《道路交通安全法》第91条的规定，被告人万某田也应负事故主要责任，小车方应负事故次要责任，邵东大队原‘假设万某田不存在逃逸情节，本次事故可考虑双方当事人负此次事故的同等责任’的答复意见不当。”但是，该技术性审查意见不属于中介机构所作出的鉴定意见，不符合证据的客观性、关联性、合法性，也不是法定证据，不能作为认定被告人万某田构成犯罪的证据，故不能作为证据采信。因被告人万某田的行为不符合《刑法》第133条和最高人民法院《关于审理交通肇事刑事案件具体应用法律若干问题的解释》所规定的交通肇事罪的构成要件，依据法律规定，应当认定被告人万某田无罪。对检察机关对被告人万某田犯交通肇事罪的指控，法院不予支持。对被告人万某田及其辩护人辩称不构成交通肇事罪的意见，法院予以采纳。综上所述，依照《刑事诉讼法》及最高人民法院《关于适用〈中华人民共和国刑事诉讼法〉的解释》的相关规定，并经法院审判委员会讨论决定，判决如下：被告人万某田无罪。

十一、张某沛交通肇事案

(2018）苏0322刑初659号

（一）核心要点

1. 检察机关未当庭出示证据证实被告人在侦查阶段的供述取证程序的合法性，被告人在侦查阶段的供述，依法应当予以排除。

2. 在侦查员对事故现场图作出重要修改的情况下，未对原《道路交通事故认定书》的事项及结论进行相关变更。

3. 《道路交通事故认定书》制作程序违法，不能作出合理解释，且未对事故对方是否酒驾、毒驾及所驾驶车辆的制动系是否正常等影响本案双方责任的重要情节进行鉴定即认定刘某乙无责任，被告人全责，事实不清，理由不能成立，该《道路交通事故认定书》不应作为定案证据。

（二）裁判要旨

对检察机关指控的事实及当庭出示的证据、被告人张某沛及其辩护人的辩解、辩护意见，法院综合评判如下。

1. 关于被告人张某沛的供述是否采信作为定案证据

被告人张某沛及其辩护人辩称：给被告人张某沛在侦查阶段做笔录时只有侦查员李某一人在现场，程序不合法。

检察机关未出示讯问同步录音录像佐证被告人张某沛在沛县公安局交通巡警大队事故科以及沛县公安局办案中心、沛县看守所供述笔录取证程序的合法性。且2019年5月5日，法院向沛县公安局法制科送达书面出庭通知书，通知侦查员李某、李某龙出庭作证，5月16日开庭时侦查员李某龙未出庭。综上，检察机关未当庭出示证据证实被告人张某沛在侦查阶段的供述取证程序的合法性，所以被告人张某沛在侦查阶段的供述依法应当予以排除。被告人张某沛及其辩护人提请排除被告人张某沛在侦查阶段的供述的理由成立，法院予以采纳。

被告人张某沛在批捕阶段的供述笔录与在审查起诉阶段的供述笔录中关于是到蔡楼北桥路口直接拐弯还是沿最右侧车道行驶一段时间准备右转存在矛盾，被告人张某沛在两次庭审中均供述其是在最右侧车道行驶一段时间后被刘某乙驾驶的电动三轮车追尾，应当采信与被告人张某沛在庭审中供述相印证的其在审查起诉阶段的供述作为本案证据。

2. 关于证人崔某的证言是否采信作为定案证据

（1）证人崔某在侦查阶段的证言证实其坐在刘某乙驾驶的电动三轮车西边，脸朝东，庭审中陈述其坐在电动三轮车西南脸朝北，存在矛盾。

（2）证人崔某的证言“刘某乙将近十点到我家，我正准备吃饭，刘某乙还喝了我家一勺稀饭，我们没有吃午饭，准备回家吃”与刘某乙入院记录“发病以后进食大量食物”以及出庭法医汪某的证言“胃内食物6小时就会溶解完毕，刘某乙9点吃早饭，一上午未进食，到事故发生时胃内一般不会出现食物。如果胃内有大量食物，进食时间应该在死亡前一个小时左右”、证人郭某的证言“其查看刘某乙的CT报告，刘某乙胃内有中等量的食物，有胀气，正常胃内排空是6~8小时左右”相矛盾。

证人崔某在侦查阶段的证言与庭审中的证言互相矛盾，且涉嫌隐瞒刘某乙中午进食的重要事实，不应采信作为定案依据。辩护人提出“证人崔某作伪证，其证言不应采信作为定案证据”的意见成立，法院予以采纳。

3. 关于《道路交通事故认定书》是否可以作为定案证据

（1）侦查员李某龙经法院书面通知，未出庭作证，检察机关未提供证据证实侦查员李某龙参与了该案的办理，该《道路交通事故认定书》不符合书证制作程序的相关规定，且在侦查员李某对事故现场图作出重要修改的情况下，未对原《道路交通事故认定书》的事项及结论进行相关变更。

（2）在被告人张某沛提出对刘某乙进行血液酒精含量鉴定的情况下，该《道路交通事故认定书》在未对刘某乙是否涉嫌酒驾、毒驾等进行鉴定，亦未对刘某乙所驾驶的车辆进行安全性能鉴定，即认定刘某乙在本次事故中无责任。根据《道路交通安全法》第21条、第22条的规定，是否酒驾、毒驾，所驾驶车辆是否符合安全性能要求，会影响本案双方当事人责任的认定。

（3）从侦查机关绘制的现场图、拍摄的现场照片来看，被告人张某沛驾驶的三轮汽车与刘某乙驾驶的电动三轮车在同一车道内，被告人张某沛的三轮汽车在前，刘某乙驾驶的电动三轮车在后。撞击点为三轮车右后角。

综上，该《道路交通事故认定书》制作程序违法，对此也没有合理解释，且未对刘某乙是否酒驾、毒驾及刘某乙所驾驶车辆的刹车等制动系是否正常等进行鉴定即认定刘某乙在事故中无责任，被告人张某沛负事故全部责任的事实不清，理由不能成立，该《道路交通事故认定书》不应采信作为定案证据。

4. 关于被告人张某沛在本次事故中所负的责任

现有证据无法认定被告人张某沛在本次事故中负主要以上责任。

法院认为，检察机关指控被告人张某沛犯交通肇事罪事实不清，证据不足，指控的犯罪不能成立，法院不予支持。判决如下：被告人张某沛无罪。

十二、余某某交通肇事二审改判无罪案

（2016）粤15刑终32号

（一）核心要点

1. 既有证据不足以证实被告人主观上明知其所驾车辆发生了交通事故，为逃避法律追究而驾车逃跑，被告人的行为不构成交通运输肇事后逃逸。

2. 上级公安机关交通管理部门在受理被害人亲属对《道路交通事故认定书》的复核申请后，没有书面通知被告，违反了《交通事故处理程序规定》关于公安机关交通管理部门受理复核申请的、应当书面通知各方当事人的规定，剥夺了被告人提出意见的权利。

3. 公安机关交通管理部门重新认定时，没有召集双方当事人到场，公开调查取得的证据，重新作出的《道路交通事故认定书》并没有采用新的事实和证据，根据现有证据，仅能认定被告人承担同等责任，公安机关交通管理部门重新认定程序违法，责任认定不当，不能作为定案证据使用。

（二）裁判要旨

关于上诉人余某某的行为是否构成交通肇事逃逸的问题。经查，根据在案的现场勘查笔录、鉴定意见及证人林某、张某的证言，可证实本案交通事故系田某无驾驶证驾驶无号牌二轮摩托车沿G324国道从汕头往广州方向行驶，当摩托车行至国道G324线645千米加780米处时摩托车向左前方摔倒，摩托车及田某在滑至对向车道时被迎面而来的由上诉人余某某驾驶的重型半挂牵引车牵引的重型厢式半挂车左后轮碰撞而引起，田某因碰撞致颅脑损伤、多发性骨折、出血而当场死亡，二轮摩托车前轮被碾压损坏。上诉人余某某在事故发生后，驾驶车辆继续前行，在被民警拦下后，得知其驾驶的货车发生交通事故时，其表情惊愕，并表示愿意配合调查。

陆丰市公安局交通警察大队于2013年12月25日作出《道路交通事故认定书》，认定田某无驾驶证驾驶无号牌二轮摩托车没有在确保安全、畅通的原则下通行，其行为违反了《道路交通安全法》第8条、第19条第1款、第38条之规定，承担同等责任。余某某没有在确保安全、畅通的原则下通行，

其行为违反了《道路交通安全法》第38条之规定，承担同等责任。该《道路交通事故认定书》程序合法，案件事实清楚，证据确实充分，适用法律正确，责任划分公正，对事故双方的责任进行了适当的划分认定，应当作为定案依据。

本案事故于19时38分许发生，天色较暗，事发时路面没有路灯，田某驾驶二轮摩托车行至国道G324线645千米加780米处时，摩托车遇到异样情况失控跑偏向左前方摔倒，摩托车及田某在滑至对向车道时被迎面而来的由上诉人余某某驾驶的重型半挂牵引车牵引的重型厢式半挂车左后轮碰撞，上诉人余某某所驾驶的是重型厢式半挂车，车上载有货物，整车长19米多，上诉人余某某辩解其当时是正常行驶，并未发现与其他车辆发生交通事故，目击证人林某的证言证实田某驾驶的摩托车摔倒在地后撞向余某某驾驶的货柜车的左后轮，证人张某证实上诉人余某某被民警拦下后，在被告知其驾驶的货车发生交通事故时，表情十分惊愕，并表示愿意配合调查。根据在案的证据，余某某辩解其没有发现其驾驶的车辆发生交通事故具有合理性，本案的证据尚不足以证实上诉人余某某主观上明知其驾驶的重型牵引车发生了交通事故，为逃避法律追究而驾车逃跑，故上诉人余某某的行为不构成交通运输肇事后逃逸。

汕尾市交通警察支队在受理田某的亲属对《道路交通事故认定书》的复核申请后，没有书面通知上诉人余某某，违反了《道路交通事故处理程序规定》第52条关于公安机关交通管理部门受理复核申请的，应当书面通知各方当事人，以及任何一方当事人就该事故向法院提起诉讼并经法院受理的，公安机关交通管理部门应当终止复核的规定，剥夺了上诉人余某某提出意见的权利。陆丰市公安局交通警察大队重新作出事故认定时，没有召集双方当事人到场，公开调查取得的证据，其于2014年1月25日重新作出汕公交重新认字〔2014〕第002号《道路交通事故重新认定书》，认定余某某驾驶重型半挂牵引车及其牵引的重型厢式半挂车发生交通事故后驾车逃逸，余某某承担此事故的全部责任，但该重新作出的《道路交通事故认定书》并没有采用新的事实和证据，根据现有证据，仅能认定上诉人余某某承担此事故的同等责任，陆丰市交通警察大队作出的《道路交通事故重新认定书》程序违法，责任认定不当，不能作为定案证据使用。上诉人余某某及其辩护人上诉提出余某某的行为不构成交通肇事后逃逸的意见成立，法院予以采纳。

十三、田某林交通肇事一审、二审无罪案

（2016）兵03刑终6号

（一）核心要点

1. 被告人驾驶自卸汽车早于二轮摩托车进入岔路口，二轮摩托车在通过涉案的岔路口时应让已经进入路口内田某林驾驶的自卸汽车先行。

2. 二轮摩托车搭乘被害人行驶时，未保持安全车速，未让已在路口内被告人驾驶的机动车先行，且未佩戴头盔，导致被害人死亡。通过对违反交通法规的性质和程度进行分析，被告人与摩托车驾驶人的上述行为对本案交通事故所起的作用和过错的严重程度相当，双方应对本案交通事故的发生负同等责任。对公安机关交通管理部门认定的主要责任不予采信。

（二）裁判要旨

一审法院认为，被告人田某林违反交通安全法规，造成一人死亡的交通事故。《道路交通事故认定书》认定被告人田某林违反了《道路交通安全法实施条例》第52条有关机动车通过没有交通信号灯控制亦无交警指挥，且还没有标志、标线控制的交叉路口，在进入路口前应停车瞭望，让右方道路来车先行的规定，该法条的引用与事故现场照片显示的内容不符，不能作为定案依据使用。田某林违反了《道路交通安全法》第13条、第17条、第22条第1款、第38条、第42条的规定，牙某某违反了《道路交通安全法》第8条、第17条、第22条第1款、第38条、第42条、第51条的规定，根据双方过错责任，结合本案其他证据，田某林和牙某某应负同等责任，检察机关指控被告人田某林犯交通肇事罪的证据不足，指控的罪名不成立。判决被告人田某林无罪。

新疆生产建设兵团图木休克垦区人民检察院抗诉提出，原审判决刑事及附带民事部分确有错误，程序严重违法。本案《道路交通事故认定书》引用《道路交通安全法实施条例》第52条的规定没有错误。《道路交通事故认定

书》对事故原因分析认为，原审被告人田某林驾驶机动车未让右方车辆先行，超速行驶，过路口未减速慢行是发生事故的主要原因。上诉人牙某某驾驶的摩托车在田某林驾驶的重型自卸汽车的右方道路行驶，重型自卸汽车在摩托车的左前方道路行驶，按照右方车先行原则，摩托车具有优先通行权。根据《道路交通安全法实施条例》第52条的相关规定，田某林在由西向东行驶方向路口有交通标线的控制的情况下，却没有让右方道路驾驶摩托车的牙某某先行通过，故本案《道路交通事故认定书》引用《道路交通安全法实施条例》第52条的相关规定，与现场照片相符，没有错误。参照最高人民法院《关于审理道路交通事故损害赔偿案件适用法律若干问题的解释》的相关规定，截至原审开庭结束，并无相反证据出现。原审判决认定《道路交通事故认定书》引用《道路交通安全法实施条例》第52条的相关规定与事故现场照片显示的内容不符，不能作为有罪证据使用确有错误，从而错误认定原审被告人田某林无罪，要求追究田某林的刑事责任及赔偿相关经济损失。新疆生产建设兵团人民检察院第三师分院及出庭检察员支持抗诉机关的抗诉意见，检察员认为，依照《刑事诉讼法》及有关司法解释的规定，二审法院有权对全案进行审查，检察机关按照同样的原理可以就附带民事诉讼部分提起抗诉。根据现场照片，两车过岔路口时，牙某某驾驶的摩托车行驶的道路没有交通标识线，可以无障碍通行，《道路交通事故认定书》认定的责任正确，应作为定案的证据，田某林的行为构成交通肇事罪，应予惩处。

原审被告人田某林的辩护人辩称：原审法院认定事实及划分的交通事故责任正确，宣告原审被告人田某林无罪符合法律规定。抗诉书引用《道路交通安全法实施条例》第52条的规定，不符合本案事实及法律规定。本案交通事故发生现场是一个十字路口，原审被告人田某林行驶的路段上有明显的人行横道线及中间线，上诉人牙某某行驶的路段上设有中间线，牙某某行驶的路段与田某林行驶的路段交叉相连，处于同一平面区域，参照国家标准《道路交通标志和标线》的规定，人行横道线和中间线是交通标识线。田某林驾驶重型汽车先于牙某某驾驶摩托车进入十字路口，牙某某应让田某林驾驶重型汽车先行，但牙某某搭乘被害人阿某某未戴安全头盔、超速行驶，与田某林驾驶的即将通过十字路口的重型汽车右后轮相撞，造成被害人因后枕骨等粉碎性骨折死亡，田某林与牙某某对本起交通事故应负同等责任。辩护人认为，抗诉机关及检察员支持抗诉的理由不成立，抗诉意见应予驳回。原审被告人田某林同意辩护人的意见。

二审法院认为，本案刑事部分争议焦点有：第一，原审是否违反法定程序；第二，上诉人牙某某驾驶二轮摩托车是否具有先行权；第三，原审被告人田某林在岔路口超速驾驶，对交通事故的发生是负有同等责任还是主要责任。

关于第一个焦点问题。依照最高人民法院《关于适用〈中华人民共和国刑事诉讼法〉的解释》的相关规定，原审法院判决宣告原审被告人田某林无罪，经田某林申请变更强制措施的情况下，原审法院对田某林变更强制措施并无不当，但原审法院对田某林超期变更强制措施，存在瑕疵。根据《刑事诉讼法》的相关规定，原审虽对田某林超期变更了强制措施，但不属于其他违反法定程序、可能影响公正审判的情形。此外，在案的福田牌重型自卸货车系物证，原审判决发还该重型自卸货车，于法无据，二审应予以纠正。抗诉机关关于原审法院严重违反法定程序的理由不成立，不予支持。

关于第二个焦点问题。根据《道路交通安全法实施条例》第52条的相关规定，证明上诉人牙某某是否具有先行权的事实由一系列证据构成，包括勘查笔录、现场平面示意图及现场照片、新疆金陆司法鉴定所司法鉴定意见书的鉴定意见、原审被告人田某林供述等证据。本案中，东西方向道路现场有两条人行横道线，牙某某驾驶无牌照二轮摩托车以68千米/小时的速度与田某林驾驶以58千米/小时速度行驶的自卸汽车右后轮碰撞点的情况如下：南北方向路宽8.3米，碰撞点距东侧路沿1.4～1.5米，东西方向路宽9米，碰撞点距散落物（碎片）1.7～1.8米。也就是说，碰撞点距离南北方向公路东侧路沿6.8～6.9米，按自卸汽车长度10.478米以58千米/小时的行驶速度计算，自卸汽车从交通事故发生地点进入路口理论时间为1.04～1.05秒；肇事车辆“福田”牌自卸汽车宽度2.495米，撞点距离东西方向公路南侧路沿1.7～1.8米，以二轮摩托车68千米/小时的行驶速度计算，摩托车从交通事故发生地点进入路口的理论时间为0.09～0.095秒。综合上述分析，可以得出结论：田某林驾驶的福田牌自卸货车进入发生交通事故的路口时间先于牙某某进入路口的时间。因此，可以确认牙某某驾驶二轮摩托车在通过涉案路口时应让已经进入路口内的田某林驾驶的自卸汽车先行。

关于第三个焦点问题。依据《道路交通安全法》的规定，原审被告人田某林驾驶自卸汽车在行经人行横道时，应当减速行驶。虽然田某林驾驶自卸汽车早于上诉人牙某某驾驶的二轮摩托车进入路口，但田某林未减速行驶，超速行驶在先。牙某某驾驶二轮摩托车搭乘被害人阿某某行驶时，未保持安全车速，让已在路口内的田某林驾驶的机动车先行，且未佩戴头盔，导致被害人在发生交通事故后，后枕部挫裂伤、左侧胫腓骨粉碎性骨折、全身体表多处擦伤伴挫伤，致创伤性休克死亡。通过对违反交通法规的性质和程度进行分析，田某林与牙某某的上述行为对本案交通事故所起的作用和过错的严重程度相当，可以确认田某林与牙某某对本案交通事故的发生负同等责任，乘车的被害人阿某某无责任。依照《刑法》第13条、《刑事诉讼法》，以及最高人民法院《关于审理交通肇事刑事案件具体应用法律若干问题的解释》第2条第1款的规定，本案中，田某林与牙某某对交通事故负同等责任，田某林的行为属于情节显著轻微、危害不大，不认为是犯罪的行为，原审法院据此宣告田某林无罪正确。抗诉机关及检察员关于原审被告人田某林对交通事故负主要责任，原审法院对田某林宣告无罪错误的抗诉意见，证据不足，无事实依据，不予支持。原审被告人田某林及其辩护人的辩护意见成立，予以采纳。

综上所述，原判决认定基本事实清楚，证据确实充分，定性正确，应驳回抗诉，维持原判。本案经法院审判委员会讨论决定，判决如下：

第一，驳回抗诉。

第二，维持新疆维吾尔自治区图木舒克市人民法院（2016）兵0302刑初33号刑事附带民事判决第一项，即原审被告人田某林无罪。

十四、冷某林肇事逃逸无罪案

（2019）粤0606刑初2268号

（一）核心要点

1. 交通肇事后有逃逸行为的，公安机关交通管理部门不能简单地依据当事人的逃逸行为而认定其负事故的主要责任或者全部责任，而应先根据现场勘查、录像、证人证言、检验报告、痕迹等证据对事故的成因及案发时双方的过错程度作出分析，然后据此认定事故责任。在穷尽上述证据仍不能认定事故责任时，方可根据当事人的逃逸行为来推定事故责任。

2. 摒除被告人的逃逸情节，被告人的行为属于一般过错行为，承担事故次要责任；被害人的行为属于严重过错行为，承担主要责任。

3. 在被告人交通肇事后逃逸的情况下，公安机关交通管理部门亦能够分清双方的事故责任，故应根据一般通行规则，以当事人行为在事故中所起作用以及过错严重程度进行责任认定。本案死亡一人，被告人在事故中负次要责任，不符合交通肇事罪的犯罪构成要件。

（二）裁判要旨

2018 年 1 月 9 日 1 时 45 分，被告人冷某林驾驶一辆重型半挂牵引车牵引一辆重型平板半挂车至 S82 佛山一环路佛陈立交桥广明高速入口路段中间车行道时，碰撞前方行走的行人邢某，造成邢某当场死亡、车辆损坏的道路交通事故。事故发生后，被告人冷某林驾车逃离现场，后于当日被公安机关查获。

法院认为，根据现有证据，足以认定被害人邢某系交通事故中站立时被车辆碰撞了左大腿下段，头面部与胸部着地致重型颅脑损伤而死亡。根据常情常理及侦查试验结果，驾驶员应该知晓事故的发生。被告人冷某林明知发生交通事故还离开现场，属交通肇事后逃逸。

对于被告人冷某林在本案中的事故责任，法院认为，当事人在交通肇事后有逃逸行为的，公安机关不能简单地仅依据当事人的逃逸行为而认定其负事故的主要责任或者全部责任，而应先根据现场勘查、录像、证人证言、检验报告、痕迹等证据对事故的成因及案发时双方的过错程度作出分析，然后据此认定事故责任。在穷尽上述证据仍不能认定事故责任时，方可根据当事人的逃逸行为来推定事故责任。结合本案的具体情况，公安机关根据所掌握的证据，出具情况说明，证实本案摒除被告人冷某林的逃逸情节，被告人冷某林的行为属于 B 类一般过错行为，承担事故次要责任；被害人邢某的行为属于 A 类严重过错行为，承担主要责任。很明显，本案在被告人冷某林交通肇事后逃逸的情况下，公安机关亦能够分清双方的事故责任，故应根据一般通行规则，以当事人行为在事故中所起作用以及过错严重程度进行责任认定。本案死亡一人，被告人冷某林在事故中负次要责任，不符合交通肇事罪的犯罪构成要件，故被告人冷某林不构成交通肇事罪。对于被告人冷某林及其辩护人提出被告人冷某林不构成交通肇事罪的辩护意见，法院予以采纳。

本案经法院审判委员会讨论决定，判决如下：

被告人冷某林无罪。

第五节　主体错误，顶包的可能性很大，不能确定肇事司机主体身份

一、张某广交通肇事存疑无罪案

（2019）豫0902刑初493号

（一）核心要点

1. 对匿名举报情况未落实到举报人，无法核实举报内容的真实性、可靠性。

2. 排查范围不全面，排查结果无法排除其他车辆肇事的可能性，不能得出具有排他性和唯一性的结论，不足以证明肇事车辆的唯一性。

3. 被告人是否系肇事司机存疑，根据疑罪从无原则，指控的证据不确实、不充分，指控罪名不成立。

（二）裁判要旨

法院认为，本案发生交通事故的事实客观存在，但检察机关指控被告人张某广犯交通肇事罪的证据不足。检察机关为证实张某广犯有交通肇事罪，向法庭提交了张某广的供述，证人曹某、蔚某、李某1等人证言，视听资料，2份车辆鉴定意见书，以及部分车牌号段筛查情况等证据。上述证据中，曹某作为现场目击证人所描述的肇事车的色系、车型、车牌号特征与被害人家属提供的他人匿名举报的一辆轿车基本吻合；现场监控录像、鉴定意见也证

实肇事车辆与该轿车系同一色系、同一车型；鉴定意见还证实该轿车在案发前一天下午到被扣押期间更换过部件、有过轻微剐擦，虽然有四位证人证实该车辆发生过撞树事故，但能够排除事故发生于上述期间；并且，张某广的供述及其妻子的证言极不稳定，二人随着案件进程的推进不断推翻原有供述与证词，可信度较低，张某广有重大犯罪嫌疑。但是，侦查机关未确定匿名举报的举报人，无法核实举报内容的真实性、可靠性；曹某虽对车牌号有一定的描述，但并未确切说明具体车牌号码，侦查机关的号段排查范围也是根据曹某所描述的车牌号段进行，排查范围并不全面，排查结果无法排除其他车辆肇事的可能性。故综合全案证据，不能得出排他性和唯一性的结论，不足以证明该轿车系肇事车辆的唯一性，张某广是否系肇事司机存疑，根据疑罪从无原则，检察机关指控张某广犯交通肇事罪的证据不确实、不充分，指控罪名不成立。对张某广及其辩护人关于“检察机关指控张某广犯交通肇事罪的事实不清、证据不足，应宣告张某广无罪”的辩护意见，法院予以采纳。判决如下：被告人张某广无罪。

二、李某全交通肇事逃逸案

（2020）晋0924刑初54号

（一）核心要点

1. 检察机关所提供沿途视频监控，不能准确辨认出出现在该各个视频中的摩托车系同一辆摩托车，也不能辨认出驾驶摩托车的为被告人。

2. 监控所显示的被告人驶出小区的时间及周围监控显示的该疑似摩托车出现在该监控范围的时间与《道路交通事故认定书》认定的时间存在出入，未能形成完整的、相互印证的链条，不能达到刑事案件的证明标准。

（二）裁判要旨

法院认为，检察机关指控被告人李某全驾驶摩托车交通肇事后逃逸，致一人重伤，构成交通肇事罪。但是，依据检察机关所提供之证据以及沿途视频监控，并不能准确辨认出出现在这些视频中的摩托车系同一辆摩托车，也不能辨认出驾驶摩托车的为被告人李某全。监控所显示的被告人李某全驶出小区的时间及周围监控显示的该疑似摩托车出现在该监控范围的时间与《道路交通事故认定书》认定的时间之间存在不能实现性。

忻州市公安司法鉴定中心鉴定文书中的鉴定意见显示："现场遗留头盔面罩、面罩外框碎片与被告人李某全血液样本。经鉴定，检出混合基因型，包含李某全的DNA分型。"该证据仅能证实被告人李某全的DNA分型是该头盔面罩上遗留基因中的一种，不具有排他性。

另外，侦查人员对被告人李某全的车库进行了搜查，对车库中被告人李某全的摩托车进行了检查，并对从车库中发现的被告人李某全的头盔进行了提取，但对肇事的是否是该摩托车及事故现场遗留的头盔面罩碎片与该提取的头盔是否具有同一性等事实未作出任何结论，且该案肇事车辆及现场遗留碎片之头盔未提取到案，故不能证实肇事车辆为被告人李某全所驾驶之摩托车，亦不能证实现场头盔碎片为被告人李某全所戴头盔之碎片。

综上，检察机关指控被告人李某全驾驶摩托车在2018年11月10日6时27分许在繁峙县滨河北大道双拥路玉华台宾馆南交通肇事事实的证据，未能形成完整的、相互印证的链条，不能达到刑事证据确实充分的证明标准，故检察机关指控被告人李某全构成交通肇事罪的证据不足，不能认定被告人有罪。经法院审判委员会讨论决定，依据《刑事诉讼法》的有关规定，判决如下：被告人李某全无罪。

三、陈某国交通肇事案

（2017）冀0429刑初426号

（一）核心要点

1. 鉴定意见之间相互矛盾，得不出唯一确定的结论。

2. 供述、陈述中对案发时谁是驾驶人均有反复，驾驶人难以确定，未能排除合理怀疑。

（二）裁判要旨

本案争议的焦点在于被告人陈某国是否为肇事司机。法院综合评述如下：证人赵某1、杜某1的证言能够证明其二人与陈某国、尹某1在一起吃饭喝酒，陈某国、尹某1系饮酒后发生交通事故，而证人尹某2证言证明陈某国没有和尹某1等人在一起吃饭喝酒，是在尹某1饮酒后去接尹某1，与赵某1、杜某1的证言相矛盾，证人尹某2隐瞒了陈某国饮酒的事实，尹某2证言又与事故对方半挂车司机武某的证言存在诸多不相符之处，陈某国、尹某1在公安机关侦查初期的供述、陈述均与尹某2的证言一致，无法排除三人串供的可能，且陈某国、尹某1均称案发后陈某2让其二人隐瞒案件事实的情况，对证人尹某2证言的真实性存疑；证人李某1证言中关于陈某国系肇事车辆驾驶人的部分为传来证据，其证言的真实性存疑；证人李某1、尹某3的证言，虽然能够证明案发后医疗费给付、赔偿款给付及陈某国父亲和尹某2的许诺等情况，但不足以证明事故发生时陈某国为驾驶人；视频资料虽然能够证明案发后尹某1及其妻子找陈某国索要赔偿款及质问陈某国是否为肇事司机，但也不足以证明事故发生时陈某国为驾驶人；法大法庭科学技术鉴定研究所司法鉴定意见书虽然鉴定肇事车辆的驾驶人不是尹某1，但原永年县公安局刑事科学技术室痕迹检验分析报告和邯郸市公安局物证鉴定所检验意见书的意见却排除了事故发生时驾驶人是陈某国，鉴定意见之间相互矛盾，得不出唯一确定的结论；陈某国、尹某1的供述、陈述中对案发时谁是驾驶人均有反复，故案发时谁是驾驶人难以确定；结合上述分析，法院对邯郸市公安局交通警察支队永年大队作出的《道路交通事故认定书》认定陈某国负事故主要责任的意见难以采信；指控被告人陈某国犯交通肇事罪，事实不清，证据不足，未能排除合理怀疑，对检察机关提出的被告人陈某国犯交通肇事罪事实清楚，证据确定、充分的意见和被害人及代理人提出的陈某国是肇事司机的意见，法院不予支持。

法院认为：根据《刑事诉讼法》的规定，案件事实清楚，证据确实充分，依据法律认定被告人有罪的，应当作出有罪判决；证据不足，不能认定被告人有罪的，应当作出证据不足，指控的犯罪不能成立的无罪判决。检察机关提供的现有证据未能做到确实、充分，不能排除合理怀疑，得不出唯一的结论，根据疑罪从无的原则，应当以证据不足，指控的犯罪不能成立，判决宣告被告人无罪。判决如下：被告人陈某国无罪。

四、钟某交通肇事案

（2016）鲁02刑终66号

（一）核心要点

1. 案发地点属监控盲区，现场无证人目击被告人交通肇事。

2. 肇事车提取物无一与被害人的DNA比对成功。

3. 间接证据，仅能证实被告人有交通肇事可能性，不能得出唯一性结论，无法达到法律规定的证据确实、充分的证明标准。

（二）裁判要旨

二审法院认为，原审判决宣告原审被告人钟某无罪，适用法律正确，审判程序合法。关于抗诉机关青岛市崂山区人民检察院及青岛市人民检察院所提原审被告人钟某交通肇事致一人死亡，负事故全部责任，其行为构成交通肇事罪，一审法院判决其无罪确有错误，请求依法予以纠正的抗诉意见及出庭意见，经查，法院得出以下结论：（1）本案案发地点属监控盲区，被害人韩某因交通事故当场死亡，现场无证人目击被告人交通肇事。（2）案发后，公安机关从事故现场韩某尸体南侧路面上23米内提取二份可疑斑迹，经法医鉴定为被害人韩某所留，证实肇事车辆肇事后车轮上带有被害人血迹。公安机关分别于案发当日即2014年3月1日下午、3月2日及3月3日先后三次对被告人车辆进行勘查，并未发现车辆上有任何关于被害人的血迹、人体组织，在第三次勘查时，从车辆车轮瓦、轮胎内侧、车辆底盘处提取了18处疑似血迹和人体组织，但无一与被害人的DNA比对成功。（3）原审被告人钟某在侦查阶段及一审、二审中始终未供认其交通肇事致被害人死亡。（4）检察机关提供的证据均系间接证据，仅能证实原审被告人有交通肇事可能性，不能得出唯一性结论，无法达到法律规定的证据确实、充分的证明标准，故指控被告人钟某犯交通肇事罪不成立，对该抗诉意见及出庭意见法院不予采纳。裁定如下：驳回抗诉，维持原判。

五、余某锋交通肇事一审无罪，二审抗诉驳回案

（2016）粤09刑终17号

（一）核心要点

1. 除被告人的供述和指认笔录外，没有其他证据证实是被告人驾驶肇事车辆发生交通事故。

2. 被告人的供述与其他证据不能形成证据链并相互印证，本案证据证明的结论不具有唯一性，不能排除合理怀疑，事实不清，证据不足，指控的犯罪不成立。

（二）裁判要旨

原判认为，检察机关指控被告人余某锋犯交通肇事罪的证据中，除余某锋的供述和指认笔录外，没有其他证据证实是余某锋驾驶肇事车辆发生交通事故，余某锋的供述与其他证据不能形成证据链并相互印证，本案证据证明的结论不具有唯一性，不能排除合理怀疑，检察机关指控被告人余某锋犯交通肇事罪事实不清，证据不足，指控的犯罪不成立。经原审法院审判委员会讨论决定，依照《刑事诉讼法》及最高人民法院《关于适用〈中华人民刑事诉讼法〉的解释》的相关规定，作出判决：被告人余某锋无罪。

广东省高州市人民检察院提出抗诉。

二审法院认为，《道路交通事故认定书》认定余某锋为肇事者的依据明显不充分，不能作为定案根据，不予采信。

综上所述，通过本案证据可以认定，2014年8月17日0时，肇事车辆与被害人朱某驾驶的二轮摩托车发生重大交通事故，之后余某锋对家人讲过自己是“肇事者”并到公安机关“自首”，但综合全案证据，尚不足以认定余某锋就是交通肇事者，构成交通肇事犯罪。在案证据中，证实所谓“犯罪各环节”的证据，要么证据之间存在矛盾，要么不足以认定事实。抗诉机关和支持抗诉机关至二审终结前，都没有提供充分并足以排除有关矛盾的证据证实余某锋有犯罪行为。根据《刑事诉讼法》第55条第1款“对一切案件的判处都要重证据，重调查研究，不轻信口供”之规定，虽然余某锋始终认

罪，但本案没有任何能够将余某锋与肇事现场或肇事现场车辆联系起来的客观性证据，也没有提取到其仅为亲历者所知晓的隐蔽性证据。特别是在如何取得肇事车辆这一重要环节上，余某锋的供述不但前后矛盾，且与其他证人证言相互矛盾。而且，纵观全案证据，余某锋的供述亦存在诸多无法解释的不合常理之处。因此，对余某锋的有罪供述无法查证属实，其有罪供述的真实性存疑，全案证据尚未达到确实、充分的法定证明标准，故对抗诉机关和支持抗诉机关的相关抗诉请求，二审法院不予支持。

二审法院认为，抗诉机关和支持抗诉机关指控原审被告人余某锋构成交通肇事罪的事实不清，证据不足，应依法予以驳回。余某锋的指定辩护人、被害人近亲属及其诉讼代理人关于请求维持原判的意见成立，予以采纳。原审判决认定原审被告人余某锋无罪适用法律准确，审判程序合法，应予维持。本案经二审法院审判委员会讨论决定，裁定如下：驳回抗诉，维持原判。

六、王某新交通肇事二审改判无罪案

（2014）黔东刑终字第237号

（一）核心要点

1. 在直接证据来自相同个体的情形下，越靠近案发当时所作的笔录，其证明力越大于其后一段时间形成的笔录，在证明内容前后相互矛盾的情形下，应当作出对上诉人有利的认定。

2. 现有证据无法证明途中是否存在换驾。原判未对本案肇事嫌疑人的证据进行合理分析和排除，亦未对上诉人有利和不利的证据进行充分的逻辑分析论证，本案现有证据达不到刑事案件证明标准，不足以证明检察机关的指控。

（二）裁判要旨

二审法院认为，关于本案刑事部分，原判据以认定王某新驾驶车辆肇事及因此承担刑事责任的证据有：附带民事诉讼被告人戴厚清的证言，乘车人刘某林的证言和证人廖某珍、李某友、戴某逵、罗某扬、粟某、吴某良、阳某秀、王某俊、阮某、戴某求的证言，上诉人王某新的供述与辩解，以及贵州省交警总队直属支队玉凯二大队道路交通事故认定和道路交通事故认定复核结论及司法鉴定科学技术研究所司法鉴定中心（上海）的鉴定意见。通过对上述一审定案证据以及本案其他现有证据进行分析论证，可以得出 2011 年 5 月 11 日 8 时许事故发生时小型警车驾驶员为戴某清、王某新二人当中的一人的结论，但三穗县人民检察院指控和三穗县人民法院判决认定本案交通肇事驾驶员为上诉人王某新的证据达不到刑事诉讼证据确实、充分的证明标准，即本案现有证据不能合理排除戴某清驾驶小型警车酿成重大交通事故的可能。

1. 从证据与案件事实的关联紧密程度来看，上述证据中，能够直接证明案件事实的为戴某清本人、乘车人刘某林的证言及被告人王某新的供述，其他证人证言均为间接证据，《道路交通事故认定书》和鉴定意见需要结合案件的其他证据进行综合认定，而仅据上述证据，不能证明肇事车辆为王某新驾驶。

（1）王某新、戴某清、刘某林三人关于谁驾驶车辆的陈述前后矛盾。本案交通事故发生于 2011 年 5 月 11 日 8 时许，戴某清、刘某林、王某新三人于事发当日在公安机关所作的询问笔录都明确记载驾车人为戴某清（笔录形成时隆回县公安局尚未介入），这是刑事案件最为原始的证据，也是第一手证据，且戴某清对如何肇事有清晰的叙述："当时速度大概 80 千米/小时。好像是在下坡，突然路面的水就溅在挡风玻璃上，看不清了，于是我就踩了刹车，车就撞了一下中央隔离带，我又打了一下方向，车又撞了右边护栏，然后车就冲出路外翻出去了，之后我就失去知觉了。"而王某新、刘某林的陈述则是因为起床早的缘故，两人在车上均处于神志不太清楚的状态，只知道上车时是戴某清在开车，对于怎么翻车没有叙述。从逻辑上分析，如果不是驾驶员本人，对于事故的发生过程不可能有如此清晰的了解。相反，二审法院注意到，原判据以认定王某新为本案驾驶员的证据中有戴某清、刘某林、王某新三人所作的陈述，均为隆回县公安局介入后采集，距案发当日有时间差，且王某新本人在 2011 年 5 月 13 日、6 月 18 日、7 月 8 日的供述中，虽然承认是自己驾车，但其关于车辆如何翻出路外的叙述前后不一，笔录体现其关于系自己驾车的回答顾虑重重，不能排除是在受到外在因素干扰的情形下形成的可能。根据刑事诉讼证据规则，在直接证据来自相同个体的情形下，越靠近案发当时所做的笔录，其证明力要大于距离案发当时一段时间后形成的笔录，在证明内容前后相互矛盾的情形下，应当作出对上诉人有利的认定。

（2）本案有 12 名证人的证言为原判所采用，证明上诉人王某新驾车，但案卷中同样有证明戴某清驾车的证人证言，且原判所采用的证人证言中戴某逵、戴某求与戴某清系亲戚关系，戴某清本人更是与案件有直接的利害关系，其证言证明力不强。

（3）司法鉴定科学技术研究所司法鉴定中心（上海）所作鉴定意见证实，2011 年 5 月 11 日 6 时 40 分许，从麻江收费站出发时的视频截图看，可以根据衣着特征判断出来系上诉人王某新在正驾驶位，附带民事诉讼被告人戴某清在副驾驶位。从证据学的角度分析，因本案相关三名当事人作了前后矛盾的陈述，现有证据无法证明由麻江至三穗途中是否存在换驾，因此不能根据该鉴定意见认定上诉人王某新就是本案肇事驾驶员。

2. 本案关键证人杨某文（事故当时第一到场人）在 2011 年 5 月 12 日、13 日和 2012 年 9 月 12 日的询问笔录中自始至终均明确表示其赶到事故现场时高个子（王某新）已在高速公路上打电话，瘦一点的小个子（穿警服，戴某清）当时在肇事车旁，其作为一名驾驶员习惯性地问了一句“是谁开的车”，戴某清回答是其本人驾驶肇事车辆，并叫其帮忙抢救将刘某林背出车外。杨某文的证言在原判中未采用。

3. 贵州省公安厅交通警察总队直属支队玉凯二大队的《交通事故处理工作记录》（2011 年 5 月 11 日），证实公安民警在完成现场抢救后第一时间对伤者进行询问，“其中一名伤员就是戴某清本人，对自己驾车也没有任何回避”。该记录为第一时间原始证据，原判中未作为证据采用。

4. 公安民警所做戴某清 2011 年 5 月 11 日 16 时的询问笔录，乘车人刘某林 2011 年 5 月 11 日 15 时的询问笔录，上诉人王某新在 2011 年 5 月 11 日 14 时、6 月 18 日 8 时、9 月 11 日及 2012 年 5 月 11 日、9 月 15 日的供述，证明系戴某清驾驶车辆肇事及肇事后是上诉人王某新先从副驾驶处爬出的事实，上述证据原判未采用。

5. 2011 年 5 月 16 日《湖南省公安厅明传发电》、5 月 11 日 23 时 20 分

《贵州公安信息快报》、5 月 18 日《交通管理工作简报》等内部电传、简报材料，虽不符合刑事证据的形式要求，但均从侧面反映了本案作为刑事案件侦查前开展工作的结果均指向戴某清驾驶车辆肇事的事实。

6. 王某新、戴某清的病历、伤情鉴定，公安车辆检验报告等本案其他证据，均不能排除戴某清驾车肇事的嫌疑。

因此，原判未对证明戴某清可能系本案肇事嫌疑人的证据进行合理分析和排除，亦未对上诉人王某新有利和不利的证据进行充分的逻辑分析论证，本案现有证据达不到刑事案件证明标准，不足以证明检察机关的指控。上诉人王某新关于刑事部分的上诉理由及其辩护人所提的王某新不是本案的交通肇事人，不应受刑罚处罚，应改判无罪的辩护意见成立，二审法院予以采纳。

七、杨某交通肇事案

（2013）南宛刑初字第 704 号

（一）核心要点

1. 与被告人有亲属关系或者其他密切关系的证人所做的有利于被告人的证言，或者与被告人有利害关系冲突的证人所做的不利于被告人的证言，在无其他证据相印证的情况下，应当慎重采用。

2. 根据疑罪从无的原则，现有证据不足以证实事故发生时被告人为实际驾驶者，无法排除可能系他人驾驶车辆肇事，被告系冒名顶罪的合理性怀疑。

（二）裁判要旨

法院认为，检察机关指控被告人杨某犯交通肇事罪事实不清，证据不足，指控罪名不能成立。具体理由为肇事者身份无法认定，现有证据无法排除除被告人以外他人驾驶车辆撞人的可能。被告人杨某的庭前供述与辩解既有有罪供述，亦有无罪辩解，并当庭做无罪辩解，无其他直接证据与其庭前有罪供述相印证；而证人郭某雪的证言，虽证实案发当晚曾听杨某说实际驾车撞人者是梁某，但其证言系传来证据，其本人又系杨某女朋友。同理，作为梁某的朋友，证人孙某、陈某、徐某伟作证听梁某说肇事者另有其人，三人的证言同样系传来证据，与郭某雪证言证明方向相反，证明力相当；梁某作为本案利害关系人，其在接受公安机关第一次、第二次询问时，否认案发当时其在肇事车上，一再声称系杨某单独驾车，但后来承认案发当时与杨某同在肇事车上，而杨某开始一直坚称系独自驾车，后翻供称案发当时系梁某驾车，并不断反复，后又坚称系梁某驾车肇事，其仅是受梁某指使冒名顶替。现二人均声称对方是肇事者，但均无其他直接证据相互印证，二人陈（供）述的真实性、客观性不能确定。因此，依据相关法律规定，与被告人有亲属关系或者其他密切关系的证人所做的有利于被告人的证言，或者与被告人有利害关系冲突的证人所做的不利于被告人的证言，在无其他证据相印证的情况下，应当慎重采用。根据疑罪从无的原则，检察机关提交的证据不足以证实事故发生时被告人杨某为实际驾驶者，无法排除可能系梁某驾驶车辆肇事、杨某系冒名定罪的合理性怀疑。故被告人杨某及辩护人关于检察机关指控事实不清、证据不足的辩解及辩护意见与庭审查明事实相符，于法有据，法院予以采信。经法院审判委员会讨论决定，判决如下：被告人杨某无罪。

八、曹某甲交通肇事案

（2015）宛刑初字第282号

（一）核心要点

证据不能相互印证，不能形成完整的证据链条，不能排除另有他人驾驶的可能，故而疑罪从无。

（二）裁判要旨

法院认为，检察机关指控被告人曹某甲犯交通肇事罪，事实不清，证据不足，指控罪名不能成立，所以不予支持。

具体理由如下：

1. 检察机关当庭提交的证实肇事者系曹某甲的证据主要有曹某甲、王某、曹某乙在公安机关的询（讯）问笔录及卡点照片、证人陈某的证言，而上述证据不能相互印证，不能形成完整的证据链条。曹某甲、王某在案发当晚第一次接受公安机关询问时均称肇事者系曹某乙，在事故发生后，曹某乙离开现场不知去向。而事隔月余，曹某乙却于2014年10月15日主动到公安机关说明情况，并向公安机关提交曹某甲、王某出具的与二人在案发当晚第一次接受公安机关询问笔录内容相反的情况说明用以证明实际肇事者系曹某甲。法院认为，曹某甲、曹某乙均为犯罪嫌疑人员，王某存在作伪证、包庇行为，三人与本案存在一定的利害关系。在曹某甲、王某前后陈述内容不一致，未对王某出具的由曹某乙提交的情况说明进一步核实的情况下即轻易排除曹某乙系肇事司机的嫌疑实属不妥。另外，卡点照片虽显示2014年9月12日18时39分驾驶肇事车辆的司机身穿浅色横纹T恤，与在案发现场停留的曹某甲上衣一致，但案发时间、地点与卡点位置、卡点照片拍照时间存在时间、空间间隔，而证人陈某又系在事故发生后到达现场，仅能证明曹某甲（穿浅色横纹T恤）、王某在案发现场，不能证明肇事司机是曹某甲。因此，本案存在肇事车辆需进入市区配货而曹某甲又无驾驶证，为避免检查，在卡点与案发现场之间更换司机的可能性即不能完全排除曹某乙驾驶车辆肇事的可能。

2. 肇事车辆系于2008年6月购买，挂靠陵县宏远物流有限公司，长期从事货物运输。案发前，该车从山东德州出发送货至河南油田后欲到南阳市区配货，而现有卷宗证据显示曹某甲无驾驶证，但此次曹某甲无证驾驶货运车辆长时间跨省运输而不担心执法人员检查，有违常理，不能排除另有他人驾驶的可能。

综上，根据疑罪从无原则，经法院审判委员会讨论决定，判决如下：被告人曹某甲无罪。

九、郝某珍交通肇事再审无罪案

（2019）晋0123刑再1号

（一）核心要点

冒名顶替，未实施交通肇事犯罪。

（二）裁判要旨

经再审查明，2004年2月23日6时30分左右犯罪嫌疑人郝某清甲驾驶黑色桑塔纳轿车在娄烦县城南大街由东向西行驶，车上乘坐闫某军和张某刚等人，车行至娄烦中学门口时，将过马路的娄烦中学退休教师赵某贵撞倒，郝某清甲等人将赵某贵送往医院，赵某贵经抢救无效死亡，后郝某清甲将交通肇事的情况告知其弟郝某清乙（已死亡），二人经商议并联系在外地的郝某清甲的二哥即原审被告人郝某珍，商议由郝某珍顶替郝某清甲到公安机关自首，供述当时驾驶车辆的是郝某珍。在案件侦查过程中，当时闫某军作为车辆乘坐人也作伪证指认驾驶人员为郝某珍，2004 年 3 月 18 日郝某珍向娄烦县公安局投案自首，经娄烦县公安局交警大队事故认定，郝某珍负事故的全部责任，2004 年 2 月 23 日郝某清乙作为肇事方代表与受害人家属在娄烦县交警大队达成赔偿调解协议。2004 年 5 月 20 日，娄烦县人民检察院以娄检刑诉（2004）第 7 号起诉书向娄烦县人民法院提起公诉，2004 年 6 月 10 日娄烦县人民法院作出（2004）娄刑初字第 9 号刑事判决，判决郝某珍犯交通肇事罪，判处有期徒刑一年，缓刑二年。

再审法院认为，根据庭审调查结合相关证据，原审被告人郝某珍 2004 年并未实施交通肇事犯罪，娄烦县人民检察院当年指控其触犯《刑法》第 133 条之规定，构成交通肇事罪，并不成立。原审判决认定事实确有错误，原审被告人郝某珍不构成交通肇事罪。经再审法院审判委员会讨论决定，判决如下：

第一，撤销再审法院之前作出的（2004）娄刑初字第 9 号刑事判决。

第二，原审被告人郝某珍无罪。

十、黎某宝交通肇事二审改判无罪案

（2019）赣 11 刑终 282 号

（一）核心要点

1. 电动车车速为 20 千米/小时能否造成被害人内脏多处挫裂伤存疑。

2. 送检的从事发现场截取的波形护栏梁板下凸缘剐擦痕迹处、无号牌黑色绿驹牌电动车前饰板右侧面剐擦痕迹处均未检出附着物，并不能证明被告人电动车上的剐擦痕迹与事故现场护栏的剐擦痕迹之间存在关联性。

3. 本案中没有直接能够证明案件事实的客观证据予以印证，证据之间仍有诸多合理怀疑无法排除，证据之间不能形成完整的证据链，不足以证明上诉人系本起交通事故的肇事者。

（二）裁判要旨

二审法院对全案证据作出如下综合分析：

1. 上诉人黎某宝供述其从被害人陈某4身后右侧超过，电动车轮胎撞到陈某4的右腿下方。被害人具体伤情如下：（1）据测量，电动车的前轮最突出部分距地高度约20厘米，尸检鉴定载明被害人右腓处有22厘米青紫距足跟约35厘米。轮胎最突出部位的高度与被害人右腓处青紫的高度不符。（2）尸体鉴定文书记载死者的左上臂后外侧有2厘米×2厘米的青紫（距足跟109厘米处），黎某宝骑电动车从被害人的右侧超过，不能形成被害人左某上臂的青紫。（3）被害人陈某4月16日的CT报告单显示：两侧颞枕骨骨折；硬膜下血肿、脑挫裂伤、脑出血，蛛网膜下腔出血；颅内积气；脑中线偏移，脑疝形成待排；部分肋骨显示不清，肋骨骨折待排；右侧肩胛骨骨折；两肺异常征象，考虑两肺挫裂伤伴感染；肝脏异常征象，考虑肝脏挫裂伤；脾脏异常征象，考虑脾脏挫裂伤；左肾低密度灶，考虑囊肿可能大；右侧睾丸肿胀。黎某宝供述在事故当晚骑行时车上搭乘其妻、孙三人，其当时电动车车速为20千米/小时左右，车前轮撞到被害人右腿下方后，车子摇晃了几下，车身并未倒，此车速能否造成被害人内脏多处挫裂伤存疑。

2. 虽然车辆外观痕迹鉴定中记载：车身前面罩左某外凸处有擦蹭痕迹、车身右侧有剐痕、前面罩右侧与底板连接处有脱损，事故现场痕迹勘验也发现护栏上多处剐痕，且有的剐痕高度也能够吻合，但公安部交通管理科学研究院道路交通事故鉴定中心出具的公交鉴（2017）第20045号《鉴定意见书》的鉴定意见为：送检的从事发现场截取的波形护栏梁板下凸缘剐擦痕迹处、无号牌黑色绿驹牌电动车前饰板右侧面剐擦痕迹处均未检出附着物。因此，并不能证明黎某宝电动车上的剐擦痕迹与事故现场护栏的剐痕之间存在关联性。

3. 黎某宝供述其撞到被害人小腿后，车身摇晃几下未倒，其将脚放在地上拖过去，其腿碰到护栏并致右膝盖脱皮。但是，黎某宝对其右膝盖的伤的形成说法不一，其在侦查阶段还解释过膝盖上的伤是上山挖地时碰到树桩（枝）形成的。一审、二审庭审中，黎某宝始终不承认其膝盖上的伤是碰到护栏形成的。倘若黎某宝关于其膝盖的伤是碰到护栏形成的供述属实，那么根据现场剐擦痕迹的长度，黎某宝膝部的伤有可能系因摩擦形成，黎某宝案发当晚穿的裤子可以佐证黎某宝供述的真伪，但该重要物证缺失。另外，鉴定人员亦未对黎某宝膝部伤情的形成做鉴定分析，黎某宝称膝盖的伤是与护栏碰撞形成的供述存疑，而此细节直接影响对本案事实的认定。

4. 证人吕某事后证明其对“绿驹”二轮电动车做鉴定时发现该车左后视镜底座有新鲜裂损（鉴定意见书中未记载系“新鲜”裂损），但4月19日公安机关对嫌疑车辆勘验检查笔录显现的勘验情况为：勘查见车辆西侧观后镜与连接杆相连处有一道裂纹，裂纹整体长度1.5厘米，距地面高度110厘米，整体呈由下向斜上裂开，其中下端0.7厘米裂缝中见灰尘累积，呈黄褐色，上端0.8厘米裂缝未见灰尘黏附，呈灰白色（已拍照提取）。证人吕某的证言与车辆勘验检查笔录内容不一致。

5. 案发现场附近的三个监控点，从上饶县华坛山镇往上饶方向依次为郑坊镇中伟加油站、楼村山堡地、临湖镇院边；事故现场位于郑坊镇中伟加油站与楼村山堡地监控点之间，离楼村山堡地监控点200多米，但无法被监控摄像头直接拍摄到。监控视频显示，在案发时段先后有八部轿车或越野车由华坛山镇往上饶县方向行驶，黎某宝于20时12分29秒驾车拐进家的画面出现在监控录像中，20时13分23秒有一辆二轮摩托车或二轮电动车经过。

黎某宝在侦查阶段供述其到家门口时听到有“咕咕咕”的声音，随后有一辆二轮车经过；证人郑某1亦证实“我们到家后，在门口待了一会儿，刚好听到郑坊镇方向传来‘咕咕咕’的声音，好像是车子刹车的声音，随后就有一辆类似二轮电动车的车子从郑坊镇方向开来”，黎某宝的供述及证人郑某1的证言均提到随后有一辆二轮车出现，与监控视频显现的画面相符。证人虞某（多年从事摩托车和电动车销售与维修）亦证实侦查人员曾向其出示2017年4月15日20时8分许上饶县郑坊镇老街农村信用社的视频监控里出现的车辆，让其辨认一下车型，其辨别这款车很类似于绿源电动车“迅鹰”系列的车型，体型比较大，属于稍大的电动车。

证人陈某2（被害人女儿）亦向公安机关反映其在案发的第二日、第三日，她曾二次接到辜某发的电话，电话中辜某发称“有朋友愿意出十几万元解决这件事，多了就出不起，宁愿去坐牢”，不排除其他车辆肇事的可能性。

综上，二审法院认为，原审判决认定“上诉人黎某宝无证驾驶无牌二轮电动车，与步行的被害人陈某4发生剐擦，致被害人陈某4被剐蹭倒地受伤”的犯罪事实虽然有上诉人黎某宝的供述予以证实，但本案中没有直接能够证明案件事实的客观证据予以印证，证据之间仍有诸多合理怀疑无法排除，证据之间不能形成完整的证据链，不足以证明上诉人黎某宝系本起交通事故的肇事者，原审判决认定上诉人黎某宝构成交通肇事罪错误，依法予以纠正。上诉人黎某宝及其辩护人提出原审判决认定的犯罪事实不清、证据不足的意见成立，二审法院予以采纳，对出庭检察员的意见不予采纳。经二审法院审判委员会讨论决定，依照《刑事诉讼法》第200条第3项、第236条第1款第3项，以及最高人民法院《关于适用〈中华人民共和国刑事诉讼法〉的解释》的相关规定，判决如下：

第一，撤销江西省上饶县人民法院（2018）赣1121刑初115号刑事附带民事判决。

第二，上诉人（原审被告人）黎某宝无罪。

第三，驳回原审附带民事诉讼原告人叶某、陈某1、陈某2、陈某3的诉讼请求。

十一、王某交通肇事再审改判无罪案

（2021）皖1623刑再1号

（一）核心要点

被告人系为他人顶罪，原审认定事实确有错误，再审应予纠正，伪证罪另行提起公诉。

（二）裁判要旨

利辛县人民法院于2018年9月11日作出（2018）皖1623刑初605号刑事判决，认定原审被告人王某犯交通肇事罪，判处有期徒刑3年，缓刑5年。

再审中，原审被告人王某对本案再审无异议，认为原审判决所认定的交通事故是苏某1驾驶车辆所致，其当初是为苏某1顶替的。

再审法院查明，2018年6月16日21时16分，在利辛县，行人钱某1与沿221乡道与由西向东行驶的小型越野车发生碰撞（车辆驾驶员为王某），造成钱某1死亡及车辆损坏的道路交通事故，事故发生后肇事车辆的驾驶人驾车逃逸。经利辛县公安局交通管理大队认定，原审被告人王某负此事故的全部责任。

2021年1月14日，原审被告人王某因其涉嫌危险驾驶一案，在利辛县人民检察院审查起诉过程中，提出其因2018年6月16日发生的交通事故被再审法院以交通肇事罪判刑系为苏某1顶罪，利辛县人民检察院将案件退回利辛县公安局补充侦查。2021年5月20日，利辛县公安局以苏某1涉嫌交通肇事予以刑事立案侦查，并于当日对苏某1采取刑事拘留措施。在侦查过程中，苏某1对原审被告人王某为其顶替交通肇事罪的事实予以认可，并有多人证言印证涉案事故车辆当时是苏某1所驾驶，其肇事由原审被告人王某顶替。利辛县公安局交通管理大队撤销原《道路交通事故认定书》，重新作出苏某1负事故全部责任的《道路交通事故认定书》。2021年7月6日，利辛县人民检察院以原审被告人王某犯危险驾驶罪、包庇罪向再审法院提起公诉，再审法院已依法受理并另案审理中。本案再审立案后，亳州市人民检察院以原审判决认定事实错误向亳州市中级人民法院提出抗诉，亳州市中级人民法院作出（2021）皖16刑抗6号再审决定书，指令再审法院另行组成合议庭进行再审。

再审法院认为，刑事诉讼必须以事实为依据，以法律为准绳。原审依据原审被告人王某的供述、证人苏某1的证言、原《道路交通事故认定书》等证据，以原审被告人犯交通肇事罪作出原审判决。在本案再审过程中，有在案证据能够证明原审被告人王某以交通肇事罪被原审所判刑罚系为苏某1顶罪，原审判决认定的事实确有错误，再审应予纠正，且检察机关已对原审被告人王某犯危险驾驶罪、伪证罪向再审法院另行提起公诉，再审法院已依法受理。故原检察机关指控原审被告人犯交通肇事罪的证据不足、指控的犯罪不能成立，抗诉机关关于原审判决认定事实错误的抗诉意见，再审予以采纳。综上，本案经再审法院审判委员会讨论决定，判决如下：

第一，撤销再审法院之前作出的（2018）皖1623刑初605号刑事判决。

第二，原审被告人王某无罪。

十二、王某玲交通肇事无罪案

（2017）吉0802刑初19号

（一）核心要点

只有被告人供述，附带民事诉讼原告人提出异议，认为肇事者另有其人。车内痕迹鉴定没有查出被告人的DNA，没有现场目击证人及现场勘查笔录等能证明被告人犯罪的证据，证据不能形成完整的链条，现有证据认定被告人有罪不充分。

（二）裁判要旨

被告人王某玲承认检察机关的指控，称2016年10月21日21时其丈夫周某从镇赉到白城在高速公路上将车撞坏后，打电话给王某玲，让王某玲找修车地点修车。王某玲因不熟悉路，从鹤翔宾馆开始边行驶边寻觅修车地点，结果行至大象附近出事地点时因对面大灯晃眼睛，看不清路，把人撞了。事故发生后，别人拨打的电话，救护车先来的，人送走之后，王某玲就离开现场去筹款了。

被告人王某玲的辩护人的辩护意见是：对检察机关指控被告人王某玲犯有交通肇事罪不持异议，但是认为被告人王某玲具有法定、酌定的从轻、减轻的情节，请法庭对被告人给予从轻处罚。

在审查被告人与检察机关与被告人就有关事实和证据提出的控辩意见后，法院认为，检察机关指控被告人王某玲犯交通肇事罪，证据不足，不能认定被告人有罪。检察机关指控的犯罪事实，只有被告人王某玲本人的供述，附带民事诉讼原告人提出异议，认为肇事者另有其人，并申请补充侦查，法院共建议补充侦查三次。

法院第一次建议补充侦查后，侦查机关对鹤翔宾馆往西到事故发生地沿途进行排查，因为老城区改造，未查到含有事故发生情况的视频资料。被害人家属亦没有提供现场目击证人。白城市公安局交通警察支队洮北大队在接到法院的建议补充侦查函后又到案发地点调取资料，调取2016年10月21日左右案发时的监控摄像，指挥中心告知该监控头为治安头，没有调取到监控录像。根据该补充侦查的结果，不能证明是谁发生交通事故造成被害人死亡的后果。根据被害人家属的申请，法院又建议侦查机关补充侦查，对车辆驾驶室内的指纹、脱留干细胞DNA进行技术鉴定，结果从送检的物证材料——变速杆顶部可疑斑迹、鸣笛器表面可疑斑迹、方向盘2点方位处可疑斑迹、方向盘5点方位处可疑斑迹、方向盘10点方位处可疑斑迹进行DNA检验，（2017年5月22日）分别取上述各份检材DNA适量，常染色体STR多态性检验结果均未检出STR分型谱带，无法判型。针对检出的混合STR分型谱带、无法判型的问题，法院第三次建议检察机关补充侦查，对于建议补充侦查函交警支队追逃大队到白城市公安司法鉴定中心，咨询在混合型STR分型谱带中是否可以分辨出是谁的DNA，白城市公安司法鉴定中心的答复是多人混合，无法拆分。根据以上补充侦查结果，没有能证明被告人王某玲为肇事人的痕迹。

此外，对于法院在第三次建议补充侦查函中要求调取王某玲与周某手机通话流水单，刑事技术侦查部门给出的回复是刑事技术侦查部门查询的话单不能在询问、讯问和侦查中直接引用，在刑事诉讼中不能直接作为证据使用，故未能调取出来。以上证据均没有查出王某玲的DNA。从现有证据看，只有王某玲的供述，没有现场目击证人及公安机关现场勘查笔录能证明王某玲犯罪的证据，证据不能形成完整的链条，现有证据认定被告人有罪不充分。

法院认为，检察机关指控被告人王某玲犯交通肇事罪，现有证据不充分，罪名不成立。根据《刑事诉讼法》的相关规定，只有被告人供述，没有其他证据的，不能认定被告人有罪并处以刑罚。定罪量刑的事实都需有证据证明，据以定案的证据均需经法定程序查证属实，综合全案证据，不能排除合理怀疑，不能达到确实充分的证据标准、现有证据间不能形成完整链条，不足以认定。判决如下：

第一，被告人王某玲无罪。

第二，附带民事诉讼被告人中航安盟财产保险有限公司桦甸支公司在机动车交通事故强制责任保险责任限额内赔偿死亡伤残限额12万元，其中死亡伤残赔偿金 11 万元，医药费 1 万元（在判决生效后 10 日内给付）。

第三，附带民事诉讼原告人附带民事的其他部分请求可另行提起告诉。

第六节 法律适用——超标电动车不属于机动车辆、禁止重复评价等

一、马某维交通肇事无罪案

（2018）晋 0181 刑初 23 号

（一）核心要点

二轮电动车虽然在事故发生后被鉴定为机动车，但在案发当时，该车辆属于超标电动车自行车，无法办理车辆登记，其责任不在被告人，故不能据此认定被告人属无证驾驶无牌车辆，构成交通肇事罪。

（二）裁判要旨

法院认为，被告人马某维驾驶二轮电动车，发生致一人重伤的交通事故。事故发生后，经鉴定，二轮电动车属于机动车范畴，且经公安机关交通管理部门认定，马某维负事故主要责任。根据最高人民法院《关于审理交通肇事刑事案件具体应用法律若干问题的解释》第 2 条第 2 款的规定，发生交通肇事致 1 人以上重伤，负事故全部或主要责任，在无驾驶资格驾驶机动车或明知无牌证机动车而驾驶的情形下，以交通肇事罪定罪处罚。本案中，马某维驾驶的二轮电动车虽然在事故发生后被鉴定为机动车，但在案发当时，该车辆属于超标电动车/自行车，无法办理车辆登记，其责任不在马某维，故不能据此认定马某维属无证驾驶无牌车辆，构成交通肇事罪。因此，检察机关指控罪名不能成立。另外，交通肇事罪与过失致人重伤罪属于法条竞合，依据特别法优于普通法的原则，马某维的行为亦不构成过失致人重伤罪。判决如下：被告人马某维无罪。

二、牟某西交通肇事案

（2018）川1622刑初18号

（一）核心要点

1. 电动三轮车不能办理驾驶证，主管部门也按照非机动车进行管理，且这种行为的违法性不大，故不能以未取得驾驶证作为责任认定的事实依据之一。

2. 被告人驾驶车辆正常行驶，被害人作为智力残疾、行走不稳定的行人，在没有监护人带领的情况下过马路，没有注意行驶车辆，与案涉车辆相撞，不能期待被告人应当预见被害人过马路，其不存在故意或过失的不避让，《道路交通事故认定书》有失公正，加重了被告人的责任，对责任认定部分应不予采信。

（二）裁判要旨

对于《道路交通事故认定书》，合议庭认为，检察机关以第一份《道路交通事故认定书》（武公交认字［2016］第81号）为指控依据，故对第二份《道路交通事故认定书》（武公交认字［2016］第95号）不做评判。第一份《道路交通事故认定书》以“驾驶机动车，应当依法取得机动车驾驶证”作为认定被告人承担主要责任的事实依据之一。因驾驶案涉类型车辆不能办理驾驶证，主管部门也按照非机动车进行管理，且这种行为的违法性不大，故不能以未取得驾驶证作为责任认定的事实依据之一。《道路交通事故认定书》以“驾驶人驾驶机动车上道路行驶前，对机动车的安全技术性能进行认真检查，不得驾驶安全设施不全或者机件不符合技术标准等具有安全隐患的机动车”作为责任认定的事实依据之一。经鉴定，对于案涉车辆存在的安全隐患，被告人牟某西有消除安全隐患的义务，故可以作为认定责任的事实依据之一。《道路交通事故认定书》以“机动车行经没有交通信号的道路时，遇行人横过道路，应当避让”作为责任认定的事实依据之一，但驾驶人实施上述行为的前提条件是驾驶人员已经看到或应当看到有行人过道路而不避让。本案中，被告人牟某西驾驶车辆正常行驶，被害人舒某2作为智力残疾、行走不稳定的行人，在没有监护人的带领下过马路，没有注意行驶车辆，与案涉车辆相撞，被告人牟某西没有看见，也不能期待被告人牟某西应当预见被害舒某2过马路，其不存在故意或过失的不避让，故以此作为事故认定的依据之一，与客观事实不符。综上，结合双方的过错程度，《道路交通事故认定书》对责任认定有失公正，加重了被告人牟某西的责任，对责任认定部分应不予采信。

法院认为，《道路交通安全法》第21条规定："驾驶人驾驶机动车上道路行驶前，应当对机动车的安全技术性能进行认真检查；不得驾驶安全设施不全或者机件不符合技术标准等具有安全隐患的机动车。"第64条第1款规定："学龄前儿童以及不能辨认或者不能控制自己行为的精神疾病患者、智力障碍者在道路上通行，应当由其监护人、监护人委托的人或者对其负有管理、保护职责的人带领。"被告人牟某西驾驶不符合运行安全技术标准、存在安全隐患的属于机动车类的车辆上路行驶，被害人舒某2作为智力障碍者未在监护人的带领下在道路上行走，双方发生交通事故，双方的过错程度相当，法院依法认定被告人牟某西、被害人舒某2负案涉事故同等责任。虽然被告人牟某西驾驶车辆发生交通事故并致一人死亡，但不符合最高人民法院《关于审理交通肇事刑事案件具体应用法律若干问题的解释》第2条第1款"交通肇事具有下列情形之一的，处三年以下有期徒刑或者拘役：（一）死亡一人或者重伤三人以上，负事故全部或者主要责任的；……"的规定，四川省武胜县人民检察院指控被告人牟某西的行为不符合交通肇事罪的犯罪构成要件，指控的罪名不能成立。

关于被告人牟某西及其辩护人的辩解（辩护）意见，分析如下：（1）案涉车辆不是机动车的问题。经司法鉴定机构鉴定，案涉车辆属于机动车类正三轮摩托车，故该辩论意见不成立，不予采纳。（2）驾驶案涉车辆无须具备驾驶证的问题。因驾驶案涉车辆不能办理驾驶证，主管部门也按照非机动车进行管理，故该意见成立，予以采纳。（3）认定被告人牟某西负事故主要责任有失公平的问题。根据法院对事故责任的分析认定，该辩论意见成立，予以采纳。（4）被告人牟某西不构成交通肇事罪的问题。因被告人牟某西的交通肇事行为不符合交通肇事罪的犯罪构成要件，故该辩解（辩护）意见成立，予以采纳。

判决如下：被告人牟某西无罪。

三、姚某二审改判无罪案

（2018）甘11刑终245号

（一）核心要点

1. 原判认定“村道”不属《道路交通安全法》规定的道路，对姚某以过失致人死亡罪定罪处罚，属适用法律错误。

2. 公安机关交通管理部门认定被告人负事故同等责任，造成一人死亡不构成交通肇事罪。

（二）裁判要旨

一审法院判决：被告人姚某犯过失致人死亡罪，判处有期徒刑6个月，缓刑1年。

二审法院认为，原审被告人姚某、被害人王某1二人驾驶机动车在道路上行驶途中，均违反《道路交通安全法》的规定，不注意行车安全，导致交通事故，并致王某1受伤后经抢救无效死亡；但经公安机关交通管理部门认定，姚某与王某1负事故同等责任。根据最高人民法院《关于审理交通肇事刑事案件具体应用法律若干问题的解释》第2条的规定，姚某的行为尚达不到犯罪程度，不应对其定罪处罚。原判认定原审被告人姚某驾驶机动车在村道上与被害人王某1驾驶的电动车相撞，致王某1受伤后经抢救无效死亡的基本事实清楚，基本证据确实充分；但原判认定“村道”不属于《道路交通安全法》规定的道路，对姚某以《刑法》第233条规定的过失致人死亡罪定罪处罚，属适用法律错误。根据法律规定和本案相关证据，本案发生交通事故的通往阎吴家村的村道，属临洮县公安机关交通管理部门和洮阳镇政府管理的村级公路，系公共通行场所，即《道路交通安全法》第119条第1项规定的道路中的公路。对发生在道路上的交通事故，应根据《道路交通安全法》《刑法》及有关司法解释中有关交通肇事罪的规定来判断事故责任及是否构成犯罪；原判以过失致人死亡罪对原审被告人姚某定罪处罚属适用法律错误。上诉人姚某关于原判适用法律错误，其行为不构成犯罪的上诉理由成立，予以采纳。判决如下：

第一，撤销临洮县人民法院（2018）甘1124刑初278号刑事判决。

第二，上诉人（原审被告人）姚某无罪。

四、韩某祥交通肇事案

（2016）内2201刑初435号

（一）核心要点

雇佣无驾驶资格人员驾驶车辆虽存在过错，但事故的直接原因系司机违反交通规则，与雇主的指示内容不具有必然的因果关系。

（二）裁判要旨

法院认为，被告人韩某祥明知张某没有驾驶资格而雇佣并指示其驾驶无牌重型自卸货车在公共道路上行驶，其行为存在过错。但是，本案中被害人刘某1被碾轧死亡的重大交通事故的直接原因系张某转弯时未注意观察，未在确保安全、畅通的原则下通行，与被告人韩某祥的过错及指示内容不具有必然的因果关系，故被告人韩某祥不构成交通肇事罪。检察机关指控的罪名不成立。辩护人关于被告人韩某祥不构成交通肇事罪的辩护意见，予以采纳。判决如下：被告人韩某祥无罪。

五、朱某林交通肇事二审改判无罪案

（2018）粤01刑终1880号

（一）核心要点

被告人在发生交通事故后逃逸，公安机关交通管理部门将逃逸行为作为认定被告人承担事故全部责任的理由。原判在定罪时，又将逃逸行为作为入罪要件，违背了禁止对同一事实进行重复评价的原则。被告人依法不构成犯罪。

（二）裁判要旨

原审法院认为，被告人朱某林无视国家法律，违反交通运输管理法规，因而发生重大事故，致一人重伤、负事故的全部责任，为逃避法律追究逃离事故现场，其行为已构成交通肇事罪，依法应当予以处罚。被告人朱某林赔偿被害人部分经济损失，可酌情从轻处罚。根据被告人朱某林作案的具体犯罪事实、认罪态度等情节，判决：被告人朱某林犯交通肇事罪，判处有期徒刑1年3个月。

二审法院认为，上诉人朱某林在发生交通事故后逃逸，公安机关交通管理部门依据《道路交通安全法实施条例》第92条第1款之规定，将逃逸行为作为认定朱某林承担事故全部责任的理由。原判在定罪时，又引用最高人民法院《关于审理交通肇事刑事案件具体应用法律若干问题的解释》第2条第2款第6项之规定，将逃逸行为作为入罪要件，违背了禁止对同一事实进行重复评价的原则。据此，朱某林依法不构成犯罪。朱某林及其辩护人提出交通事故责任划分不当、检察机关及被害人的诉讼代理人提出维持原判的意见均不能成立，二审法院不予采纳。原审判决认定的事实清楚，但适用法律不当，经二审法院审判委员会讨论，判决如下：

第一，撤销广州市番禺区人民法院（2018）粤0113刑初576号刑事判决。

第二，上诉人朱某林无罪。

六、曾某交通肇事案

（2014）龙刑初字第208号

（一）核心要点

鉴定意见没有事实依据，不构成重伤，依法不属于犯罪。

（二）裁判要旨

法院认为，根据《刑法》第133条及最高人民法院《关于审理交通肇事刑事案件具体应用法律若干问题的解释》的相关规定，酒后驾驶机动车辆、无驾驶资格驾驶机动车辆、为逃避法律追究逃离事故现场的，交通肇事致一人重伤，负事故全部或者主要责任，构成交通肇事罪。检察机关依据琼华洲司鉴（2013）临鉴字第460号法医临床鉴定意见书认定被害人罗某某构成重伤，因而检察机关指控被告人曾某犯交通肇事罪。但是，根据司法部、最高人民法院、最高人民检察院、公安部发布的《人体重伤鉴定标准》第七章第一节第45条“外伤性蛛网膜下腔出血伴有神经系统症状和体征”的规定，达到重伤的条件是外伤性蛛网膜下腔出血伴有神经系统症状和体征，两个条件缺一不可，琼华洲司鉴（2013）临鉴字第460号法医临床鉴定意见书显示罗某某外伤性蛛网膜下腔出血，没有神经系统症状和体征，故该鉴定意见没有事实依据。另外，根据《刑事诉讼法》第192条第3款的规定，公诉人对鉴定意见有异议，人民法院认为鉴定人有必要出庭的，鉴定人应当出庭作证，经人民法院通知，鉴定人拒不出庭作证的，鉴定意见不得作为定案的根据，作出琼华洲司鉴（2013）临鉴字第460号法医临床鉴定意见书的鉴定人李某某拒不出庭作证，故该鉴定意见不得作为定案依据。法院委托海南医学院法医鉴定中心作出的（2014）临鉴字第199号法医临床鉴定意见书符合法定程序，且该鉴定意见经过告知相关人员及法庭质证，被害人罗某某、被告人曾某及其辩护人、检察机关对该鉴定意见无异议，可以作为定案的依据，故认定被害人罗某某因交通事故头部损伤达轻伤一级，骨盆骨折达到轻伤二级，不符合交通肇事罪的构成要件。判决如下：被告人曾某无罪。

七、郝某兰过失致人重伤案

（2021）内0429刑初32号

（一）核心要点

1. 在公共交通管理的范围内发生重大交通事故的，须依照交通肇事罪的有关规定办理，只有在公共交通管理范围外，驾驶机动车致人伤亡的，才可能认定为过失致人重伤/死亡罪。

2. 本案的案发地点为城市交通道路，在公共交通管理的范围内，只能按照交通肇事罪定性，根据司法解释，致一人重伤负事故主要责任，不构成犯罪。

（二）裁判要旨

2020年6月1日9时许，被告人郝某兰无机动车驾驶证驾驶雅迪牌二轮踏板电动车（经鉴定为轻便摩托车，属机动车范畴）沿宁城县天义镇大明街由西向东行驶至富民路“T”形路口转入富民路由北向南行驶时，因疏忽大意与沿大明街由西向东行驶至此处的王某驾驶的普通二轮摩托车相撞，致两车不同程度损坏，被告人郝某兰受伤住院治疗，被害人王某蛛网膜下腔出血、脑挫裂伤、颅内出血，伴神经系统、脑压症状和体征，致左上肢及左下肢瘫痪，伴大小便失禁，经法医鉴定构成重伤一级。经宁城县公安局交警大队认定，被告人郝某兰负本次道路交通事故的主要责任。

本案中，控辩双方对该案事实无争议，对该案的定性存在争议。法院认为，根据2000年11月15日颁布的最高人民法院《关于审理交通肇事刑事案件具体应用法律若干问题的解释》第8条的规定，在实行公共交通管理的范围内发生重大交通事故的，依照《刑法》第133条和该解释的有关规定办理。在公共交通管理的范围外，驾驶机动车辆或者使用其他交通工具致人伤亡或者致使公共财产或者他人财产遭受重大损失，构成犯罪的，分别依照《刑法》第134条、第135条、第233条等规定定罪处罚。

根据上述司法解释的规定，在公共交通管理的范围内发生重大交通事故的，须依照交通肇事罪和有关司法解释对交通肇事刑事案件的有关规定办理，只有在公共交通管理的范围外，驾驶机动车致人伤亡的，才可能认定为过失致人重伤/死亡罪。本案的案发地点为宁城县交叉的“T”形路口，属城市交通道路，在公共交通管理的范围内，故该案只能按照交通肇事罪定性，但根据最高人民法院《关于审理交通肇事刑事案件具体应用法律若干问题的解释》第2条第2款的规定，交通肇事致一人以上重伤，负事故全部或者主要责任，并具有下列情形之一的，以交通肇事罪定罪处罚：（1）酒后、吸食毒品后驾驶机动车辆的；（2）无驾驶资格驾驶机动车辆的；（3）明知是安全装置不全或者安全机件失灵的机动车辆而驾驶的；（4）明知是无牌证或者已报废的机动车辆而驾驶的；（5）严重超载驾驶的；（6）为逃避法律追究逃离事故现场的。

本案中，被告人郝某兰发生交通事故致一人重伤，负本次道路交通事故的主要责任，但上述六种定罪情形其均不具备，其行为不符合交通肇事罪的构成要件。

综上，检察机关指控被告人郝某兰犯过失致人重伤罪的犯罪事实及罪名不成立，法院不予采纳。被告人及辩护人的相关辩护意见成立，法院予以采纳。判决如下：被告人郝某兰无罪。

第五章　交通肇事罪人民检察院无罪不起诉决定34例

律师的刑事辩护，除了在法院开庭时的辩护外，还有很多是在侦查、检察阶段提出辩护意见，从而使检察机关作出无罪不起诉决定，减少了被告人的羁押时间，提前获得人身自由，提前确定无罪。

不起诉，是指检察机关在审查起诉后作出不将案件移送人民法院审判而终止诉讼的决定。

不起诉分为三种：法定不起诉（绝对不起诉）、证据不足不起诉（存疑不起诉）、酌定不起诉（相对不起诉），其中法定不起诉（绝对不起诉）、证据不足不起诉（存疑不起诉）都是无罪的。

第一节　肇事逃逸与死亡后果不具有因果关系、有违禁止重复评价原则

一、北京苗某某案

京大检一部刑不诉（2020）5号

（一）核心要点

在不考虑案发后驶离现场这一情节的情况下，嫌疑人在事故中无责任行为与死亡结果之间不具有刑法意义上的因果关系。

（二）查明事实

苗某某于2019年6月21日1时许，驾驶现代牌小型汽车在北京市大兴区京福路与魏永路交叉路口等红灯时，被害人向某某（男，河南人，殁年62岁）驾驶正三轮摩托车从后方驶来，其车辆前部与前方正在等红灯的苗某某驾驶的小轿车后部相撞，造成两车损坏，向某某当场死亡，后苗某某驶离现场。经依法鉴定，向某某符合创伤性休克死亡，苗某某、向某某二人的血液中均未检出酒精，向某某驾驶的正三轮载货摩托车前轮制动系不能正常工作，苗某某驾驶的现代牌小型汽车前大灯发光强度不合标准。北京市公安局大兴分局交通支队出具《道路交通事故认定书》及相关说明，认定在不考虑苗某某案发后驶离现场的情况下，苗某某在本起交通事故中无责任。

苗某某于当日拨打“122”交警事故报警电话报案，后被依法传唤到案。

（三）无罪要旨

苗某某在本起交通事故中无责任，其正常驾驶、正常停驶等红灯的行为与被害人向某某的死亡结果之间不具有刑法意义上的因果关系，因此，苗某某无犯罪事实。依照《刑事诉讼法》第177条第1款之规定，决定对苗某某不起诉。

二、江西闵某某案

新检刑不诉（2021）41号

（一）核心要点

“逃逸”情节在事故认定时已进行过评价，不应再作为构罪情节重复评价。

（二）查明事实

2021年5月4日17时8分，闵某某驾驶一辆“东风日产”牌小型轿车沿江西省南昌市新建区经济开发区产业路由西往东行驶至江铃集团晶马汽车公司旁路段，遇魏某某骑“绿风”牌二轮电动车沿产业路由北往南横过道路，闵某某驾驶的小车左前侧与魏某某骑行的二轮电动车右前侧发生碰撞，致魏某某受伤、两车受损的交通事故。发生事故后，闵某某及时报案并叫朋友夏某某将魏某某送往医院救治，后闵某某坐朋友龚某某的车离开现场。2021年5月5日10点许，闵某某主动到新建交管大队西山中队接受调查。经江西神州司法鉴定中心鉴定，魏某某损伤程度构成重伤二级。经南昌市公安局新建分局交通管理大队依法认定，闵某某报案后不履行现场等候处理义务，弃车逃逸，未保护现场是造成本次事故的主要原因，在本次事故中承担主要责任。

（三）无罪要旨

闵某某违反交通运输法规，致一人重伤，因弃车逃逸承担本次事故的主要责任，但是该“逃逸”情节已在事故认定时进行评价，不应作为构罪情节进行重复评价，所以闵某某的行为不构成交通肇事罪，仅应在民事范围内承担赔偿责任，根据《刑事诉讼法》第177条第1款之规定，决定对闵某某不起诉。

三、江西倪某某案

瑞检一部刑不诉〔2021〕Z50号

（一）核心要点

交警已将逃逸行为认定为承担主要责任的理由，再将逃逸行为作为入罪要件，违背了禁止对同一事实进行重复评价的原则。

（二）查明事实

2020年11月28日15时8分许，倪某某驾驶的中型普通客车行驶至瑞昌市黄金北路与天华路交叉路口处，与被害人雷某某驾驶的普通二轮摩托车发生碰撞，造成两车受损、被害人雷某某受伤的交通事故，事故发生后倪某某弃车逃逸离开现场。经鉴定，被害人雷某某损伤程度为重伤二级，倪某某负此次事故主要责任。

（三）无罪要旨

倪某某驾驶机动车发生事故以后逃逸，致一人重伤，负事故主要责任，无其他违反交通管理法规行为。公安机关交通管理部门依据《道路交通安全法实施条例》第92条第1款的规定，将逃逸行为作为认定倪某某承担事故主要责任的理由，又引用最高人民法院《关于审理交通肇事刑事案件具体应用法律若干问题的解释》第2条第2款的相关规定，将逃逸行为作为入罪要件，违背了禁止对同一事实进行重复评价的原则，不构成犯罪。依照《刑事诉讼法》第177条第1款的规定，决定对倪某某不起诉。

四、湖北吴某某案

鄂检刑不诉（2021）67号

（一）核心要点

交通事故不是导致受害人死亡的直接原因，时间上存在先行后续关系。

（二）查明事实

2021年4月10日19时许，吴某某无有效机动车驾驶证驾驶正三轮摩托车沿甘河镇中央路由西向东行驶，到甘河镇中央路仙寿园门前西侧20米处，将行人王某某撞倒，造成行人王某某受伤的交通事故。事故发生后，吴某某驾驶车辆逃逸，王某某于2021年6月24日经甘河镇中心卫生医院治疗无效死亡，公安机关交通管理部门认定吴某某负事故的全部责任。2021年8月25日，经中国医科大学司法鉴定中心鉴定，王某某系因慢性肾病（肾固缩、肾小球纤维化），加之交通事故造成颅脑损伤及骨盆、肋骨多处骨折，继发营养不良及多器官功能衰竭死亡。2021年10月25日，经中国医科大学司法鉴定中心对就王某某的损伤与疾病在死亡原因中的比例进行补充鉴定，导致王某某的直接死亡原因是疾病和损伤后的继发性病变。其中，交通事故所致损伤在死亡原因上起次要作用，故本次交通事故不是导致王某某死亡的直接原因。

（三）无罪要旨

吴某某无机动车驾驶证驾驶无牌照电动三轮车上路行驶将被害人王某某撞倒后逃逸的事实清楚，虽然被不起诉人吴某某有违章行为，将被害人王某某撞倒，但不是造成王某某的死亡的主要原因，在时间上存在先行后续关系，故吴某某的行为不构成交通肇事罪，依据《刑事诉讼法》第177条第1款对吴某某作出不起诉决定。

五、广西赵某伟案

鱼检刑不诉〔2021〕Z15号

（一）核心要点

闯红灯的违法性比肇事逃逸更严重，检察机关不认可因逃逸而承担主要责任。

（二）查明事实

2019年9月1日23时58分许，赵某伟驾驶“大众”牌小型轿车在柳州市鱼峰区新柳大道延长线由东往西超速通过象沿南路路口时，不按所需行进方向驶入导向车道后遇陈某文驾驶二轮电动车在象岩南路由北往南闯红灯行驶至此，小型轿车车头与电动车左侧发生碰撞，造成两车不同程度损坏、陈某文受伤的道路交通事故。事故发生后，赵某伟弃车离开事故现场。经广东中智痕迹司法鉴定所鉴定，二轮电动车机件制动系效能不符合技术标准。柳州市公安局交通警察支队柳东大队认定赵某伟应负此事故的主要责任。经柳州市公安局交通技术鉴定所鉴定，陈某文所受损伤程度为重伤二级。2020年6月24日，赵某伟经通知到柳州市公安局交通警察支队交通犯罪侦查大队接受处理。

（三）无罪要旨

赵某伟在此次事故中不负全部或者主要责任，其行为不构成交通肇事罪。依照《刑事诉讼法》第177条第1款的规定，决定对赵某伟不起诉。

六、江西陈某甲案

吴检刑不诉（2021）16号

（一）核心要点

逃逸行为未造成事故责任无法查明的后果，不能推定因逃逸行为负事故的全部责任或主要责任。

（二）查明事实

交通队认定陈某甲肇事逃逸承担事故主要责任，造成一人死亡。

（三）无罪要旨

检察机关认为，该事故发生的起因是由栾某甲（死者）违规超车（超过中线），与对向的陈某甲驾驶的摩托车相撞倒地后，被陈某甲正常行驶的小货车的后轮碾压致死，应认定栾某甲在该事故中负主要责任，陈某甲负事故的次要责任，陈某甲的逃逸行为未造成事故责任无法查明的后果，不能以其逃逸行为推定负事故的全部责任或主要责任。陈某甲的行为不构成交通肇事罪，根据《刑事诉讼法》第177条第1款之规定，决定对陈某甲不起诉。

七、山东张某某案

济历城检刑不诉（2022）16号

（一）核心要点

追尾是事故发生的主要原因，事后逃逸与受害人的死亡没有刑法上的因果关系。

（二）查明事实

2021年7月23日4时30分许，张某某驾驶轻型厢式货车沿济南市历城区工业北路高架桥由西向东行驶至该高架桥与铁路连接线处，在减速避让前方的交通事故时，被被害人赵某某驾驶的轻型厢式货车（载乘人李某某）追尾相撞，张某某驾驶的车辆被撞向道路右侧护栏，后张某某驾车离开事故现场。事故发生后，李某某随即拨打“122”交警事故报警电话、“120”急救电话，被害人赵某某经抢救无效于7月24日死亡。经鉴定，赵某某符合因交通工具作用致腹腔脏器严重损伤合并失血性休克而死亡。

（三）无罪要旨

被害人赵某某在交通事故中死亡的事实存在，该事故系赵某某未与前车保持足以采取紧急制动措施的安全距离致追尾碰撞所引发，张某某存在未报警、未保护现场等违反道路交通管理法规的行为，但该行为与赵某某的死亡没有刑法上的因果关系。张某某无交通肇事的实行行为，不构成交通肇事罪，依据《刑事诉讼法》第177条第1款的规定，决定对张某某不起诉。

八、广西陈某某案

靖检刑不诉（2021）145号

（一）核心要点

弃车离开现场的行为与两人死亡的危害结果没有刑法意义上的因果关系，不能作为犯罪构成要件予以评价。

（二）查明事实

2020年4月3日0时许，陈某某驾驶小型轿车沿S60（合那高速公路）下行线由那坡县往崇左市方向行驶，至该线446千米+100米时，追尾前方同向行驶由杨某某驾驶的重型厢式货车，造成两车不同程度损坏的道路交通事故。碰撞发生后，陈某某驾驶小型轿车停在现场东侧的超车道内，杨某某驾驶的重型厢式货车停在现场西南侧的行车道和应急车道之间。此次事故未造成人员伤亡。当日0时58分许，文某某驾驶小型普通客车搭载谭某某、陈某2沿S60（合那高速公路线）下行线由那坡县往崇左市方向行经事故现场时，车辆与重型厢式货车尾部相碰撞，造成小型普通客车驾驶员文某某、乘客陈某2当场死亡、谭某某受伤、两车不同程度损坏的道路交通事故。第二次事故发生时，陈某某独自坐在小轿车驾驶室等待救援，后其在不知有人员伤亡的情况下由一个叫“陈老板”（具体名字不详）的人带离事故现场。事故发生后，陈某某于当日14时到靖西市公安局交警大队投案自首。经南宁市中一司法鉴定所鉴定，文某某符合道路交通事故致颅脑、胸腔脏器严重损伤死亡；陈某2符合道路交通事故致颅脑损伤死亡。经鉴定，事故发生时，文某某驾驶的小型普通客车车速为106千米/小时、陈某某驾驶的小型轿车事发时车速为144千米/小时。公安机关交通管理部门以陈某某超速行驶、发生交通事故后未立即停车保护现场、交通事故发生后逃逸认定陈某某承担主要责任；以杨某某驾驶不符合技术标准的机动车上道路行驶，认定杨某某负事故的次要责任；以文某某驾驶机动车超速行驶，认定文某某负事故的次要责任。陈某2、谭某某无责任。

（三）无罪要旨

刑事责任的根据是行为与结果存在刑法意义上的因果关系。陈某某在发生第二次交通事故后弃车离开现场，但其离开事故现场的行为与导致两人死亡的结果没有刑法意义上的因果关系，所以此行为不能作为犯罪构成要件予以评价，其行为不构成交通肇事罪。依照《刑事诉讼法》第177条第1款的规定，决定对陈某某不起诉。

九、广东刘某甲案

兴检刑不诉（2021）19号

（一）核心要点

逃逸之前，承担事故同等责任未达到交通肇事罪的追诉标准。

（二）查明事实

2019年12月3日6时34分许，刘某甲驾驶无号牌普通二轮摩托车由兴宁市城区方向沿某省道往兴宁市某镇方向行驶，行驶至某路段，与相对方向闯红灯从左往右横过机动车道由刘某乙驾驶的自行车发生碰撞（双方车辆在运动中碰撞，碰撞接触点在摩托车行驶方向的机动车道里右边位置），致使自行车及骑车人倒地，造成刘某乙受伤、车辆损坏的交通事故。事故发生后，刘某甲未下车查看而是驾驶摩托车离开交通事故现场。经公安机关侦查，于当天18时许在兴宁市将刘某甲抓获。2019年12月20日，兴宁市公安局作出《道路交通事故认定书》，认定：当事人刘某甲发生交通事故后驾车逃逸，承担事故的全部责任；当事人刘某乙不承担事故的责任。2020年8月5日，经鉴定，被害人刘某乙颅内多发脑挫裂伤并血肿，伴神经症状和特征的损伤程度已达重伤二级。2020年8月27日，兴宁市公安局以刘某甲涉嫌交通肇事罪立案侦查。2020年9月9日，刘某甲家属与被害人家属达成调解协议，由刘某甲家属一次性共赔偿被害人家属6万元，取得被害人家属谅解。2021年3月24日和8月24日，兴宁市公安局出具情况说明，证实在当事人刘某甲发生交通事故后未驾车逃逸的情况下，其违法行为应承担此事故的同等责任。

（三）无罪要旨

根据最高人民法院《关于审理交通肇事刑事案件具体应用法律若干问题

的解释》第2条第2款的规定，交通肇事致一人以上重伤，负事故全部或者主要责任，并具有“为逃避法律追究逃离事故现场的”等6种情形的，才能以交通肇事罪定罪处罚。兴宁市公安局2021年8月24日出具的情况说明，证实被不起诉人刘某甲在未逃逸之前，其承担该事故的同等责任。现有证据未达到交通肇事罪的追诉标准，刘某甲的交通肇事行为不构成交通肇事罪，依据《刑法》第3条及《刑事诉讼法》第177条第1款的规定，决定对刘某甲不起诉。

十、四川邱某某案

富检刑不诉（2021）33号

（一）核心要点

高速公路撞死行人逃逸，逃逸行为与死亡结果无刑法上的因果关系。

（二）查明事实

2020年8月7日，邱某某驾驶重型半挂牵引车牵引一辆重型集装箱半挂车沿广昆高速G80线由云南往广西方向行驶。22时51分，车辆行驶至广昆高速公路G80下行线某处时，其所驾驶车辆车头与行人张某某相剐撞，造成张某某死亡、车辆受损的道路交通事故。事故发生后，邱某某驾驶车辆驶离现场。经调查认定：邱某某因肇事后逃逸而承担此事故的主要责任；死者张某某承担此事故的次要责任。

（三）无罪要旨

根据《道路交通安全法》第67条的规定，行人严禁在高速公路内行走，死者张某某违反规定进入高速公路行走是引起此次交通事故的根本原因。邱某某在高速公路上发生交通事故后驾驶车辆逃逸的行为虽然违反了《道路交通安全法》的相关规定，但邱某某的逃逸行为与被撞行人的死亡后果之间无刑法意义上的因果关系，因此邱某某的行为不构成犯罪。根据《刑事诉讼法》第177条第1款的规定，决定对邱某某不起诉。

十一、广东陈某某案

雷检一部刑不诉〔2020〕Z208号

（一）核心要点

肇事者事故后作证他人是司机，但该行为并不属于逃跑行为，也不存在交通肇事逃逸行为，故不构成交通肇事罪。

（二）查明事实

2020年1月22日2时许，陈某某驾驶无号牌方向盘式三轮汽车搭载黄某某、陈某甲从附城镇仙来村方向往附城镇爱莲村方向行驶。时至当天2时18分许，行驶至雷州市附城镇仙来路南泮洋村路段时，与相对方向由被害人黄某甲驾驶并搭载黄某乙、高某某的无号牌二轮摩托车发生碰撞，造成黄某甲、黄某乙、高某某三人受伤，黄某甲经送医院抢救无效死亡及两车损坏的道路交通事故。发生交通事故后，陈某某、黄某某、陈某甲三人积极送伤亡人员往雷州市人民医院救治，主动接受侦查机关的询问，在接受询问时作虚假证言，均作证是黄某某驾驶无号牌方向盘式三轮汽车。2020年6月1日，雷州市公安局交通警察大队对本次交通事故作出的责任认定结论是：双方当事人的过错行为共同导致交通事故的发生，且双方的行为在发生道路交通事故上所起的作用相当。事故发生后，陈某某作证是其母亲黄某某驾驶无号牌方向盘式三轮汽车肇事，隐瞒事故事实，逃避法律责任，构成交通肇事逃逸，根据《道路交通安全法实施条例》第92条第1款“发生交通事故后当事人逃逸的，逃逸的当事人承担全部责任。但是，有证据证明对方当事人也有过错的，可以减轻责任”，以及《道路交通事故处理程序规定》第76条之规定，认定陈某某承担道路交通事故主要责任，黄某甲承担道路交通事故次要责任，黄某某、陈某甲、黄某乙、高某某无责任。

（三）无罪要旨

根据最高人民法院《关于审理交通肇事刑事案件具体应用法律若干问题的解释》第3条的规定，交通事故逃逸是指行为人具有该解释第2条第1款和第2款第1~5项规定的情形之一，在发生交通事故后，为逃避法律追究而逃跑的行为。本案中，陈某某在发生交通事故后作证其母亲黄某某是司机，但该行为并不属于逃跑行为，也不存在交通肇事逃逸行为，故不构成交通肇事罪。

陈某某的上述行为，没有犯罪事实，不构成犯罪。依照《刑事诉讼法》

第 177 条第 1 款的规定，决定对陈某某不起诉。

十二、辽宁赵某军案

阜细检公诉刑不诉（2020）53 号

（一）核心要点

送伤者就医不应认定为故意变动现场，离开医院取钱救治伤者并非无故离开医院，不应认定为肇事逃逸。

（二）查明事实

2019 年 6 月 8 日 15 时许，赵某军驾驶小型轿车沿中华路由西向东行驶至北方花园新区南门前向北左转弯过程中，与沿中华路由东向西行驶的由王某利驾驶的无牌照二轮摩托车发生交通事故，造成两车不同程度损坏、王某利受伤的后果。事故发生后，赵某军经王某利请求将王某利送往阜新市中心医院 11 楼救治。到医院后，赵某军先后给曾经的同事矿务局退休职工陈某林、孙某祥、张某君等人打电话，告知让他们到医院帮忙看护伤者。在张某君到达医院后，赵某军到位于人民大街土地局附近的工商银行取钱并给其妻子徐某打电话，让徐某带钱过来，赵某军在 6 月 8 日 15 点 40 分左右分四次用自己的邮政储蓄卡在工商银行取出 20000 元钱交给徐某。在此过程中，王某利妻子和妻弟赵某红到达医院，经商量被害人家属决定到沈阳救治，孙某祥对赵某红说他是车主的表哥，车主取钱去了，需不需要他们跟着到沈阳救治，赵某红说不用。在到医院一楼抬伤者上救护车时，徐某与赵某红会面并提出上沈阳救治，赵某红表示不用。伤者送医沈阳后，孙某祥、陈某林、张某君离开医院，赵某红与徐某先后到事故现场，赵某红报案并与徐某摆出事故现场。交警出现场，徐某说是她开的车。事后，徐某与赵某红在棋牌馆签订协议：车主徐某负全责。在 2019 年 6 月 9 日，徐某到细河区交警大队主动承认是赵某军开的车。在 2019 年 6 月 24 日，赵某军到交警队接受询问。

（三）无罪要旨

在本案中，被告人赵某军在事故发生后，积极送伤者就医而未能维持事故现场原貌，不应认定其故意变动现场，其离开医院是为了取钱救治伤者并非无故离开医院，而且离开之前其朋友张某君、孙某祥、陈某林已到医院帮忙看护伤者，后又让其妻子带钱到医院协商。徐某在办案单位出现场时说是自己开的车，没有证据证明是赵某军指使其妻子徐某冒名顶替，只能认定是徐某的个人行为。2019 年 6 月 24 日，赵某军遵照规定，来到办案单位，配合制作笔录，讲述实际情况，没有刻意逃避法律追究。

根据《刑法》第 133 条，以及最高人民法院《关于审理交通肇事刑事案件具体应用法律若干问题的解释》第 3 条之规定，不应认定被告人赵某军的行为属于“交通运输肇事后逃逸”，即在发生交通事故后，为逃避法律追究而逃跑的行为。

赵某军在本案中不存在交通肇事罪的犯罪事实，不构成犯罪。依照《刑事诉讼法》第 177 条第 1 款的规定，决定对赵某军不起诉。

十三、辽宁王某甲案

抚顺检刑不诉〔2021〕Z66 号

（一）核心要点

主观上是担心得不到保险公司赔偿，冒用他人名字并不是为了逃避法律追究。

（二）查明事实

王某甲于 2019 年 12 月 7 日 6 时 20 分许，在抚顺市葛布北街高速口附近驾驶一辆小型轿车由北向南行驶时，与由东向西横过机动车道的行人冯某某发生交通事故，事故造成车辆损坏、行人冯某某受伤。经抚顺公正司法鉴定所司法鉴定，冯某某头部损伤为重伤二级。

案发后，王某甲拨打“110”报警电话、“120”急救电话，并在现场等候。在等待期间，王某甲给其双胞胎弟弟王某乙打电话，要求把王某乙的准驾证、驾驶证送到现场，交警到达现场后王某甲谎称自己为王某乙并使用王某乙准驾证、驾驶证，以王某乙之名接受酒精含量鉴定，随后在公安人员的同意下离开，王某乙静脉血中未检出酒精成分。经抚顺市公安局交通警察支队顺城交通警察大队认定，王某甲负事故的主要责任，冯某某负事故次要责任。事后王某乙顶替王某甲到交警队接受处理时，被公安机关发现其并不是肇事者本人，王某甲遂到公安机关接受调查。2021年1月22日，公安机关表示王某甲、王某乙、刘某某触犯《治安管理处罚法》第60条的相关规定，被行政拘留10日罚款200元。

（三）无罪要旨

王某甲驾驶机动车发生交通事故，致一人重伤，负事故主要责任。事故发生后，王某甲担心得不到保险公司赔偿，冒用双胞胎弟弟名字、证件，并不是为了逃避法律追究，且王某甲是在配合公安机关进行酒精检测后，在公安机关的允许下离开。故王某甲没有为逃避法律追究逃离事故现场的行为，王某甲的行为不构成交通肇事罪。依照《刑事诉讼法》第177条第1款的规定，决定对王某甲不起诉。

第二节 肇事行为与死亡结果不具有刑法意义上的因果关系或者只起次要作用

一、河北魏某某案

肃检刑不诉（2021）20号

（一）核心要点

交通事故外伤为被害人死亡诱因，肇事行为与死亡结果不具有刑法上的因果关系。

（二）查明事实

2020年10月7日8时40分许，在肃宁县某幼儿园门前，魏某某驾驶轿车由南向北倒车时，将由西向东步行的冯某某撞倒，造成冯某某左股骨粗隆间骨折。2020年10月8日，冯某某在肃宁县人民医院进行左股骨粗隆间骨折闭合复位内固定术，术后病情平稳。10月13日，冯某某心跳突然停止，自主呼吸消失，经抢救无效于当日死亡。经鉴定，冯某某符合在冠心病的基础上，急性心肌梗死致心力衰竭而死亡，交通事故外伤为死亡诱因。经认定，魏某某负事故的全部责任。

（三）无罪要旨

魏某某违反交通运输管理法规发生事故致被害人左股骨粗隆间骨折，交通事故外伤为被害人死亡诱因，交通肇事行为与死亡结果不具有刑法上的因果关系，魏某某的行为不构成交通肇事罪。

根据《刑法》第133条、《刑事诉讼法》第177条第1款的规定，决定对魏某某不起诉。

二、湖北王某某案

夷检一部刑不诉〔2021〕Z23号

（一）核心要点

二次碾压仅起次要作用。

（二）查明事实

2020年1月13日19时40分许，王某某驾驶"宗申"牌普通二轮摩托车行驶至小鸦公路13千米+500米路段时，与此前因交通事故受伤倒在道路上的被害人陈某某发生碰撞，致使陈某某再次受伤。王某某驾车逃离事故现场，陈某某经医院抢救无效死亡。经鉴定，考虑陈某某符合在患有冠心病及陈旧性脑梗死疾病基础上，因两次交通事故致全身多发性机械性损伤，最终因创伤性失血性休克而死亡；第二次交通事故所致机械性损伤在死亡过程中为次要作用，建议交通事故损伤的参与度为30%～40%。交通警察大队认定：王某某承担第二次碾压陈某某交通事故的全部责任。

（三）无罪要旨

根据鉴定意见，第二次交通事故所致被害人机械性损伤在其死亡过程中起次要作用，建议第二次交通事故损伤的参与度为30%～40%。虽然王某某承担第二次碾压陈某某交通事故的全部责任，但第二次交通事故不是致陈某某死亡的全部原因，也不是主要原因，仅起次要作用，根据《刑法》第133条之规定，王某某不构成交通肇事罪。依照《刑事诉讼法》第177条第1款的规定，决定对王某某不起诉。

三、黑龙江杨某某案

黑安检二部刑不诉〔2021〕Z35号

（一）核心要点

被害人系特殊体质人员，肇事违法行为与死亡结果之间系间接因果关系。

（二）查明事实

2020年10月19日11时30分许，在安达市南环十道街路口（南环路与奔牛路交叉口），杨某某驾驶一辆北京现代牌小型轿车由北向东左转弯行驶（进入路口后停车），李某某驾驶无号牌美时达牌电动三轮车（经鉴定属于摩托车）由东向西行驶在避让过程中车辆失控，车辆侧翻过程中与北京现代牌小型轿车相剐碰，造成两车损坏及美时达牌电动三轮车乘员宋某某受伤，并于2020年11月9日死亡的道路交通事故。黑龙江骏博司法鉴定中心的司法鉴定意见如下：可以认定北京现代牌小型轿车左侧后部与无号牌电动三轮车车厢左侧发生接触；无号牌电动三轮车的技术参数符合国家标准《机动车运行安全技术条件》对机动车（摩托车）的定义；事故车辆无号牌美时达牌电动三轮车在原现场监控视频录像11时38分43秒第8帧~11时48分43秒第2帧的速度为22~23千米/小时；事故发生时无号牌美时达牌电动三轮车的驾驶人为驾驶员座椅右侧乘员李某某；事故发生时无号牌美时达牌电动三轮车的座椅上共2名乘员，其左侧乘员的存在会使操控车辆的驾驶员乘坐位置右移，左手扶握车把时相对受阻，踩踏制动踏板时因腿部交叉及阻挡受到一定影响，从而使车辆驾驶的操控舒适性、安全性相对降低。同时，无号牌美时达牌电动三轮车驾驶员座椅左侧扶手缺失，致使事故发生时驾驶员座椅左侧乘员无任何物体扶握从而更容易被甩至车下。哈尔滨大工司法鉴定中心司法鉴定结论为：被鉴定人宋某某系在患有尿毒症、冠心病、右肺慢性脓胸、双肺陈旧性胸膜炎、高血压、糖尿病等疾病的基础上，因交通事故造成右锁骨骨折、肩锁关节脱位、胸12及腰1椎体骨折、右肺挫伤，致所患疾病发展加重，导致呼吸循环衰竭死亡；被鉴定人宋某某的死亡原因与交通事故外伤存在因果关系，其法医学参与度为40%。交通警察大队作出的事故认定结论为：此次事故由杨某某负主要责任，李某某负次要责任，宋某某无责任。

（三）无罪要旨

杨某某驾驶机动车左转弯时占用直行车道，违反《道路交通安全法》第22条的规定，负交通事故主要责任，三轮车驾驶员李某某负次要责任。经鉴定，死者宋某某死亡系外伤引发自身疾病加重而死亡，导致宋某某死亡既有外伤原因又有疾病原因，主要原因是自身疾病加重，外伤为次要因素，死者宋某某的死亡原因与交通事故外伤存在间接因果关系，其法医学参与度为40%。死者宋某某患有尿毒症、冠心病等疾病，系特殊体质人员，虽然杨某某驾驶机动车发生交通事故负事故主要责任，但是造成宋某某死亡的主要原因是自身疾病。杨某某的危害行为与宋某某死亡结果是间接因果关系。因此，杨某某不构成交通肇事罪。依照《刑事诉讼法》第16条第1项和第177条第1款的规定，决定对杨某某不起诉。

四、青海华某某案

源检刑不诉（2021）6号

（一）核心要点

救护车转运重症患者途中发生事故，肇事行为与被害人死亡结果无刑法上的因果关系。

（二）查明事实

2020年11月19日19时许，祁某某在海南藏族自治州共和县的家中摔倒，之后又因抽搐于当晚被其亲属紧急送往当地某医院救治，入院后被该院重症监护室收治。2020年11月22日，该医院因祁某某病情未见好转准备将其转送至西宁市红十字人民医院进一步救治，安排司机华某某驾驶救护车从共和县出发往西宁市转运患者祁某某。17时30分许，当华某某驾驶车辆行驶至京藏高速公路湟源县药水峡4号隧道内时，因操作不当，导致车辆失控后与隧道内道牙石发生碰撞。事故导致救护车受损，车内病人祁某某及随车医护人员抢救无效死亡。经青海省机电产品质量监督检验站司法鉴定所鉴定，涉事救护车事发时转向系、行驶系、制动系符合相关标准要求，事发时的行驶速度不能作出鉴定。经青海警官职业学院司法鉴定中心鉴定，死者祁某某系因颅脑闭合性损伤致呼吸、循环衰竭而死亡，初次损伤（入院前损伤）是造成其死亡的主要原因，二次损伤（交通事故）是造成其死亡的次要原因，其自身高血压、慢性肾病等在其死亡过程中具有诱发作用。死者祁某某右侧额顶部头皮下血肿及其下颅骨骨质挫伤、硬膜下出血，左侧面颊部皮肤软组织挫伤、右前臂内侧及右手拇指的损伤不符合交通事故损伤的特点，家属病历资料中诉称晕倒摔跌，且晕倒摔跌损伤现场情况不明，不能合理解释，请结合侦查情况。

（三）无罪要旨

华某某的交通肇事行为与被害人死亡结果无刑法上的因果关系，其行为不构成犯罪。依照《刑事诉讼法》第177条第1款的规定，决定对华某某不起诉。

五、山东潘某某案

临检一部刑不诉（2021）10号

（一）核心要点

受害人死亡原因主要是其自身疾病，交通违法行为致死参与度极低，不认为是犯罪。

（二）查明事实

2020年7月11日15时19分许，潘某某驾驶“魏派”牌小型轿车沿淄博市临淄区某街道办事处某村内道路由北向南倒车至路口时，遇被害人刘某某驾驶无号牌电动三轮车（载李某某）由西向东行驶至路口，刘某某采取措施不当致使车辆发生侧翻后撞至潘某某驾驶的“魏派”牌小型轿车上，刘某某、李某某受伤，车辆损坏，造成道路交通事故。2020年7月24日，刘某某经医院抢救无效死亡，经鉴定刘某某符合在本身患有肾癌的基础上因外力（道路交通事故）作用于机体造成损伤后，在治疗诊治过程中，终因右心室及肺动脉肿瘤性血栓形成致急性循环功能障碍、衰竭而死亡。经公安机关交通管理部门认定，潘某某承担事故的主要责任，刘某某承担事故的次要责任。

（三）无罪要旨

被害人刘某某在本身患有肾癌的基础上，疾病已累及多个重要器官，在交通事故仅构成轻伤害的情况下，在医院治疗救治过程中，终因右心室及肺动脉肿瘤性血栓形成致急性循环功能障碍、衰竭死亡。刘某某死亡主要原因是自身疾病，其与潘某某的交通违法行为因果关系不明显，致刘某某死亡参与度极低，潘某某的违法行为情节显著轻微，不认为是犯罪，不构成交通肇事罪。

潘某某在路口违规倒车发生交通事故的行为，情节显著轻微、危害不大，不构成犯罪。依照《刑事诉讼法》第16条第1项和第177条第1款的规定，决定对潘某某不起诉。

六、辽宁郑某某案

抚新检刑不诉（2021）29号

（一）核心要点

交通事故影响在死亡结果中为轻微作用。

（二）查明事实

2020年10月17日14时30分，郑某某驾驶他人所有的微型面包车，将车停放在其打工的中通快递门前，因其停放车辆有点挡住路口，造成被害人刘某某驾驶的车辆出车困难，遂为其让路。郑某某驾驶车辆在起步时与由东向南左转弯刘某某驾驶的小型轿车相撞，造成车辆受损的后果。事后，被害人及其妻子下车与犯罪嫌疑人理论，郑某某在现场拨打事故电话和保险电话。约15分钟后被害人回到家中，家属拨打“120”急救电话，于同日16时24分到矿务局医院就医。矿务局医院诊断，被害人系蛛网膜下腔出血，高血压3级（极高危），糖尿病（不除外），建议转往上级医院救治。后于同日18时到沈阳盛京医院就诊治疗，做动脉瘤栓塞手术，并进重症监护室进行观察，后转回矿务局医院继续就诊治疗，被害人于10月20日（案发后3天）12时25分经抢救无效死亡。

经法医鉴定，被害人刘某某系在原有脑血管畸形的基础上，受交通事故影响导致蛛网膜下腔出血而死亡，交通事故与刘某某死亡存在因果关系；交通事故对刘某某死亡结果起轻微作用。

经抚顺市公安局交通警察支队新抚大队认定，郑某某负事故的全部责任，当事人刘某某及车内人员官某凤无责任。

（三）无罪要旨

郑某某没有犯罪事实，不构成犯罪。依据《刑事诉讼法》第177条第1款的规定，决定对郑某某不起诉。

七、黑龙江余某某案

黑肇检一部刑不诉〔2020〕124号

（一）核心要点

受害人的死亡主要是自身疾病造成，交通事故参与度为10%～20%，依法不构成犯罪。

（二）查明事实

2020年9月14日14时许，被不起诉人余某某驾驶吉利牌轿车由南向北行驶至肇东市五站镇乾资土石方有限公司门前路段，与曹某甲骑行的二轮自行车相撞，造成两车受损、曹某甲受伤的交通事故。事故发生后，曹某甲于2020年9月17日晚死亡。经公安机关交通管理部门认定，余某某负事故的全部责任。

2020年9月18日，曹某甲的弟弟曹某乙到肇东市公安局交警大队报案，交警大队的工作人员接警后，将余某某传唤到案。

2020年10月29日，哈尔滨华鸿司法鉴定中心作出以下鉴定意见：（1）死者曹某甲生前符合在心脑动脉硬化的病理基础上，左膝部受伤诱发冠心病猝死。（2）被鉴定人曹某甲的死亡与交通事故构成诱发因果关系，交通事故损伤参与度为10%～20%。

（三）无罪要旨

法院认为，被不起诉人余某某实施了《刑法》第133条规定的行为，但依据《刑事诉讼法》第 177 条 1 款之规定，决定对余某某绝对不起诉。

八、山西吕某某案

闻检刑不诉（2020）83 号

（一）核心要点

一年后死亡，无法证实死亡原因与交通肇事行为之间有直接因果关系。

（二）查明事实

2019 年 5 月 14 日 21 时许，吕某某驾驶五菱牌小型面包车沿省道 S235 线由北往南行驶，行驶至 22 千米 + 700 米处（闻喜县礼元镇文典村路段）时，与前方行人袁某某、宋某某发生碰撞，造成袁某某、宋某某受伤，车辆受损的道路交通事故。经闻喜县公安局交通管理大队认定，吕某某承担本次事故全部责任，袁某某、宋某某不承担责任。

交通事故发生后，袁某某因颅脑外伤、脑挫裂伤，于 2019 年 5 月 14 日在五四一总医院入院治疗，于同年 6 月 26 日出院；因突发肢体抽搐、意识障碍，于 2020 年 3 月 8 日在稷山县人民医院入院治疗，于次日出院；2020 年 5 月 20 日，袁某某在其家中死亡。2020 年 5 月 27 日，经山西省闻喜县公安司法鉴定中心鉴定，死者袁某某身材干瘦，结合损伤病史，综合分析认为，其死亡原因不排除颅脑外伤后长期营养不良致多器官功能衰竭死亡。

吕某某于 2019 年 5 月 14 日 23 时许，电话报案至闻喜县公安局，后经传唤到案。

（三）无罪要旨

吕某某违反交通运输管理法规，因而发生交通事故，致两人受伤，其中袁某某于事故发生一年后死亡，其死亡原因与吕某某的交通肇事行为之间无法证实有直接的因果关系。吕某某的行为，情节显著轻微、危害不大，不构成犯罪。依照《刑事诉讼法》第 16 条第 1 项和第 177 条第 1 款的规定，决定对吕某某不起诉。

第三节 鉴定为非机动车的超标电动车致人重伤不构成犯罪

一、江西赖某某案

瑞检刑不诉（2021）35号

（一）核心要点

虽致一人重伤负主要责任，但二轮超标电动车不是机动车。

（二）查明事实

2021年4月5日16时许，赖某某（无机动车驾驶证）驾驶二轮超标电动车行驶至236国道795公里瑞金市象湖镇红军大道某瓷砖店门口路段时，右转进入平安路辅道，遇朱某某驾驶摩托车从赖某某右手边直行而来，朱某某驾驶的摩托车撞上赖某某的电动车右后侧。两人摔倒在地，随后朱某某拨打电话报警，赖某某在现场等候，民警接警后来到现场处理。

经鉴定，朱某某的损伤程度为重伤二级。

（三）无罪要旨

根据最高人民法院《关于审理交通肇事刑事案件具体应用法律若干问题的解释》第2条第2款的规定，交通肇事致一人以上重伤，负事故全部或者主要责任，并具有无驾驶资格驾驶机动车等情形之一的，以交通肇事罪定罪处罚。根据《道路交通安全法》第119条的相关规定，现行法律并未明确将超标电动车纳入机动车范畴。赖某某违反道路交通管理法规，驾驶超标电动车发生交通事故，致一人重伤，且负事故的主要责任，因其驾驶的不是机动车，故赖某某的行为不构成交通肇事罪。

综上，赖某某的上述行为没有犯罪事实，不构成犯罪。依照《刑事诉讼法》第177条第1款的规定，决定对赖某某不起诉。

二、浙江吴某某案

常检刑不诉（2021）20145 号

（一）核心要点

三轮超标电动车天然不能获取驾驶证，无证驾驶不能归责于肇事人。

（二）查明事实

2019 年 6 月 6 日，吴某某驾驶“金宗”牌超标电动三轮车沿常山县球川镇红旗岗村丽蓉路自东向西行驶。19 时 38 分，行驶至丽蓉路兴建大厦附近路段时，与同向步行的被害人王某甲发生碰撞，造成王某甲受伤的道路交通事故。经鉴定，王某甲因交通事故钝性外力作用致颅脑损伤、多发性肋骨骨折等损伤，为重伤二级。经认定，吴某某负事故主要责任，案发时有完全刑事责任能力。

案发后，吴某某陪同被害人王某甲就医，之后带民警到事故现场，如实供述了案发经过。

（三）无罪要旨

吴某某所驾驶的超标电动车属于天然不能获取驾驶证的车辆，无证驾驶不能归责于吴某某，吴某某不构成交通肇事罪。依照《刑事诉讼法》第 177 条第 1 款的规定，决定对吴某某不起诉。

三、黑龙江刘某某案

牡阳检刑不诉（2022）2 号

（一）核心要点

公安机关交通管理部门先行作出的行政处罚将肇事车辆认定为非机动车，发生事故时认定为机动车，超出普通公民的认知，不具有期待可能性。

（二）查明事实

2020 年 6 月 8 日，刘某某在牡丹江市阳明区阳明一路至阳明新路之间驾驶电动三轮车，牡丹江市公安局交通警察支队阳明大队以刘某某在没有非机动车道的道路上非机动车不靠车行道右侧行驶为由对其行政处罚。同年 6 月

10日7时52分，刘某某驾驶该电动三轮车沿阳明区光华街由东向西行驶至阳明三路路口时，与同方向在非机动车道内张某甲驾驶的上海永久牌二轮人力自行车相剐碰致使张某甲倒地受伤，双方在事故现场交流了几分钟，刘某某将其电话号码留给张某甲后便各自离开现场。张某甲离开现场后推行自行车行走至光华街阳明桥西侧人行道处时（8时16分）再次倒地，路人发现后拨打“120”急救电话，张某甲被带至牡丹江市第二人民医院救治。同日12时，张某甲哥哥张某乙向牡丹江市公安局“110”指挥中心报警。2020年6月12日，公安机关到刘某某家中将其带至事故处理大队并对其进行询问。2020年7月4日，经黑龙江省博大司法鉴定中心鉴定，无号牌丰收牌三轮车属于正三轮摩托车，属于机动车范畴；无号牌丰收牌正三轮右侧后部与上海永久牌二轮人力自行车左侧在道路交通事故运动过程中接触。2020年7月14日，经牡丹江市公安局交通警察支队事故处理大队认定，刘某某无摩托车驾驶证驾驶电动正三轮摩托车、未按规定车道行驶是造成事故的全部原因，认定刘某某承担事故全部责任，张某甲无责任。2020年8月20日，经牡丹江市刑事技术支队鉴定，张某甲头部外伤后出血脑挫裂伤、蛛网膜下腔出血、硬膜外血肿，血肿量较大，伤后昏迷状态持续多日，并有颈强、肢体瘫痪、病理征阳性等神经系统阳性体征，张某甲头部损伤评定为重伤二级。2021年10月29日，牡丹江市公安局交通警察支队阳明大队核实刘某某所驾车辆属机动车范畴，应按机动车进行管理，对2020年6月8日刘某某因驾驶非机动车不靠车行道右侧行驶行政处罚不当，予以撤销。

（三）无罪要旨

刘某某在案发前两日因驾驶电动三轮车被公安机关交通管理部门以非机动车不靠右侧行驶为由行政处罚，案发时刘某某驾驶该车辆在非机动车道与被害人发生剐碰，公安机关交通管理部门以无摩托车驾驶证驾驶电动正三轮摩托车、未按规定车道行驶认定刘某某负事故全部责任，之后公安机关交通管理部门撤销对刘某某的行政处罚。在公安机关交通管理部门通过行政处罚的先行行为确认刘某某驾驶的车辆为非机动车的前提下，要求作为普通公民的刘某某准确认识到公安机关交通管理部门作出的行政处罚不当，预见其所驾驶的电动车为机动车，该要求超出普通公民的认知范畴，不具有期待可能性。刘某某的行为不构成交通肇事罪。依照《刑事诉讼法》第16条第1项和第177条第1款的规定，决定对刘某某不起诉。

第四节　爆胎、车辆故障属于意外事件

一、山西畅某某案

万检刑不诉（2021）3号

（一）核心要点

爆胎失控致人死亡，不存在疏忽大意或者过于自信的过失。

（二）查明事实

2020年11月10日7时许，畅某某驾驶一辆大众牌小型轿车（内乘李某某、薛某某、贾某某），沿张高线由北向南行至万荣县某乡某村路口时，车辆爆胎失控，撞到路西边房屋，致李某某、薛某某受伤，车辆损坏，造成交通事故。李某某后经万荣县人民医院抢救无效死亡。

（三）无罪要旨

畅某某驾驶机动车发生交通事故，但其并不存在疏忽大意或者过于自信的过失，故畅某某的行为不构成犯罪。依照《刑事诉讼法》第177条第1款的规定，决定对畅某某不起诉。

二、山东孔某某案

平检一部刑不诉〔2021〕Z78号

（一）核心要点

轮轴断裂、轮胎脱落导致撞击他人死亡，属于意外事件。

（二）查明事实

2021年2月1日13时40分许，孔某某驾驶一辆重型半挂牵引车，牵引一辆重型仓栅式半挂车，沿省道241线由北向南行驶至省道241线283千米+

300 米路段（平邑县某镇某庄桥）时，车辆左侧第四车轮（半挂车车轮）轮轴断裂，轮胎脱落与对向行人张某某发生碰撞，致张某某当场死亡。孔某某拨打报警电话，在交警勘查现场后被带至交警队。经鉴定，车轮轮轴断裂的原因为疲劳损坏。临沂市公安局交警支队平邑交警大队认定孔某某驾驶安全设施不全或机件不符合技术标准等具有安全隐患的机动车上路行驶，负事故全部责任，张某某无事故责任。

另查明，孔某某驾驶的重型半挂牵引车与重型仓栅式半挂车均正常年检为合格，在检验有效期内。事发时，孔某某驾驶的牵引车及半挂车所在货物总重为 49. 3 吨，超出核定载质量 0. 885 吨。

（三）无罪要旨

在本案中，孔某某驾车正常行驶，未超速，所驾驶的车辆参加了年检，均在检验有效期内，不存在孔某某驾驶未年检车辆上路的情形。孔某某驾车超载 0. 885 吨，有轻微的超载违法行为，但平均分散到半挂车 10 个轮轴上的超载重量为 88. 5 千克，对轮轴的超负荷压力较小。虽然公安机关交通管理部门的《道路交通事故认定书》认定嫌疑人孔某某承担全部责任，但该《道路交通事故认定书》认定的是行政责任，与刑事意义上的事故责任并不契合。本案中，轮轴故障隐于车辆内部，从外部无法检查到，孔某某在驾车行驶前及行驶过程中无法感知和预测，即本案出现了驾驶人无法预料的意外情况，孔某某不存在过失情节。轮轴断裂、轮胎脱落导致撞击他人死亡，应属于意外事件。孔某某的上述行为，不构成犯罪，依照《刑事诉讼法》第 177 条第 1 款的规定，决定对孔某某不起诉。

三、重庆万某某案

山检刑不诉（2021）16 号

（一）核心要点

驾驶制动系不合格的车辆发生交通事故，主观上不具有疏忽大意或者过于自信的过失。

（二）查明事实

万某某驾驶的一辆大型汽车挂靠在巫山县某汽车客运有限责任公司，万某某受潘某某等车主聘请驾驶车辆，工资由车主支付。2021 年 1 月 28 日，万某某驾驶这辆大型汽车从巫山县笃坪乡雪花村驶往巫山县城方向，行驶至巫山县官渡镇竹林村红沙岭时发生交通事故，致被害人徐某某当场死亡，尹某某、侯某某、谭某某、刘某某、方某某、胡某某受伤。民警接到报警后到达事故现场，将受伤人员送往医院治疗。2021 年 2 月 2 日，经重庆市鑫道司法鉴定中心鉴定，事故车辆制动系不合格。2021 年 2 月 23 日，巫山县公安局交通巡逻警察大队以万某某驾驶车辆制动系不合格为由，认定万某某负此次道路交通事故全部责任。2021 年 2 月 4 日，经巫山县公安局物证鉴定室鉴定，徐某某符合交通事故致颅脑损伤死亡。

（三）无罪要旨

万某某驾驶机动车发生交通事故，致一人死亡，该行为不能归责于万某某，万某某没有犯罪事实，不构成交通肇事罪。理由如下：

1. 万某某未实施违反交通运输管理法规的行为

2021 年 1 月 28 日系万某某驾驶案涉大型汽车的第 8 天，事故车辆于 2021 年 1 月 15 日进行二级维护，于 2021 年 1 月 26 日进行营运客车安全例行检查，结果均显示车辆制动系合格。万某某在驾驶车辆前未饮用酒或服用其他致迷幻物品。万某某在驾驶车辆从笃坪乡雪花村行驶至官渡镇竹林村红沙岭时，车辆制动系正常有效，从红沙岭再次出发行驶一段距离后，车辆制动系失效。万某某发现车辆制动系失效后，采取了抢挡、拉驻车制动与挡土墙挂靠使车辆制动等措施，符合交通运输的操作规程。

2. 万某某主观上无过失

万某某驾驶这辆大型车辆时间短，车辆在驾驶前进行过二级维护和例行检查，均显示制动系合格，其主观上不能预见到事故车辆存在制动系不合格问题。万某某发现车辆制动系失效时积极采取抢救措施，将车辆往左边挡土墙挂靠使车辆制动。万某某驾驶制动系不合格的车辆发生交通事故，主观上不具有疏忽大意或者过于自信的过失。

综上，依据《刑事诉讼法》第 177 条第 1 款的规定，决定对万某某不起诉。

第五节 事实不清、证据不足，存疑不起诉

一、辽宁曹某某案

绥检刑不诉〔2021〕Z67号

（一）核心要点

肇事车辆是否具有同一性不清，不能形成完整的证据链条，存疑不起诉。

（二）查明事实

2020年11月8日6时1分许，被不起诉人曹某某驾驶无牌照三轮摩托车沿某公路由西向东行驶，当行驶至京抚线公路某路段时，与由北向南步行横过道路的高某某相碰撞，造成高某某受伤、车辆损坏的道路交通事故。事故发生后，曹某某驾车逃逸。2021年3月15日，经辽宁省绥中县公安司法鉴定中心鉴定，高某某身体损伤程度为重伤二级。2021年4月22日，经绥中县公安局交通管理大队认定，此事故由曹某某负全部责任。

（三）无罪要旨

经检察机关审查并退回补充侦查，认定现有证据关于肇事车辆与被不起诉人所驾驶车辆是否具有同一性事实不清，证据不足；关于公安机关认定被不起诉人涉嫌交通肇事罪的书证、证人证言等证据也不能形成完整的证据链条，依据现有证据认定被不起诉人涉嫌交通肇事罪事实不清、证据不足，不符合起诉条件。依照《刑事诉讼法》第175条第4款的规定，决定对曹某某不起诉。

二、河南殷某某案

罗检刑不诉（2021）39号

（一）核心要点

疑点众多，犯罪事实不清、证据不足，存疑不起诉。

（二）查明事实

2020 年 8 月 21 日 1 时 50 分许，被不起诉人殷某某驾驶一辆小型汽车沿 338 省道由西向东行驶至某镇某村路段时，与步行人董某某碰撞，致董某某当场死亡，造成交通事故。经罗山县公安局物证鉴定室鉴定，被害人董某某系外伤致重度颅脑损伤死亡。经罗山县公安交通警察大队认定，被不起诉人殷某某负此事故主要责任，被害人董某某承担此事故次要责任。经安徽中衡司法鉴定中心鉴定，事发现场所遗留车体散落物为殷某某驾驶的小型汽车所遗留。事故发生后，殷某某驾车逃逸。

（三）无罪要旨

经检察机关审查并退回补充侦查，认为罗山县公安局认定的犯罪事实不清、证据不足，不符合起诉条件。第一，肇事现场无视频和目击证人，被害人何时到达肇事地点的事实不清，被害人何时遇害不清。第二，2020 年 8 月 21 日 0 时 2 分至 2 时 41 分，肇事现场由东向西方向共 84 辆车经过，该路段通行车辆较多且事故现场无监控视频，被害人是否被多次碾压事实不清、证据不足。第三，现场遗留的车体散落物为车辆左前轮挡泥板内衬及前保险杠下唇；且到案时，殷某某驾驶的车辆已修复，修车人证实未见到血或人体组织，被害人与车辆接触时何种状态事实不清、证据不足。依照《刑事诉讼法》第 175 条第 4 款、《人民检察院刑事诉讼规则》第 367 条第 2 款的规定，决定对殷某某不起诉。

第六节　由于其他原因无罪不起诉

一、广东欧阳某某案

穗增检刑不诉（2021）188 号

（一）核心要点

事后主动投案自首，不构成肇事逃逸。

（二）查明事实

2020年12月12日7时许，欧阳某某驾驶小型普通客车，沿广州市增城区永宁街永顺大道由北往南方向行驶，行驶至增城区永宁街永顺大道进民兵路西307米处时，与横过道路的被害人范某某骑行的电动二轮自行车发生碰撞，造成范某某受伤（经鉴定，其损伤程度达重伤二级）、两车损坏的交通事故。事故发生后，欧阳某某驾车离开现场。同月13日，欧阳某某主动到公安机关投案自首。

（三）无罪要旨

欧阳某某违反交通运输管理法规，致一人重伤，但其行为不符合《刑法》第133条之规定，不构成交通肇事罪。根据《刑事诉讼法》第177条第1款的规定，决定对欧阳某某不起诉。

二、山西乔某某、曹某某案

中检刑不诉（2021）15号

（一）核心要点

先前肇事人将受害人置于危险境地出现二次事故，承担次要责任。

（二）查明事实

2020年12月20日5时36分许，于某某（另案处理）无证驾驶无牌“大阳”二轮摩托车沿旧国道209线由南向北行驶至中阳县金罗镇水峪村路段时，将行人刘某某碰撞倒地后驾车驶离现场，致乔某某、曹某某分别于6时50分许、6时57分许驾车途经该路段时，因未注意观察路况，先后再次将已倒地的刘某某拖行、碾压。刘某某最终因严重颅脑损伤合并创伤性休克死亡。

（三）无罪要旨

乔某某、曹某某虽然实施了违反交通运输管理法规的行为，但刘某某的死亡首先系由于某某将其碰撞后，未履行救助义务，将其置于危险境地所致，于某某在本起事故中的过错多于他人，应承担主要责任；乔某某、曹某某应承担次要责任，故乔某某、曹某某之行为不构成交通肇事罪。依照《刑事诉讼法》第177条第1款之规定，决定对乔某某、曹某某不起诉。

三、山东徐某某案

莒检刑不诉（2021）36号

（一）核心要点

先前民事判决将主要责任改为同等，不构成犯罪。

（二）查明事实

2020年10月11日8时许，徐某某驾驶一辆重型半挂牵引车由北向南行驶至某公路19千米+200米处，与由西向东左拐弯时严某某驾驶的二轮电动车相撞，造成严某某受伤后经医院抢救无效死亡、车辆受损的道路交通事故。2021年11月12日，莒县人民法院判决保险公司赔偿被害人近亲属各项损失173405.98元，判决徐某某赔偿精神损害抚慰金6000元，同时该判决书认为被害人严某某驾驶电动车横过公路未确保安全的行为与徐某某驾驶机动车未按规定车道行驶、观察不周、未确保安全的行为与事故发生的原因相当，应承担事故的同等责任。

（三）无罪要旨

徐某某虽然违反交通运输管理法规，驾驶机动车发生致一人死亡的交通事故，但因双方对事故发生负有同等责任，且该案民事部分已赔偿被害人近亲属，其行为不构成交通肇事罪。依照《刑事诉讼法》第177条第1款的规定，决定对徐某某不起诉。

四、广东何某甲案

翁检刑不诉（2021）8号

（一）核心要点

雇员私开车辆，车主、雇主不知晓也没有指使、命令他人违章驾驶，故而车主、雇主无罪。

（二）查明事实

何某甲在翁源县某镇经营龙华商店，赵某某是何某甲聘请的员工，负责搬货、送货，具有D牌驾驶资格证。肇事的正三轮摩托车的所有人是何某甲，未年审。2020年12月28日8时35分，赵某某通过微信向何某甲请假一天，何某甲告知其丈夫潘某某赵某某请假的事宜后外出办事，后赵某某又去到店里并驾驶肇事正三轮摩托车前往龙仙二中，至10时52分，途经某烟草公司门口路段的人行横道时，与行人何某乙发生碰撞，造成何某乙当场死亡的交通事故。2021年1月13日，翁源县公安局交通警察大队对该事故作出《道路交通事故认定书》，赵某某承担该事故的全部责任，何某乙无责任。

（三）无罪要旨

何某甲在赵某某交通肇事罪一案中，并不知晓赵某某回到店里并驾驶三轮摩托车去送货，也没有指使、命令赵某某违章驾驶，何某甲的行为不构成犯罪。依照《刑事诉讼法》第177条第1款的规定，决定对何某甲不起诉。

五、云南张某某案

镇检公诉刑不诉〔2020〕1号

（一）核心要点

前两次鉴定重伤，二次鉴定鉴定人资质不够，重新鉴定两次均为轻伤，没有达到交通肇事罪立案标准。

（二）查明事实

2018年7月7日，张某某驾驶的轻型普通货车与被害人宋某某驾驶的普通二轮摩托车发生接触，致宋某某头部及全身多处受伤。事故发生后，张某某驾驶车辆逃逸。后宋某某伤情经两次司法鉴定，均认定其此次事故所致损伤综合鉴定为重伤二级。经镇雄县公安局交通警察大队认定，张某某在此次事故中负全部责任。

本案提起公诉后，庭审中，辩护人提出第二次鉴定意见中的鉴定人员需要有一名鉴定人资质达到副高职称以上，而第二次鉴定意见的鉴定人员职业资质不够。合议庭认为辩护人理由成立。后经检察机关委托昭通恒达司法鉴定所进行第三次鉴定，结论为轻伤一级。根据最高人民法院《关于审理交通肇事刑事案件具体应用法律若干问题的解释》第2条第2款的规定，“交通肇事致1人以上重伤，负事故全部或者主要责任，并具有下列情形之一的，以交通肇事罪定罪处罚：……（六）为逃避法律追究逃离事故现场的”。由于张某某交通肇事造成的后果鉴定意见为轻伤一级，现有证据无法证明张某某的行为达到交通肇事罪的主客观构成要件，检察机关决定向镇雄县人民法院撤回对张某某的起诉。

（三）无罪要旨

本案撤回后，被害人宋某某不服第三次鉴定结果，申请重新鉴定，经双方协商，检察机关委托云南天禹司法鉴定中心进行第四次鉴定。2020年4月27日，检察机关收到天禹司法鉴定中心鉴定结果，结论为宋某某的伤情构成轻伤一级，鉴定意见告知双方后，均未表示异议。由于现有证据证明被不起诉人张某某的行为没有达到交通肇事罪立案标准，检察机关决定对张某某作出无罪不起诉决定。

第六章　醉驾型危险驾驶罪的刑事辩护

第一节　实务要点

一、醉驾型危险驾驶罪概述

危险驾驶罪，是指以危险方法在道路上驾驶机动车，尚未造成交通事故的行为。按照《刑法》第133条之一的规定："在道路上驾驶机动车，有下列情形之一的，处拘役，并处罚金：（一）追逐竞驶，情节恶劣的；（二）醉酒驾驶机动车的；（三）从事校车业务或者旅客运输，严重超过额定乘员载客，或者严重超过规定时速行驶的；（四）违反危险化学品安全管理规定运输危险化学品，危及公共安全的。机动车所有人、管理人对前款第三项、第四项行为负有直接责任的，依照前款的规定处罚。有前两款行为，同时构成其他犯罪的，依照处罚较重的规定定罪处罚。"

其中，最常见、发案率最高的危险驾驶犯罪类型是醉驾型危险驾驶罪。

根据最高人民法院公布的有关数据，自2011年"醉驾入刑"以来，全国法院审结的危险驾驶罪案件数量已经由2013年的9万多件、居当年刑事犯罪案件数量的第三位、占当年法院审结的全部刑事案件总数的9.5%，发展为2015年的近14万件、居当年刑事犯罪的第二位、占全部刑事案件总数的12.61%，进而到2019年的31.9万件，超过盗窃罪，在数量上居刑事犯罪之首、占全部刑事案件的24.6%。2021年，全国法院审结"醉驾"等危险驾驶犯罪案件总数为350852件，占刑事案件总数的比例高达20%，危险驾驶罪成为名副其实的第一大罪。

对于行为人来说，危险驾驶罪本身不是什么大罪，其法定刑为1~6个月的拘役，但法律后果非常严重。除了承担刑事责任外，我国《监察官法》《法官法》《检察官法》《公务员法》《律师法》《教师法》《公证员法》《医师法》等数十部法律明确规定受过刑事处罚的人不能从事相关职业或担任特定职务。因此，因危险驾驶罪被判刑的人，会被用人单位解除劳动合同，公职人员将被开除党籍、开除公职等，特定从业者如律师、医师等的执业资格将被吊销。《刑法》第100条第1款明确规定："依法受过刑事处罚的人，在入伍、就业的时候，应当如实向有关单位报告自己曾受过刑事处罚，不得隐瞒。""醉驾"者由此不能报考国家公务员，入伍或报考军校也会无法通过政治审查。可以说，醉驾型危险驾驶罪能够让行为人在极短时间内失业、坐牢、倾家荡产。受过刑事处罚的人不仅本人的一生受到影响，有关附随后果还不可避免地会影响到子女。根据现行相关规定，凡是受过刑罚的人，其子女在报考公务员、警校、军校或在安排关键、重要工作岗位时，有关材料审核难以通过，罪犯及其子女由此失去了国家信任。

鉴于醉驾型危险驾驶罪对于一个人、一个家庭甚至后代有如此重大的影响，因此有必要好好研究，研究如何成功地无罪辩护，他山之石，可以攻玉，笔者在本章第二节选编了一些无罪案例，对于这些无罪案例，笔者相信大部分事实上确实可能构成犯罪，但是因为在血液样本提取、保存、送检、证据固定、鉴定程序、标准适用等方面存在这样或者那样的问题，导致证据存疑，不具有排他性，根据证据规则、疑罪从无的原则而成功出罪。

二、醉驾型危险驾驶罪辩护的33个审查要点

醉驾型危险驾驶案件的主要证据是酒精含量的检测报告，如果血液样本的提取、保管、送检和鉴定违反法律规定，酒精含量的检测报告就成了无源之水。排除酒精检测报告，醉驾型危险驾驶案件就有可能被宣告无罪。辩护律师只有通过认真审查卷宗材料，结合相关规定和国家标准，才能发现其中存在的问题。

为此，笔者结合相关规定和标准，总结了如下醉驾案件无罪辩护审查要点共33条。

（一）血液样本的提取

1. 提取地点：宜在县级以上医疗机构进行，不具备在医疗机构提取血液样本条件的，可以在实地进行提取。

2. 提取人员：由具备相应资质、能力的医务人员（护士证）、法医或者其他专业人员进行。

3. 消毒剂：皮肤消毒剂宜使用不含醇类的聚维酮碘、0.1%的苯扎氯铵溶液、0.1%的苯扎溴铵溶液、1.0%的醋酸氯己定溶液、20%的双氧水及不含乙醇的碘伏溶液，不应使用含醇类或其他挥发性有机物的消毒剂。

4. 含碘消毒剂有碘酊和碘伏，此外还有安尔碘。

碘酊又称为碘酒，是碘和碘化钾的乙醇溶液，为红棕色的液体。

碘伏是由碘、聚氧乙烯脂肪醇醚、烷基酚聚氧乙烯醚、聚乙烯吡咯烷酮、碘化钾等组分制成的络合碘消毒剂，包括聚醇醚碘和聚维酮碘。碘与聚氧乙烯脂肪醇醚、烷基酚聚氧乙烯醚络合形成的碘络合物，称为聚醇醚碘。碘与聚乙烯吡咯烷酮形成的络合物，称为聚维酮碘。

安尔碘的全称为安尔碘皮肤消毒剂，其成分包括有效碘、醋酸氯己啶和酒精，属强力、高效、广谱的皮肤、粘膜消毒剂。

5. 试管：应使用有效期内加抗凝剂的具塞干试管，应查验抗凝试管的医疗器械注册证、合格证、有效期等。

6. 使用真空采血系统时，将第一支采血管推入持针器/连接到采血针上。等待采血管真空耗竭、血流停止后从持针器/采血针上拔出采血管，以确保采血量的充足。此外，还要保证正确的血液与抗凝剂比例。例如，以5毫升的试管采3毫升血，无法保证血液与抗凝剂完全融合、达到完全抗凝。

7. 采血部位：血液样本宜提取上肢外周静脉血液。

8. 提取的血液样本应分为A管和B管，一管用于检测，一管用于复核备用，每管采血量不少于2毫升。提取到抗凝试管中的血液样本，应立即进行颠倒混匀抗凝试管8次的处理，使血液样本与抗凝剂充分融合，抑制血液凝固，当场装入物证密封袋，并封存。

9. 酒精检测仪应当符合国家标准并依法鉴定为合格，并保持功能有效。

10. 使用酒精检测仪对有酒后驾驶嫌疑的机动车驾驶人进行检验，检验结束后，应当告知检验结果并签字确认；当事人违反检验要求的，应当当场重新检验。

11. 由两名交通警察或者一名交通警察带领警务辅助人员将车辆驾驶人带至县级以上医院固定不少于两份的血液样本；或者现场由法医等具有相应资质的人员提取血液样本。

12. 固定当事人血液样本的，应当通知其家属或者当事人要求通知的人员。无法通知或者当事人拒绝的，可以不予通知，但应当在行政强制措施凭证上注明。

13. 一次性采血器材包括：一次性采血针、不含醇类或其他挥发性有机物的消毒棉球或消毒剂、具唯一性编号的真空抗凝采血管、A/B 管标签、血液样本密封物证袋。

14. 标志：在包装盒上应有产品名称、制造单位名称、生产日期、贮存条件及有效期等信息。

15. 交通民警对当事人血液样本提取过程应当全程监控，保证收集证据合法、有效。

16. 全程录像有以下审查要点：

（1）全程录像应当录取在场的所有人员（确保其中有 2 名民警）。

（2）全程录像应当录取抽血使用的消毒液、抽血数量、保存情况及血液样本编号等细目。

（3）全程录像应当确保连续，特别是对抽血的关键步骤应一一确认，防止血液被调包等情况发生。

（二）血液样本的保存

1. 保存：冰箱冷藏室应保持在低温 2℃～8℃之间保存。复核样本应放置于冰箱中冷冻，温度应当保持在 －18℃ ～ －10℃之间，保存期限不低于 3 个月。

2. 不是立即送检的，应有封存、保管血液样本的定期监控记录，包括保存温度、监测人、是否停电、冰箱故障等。

（三）血液样本的送检

1. 委托鉴定单位应当指派熟悉案（事）件情况的两名办案人员送检。

2. 送检的检材、样本应当使用规范包装，标识清楚。

3. 对采血量不足，或因采集、保存不当，造成采集血液样本凝结，不符合规定的送检条件的，不得作为送检血液样本。

4. 送检：血液样本送检过程中应保持低温，对送检的全过程要进行全程录像。

5. 提取的血液样本要当场登记封装，并立即送县级以上公安机关检验鉴定机构或者经公安机关认可的其他具备资格的检验鉴定机构进行血液酒精含量检验。因特殊原因不能立即送检的，应当按照规范低温保存，经上级公安机关交通管理部门负责人批准，可以在3日内送检。

（四）血液样本的鉴定和审查要点

1. 鉴定机构受理人与委托鉴定单位送检人共同填写鉴定事项确认书，一式两份，鉴定机构和委托鉴定单位各持一份。

2. 鉴定事项确认书应当包括下列内容：

（1）鉴定事项确认书编号。

（2）鉴定机构全称和受理人姓名。

（3）委托鉴定单位全称和委托书编号。

（4）送检人姓名、职务、证件名称及号码和联系电话。

（5）鉴定有关案（事）件名称、案件编号。

（6）案（事）件情况摘要。

（7）收到的检材和样本的名称、数量、性状、包装，检材的提取部位和提取方法等情况。

（8）鉴定要求。

（9）鉴定方法和技术规范。

（10）鉴定机构与委托鉴定单位对鉴定时间以及送检检材和样本等使用、保管、取回事项进行约定，并由送检人和受理人分别签字。

3. 鉴定的实施，应当由两名以上具有本专业鉴定资格的鉴定人负责。

4. 对于血液酒精含量的检验方法，应按照GB/T 42430－2023《血液、尿液中乙醇、甲醇、正丙醇、丙酮、异丙醇和正丁醇检验》进行审查：

《血液、尿液中乙醇、甲醇、正丙醇、丙酮、异丙醇和正丁醇检验》

7.2　定量分析结果评价

两份检材样品中目标物含量的相对相差不大于10%（有凝血块的血样不大于15%），定量数据可靠，其含量按两份检材的平均值计算。检材样品中目标物含量的相对相差大于10%（有凝血块的血样大于15%），定量数据不可靠，应按6.2重新测定。

或者，按照GA/T 842－2019《血液酒精含量的检验方法》进行审查：

《血液酒精含量的检验方法》

8.2.2　定量结果

平行测定的两份案件样品测定结果的相对相差不超过10%（有凝血块的血样不得超过15%）时，定量结果有效，定量结果按两份案件样品测定结果的平均值计算，否则需要重新进行测定。

5. 检测报告的内容应当包括：

（1）鉴定文书的唯一性编号和每一页的标识。

（2）委托鉴定单位名称、送检人姓名。

（3）受理鉴定委托的日期。

（4）案件名称与案件情况摘要。

（5）检材和样本的描述。

（6）鉴定要求。

（7）鉴定开始日期和实施鉴定的地点。

（8）鉴定使用的方法。

（9）鉴定过程。

（10）色谱图、定量数据和检验结果。

（11）鉴定人的姓名、专业技术资格或者职称、签名。

（12）完成鉴定文书的日期。

（13）鉴定机构和鉴定人的资质证明或者其他证明文件。

6. 出具鉴定报告的期限：对送检的血液样本，检验鉴定机构应当在3日内出具检验报告。当事人对检验结果有异议的，应当告知其在接到检验报告后3日内提出重新检验申请。

7. 血液酒精含量检验报告主要有以下审查重点：

（1）送检时间（是否及时）。

（2）检材情况（是否密封，犯罪嫌疑人、医务人员、侦查人员、见证人是否签字，送检血液样本编号是否与血液样本提取登记表血液样本编号一致，送检血液样本是否达到规定数量）。

（3）鉴定方法是否符合国家标准，鉴定结果、鉴定人员是否签名，鉴定机构是否盖章，鉴定意见是否告知犯罪嫌疑人，有无申请重新鉴定（申请理由、是否批准、批准重新鉴定是否合法），是否附有鉴定机构、鉴定人员资质。

8. 具有下列情形之一的，应当进行重新检验：

（1）检验程序违法或者违反相关专业技术要求，可能影响检验结果正确性的。

（2）检验单位或者机构、检验人不具备相应资质和条件的。

（3）检验结果明显依据不足的。

（4）检验人故意虚假检验的。

（5）检验人应当回避而没有回避的。

（6）检材虚假或者被污染的。

（7）其他应当重新检验的情形。

重新检验，公安机关应当另行指派或者聘请检验人。

9. 对血液酒精含量鉴定程序、鉴定方法的审查，重点审查以下内容：

（1）血液样本提取程序是否规范，如是否使用含酒精棉签消毒等。

（2）血液样本保管、检测是否规范，如是否使用 AB 管、重新鉴定时是否使用 B 管，检测时血液量是否与提取时一致等。

（3）鉴定方法是否运用国家标准。

（4）是否充分保障了当事人权利，如是否及时告知当事人鉴定结果，是否告知其申请重新鉴定的权利。

（五）存疑不起诉或者宣告无罪

有下列情形的建议做无罪辩护：

（1）抽取血液样本采用醇类药品对皮肤进行消毒，导致血液样本受污染的。

（2）血液样本提取过程中见证、同步录音、录像或血液样本提取登记表制作等相关程序操作不规范，导致血液样本来源存疑的，或有证据证明抽取的血液样本受到污染的。

（3）提取血液样本后未按照《公安部关于公安机关办理醉酒驾驶机动车犯罪案件的指导意见》第5条的规定立即送检，或者未按照规范低温保存，经上级公安机关交通管理部门负责人批准后，在3日内送检，导致血液样本可能变质的。

（4）其他不规范或违法侦查取证行为。

第二节　案例选编

为了更好地研究这一问题，笔者整理了10篇无罪案例，供参考学习。

一、山西白某某案

（2020）晋05刑终2号

（一）核心要点

血液样本送检保存、销毁程序违法，送检、鉴定超期违法。

（二）案件简介

2016年10月28日16时30分许，白某某酒后驾驶一辆骐达牌小轿车，在某小区东门附近因挪动车位倒车时，擦碰到站在路边说话的郭某，郭某移动时又将上官某某撞倒。郭某报警后，白某某留在现场等待处理。经呼气检测，白某某酒精含量为183毫克/100毫升。17时29分，办案民警带白某某到阳城县中医院提取了两份血液样本。

2016年11月7日，晋城市公安司法鉴定中心出具了理化检验报告，结果为白某某血液酒精含量为231.9毫克/100毫升。

一审判决被告人白某某犯危险驾驶罪，判处拘役1个月零15日，缓刑3个月，并处罚金2000元。

二审撤销原判，改判白某某无罪。

（三）二审裁判要旨

（1）侦查、检验部门不能提供血液样本保存、交接的客观记录，证明本案血液样本检验前按规范进行了低温保存。本案依现有证据，不能确认迟延送检血液样本保存规范，即无法排除血液样本保存不规范影响检验结果的可能。

（2）公安部和山西省公安厅关于办理醉酒驾驶案件的指导意见和程序规定，均明确规定提取的血液样本应立即送检，因特殊情况不能送检的，经批准至迟应在3日内送检。上述规定，既是为了提高办案效率，同时也是为了保证办案质量。本案的血液样本送检程序，违反公安部和山西省公安厅关于办理醉酒驾驶刑事案件的指导意见和程序的规定。

（3）公安部《关于公安机关办理醉酒驾驶机动车犯罪案件的指导意见》第6条规定，检验鉴定机构对送检测的血液样本应当在3日内出具检验报告。本案鉴定机构2016年11月2日接受送检血液样本，2016年11月7日出具检验报告，检验报告的出具超过规定期限2日，血液样本检验违反法定程序。

（4）关键证据——白某某血液酒精含量理化检验报告形成过程中，检验血液样本的保存、送检、检验环节，均存在违反程序规定的情形。其中，待检血液样本是否按规范进行了低温保存，缺乏可溯源、有留痕的证据证明，不能排除因血液样本保存不规范影响检验结果的可能。办案机关超期送检和鉴定机构受理超期送检的血液样本后，又超期出具检验报告，明显违反公安部有关办理醉酒驾驶机动车犯罪案件程序的规定。因此，本案中的理化检验报告不能作为认定白某某构成危险驾驶罪的定案依据。

（5）公安机关违反程序销毁血液样本在客观上剥夺了白某某申请重新鉴定的权利。

根据《山西省公安机关办理醉酒驾驶机动车刑事案件程序规定》第12条有关提取血液样本的规定，提取血液样本应提取两份备份，一份备案，一份送检，备案血液样本应当交办案部门证据保管室保存。

在案《酒精检验剩余检材及备份血样销毁档案》证实，对于本案白某某的备份血液样本，晋城市公安司法鉴定中心在经办案机关阳城县公安局交警大队签署“案件已办结，同意销毁”的书面意见后，于2019年3月28日销毁。

白某某血液酒精含量理化检验报告形成过程中，有以下两个方面的违反程序规定的情形：

第一，本案办案部门将备份血液样本交鉴定机构保存不符合规范要求。

第二，办案部门在案件尚未办结时，同意鉴定机构销毁备份血液样本，影响了白某某申请重新鉴定的权利的行使。

原判对备份血液样本销毁导致重新鉴定无法进行的责任归属及由此带来的不利后果应由谁承担未予明确。

原判认定白某某犯危险驾驶罪，所采信的白某某血液酒精含量检验鉴定意见，在检材保存、送检、检验等环节，存在证明血液样本保存符合规范的证据不足，和违反公安部、山西省公安厅关于办理醉酒驾驶机动车刑事犯罪案件程序规定的情形，该检验报告不能作为认定白某某构成危险驾驶罪的定案依据。

二、安徽陈某案

（2018）皖07刑终50号

（一）核心要点

证据只能证明被告人醉酒后在机动车上睡觉，辩解前后不一致，不能排除系他人驾驶的可能性。

（二）案件简介

2016年9月16日17时许，陈某驾驶一辆小型轿车与妻子张某2至本市民福家园小区内劲松饭店喝丧酒，将车停在其母亲朱某1家即民福家园小区52栋104号门口。丧酒结束，陈某与张某2回其母亲家之后各自离开。2016年9月16日23时许至次日0时许，公安机关发现陈某在S321省道99公里处机动车道路边停靠的案涉小型轿车内驾驶位睡觉，对其进行酒精呼气测试，酒精含量检测结果为146毫克/100毫升。经安徽公立司法鉴定所鉴定，陈某血液中酒精含量为125.27毫克/100毫升。

一审判决被告人陈某犯危险驾驶罪，判处拘役3个月，并处罚金5000元。

二审撤销原判，改判陈某无罪。

（三）二审裁判要旨

书证查获经过、现场照片、司法鉴定检验报告书等仅证明上诉人陈某醉酒后在案涉轿车驾驶室内睡觉，证人张某 2 的证言仅证明喝丧酒之前陈某将车停在民福家园其母亲朱某 1 家门口，证人朱某 1 的证言仅证明陈某离开时听到车子发动的声音，证人查某、方某、汪某 1 等人的证言仅证明陈某离开酒席时比较清醒，证人朱某 2、洪某 1 证言仅证明陈某在案发后找二人“顶包”。综上，在案证据仅能证明上诉人陈某醉酒后在机动车上睡觉，而不能足以证明其醉酒后驾驶案涉轿车自民福家园至案发现场。虽然上诉人陈某醉酒后在案涉轿车上睡觉被查后对车辆如何从民福家园行驶至案发现场所作辩解前后不一致，但不能排除系他人驾驶的可能性。原判认定陈某醉酒驾驶机动车辆的事实，没有达到证据确实、充分的证明标准，按照证据裁判和疑罪从无原则，应当宣告其无罪。

三、湖北陈某平案

（2017）鄂 07 刑终 114 号

（一）核心要点

1. “消毒液名称”“密封方法”未填写；提取血液样本的视频录像无法辨识医务人员是否使用了不含醇消毒液。

2. 侦查人员的主体资格存疑，且未按规定使用消毒药品，对提取血液样本未按规定密封，违反法定程序。

（二）案件简介

2017 年 4 月 20 日 14 时许，被告人陈某平酒后驾驶一辆白色丰田小型越野车，行驶至某中学门前路段时，被交警拦截检查，现场做呼气式酒精测试，显示血液酒精含量为 144 毫克/100 毫升。同日 15 时 30 分，由某中心医院对陈某平进行了血液样本提取。同月 24 日，某中心医院法医司法鉴定所作出某中心医院法医司鉴［2017］毒检字第 63 号法医毒物报告书，鉴定意见为：陈某平血液中检出乙醇，其含量为 159 毫克/100 毫升。陈某平于同月 25 日对该鉴定申请重新鉴定，同月 26 日某法医司法鉴定所作出黄中泽法鉴所［2017］鉴字法医毒化 200 号法医毒物分析报告书，其结果为血液中乙醇含量检测为 156.45 毫克/100 毫升。

一审判决被告人陈某平犯危险驾驶罪，判处拘役2个月，缓刑2个月，并处罚金6000元。

二审撤销原判，改判陈某平无罪。

（三）二审裁判要旨

1. 关于提取血液样本程序问题。根据《车辆驾驶人员血液、呼气酒精含量阈值与检验》的规定，对需要检验血液中酒精含量的，应及时抽取血液样本。抽取血液样本应由专业人员按要求进行，不应采用醇类药品对皮肤进行消毒。经查，本案《涉嫌酒后驾车驾驶人血样提取登记表》中的“消毒液名称”“密封方法”栏未填写；通过提取血液样本的视频录像无法辨识医务人员是否使用了不含醇消毒液。上诉人及辩护人据此怀疑本案中侦查人员提取血液样本时违法使用了含醇消毒液，质疑侦查人员的执法资格，具有合理性，其关于取证程序违法的辩护意见成立，法院予以支持。

2. 关于全面收集证据问题。鄂州市公安局交警支队鄂城大队二中队《关于陈某平血液重新鉴定的情况说明》反映，黄冈中泽法医司法鉴定所对陈某平的69137516号血液样本进行检测，结论与鄂州市中心医院法医司法鉴定所对陈某平69137343号血液样本鉴定结果相对差远大于15%，该血液样本无效，并委托对陈某平69137343号血液样本重新鉴定。本案中，侦查机关没有收集、提交检测陈某平69137516号血液样本的结果，与《刑事诉讼法》有关必须收集犯罪嫌疑人的各种证据的规定相悖。辩护人提出了侦查人员收集证据不全面，怀疑未提供能够证明陈某平无罪或罪轻的证据，其辩护意见成立，法院予以采纳。

法院认为，血液酒精含量检验鉴定意见是认定犯罪嫌疑人是否醉酒的依据，上诉人陈某平现场呼气式酒精测试结果为144毫克/100毫升，只能作为醉酒驾驶机动车的立案侦查依据。原公诉机关、二审出庭检察员提交的证据，只能证实上诉人陈某平在道路上酒后驾驶机动车。侦查机关提取陈某平的血液样本时，侦查人员的主体资格存疑，且未按规定使用消毒药品、对提取血液样本未按规定密封，违反法定程序。据此，对陈某平血液酒精含量的检验鉴定意见不具有证据效力，原公诉机关指控陈某平犯危险驾驶罪的证据不足，指控的犯罪不能成立。

四、湖南马某湘案

（2018）湘 12 刑终 519 号

（一）核心要点

提取血液时未进行全程监控、当日不能立即送检且未按规范低温保存、延迟送检未经上级交管部门负责人批准。提取血液量与送检血液量相差明显，没有按照规定封装，送检的血液是否系被告人的血液不排除合理怀疑，不具有唯一性。

（二）案件简介

2016 年 2 月 7 日 20 时 30 分许，上诉人马某湘饮酒后驾驶自己的小型轿车与杨某驾驶的普通二轮摩托车迎面相撞，造成杨某受伤、两车受损的道路交通事故。经民警现场测试，马某湘呼气中酒精浓度为 152.2 毫克/100 毫升。当日 21 时 45 分，民警将马某湘带至会同县中医院抽取血液样本，医务人员抽取静脉血 8 毫升后分装在两支真空抗凝管内（每管 4 毫升），分别编号 E04157705、E01787959。同年 2 月 16 日，民警将编号为 E04157705 的装有 2 毫升血液的真空抗凝管送怀化市方正司法鉴定中心检验。当日经该鉴定中心检验，送检的血液样本中乙醇含量为 190.7 毫克/100 毫升。案发后，经会同县公安局交通警察大队认定，马某湘负此次事故的主要责任，杨某负此次事故的次要责任。

一审判决被告人马某湘犯危险驾驶罪，免予刑事处罚。

二审撤销原判，改判马某湘无罪。

（三）二审裁判要旨

根据公安部《关于公安机关办理醉酒驾驶机动车犯罪案件的指导意见》第二部分“进一步规范办案期限”第 5 条的规定，交通民警对当事人提取血液样本过程应当全程监控，要当场登记封装，并立即送县级以上公安机关检验鉴定机构或经公安机关认可的其他具备资格的检验鉴定机构进行血液酒精含量检验。因特殊原因不能立即送检的，应当按照规范低温保存，经上级公安机关交通管理部门负责人批准，可以在 3 日内送检。

本案没有证据证明交通民警提取马某湘血液时进行了全程监控、当日不能立即送检时有按规范低温保存、延迟送检时有经上级公安机关公安交通管理部门负责人批准，因此交警对马某湘血液样本的提取、保存、送检程序严重违反了该指导意见的规定。

该指导意见是公安机关办理醉酒驾驶机动车犯罪案件收集、固定证据的程序规定，公安机关应当严格执行，本案公安机关办案民警于2016年2月7日21时45分抽取马某湘血液样本后未按规定立即送检，也未按规定报批，直到2016年2月16日（大年初九）才送交检验鉴定机构检验，血液样本送检时间严重违反了该指导意见的限制性送检时间的规定。虽然2016年2月7~13日（除夕至大年初六）是法定休假日，但2月14日（大年初七）已正式上班，交警于2月16日才送检马某湘的血液样本，况且该事由也不能作为对抗法律规定的血液送检时间的限制性规定的事由。同时，根据在案证据，本案抽取的血液为2管，每管4毫升，但怀化市方正司法鉴定中心出具的检验报告证实送检的血液为2毫升，提取血液量与送检血液量相差明显，而且原公诉机关当庭提交的盛装马某湘血液的真空抗凝管上没有马某湘、交警及抽血医务人员三方签名，也没有按照规定进行封装，因此送检的血液是否系马某湘的血液不排除合理怀疑，不具有唯一性。

综上，本案马某湘血液酒精含量检验鉴定意见依法不能作为定案的根据，法院不予采信。

根据最高人民法院、最高人民检察院、公安部《关于办理醉酒驾驶机动车刑事案件适用法律若干问题的意见》第6条第1款的规定，犯罪嫌疑人呼气酒精含量检验结果达到醉酒标准，在抽取血液样本之前脱逃的，可以以呼气酒精含量检验结果作为认定其醉酒的依据。本案上诉人马某湘在进行呼气酒精含量检验后就被交警带至会同县中医院抽取血液样本，马某湘在抽取血液样本之前并没有脱逃行为，因此马某湘不具有可以以呼气酒精含量检验结果作为认定其醉酒后驾驶之依据的情形，故本案的呼气酒精含量检验结果不能作为定案的根据，依法不予采信。

综上所述，根据现有证据虽能认定马某湘具有饮酒后驾驶机动车的行为，但对于其是否属于醉酒驾驶机动车，是否构成危险驾驶罪，原公诉机关所依据的在案证据无法达到法律规定的证据确实、充分的证明标准。原判认定上诉人马某湘构成危险驾驶罪的证据不足，应依法改判。

五、湖北周某超案

（2018）鄂08刑终141号

（一）核心要点

1. 构成危险驾驶罪的前提应为“在道路上驾驶机动车”，如行为人驾驶的不是机动车，不能以危险驾驶罪对其定罪处罚。

2. 鉴定意见书不具有合法性、科学性，不能作为定案的依据。

（二）案件简介

2016年5月12日22时许，上诉人周某超酒后驾驶无号牌两轮电动车，与由北向南横过道路的行人何某相撞，造成何某、周某超受伤及车辆受损的交通事故，交警认定周某超承担此起事故的主要责任。经荆门市公安司法鉴定中心鉴定：在周某超的血液中检出乙醇成分，含量为145毫克/100毫升。

一审判决被告人周某超犯危险驾驶罪，判处拘役2个月，缓刑5个月，并处罚金3000元。

二审撤销原判，改判周某超无罪。

（三）二审裁判要旨

1. 湖北平安行道路交通事故司法鉴定所及鉴定人（刘某、朱某）不具有对机动车属性进行鉴定的资质。

2. 二鉴定人在既未对涉案车辆进行路测，也未对同品牌同型号车辆进行路测的情况下，仅依据同类型车辆的路测结果得出鉴定意见，违反相关鉴定方法的要求。

3. 二鉴定人作出鉴定所依据的《电动摩托车和电动轻便摩托车通用技术条件》早在2009年12月15日已被国家标准管理委员会通知决定暂缓实施。

4. 国家市场监督管理总局、国家标准化管理委员会于2018年5月15日批准发布了《电动自行车安全技术规范》，其中对电动车的技术规范进行了重新定义。

综上，湖北平安行道路交通事故司法鉴定所出具的鉴定意见书不具有合法性、科学性，不能作为定案的依据，上诉人周某超提出重新鉴定的申请符合法律规定和案件审理的需要，法院决定对涉案电动车进行重新鉴定。法院于2018年11月7日委托浙江省机电产品质量检测所对涉案车辆属性进行鉴定，该所于2018年11月27日将法院鉴定委托退回，理由为鉴定对象不存在，无法查找到车辆的准确信息，不具备鉴定条件。

《刑法》第133条之一明确规定，构成危险驾驶罪的前提应为“在道路上驾驶机动车”，如行为人驾驶的不是机动车，则其即使具有危险驾驶的情形，仍不能以危险驾驶罪对其定罪处罚。

现有证据不能证明上诉人周某超驾驶的车辆为超标电动车，不能得出周某超驾驶的车辆是机动车这一结论，原审判决认定上诉人周某超醉酒驾驶机动车的事实不清，证据不足。原公诉机关指控上诉人周某超犯危险驾驶罪不能成立。

六、海南陈某文案

（2021）琼9028刑初165号

（一）核心要点

有关部门未将超标车作为机动车进行管理，公众普遍认为超标车不属于机动车，在相关法规未明确规定超标车属机动车的情况下，不宜对醉酒驾驶超标车的行为以危险驾驶罪定罪处罚。

（二）案件简介

2020年2月27日12时许，被告人陈某文酒后驾驶一辆电驱动两轮轻便摩托车，与被害人李某驾驶的无牌二轮电动车发生碰撞。经鉴定，陈某文血液中乙醇含量为140毫克/100毫升。交警认定，陈某文负事故的主要责任，李某负事故的次要责任。

一审判决陈某文无罪。

（三）裁判要旨

根据《刑法》第133条之一第1款的规定，“在道路上驾驶机动车，有下列情形之一的，处拘役，并处罚金：……（二）醉酒驾驶机动车的；……”

根据最高人民法院、最高人民检察院、公安部《关于办理醉酒驾驶机动车刑事案件适用法律若干问题的意见》第1条第2款的规定，“机动车”的概念，适用《道路交通安全法》的有关规定。关于“机动车”的含义，《道路交通安全法》第119条规定，机动车是指以动力装置驱动或者牵引，上道路行驶的供人员乘用或者用于运送物品以及进行工程专项作业的轮式车辆。本案中，陈某文驾驶的二轮电动车是超标车，但在相关法规未明确规定超标车属于机动车，有关部门也未将超标车作为机动车进行管理的情况下，公众普遍认为超标车不属于机动车，醉酒驾驶超标车的行为人不具有危险驾驶机动车的违法性认识。因此，尽管醉酒驾驶超标车存在较大的安全隐患，但在相关法规未明确规定超标车属于机动车的情况下，不宜对醉酒驾驶超标车的行为以危险驾驶罪定罪处罚。

综上，检察机关指控被告人陈某文醉酒驾驶二轮电动车的行为，构成危险驾驶罪，不符合法律规定，指控的犯罪不成立。

七、安徽贾某胜案

（2019）皖1002刑初17号

（一）核心要点

1. 血液样本提取登记表中，未填写消毒液名称。

2. 血液样本送检超期；含量不一致。

（二）案件简介

2018年4月11日20时20分，被告人贾某胜饮酒后，驾驶牌号为皖J××××× 的小型轿车，被执勤民警当场查获。经呼气式酒精含量测试，贾某胜呼气中乙醇含量为107毫克/100毫升。后民警带贾某胜至黄山市首康医院采血，并由安徽全诚司法鉴定中心于2018年4月16日受理鉴定，4月18日作出鉴定，贾某胜血液中乙醇含量为122.2毫克/100毫升。

一审判决贾某胜无罪。

（三）裁判要旨

1. 提取贾某胜血液样本的过程不符合程序规定。根据当事人血液样本

(尿样)提取登记表,有以下两点不符合有关程序规定:一是消毒液名称未填写,在抽血过程中使用哪种消毒液不清楚。二是抽血人员仅填写了姓名,其他内容非其填写。

2. 关于本案贾某胜血液样本数量问题。当事人血液样本(尿液样本)提取登记表、鉴定委托书中记载贾某胜血液样本数量为3毫升,而2018年9月5日安徽全诚司法鉴定中心出具的函中称收到贾某胜血液样本2毫升,装在抗凝管中,且密封无渗漏。因此,安徽全诚司法鉴定中心收到的血液样本与提取的当事人血液样本明显有差异,不能排除血液样本是否密封完好及是否受到污染的合理怀疑。

3. 关于贾某胜血液样本超期送检问题。公安部《关于公安机关办理醉酒驾驶机动车犯罪案件的指导意见》第5条规定,交警对当事人血液样本提取过程应当全程监控,保证收集证据合法、有效。提取的血液样本要当场登记封装,并立即送县级以上公安机关检验鉴定机构或者经公安机关认可的其他具备资格的检验鉴定机构进行血液酒精含量检验。因特殊原因不能立即送检的,应当按照规范低温保存,经上级公安机关公安交通管理部门负责人批准,可以在3日内送检。本案中,贾某胜被抽血时间为2018年4月11日21时许,鉴定机构受理血液样本时间为4月16日,送检超期,不符合前述规定。虽然有"呈请延长血液样本送检时间审核意见表",但也超过了3日的送检期限,且不符合经上级公安机关交通管理部门负责人批准的要求。另外,也未有证据证明超期送检的血液样本达到检材的要求。

4. 关于是否使用真空抗凝管采血及低温保存问题。安徽全诚司法鉴定中心皖全诚司鉴函字〔2018〕63号函称收到贾某胜血液样本,该样本装在一支抗凝管中,但未见该试管上贴有生产标签等,无证据证明该采血管属于抗凝管且质量符合要求。公安机关和安徽全诚司法鉴定中心均称已经低温保存血液样本,但无充分证据证明符合保存要求。

公安机关在提取贾某胜血液样本、保存、送检及鉴定过程存在事实不清、程序违法问题,故安徽全诚司法鉴定中心皖全诚司法鉴定中心[2018]毒鉴字第685号司法鉴定意见书不能作为定案根据,应予以排除。根据最高人民法院、最高人民检察院、公安部《关于办理醉酒驾驶机动车刑事案件适用法律若干问题的意见》第6条第1款的规定，血液酒精含量检验鉴定意见是认定被告人是否醉酒的依据，但本案鉴定意见因程序违法而被排除，在案证据虽能认定贾某胜饮酒后驾驶机动车的事实，但不能认定贾某胜的行为构成危险驾驶罪。

公诉机关指控被告人贾某胜犯危险驾驶罪的事实不清，证据未达到确实、充分的证明标准，指控被告人贾某胜犯危险驾驶罪不能成立，对公诉机关的指控不予支持。

八、四川朱某元案

（2019）川0802刑初496号

（一）核心要点

1. 采血人员未按程序采集血液样本，违反了《临床检验基础》对血浆、全血采血后应立即颠倒混匀抗凝试管8次的规定，达不到抑制血液凝固的目的。

2. 送达鉴定意见时，未告知申请重新鉴定的期限，送达程序失误导致被告人未能及时行使其申请重新鉴定的权利。半年后重新鉴定乙醇含量已低于80毫克/100毫升，不构成犯罪。

（二）案件简介

2017年8月21日，被告人朱某元在苍溪县“小龙坎老火锅”吃饭饮酒后驾驶川Y×××××号小型轿车沿苍溪县滨江路往江南镇方向行驶，与四辆小型轿车以及一辆无号牌电动车发生碰撞与剐擦，致以上车辆均部分受损，民警现场对朱某元进行呼气酒精检测，检测结果为165.3毫克/100毫升；随后提取朱某元静脉血液，经南充市公安局物证鉴定所对朱某元的血液进行鉴定，其血液中乙醇含量为118.2毫克/100毫升。后经认定，被告人朱某元负此次事故的全部责任。2018年3月6日，苍溪县公安机关向绵阳维益司法鉴定中心出具了委托鉴定书，后经该中心鉴定：送检血液中乙醇含量为76毫克/100毫升。

一审判决朱某元无罪。

（三）裁判要旨

《临床检验基础》规定，除血清采集不需混匀外，对血浆、全血的采集要求为采血后立即颠倒混匀采血管 8 次，其目的是抑制血液凝固。庭前诉讼参与人观看的采血时的全程录像视频显示：采血护士将血液注入两支瓶帽为蓝黑色的试管中，仅有一名警察对其中的一支试管进行了摇晃，另一支试管未进行摇晃操作。《临床检验基础》规定：采血管为黑色或浅蓝色试管的标本所收集的应是血浆或全血，采血后立即起颠倒摇匀 8 次，试验前混匀标本。由此可见，专业采血人员未按程序收集证据。

关于对同一标本时隔半年后再进行第二次鉴定，其结果是否发生变化的问题。根据《临床检验基础》的规定，复核备用的样本应放置于低温冰箱冷冻保存，温度保持在 -18℃ ~ -10℃，保存期限不低于 3 个月，在此条件下样本无物理化学变化。本案中，苍溪县公安局在回复公诉机关的补充侦查报告中明确指出："2017 年 8 月 21 日，我局对犯罪嫌疑人朱某元采集血液样本后，将血液样本保存于专门的涉案财物保管室冰箱内，予以低温保存。"既然如此，公诉机关称样本长时间后可能存在乙醇挥发或血液变质问题，3 个月后血液的测试结果已经不能反映当时情况，本案中的在时隔半年后会出现血液鉴定结果差异大的公诉意见不成立。

关于朱某元在时隔近 5 个月后以对鉴定结果有异议申请重新鉴定，其程序是否合法，公安机关应否重新鉴定的问题。公安部《关于公安机关办理醉酒驾驶机动车犯罪案件的指导意见》规定：当事人在对检验报告有异议的，在接到报告后 3 日内提出重新鉴定申请。对于 2017 年 9 月 4 日苍溪县公安局侦查人员送达的南充市公安局物证鉴定所的鉴定意见（血液中乙醇含量为 118.2 毫克/100 毫升），朱某元签字接收，鉴定意见通知书书面告知被告人"对该鉴定意见有异议，可以提出补充鉴定或者重新鉴定的申请"，但未予告知申请重新鉴定的期限，亦无证据证明侦查机关的承办人履行了告知义务，因送达程序失误导致被告人朱某元未能及时行使其申请重新鉴定的权利。时隔 5 个月后，朱某元提出重新鉴定申请，即自己主张自己的权利，公安机关接受并决定重新鉴定，该行为应视为以公权力对自己执法程序失误的一种补救。

对于在两次血液鉴定结果不一致又不能排除合理怀疑的情况下能否采信

呼气检测的问题。最高人民法院、最高人民检察院、公安部《关于办理醉酒驾驶机动车刑事案件适用法律若干问题的意见》第6条第1款规定，血液酒精含量检验鉴定意见是认定犯罪嫌疑人是否醉酒的依据。犯罪嫌疑人经呼气酒精含量检验达到本意见第1条规定的醉酒标准，在抽取血液样本之前脱逃的，可以以呼气酒精含量检验结果作为认定其醉酒的依据。本案被告人朱某元并无上列行为，故不应以其呼气检验结果作为指控依据。

法院认为，本案侦查机关对于同一被告人在同一时间采集的血液样本送交均有具有鉴定资格的机构进行鉴定，得出不同的鉴定意见，且鉴定意见涉及被告人的行为性质，但公诉机关未提供证据对不构成犯罪的鉴定意见予以排除，其指控证据不具有唯一性及排他性，无法达到证明目的，故指控的犯罪因证据存疑不能认定。

九、青海张某1案

（2020）青02刑终26号

（一）核心要点

血液样本延迟送检7日，且未得到上级公安机关交通管理部门负责人批准，送检程序违法，封存、保管血液样本缺乏定期监控记录，无法排除血液样本被污染的合理怀疑。定罪证据存疑，被告人无罪。

（二）案件简介

2018年10月1日，被告人张某1酒后驾驶一辆大众牌小型客车在某县与前方同向行驶的杨某驾驶的小型客车追尾相撞，造成两车受损的道路交通事故。经青海省公安厅刑事科学技术研究管理中心鉴定，被告人张某1血液中的乙醇含量为318.5毫克/100毫升。

一审判决被告人张某1无罪。

（三）裁判要旨

根据公安部《关于公安机关办理醉酒驾驶机动车犯罪案件的指导意见》第5条之规定，提取的血样要立即送检，因特殊原因不能送检的，应当按照规范低温保存，经上级公安机关交通管理部门负责人批准，可以在3日内送检。

本案被告人抽取血液样本时间为2018年10月1日，血液样本送检、受理时间为2018年10月8日，延迟送检7日，且未得到上级公安机关交通管理部门负责人批准。另外，根据办案人员出具的办案说明，血液样本严格按照技术标准要求在冰箱内进行了封存，但同时又缺乏对封存血液样本同步检测的时间、保存温度、监测人等定期监控记录，在延迟送检的7日内，无法排除血液样本被污染的合理怀疑。综上，青海省公安厅刑事科学技术研究管理中心的理化检验报告不能作为对被告人张某1定罪的证据使用。

关于办案民警执法不规范的问题。根据公安部《关于公安机关办理醉酒驾驶机动车犯罪案件的指导意见》第13条之规定，交通民警在道路上检查酒后驾驶机动车的情况时，必须配齐呼气酒精含量检测仪等装备。在本案中，报案人向化隆回族自治县公安局交警大队报案时，已说明对方涉嫌酒驾。根据执法记录仪显示，出警民警在现场勘查时，未进行必要的呼气检测。在醉驾型危险驾驶案件中，呼气酒精测试与血液酒精含量检测是对被告人定罪量刑的核心证据。因出警民警执法时未携带可以正常使用的呼气酒精含量检测仪对被告人张某1进行呼气酒精检测，导致在血液样本送检程序违法、无法排除合理怀疑，无法认定张某1在案发时的饮酒程度。

法院认为，检察机关提供的证据能够证实张某1酒后驾驶机动车并发生交通事故的事实，不能证实张某1血液酒精含量是多少，亦不能证实张某1系醉酒驾驶。故公诉机关指控张某1犯危险驾驶罪的证据不足，指控的犯罪依法不能成立。辩护人提出“定罪证据存疑，被告人无罪”的辩护意见，法院予以采纳。

十、宁夏王某1案

（2020）宁0425刑初68号

（一）核心要点

概念性法律术语不能随意扩大解释，无号牌四轮电动车，国家既未对电动车的法律属性作出明确规定，又未对其按照机动车进行管理，故不能要求普通公众认识到电动车属于机动车。

（二）案件简介

2020年7月11日6时许，被告人王某1饮酒后持C3驾驶证驾驶无号牌“雷丁”牌四轮电动车，与王某2驾驶的一辆“解放”牌重型半挂牵引车相撞，造成王某1受伤，两车受损的交通事故。2020年7月27日，交警认定，王某1承担本起事故的次要责任。2020年9月21日，经甘肃科诚司法鉴定所鉴定，王某1驾驶的无号牌“雷丁”牌四轮电动车是纯电动车，属于机动车；其血液中乙醇含量为192毫克/100毫升。2020年8月8日，王某1因醉酒驾驶机动车被固原市公安局交通警察支队决定罚款50元（已缴纳）、吊销机动车驾驶证。

一审判决被告人王某1无罪。

（三）裁判要旨

危险驾驶罪是行政犯，对机动车等概念性法律术语的理解应当与其所对应的行政法规保持一致，不能随意扩大解释。根据《道路交通安全法》的规定，机动车是指“以动力装置驱动或者牵引，上道路行驶的供人员乘用或者用于运送物品以及进行工程专项作业的轮式车辆”。判断行为人是否认识到其驾驶的车辆属于法律意义上的机动车，需要根据一般人的生活经验、认识水平和理解能力进行综合评价。国家既未对电动车的法律属性作出明确规定，又未对其按照机动车的相关规定进行管理，故不能要求普通公众认识到电动车属于机动车。本案中，王某1驾驶的无号牌“雷丁”牌电动车虽经鉴定为机动车，但不能证明被告人王某1认识到电动车属于机动车，在相关行政法规未明确规定电动车属于机动车的情况下，鉴定机构认定电动车属于机动车，超出了其权限范围。庭审中，王某1辩称从其购买无号牌“雷丁”牌电动车后，在使用的3年时间内，未有交通管理相关部门或者个人告知其有需要悬挂号牌、购买保险、持有机动车驾驶证等各项机动车上道路行驶的规定。案发当日其喝酒驾驶电动车时也认为自己驾驶的是非机动车，主观上无危险驾驶罪的故意。根据主客观相一致原则，被告人王某1不构成危险驾驶罪。故检察机关指控的罪名不能成立，法院不予支持。

第七章　交通事故的民事赔偿

第一节　实务要点

一、交通事故人身损害赔偿的诉讼时效是多久

根据《民法典》第188条的规定："向人民法院请求保护民事权利的诉讼时效期间为三年。法律另有规定的，依照其规定。诉讼时效期间自权利人知道或者应当知道权利受到损害以及义务人之日起计算。法律另有规定的，依照其规定。但是，自权利受到损害之日起超过二十年的，人民法院不予保护，有特殊情况的，人民法院可以根据权利人的申请决定延长。"

因此，2021年1月1日《民法典》施行之后，交通事故案件中无论是人身损害赔偿还是财产损害赔偿，诉讼时效都统一为3年，自知道或者应当知道之日起计算，一般可以从《道路交通事故认定书》生效之日或者交通队调解终结之日开始计算，因伤持续治疗的可以从治疗终结之日起计算。以前的《民法通则》中人身损害赔偿的诉讼时效为1年的规定已经废除。

二、交通事故案件可否由保险公司住所地法院管辖

交通事故责任赔偿纠纷属于侵权类案件，根据《民事诉讼法》第29条的规定："因侵权行为提起的诉讼，由侵权行为地或者被告住所地人民法院管辖。"侵权行为地很好确定，一般就是事故发生地。

因为交通事故案件的被告可能包括司机、雇主、车主、保险公司等，他们的住所（或者经常居住地）有时并不在一个省市，有些人为了就近，有些

人为了按照受诉法院所在地的有关标准获得更高赔偿，有些人为了规避地方保护等，从而要对到哪个法院起诉进行一个选择，最有争议的就是到保险公司住所地法院起诉。保险公司虽然不是侵权人，但是因为最高人民法院《关于审理道路交通事故损害赔偿案件适用法律若干问题的解释》第22条第1款规定，应当将承保交通事故责任强制保险的保险公司列为共同被告，当事人请求将承保商业三者险的保险公司列为共同被告的，人民法院应予准许。实践中，确实有的法院不认可将保险公司住所地作为管辖依据，但是也有法院认可保险公司住所地法院有权管辖，例如：

1. 上海市静安区人民法院（2020）沪0106民初16160号民事裁定书

被告平安保险上海分公司对管辖权提出异议认为，本案事故发生在安徽省，事故当事人亦均为安徽人，则由上海市的法院查明案件事实多有不便。且根据最高人民法院《关于审理道路交通事故损害赔偿案件适用法律若干问题的解释》，保险公司加入侵权诉讼仅是为了方便审理，其并非本案侵权人，本案侵权行为地亦非上海市，现原告仅因该被告所在地为上海市静安区即到上海市起诉，明显不合理。

上海市静安区人民法院经审查认为，被告平安保险上海分公司系本案适格且必要的被告，且被告平安保险上海分公司的注册地、实际经营地在上海市静安区常熟路，属该院辖区。至于该院查明事实是否方便，并非提起管辖异议的法定依据。裁定驳回被告平安保险上海分公司对本案管辖权提出的异议。

2. 北京市第二中级人民法院（2020）京02民辖终307号民事裁定书

事故发生在北京市房山区，原告住河北省武安市，二被告住北京市房山区，保险公司住所地在北京市东城区，但是因为某些原因原告选择了保险公司住所地北京市东城区人民法院起诉，尽管被告提出了管辖异议，并上诉，但是最终二审法院裁定被告保险公司的住所地法院北京市东城区人民法院对该案有管辖权。

北京市第二中级人民法院认为，因侵权行为提起的诉讼，由侵权行为地或者被告住所地人民法院管辖。保险公司是本案适格被告，其住所地即为被告住所地。

管辖权的审查系程序性审查，是对案件进行实体审理的前置程序，只要当事人的主张及提交的初始证据在形式上能够确定管辖，法院即可对案件的管辖权进行认定。

被告关于侵权案件中“被告住所地”所涉及的范围不包括保险公司的上诉主张，没有法律依据。被告所提及的“函”“会议纪要”等文件，在案件审理的适用效力上均不能对抗“法律”。

三、发生交通事故，车主是否承担责任，车主承担什么责任

我国《民法典》规定，交通事故案件属于侵权案件，一般适用过错责任原则，朋友、亲戚、同事等之间正常借用车辆，车主无过错就不用承担侵权的民事赔偿责任。车主或者车辆管理人有下列过错的，承担相应的赔偿责任：

第一，知道或者应当知道机动车存在缺陷，且该缺陷是交通事故发生原因之一的。

第二，知道或者应当知道驾驶人无驾驶资格或者未取得相应驾驶资格的。

第三，知道或者应当知道驾驶人因饮酒、服用国家管制的精神药品或者麻醉药品，或者患有妨碍安全驾驶机动车的疾病等依法不能驾驶机动车的。

第四，未按照国家规定为机动车购买机动车交通事故强制责任保险的。

第五，被多次转让但是未办理登记的机动车发生交通事故造成损害，属于该机动车一方责任，当事人请求由最后一次转让并交付的受让人承担赔偿责任的。

第六，以挂靠形式从事道路运输经营活动的机动车，发生交通事故造成损害，属于该机动车一方责任的，由挂靠人和被挂靠人承担连带责任。

第七，以买卖或者其他方式转让拼装或者已经达到报废标准的机动车，发生交通事故造成损害的，由转让人和受让人承担连带责任。

第八，被套牌机动车所有人或者管理人同意套牌的，应当与套牌机动车的所有人或者管理人承担连带责任。

第九，其他应当认定机动车所有人或者管理人有过错的。

四、目前机动车交通事故强制责任保险的限额

2020年9月2日，中国银行保险监督管理委员会①发布了《关于实施车险综合改革的指导意见》，自2020年9月19日开始实施。截至2020年9月19日0时保险期间尚未结束的机动车交通事故强制责任保险保单项下的机动车在2020年9月19日0时后发生道路交通事故的，按照新的责任限额执行；在2020年9月19日0时前发生道路交通事故的，仍按原责任限额执行。其中，最重要的是将机动车交通事故强制责任保险机动车的有责限额从12.2万元调整到20万元，具体新旧机动车交通事故强制责任保险限额对比如下（详见表7-1）。

表7-1 新旧机动车交通事故强制责任保险限额对比

单位：元

机动车事故责任情况	具体赔偿项目	旧机动车交通事故强制责任保险限额	新机动车交通事故强制责任保险限额
机动车有责	医疗费	1万	1.8万
	死亡伤残	11万	18万
	财产	2000	2000
	总计	12.2万	20万
机动车无责	医疗费	1000	1800
	死亡伤残	1.1万	1.8万
	财产	100	100
	总计	1.21万	1.99万

五、在外省市出了交通事故按照哪里的标准赔偿

例如，在2022年3月，北京的赵某到河北游玩，遭遇交通事故意外身故。被告及保险公司认为应该按照河北省的相关数据标准计算，但赵某家属认为自己是北京户口，经常居住地是北京，北京的统计数据和生活水平要比

① 该国务院直属事业单位现已撤销。

河北省高很多，按照北京的有关标准会对自己更为有利。到底应该按照河北省还是北京市的标准计算？

根据最高人民法院《关于审理人身损害赔偿案件适用法律若干问题的解释》第18条规定：“赔偿权利人举证证明其住所地或者经常居住地城镇居民人均可支配收入高于受诉法院所在地标准的，残疾赔偿金或者死亡赔偿金可以按照其住所地或者经常居住地的相关标准计算。被扶养人生活费的相关计算标准，依照前款原则确定。”

此外，根据统计公报，以2021年为例，河北省城镇居民人均可支配收入为39791元，北京市城镇居民人均可支配收入为81518元。单独计算20年的死亡赔偿金，河北、北京两地就相差834540元。

再如，若是北京人在上海发生交通事故死亡，上海2021年的城镇居民人均可支配收入82429元比北京的81518元还高，这时死者家属就有权选择按照受诉法院所在地上海的相关标准计算。

总之，死亡赔偿金、残疾赔偿金、被扶养人生活费这三项赔偿权利人有权选择按照住所地或者经常居住地或者受诉法院所在地中较高的标准计算，就高不就低。

六、交通肇事涉嫌犯罪的，刑事附带民事或者单独民事诉讼是否应该支持精神损失费

这种诉讼请求很难得到人民法院的支持。最高人民法院《关于适用〈中华人民共和国刑事诉讼法〉的解释》第175条规定：被害人因人身权利受到犯罪侵犯或者财物被犯罪分子毁坏而遭受物质损失的，有权在刑事诉讼过程中提起附带民事诉讼；被害人死亡或者丧失行为能力的，其法定代理人、近亲属有权提起附带民事诉讼。因受到犯罪侵犯，提起附带民事诉讼或者单独提起民事诉讼要求赔偿精神损失的，人民法院一般不予受理。此外，一些司法案例也显示，对于此类诉讼请求，人民法院很难予以支持，比如以下两个案件：

1. 北京市第二中级人民法院（2019）京02刑终118号刑事附带民事裁定书

附带民事诉讼原告要求精神损害抚慰金，不属于附带民事赔偿范围、无

法律依据，法院不予支持。

2. 北京市第三中级人民法院（2019）京03民终5128号民事判决书

法院认为：本案争议焦点是阳光保险公司是否应赔偿袁某1、袁某2、袁某海、李某兰精神损害抚慰金。根据最高人民法院《关于适用〈中华人民共和国刑事诉讼法〉的解释》的相关规定，因受到犯罪侵犯，提起附带民事诉讼或者单独提起民事诉讼要求赔偿精神损失的，人民法院不予受理。最高人民法院《关于人民法院是否受理刑事案件被害人提起精神损害赔偿民事诉讼问题的批复》① 规定，对于刑事案件被害人由于被告人的犯罪行为而遭受精神损失提起的附带民事诉讼，或者在该刑事案件审结以后，被害人另行提起精神损害赔偿民事诉讼的，人民法院不予受理。本案中，已有生效判决认定王某涛就涉案交通事故构成交通肇事罪，承担刑事责任，故袁某1、袁某2、袁某海、李某兰主张赔偿精神损害抚慰金，缺乏法律依据，法院不予支持。

综上所述，可见无论是法律规定还是审判实践，对于构成犯罪的刑事案件，不管是刑事附带民事诉讼，还是另行提起的单独民事诉讼，都是不支持精神损失费的。法理上的原因可能是犯罪分子已经受到了刑事处罚，已经给予了受害人精神上的安抚。只有双方自愿协商，肇事方为了拿到谅解书，才有可能拿到精神损失费。

七、交通事故中误工费是否有最高数额限制

《道路交通事故处理办法》② 对误工费相关事宜有如下规定：当事人有固定收入的，按照本人因误工减少的固定收入计算，对收入高于交通事故发生地平均生活费三倍以上的，按照三倍计算；无固定收入的，按照交通事故发生地国营同行业的平均收入计算。

但是，在2020年修正之后施行的最高人民法院《关于审理人身损害赔偿案件适用法律若干问题的解释》及其《民法典》等相关的法律、司法解释中，均没有再对误工费的最高标准进行限制，所以目前误工费是以赔偿实际

① 该司法解释现已废止。

② 该行政法规现已废止。

损失为原则。

例如，在笔者办的一起非常普通的交通事故赔偿案件中，伤者的医疗费只有1万余元，但医院开具了3个月的休假证明，伤者系北京某国际贸易有限公司采购总监，月工资5万元，因交通事故误工3个月，伤者提供了单位开具的收入及误工证明、银行流水明细、完税证明等完整证据，法院最终判决支持误工费15万元。

八、交通事故的同命同价问题

2003年最高人民法院《关于审理人身损害赔偿案件适用法律若干问题的解释》对残疾赔偿金、死亡赔偿金和被扶养人生活费的赔偿设置了农村村民和城镇居民两种赔偿标准，实践中经常可以看到同样或者同一事故因为当事人身份的不同，赔偿金额相差一倍还多，有违法律面前人人平等的基本原则。曾经引起很大争议。

2019年4月15日，中共中央、国务院公布《关于建立健全城乡融合发展体制机制和政策体系的意见》，该意见第17条规定，改革人身损害赔偿制度，统一城乡居民赔偿标准。对建立人身损害赔偿的“同命同价”规则提出明确要求。

2019年8月26日，最高人民法院下发《关于授权开展人身损害赔偿标准城乡统一试点的通知》，授权各省、自治区、直辖市高级人民法院及新疆维吾尔自治区生产建设兵团分院根据各自具体情况在辖区内开展人身损害赔偿纠纷案件统一城乡居民赔偿标准试点工作，并规定试点工作应于2019年内启动。由此，全国范围内的“同命同价”试点工作帷幕正式拉开。

各地随后出台了许多规范性文件，案件适用范围有的仅限于机动车交通事故责任纠纷，有的适用于所有人身损害案件。适用时效的起点也不一样，有的是从发生在此通知实施3日后的侵权行为开始适用，有的以未终审为准。计算标准也不一样，死亡赔偿金有的统一按照上年度城镇居民人均可支配收入计算，有的按照上一年度全市居民人均可支配收入标准计算。例如，北京市高级人民法院就两次出台有关通知，案件适用范围、统计数据参数标准也是不一样的。

2022年4月24日，最高人民法院发布修改后的《关于审理人身损害赔偿案件适用法律若干问题的解释》，新修正的司法解释自 2022 年 5 月 1 日起施行。

2022 年 5 月 1 日后发生的人身损害赔偿案件彻底实现了农村村民与城镇居民的“同命同价”，残疾赔偿金、死亡赔偿金由原来按照城镇居民人均可支配收入或者农村居民人均纯收入标准计算，修改为按照城镇居民人均可支配收入标准计算；被扶养人生活费由原来按照城镇居民人均消费性支出或者农村居民人均年生活消费支出标准计算修改为按照城镇居民人均消费支出标准计算。

九、交通事故的赔偿项目和计算方法

根据《民法典》第 1179 条及最高人民法院《关于审理人身损害赔偿案件适用法律若干问题的解释》，将交通事故赔偿标准整理如下（详见表 7－2）。

表 7－2 交通事故赔偿计算标准

<table>
<tr><th colspan="2">赔偿项目</th><th>各赔偿项目的确定方式</th></tr>
<tr><td colspan="2">医疗费</td><td>1. 根据医疗机构出具的医药费、住院费等收款凭证，结合病历和诊断证明等相关证据确定
2. 金额按照一审法庭辩论终结前实际发生的数额确定
3. 器官功能恢复训练所必要的康复费、适当的整容费以及其他后续治疗费，赔偿权利人可以待实际发生后另行起诉
4. 根据医疗证明或者鉴定意见确定必然发生的费用，可以与已经发生的医疗费一并予以赔偿</td></tr>
<tr><td rowspan="2">误工费</td><td>误工时间</td><td>1. 根据受害人接受治疗的医疗机构出具的证明确定（假条，出院后要定期复查，一般要保持假条的连续性）
2. 医疗机构开具假条困难、未开具，或者严重可疑，可以申请误工期鉴定
3. 受害人因伤致残持续误工的，误工时间可以计算至定残日前一天</td></tr>
<tr><td>收入状况</td><td>1. 受害人有固定收入，按实际减少的收入计算
2. 受害人无固定收入的，按照其最近 3 年的平均收入计算
3. 受害人不能举证证明其最近 3 年的平均收入状况的，可以参照受诉法院所在地相同或者相近行业上一年度职工的平均工资计算</td></tr>
</table>

续表

赔偿项目		各赔偿项目的确定方式
护理费	护理期限	1. 应计算至受害人恢复生活自理能力时止。一般可以由医院开具护理时间和人数的证明，或者申请法医鉴定护理期 2. 受害人因残疾不能恢复生活自理能力的，可以根据其年龄、健康状况等因素确定合理的护理期限，但最长不超过 20 年 3. 受害人定残后的护理，应当根据其护理依赖程度并结合配制残疾辅助器具的情况确定护理级别
	护理人员的收入状况	护理人员有收入的，参照误工费的规定计算
		护理人员没有收入或者雇佣护工的，参照当地护工从事同等级别护理的劳务报酬标准计算，或者提供护理协议和发票
	护理人数	护理人员原则上为 1 人，但医疗机构或者鉴定机构有明确意见的，可以参照有关意见确定护理人员人数
交通费		根据受害人及其必要的陪护人员因就医或者转院治疗实际发生的费用计算，以正式票据为凭，有关凭据应当与就医地点、时间、人数、次数相符合
住院伙食补助费		1. 参照当地国家机关一般工作人员的出差伙食补助标准予以确定 2. 受害人确有必要到外地治疗，因客观原因不能住院，受害人本人及其陪护人员实际发生的住宿费和伙食费，其合理部分应予赔偿
营养费		根据受害人伤残情况，参照医疗机构的意见确定，也可以申请营养期鉴定
残疾赔偿金	受害人年龄≤60 周岁	受诉法院所在地上一年度城镇居民人均可支配收入标准×20 年×伤残系数
	受害人年龄 60~75 周岁	受诉法院所在地上一年度城镇居民人均可支配收入标准×［20－（实际年龄－60）］×伤残系数
	受害人年龄≥75 周岁	受诉法院所在地上一年度城镇居民人均可支配收入标准×5 年×伤残系数

续表

赔偿项目		各赔偿项目的确定方式
被扶养人生活费	被扶养人年龄≤18 周岁	受诉法院所在地上一年度城镇居民人均消费性支出标准×（18－实际年龄）÷扶养人数×伤残赔偿系数（受害人死亡的系数为 1，下同）
	被扶养人年龄≤60 周岁	受诉法院所在地上一年度城镇居民人均消费性支出标准×20 年÷扶养人数×伤残赔偿系数
	被扶养人年龄 60～75 周岁	受诉法院所在地上一年度城镇居民人均消费性支出标准×［20 年－（实际年龄－60）］÷扶养人数×伤残赔偿系数
	被扶养人年龄≥75 周岁	受诉法院所在地上一年度城镇居民人均消费性支出标准×5 年÷扶养人数×伤残赔偿系数
	被扶养人还有其他扶养人的	赔偿义务人只赔偿受害人依法应当负担的部分
	被抚养人人数在两人以上的	年赔偿总额累计不超过上一年度城镇居民人均消费性支出额
残疾辅助器具费		1. 按照普通适用器具的合理费用标准计算。伤情有特殊需要的，可以参照辅助器具配制机构的意见确定相应的合理费用标准 2. 辅助器具的更换周期和赔偿期限参照配制机构的意见确定
丧葬费		按照受诉法院所在地上一年度职工月平均工资标准，以 6 个月总额计算
死亡赔偿金		按照受诉法院所在地上一年度城镇居民人均可支配收入标准，按 20 年计算。60 周岁以上的，年龄每增加一岁减少一年；75 周岁以上的，按 5 年计算

续表

赔偿项目	各赔偿项目的确定方式
精神损害抚慰金	根据侵权人的过错程度、侵害手段、场合、行为方式、侵权行为造成的后果、侵权人的获利情况、侵权人经济赔偿能力、受诉法院所在地平均生活水平等因素确定
精神损害抚慰金	有以下注意事项需要注意： 1. 精神损害抚慰金计算的具体标准，因个案和地域经济发达程度的不同会有较大差异。目前，在北京市，伤残的每级5000～10000元，死亡的5万～10万元，个别的也有15万元、20万元的 2. 司法实践中，该费用可以在诉讼请求中明确提出在机动车交通事故责任强制保险中优先支付
财产损失	根据估损清单、保险公估报告、评估报告或者相应财产有效凭证主张（包括车辆维修、施救损失、车载货物损失、经营车辆停运损失、非经营车辆替代支出的交通费等）

注：1. “城镇居民人均可支配收入”“城镇居民人均消费性支出”“职工平均工资”，是按照各省、自治区、直辖市以及经济特区和计划单列市统计部门公布的上一年度相关统计数据确定。比如，深圳市、珠海市、汕头市、厦门市、大连市、青岛市、宁波市等计划单列市就是按照本市的统计数据计算，而不是按照所在省份的统计数据来计算。

2. “上一年度”，是指一审法庭辩论终结时的上一统计年度，而不是事故发生时的上一年度。比如，一件发生在2019年的事故，2022年才起诉开庭，这种情况下就应当按照2022年开庭法庭辩论终结前的上一年度即2021年的相关统计数据计算。

3. 赔偿权利人举证证明其住所地或者经常居住地城镇居民人均可支配收入高于受诉法院所在地标准的，残疾赔偿金或者死亡赔偿金可以按照其住所地或者经常居住地的相关标准计算。比如，北京市民在河北省出事故的话，虽然在河北省的法院诉讼，但是也可以按照北京市的相关统计数据计算。

4. 超过确定的护理期限、辅助器具费给付年限或者残疾赔偿金给付年限，赔偿权利人向人民法院起诉请求继续给付护理费、辅助器具费或者残疾赔偿金的，人民法院应予受理。赔偿权利人确需继续护理、配制辅助器具，或者没有劳动能力和生活来源的，人民法院应当判令赔偿义务人继续给付相关费用5～10年。比如，一件20年前的交通事故诉讼案件，法院支持了20年的残疾赔偿金，20年后，当事人还健在，还可以要求继续支付残疾赔偿金。

5.《民法典》实施后，对于死亡事故的处理、事故家属误工费、交通费、住宿费，法律及司法解释没有再明确规定，实践中有的法院认为已经包含在丧葬费中而不予支持，有的法院仍沿用以前的惯例继续支持。

第二节 案例选编

一、北京王某案

（一）核心要点

一起事故经鉴定，已经确认交通事故与死亡没有因果关系，一案变两案，获得交通事故和医疗事故两份赔偿。

（二）案件简介

2015 年 8 月 24 日，在北京市海淀区某路口，王某驾驶自行车与李某驾驶的小轿车接触，造成王某受伤，在海军总医院门诊 10 余次就医，7 日后突然死亡。

经海淀交通支队委托，北京市红十字会急诊抢救中心司法鉴定中心鉴定，王某的死亡原因是：主动脉胸段夹层动脉瘤破裂导致急性失血性休克而死亡。王某的死亡原因与 7 日前的交通事故间不能构成因果关系。

王某的家属虽然也想不通，不服鉴定意见，也写了好几次重新鉴定的申请，但在交警多次劝说下，还是放弃了重新鉴定的申请。

经海淀交通支队认定，李某负全部责任，王某无责任。

肇事小轿车在中国人民保险集团投保机动车交通事故责任强制保险和不计免赔的商业第三者责任险 10 万元。

（三）代理过程

王某家属通过其他律师介绍，找到笔者。笔者一看鉴定报告，也觉得可疑，毕竟事发时王某能够正常驾驶自行车，怎么就因为发生交通事故，短短 7 日之内就死亡了？凭感觉笔者认为死亡不可能与交通事故没有任何关系，交通事故撞击最起码加速了王某的死亡进程，是王某死亡的直接诱因，王某事发时骑自行车出行，说明其身体健康，运动机能完全正常，其自身疾病在发生交通事故前并未显现，其自身疾病只是作为一种风险因素存在，并不必然导致其死亡的后果。

但是，法医鉴定的结果是死亡是动脉瘤破裂导致的，与7日前的交通事故没有因果关系，且死者家属并未在收到鉴定报告后3日内向交通队申请重新鉴定。开庭时，如果法官问起为什么当时在交通队不申请重新鉴定应该怎么办？当时不申请视为放弃重新鉴定怎么办？即使申请重新鉴定，法院不同意怎么办？

接受委托后，首要问题就是推翻死亡与交通事故没有因果关系的尸检报告，说服法官启动重新鉴定程序。如果不启动重新鉴定程序，就不可能把交通队委托的鉴定意见书推翻。笔者通过查阅相关案例，并咨询法医、医学专家，代理客户聘请权威专家论证，出具《专家论证意见书》和《文证审查意见书》，结论为“2015年8月24日王某因交通事故受伤”与“主动脉夹层动脉瘤破裂”之间存在一定因果关系（诱因、临界型因果关系），外伤参与度建议拟25%～50%为宜。

有了专家意见，笔者遂着手立案。果不其然，立案法官一看《道路交通事故认定书》，就说：“你这个死亡与交通事故之间没有因果关系，还立什么案呢?”然后，笔者就和法官解释，坚持要求立案，好在现在实行立案登记制，立案成功。

不出所料，开庭时被告不认可原告单方委托所做的《专家论证意见书》，于是当庭向法院递交了重新鉴定申请。笔者提交的《专家论证意见书》是单方委托，虽然不具有特别强的法律效力，但是毕竟是公安部权威专家出具的，有理有据，论证充分，对法官还是有很大影响的。经过半年多的努力，终于说服法官批准了我方的重新鉴定申请。

（四）最终结果

2016年12月初，我方拿到了法院委托的鉴定机构出具的鉴定报告，结论为：王某的死亡与交通事故的因果关系在B～C级之间（1%～40%）。

开庭时经过调解，保险公司赔偿21.6万元，肇事司机赔偿15万元，共计36.5万元。因为死者已经67岁，故赔偿金额按照13年计算不是很高，但也基本上是按照40%的上限赔偿的。2017年春节前，死者家属顺利拿到了全部赔偿款。

（五）代理医疗事故案件

在交通事故案件鉴定过程中，有法医专家说，这个案子，可能医院也有责任，还可能属于医疗事故。于是交通事故处理完毕后，2017 年春节后，笔者又继续代理死者家属起诉海军总医院的案件。在案由的选择上，有医疗服务合同纠纷和医疗损害责任纠纷两个选择，根据各方面情况，最终选择了医疗损害责任纠纷。

第一步同样是申请法医鉴定，申请鉴定项目如下：

第一，海军总医院的诊疗行为有无过错，是否存在漏诊、误诊等不当、失职医疗行为。

第二，海军总医院是否尽到告知义务。

第三，医疗过错行为与王某的死亡之间是否存在因果关系。

第四，医疗过错行为在王某的死亡结果中的责任程度。

经过多次开庭质证，选择鉴定机构，专家鉴定听证，我方于 2018 年 4 月收到医疗鉴定报告，鉴定机构认为：被鉴定人王某因腰痛等原因一周之内 10 余次在被告多科室就诊，后续急诊医方查体简单，没有对被鉴定人高血压病史及首诊时的临床表现引起重视，胸部 CT 片及 8 月 24 日的超声报告已经提示主动脉增宽，尤其降主动脉段更为明显，医方未尽到注意义务，存在过错。

对于被鉴定人主动脉夹层动脉瘤的早期诊断医方存在漏诊，使被鉴定人丧失了主动脉夹层动脉瘤治疗的机会，对于被鉴定人的损害后果医方负有一定的责任。

最终鉴定意见为：海军总医院在诊疗过程中存在过错，该过错与被鉴定人的损害后果有次要因果关系。

最终，法院判决海军总医院按照上限 40% 赔偿原告各种损失共计 36.5 万余元。

二、北京尹某案

（一）核心要点

军车依法也应投保机动车交通事故责任强制保险，通过法院将主要责任改为负50%的责任，面部9级伤残赔偿精神损失费6万元。

（二）案件简介

某日18时55分，在北京市昌平区某小区西门口处，原告尹某驾驶自行车由西向东横过道路，适有被告单位司机赵某执行任务返回途中驾驶轿车（肇事车系军车未投保机动车交通事故责任强制保险）由南向北行驶，轿车前部将尹某连人带车撞倒，造成尹某受伤。经昌平交通支队沙河队认定，尹某负本次事故的主要责任，被告单位司机赵某负事故次要责任。

事发后原告住院治15日，事故造成原告以下伤害：（1）颜面部多发撕裂伤伴异物存留；（2）左侧腮腺导管断裂；（3）左眼轮匝肌断裂；（4）口轮匝肌断裂；（5）上唇贯通伤；（6）双肺轻度挫伤；（7）双侧血胸；（8）全身多处软组织损伤。

（三）主要代理意见

笔者代理原告起诉被告，提出了以下代理意见。

一、军车也应当投保机动车交通事故责任强制保险，未投保机动车交通事故责任强制保险的应在机动车交通事故责任强制保险限额内承担全额赔偿义务

被告所提《机动车交通事故责任强制保险条例》第44条规定："中国人民解放军和中国人民武装警察部队在编机动车参加机动车交通事故责任强制保险的办法，由中国人民解放军和中国人民武装警察部队另行规定。"这条规定只是规定军车投保机动车交通事故责任强制保险的办法由中国人民解放军和中国人民武装警察部队另行规定，而不是规定军车可以不投保机动车交通事故责任强制保险。

根据《道路交通安全法》第17条的规定："国家实行机动车第三者责任强制保险制度，设立道路交通事故社会救助基金。具体办法由国务院规定。"《机动车交通事故责任强制保险条例》第2条第1款规定："在中华人民共和国境内道路上行驶的机动车的所有人或者管理人，应当依照《中华人民共和国道路交通安全法》的规定投保机动车交通事故责任强制保险。"可见，在中华人民共和国境内道路上行驶的机动车都应投保机动车交通事故责任强制保险。对于未投保机动车交通事故责任强制保险的车辆应当如何赔偿受害者

的问题，根据《北京市实施〈中华人民共和国道路交通安全法〉办法》第69条第2款的规定，肇事车辆未参加机动车第三者责任强制保险的，由肇事车辆按照相当于第三者责任强制保险的责任限额先行赔偿。

二、对事故责任认定不服，认为被告应当承担主要责任

1. 交通队认定原告承担主要责任的理由是其驾驶自行车横过道路时未下车推行。但是，骑车横过道路下车推行并不符合骑车习惯，很多人也不知道这一交通规则。

2. 从本次事故与造成的严重后果的因果关系上来说，事发地点是小区门口，通过鉴定肇事车辆在现场遗留的制动拖印，可知当时肇事车辆的速度约为53千米/小时，虽未超过法定限速，但显然速度过快，违反了在居民区、人员密集地区应当安全驾驶、减速慢行的法律规定。

3. 《道路交通事故认定书》只是证据的一种，事故责任不等同于赔偿责任，法官可以根据具体情况酌情采纳，而且目前法律规定即使机动车无责也要承担10%的赔偿责任。

三、原告主张精神损害抚慰金20万元

1. 造成的后果极其严重，经鉴定，原告面部可见多处不规则线状瘢痕，面部伤残等级为9级，赔偿指数为20%。因原告从事幼儿园教师工作，面部严重斑痕毁容，直接导致其无法继续从事幼教工作，被单位解雇，严重影响了原告以后的就业，劳动收入大幅减少，影响了其扶养被扶养人的能力。

2. 面部累计25厘米的瘢痕会影响其社会交往，人格自信心严重下降。

3. 被告单位有较强的赔偿能力。

（四）法院判决

被告单位在机动车交通事故责任强制保险限额内全额赔偿，超过机动车交通事故责任强制保险限额的部分赔偿50%，并判决被告赔偿原告精神损害抚慰金6万元。

（五）律师点评

在当时，北京市的惯例是每级伤残一般赔偿5000元精神损害抚慰金，受害人成为植物人或者死亡一般才赔偿5万元精神损害抚慰金。对于面部9伤

残，法院支持了6万元精神损害抚慰金，实属不易。且法院采纳了笔者的意见，军车未投保机动车交通事故责任强制保险则由部队单位承担机动车交通事故责任强制保险限额内的全额赔偿义务，并未采纳《道路交通事故认定书》所认定的由原告承担此次事故的主要责任（30%），改判由被告承担50%的民事赔偿责任。

三、北京张某案

（一）核心要点

若机动车与非机动车、行人之间发生交通事故，举证责任倒置，首先推定机动车全责，机动车要想减轻责任，就必须举证证明自己无过错和/或非机动车、行人有过错，否则将承担全部的赔偿责任。

（二）案件简介

2019年4月8日14时许，在北京市朝阳区北土城东路与安定路、北苑路交叉口处，张某驾驶的车辆左侧前部及左后视镜与万某驾驶的电动自行车右前接触，万某连人带车摔倒，万某受伤，两车损坏，万某经医院救治无效于2019年5月10日死亡，朝阳交通支队以张某和万某进入路口时信号灯无法确定，万某所驾车辆进入路口前的行驶方向无法确定，致事故成因无法判定为由未认定事故责任。

死者家属和张某均认可起先交通队认定双方负事故同等责任，因万某死亡，交通队撤销原以简易程序作出的事故责任认定，出具《道路交通事故证明》，未认定事故责任。

（三）一审判决与一审裁判要旨

一审法院对本案作出如下判决：

第一，中国人民财产保险股份有限公司北京分公司在机动车交通事故责任强制保险限额内给付原告12.1万元。

第二，中国人民财产保险股份有限公司北京分公司在商业第三者责任险限额内给付原告死亡赔偿金100万元。

第三，张某在保险限额之外给付原告医疗费、死亡赔偿金共计629697元。

一审法院的裁判要旨如下：

机动车与非机动车驾驶人、行人之间发生交通事故，有证据证明非机动车驾驶人有过错的，根据过错程度适当减轻机动车一方的赔偿责任。交通队未查清事故责任，现没有证据证明万某对事故的发生存在过错，机动车一方应全额向万某的第一顺位继承人赔偿，先由张某车辆的保险公司中国人民财产保险股份有限公司北京分公司在保险责任范围内赔偿，保险责任外的部分由张某全部赔偿。

（四）张某上诉理由

后张某提起上诉，其上诉理由如下：

第一，张某驾驶车辆正常行驶通过路口，万某驾驶电动自行车闯红灯直接撞到张某驾驶车辆的左侧前门及后视镜。首先，当时张某是正常行驶通过路口，且其右边的两条左转待转车道上停满了准备左转的车辆，正前方是绿灯，张某驾驶车辆刚刚通过斑马线，就听见“砰”的一声响，张某赶快将车辆刹停，发现万某倒在地上，于是张某立即联系救护车并报警。后来看到万某的电动自行车没有牌照，一审判决后张某从交警处看到交警提供的现场照片都有车牌，显然事故认定有瑕疵。其次，根据张某车上乘坐人的口供可以看出，当时张某系驾驶车辆正常行驶。最后，事故发生后，交警未能尽快保存证据和取证。根据后来现场实地观察，张某驾驶车辆通过时，由北向南车道早已经是红灯，即万某驾驶电动自行车闯红灯，同时根据张某事后仔细回忆，认为万某应该是从左转待行的车辆中穿出，因左边都是左转的待转车辆，视线受阻，致使事故发生前未能发现万某。发生事故后，交警没有立即对周围目击证人取证，错过了最佳取证时间。现场交警后来建议同等责任，考虑到万某受伤，肇事车辆也有保险，张某才没提出异议，如果张某有责任，交警会直接出具《道路交通事故认定书》。

第二，涉案《道路交通事故证明》不应采纳，一审没有对事故责任重新认定，存在过错，张某认为自己无责，本来看着受害人可怜，但最后法院判决张某承担全部赔偿责任显然无法接受。涉案《道路交通事故认定书》（已被撤销）和《道路交通事故证明》对事实的认定可能存在偏差。例如，《道路交通事故认定书》认定万某为自北向南行驶，但《道路交通事故证明》对此却不再表述，同时《道路交通事故认定书》被撤销的理由是受害人已经死亡，此外两份文件对被撞的张某的车辆位置的表述也存在与实际不符的情形。最初出警的交警刚开始一再表示可以认定责任，后来鉴于张某车辆投保，交警建议同等责任，因此有了《道路交通事故认定书》，因万某死亡故无法以简易程序处理，但这不是无法进行事故责任认定的原因。根据对上述基本事实的分析，张某无责任。一审判决张某承担全部赔偿责任，违背公平原则。

（五）二审裁判要旨

二审法院认为，本案的争议焦点系张某就本次事故是否应承担赔偿责任及赔偿比例是多少。

当事人对自己提出的诉讼请求所依据的事实或者反驳对方诉讼请求所依据的事实有责任提供证据加以证明。《道路交通安全法》第76条第1款规定："机动车发生交通事故造成人身伤亡、财产损失的，由保险公司在机动车第三者责任强制保险责任限额范围内予以赔偿；不足的部分，按照下列规定承担赔偿责任：……（二）机动车与非机动车驾驶人、行人之间发生交通事故，非机动车驾驶人、行人没有过错的，由机动车一方承担赔偿责任；有证据证明非机动车驾驶人、行人有过错的，根据过错程度适当减轻机动车一方的赔偿责任；机动车一方没有过错的，承担不超过百分之十的赔偿责任。"本案中，张某上诉主张自己无过错，不认可公安机关交通管理部门出具的涉案《道路交通事故认定书》及《道路交通事故证明》，但其未能提交充分有效证据证明其作为机动车一方无过错或万某作为非机动车驾驶人存在过错，且张某并未依法定程序就上述《道路交通事故认定书》及《道路交通事故证明》提出异议，故二审法院对张某的上诉主张不予采信。一审判决认定张某作为机动车一方应全额进行赔偿，并无不当，二审法院予以维持。

于是，二审法院驳回上诉，维持原判。

（六）律师点评

本案是一起在有红绿灯控制的路口发生的交通事故，一方是电动自行车（非机动车），另一方是机动车，因为当时感觉事情不严重，交警以简易程序认定电动自行车和机动车各承担事故同等责任。后伤者死亡，交通队撤销以简易程序作出的《道路交通事故认定书》，重新调查认定。因为无法查明到底是谁闯了红灯，关键事故事实无法查明，故仅出具《道路交通事故证明》证明事故发生的基本经过，但不认定事故责任。

交警不认定交通事故责任，但是法院不能不认定事故赔偿责任。根据《道路交通安全法》第 76 条第 1 款的规定："机动车发生交通事故造成人身伤亡、财产损失的，由保险公司在机动车第三者责任强制保险责任限额范围内予以赔偿；不足的部分，按照下列规定承担赔偿责任：……（二）机动车与非机动车驾驶人、行人之间发生交通事故，非机动车驾驶人、行人没有过错的，由机动车一方承担赔偿责任；有证据证明非机动车驾驶人、行人有过错的，根据过错程度适当减轻机动车一方的赔偿责任；机动车一方没有过错的，承担不超过百分之十的赔偿责任。"本案中，张某作为机动车方，主张自己无过错，不认可公安机关交通管理部门出具的《道路交通事故证明》，但其未能提交充分有效证据证明其作为机动车一方无过错或万某作为非机动车驾驶人存在过错，且张某并未依法定程序就上述《道路交通事故认定书》及《道路交通事故证明》提出异议（经普通程序出具的《道路交通事故证明》张某未申请复核），故两审法院对张某的主张均不予采信。

机动车和非机动车、行人之间的事故，实际上实行的是举证责任倒置，首先推定机动车全责，机动车要想减轻责任，就必须举证证明自己无过错和非机动车有过错。具体到本案，就是张某应当举证自己没有闯红灯，是绿灯通过，或者证明非机动车闯红灯。但是，张某均未做到，所以一审、二审法院均判决张某承担全部的赔偿责任。

四、北京安某建案

北京市第二中级人民法院（2020）京 02 民终 11261 号民事判决书

（一）核心要点

1. 残疾赔偿金性质为财产损害赔偿，是可以继承和让与的。

2. 继承人可以选择继承受害人生前因伤致残的伤残赔偿金、精神损害抚慰金等赔偿项目的请求权，亦可以作为受害人的亲属，主张受害人因交通事故死亡而产生的死亡赔偿金和精神损害抚慰金等。

3. 伤残赔偿和死亡赔偿应择一主张，而不能同时主张。

（二）案件简介

2018 年 11 月 29 日 6 时 50 分，安某建驾驶“思威”牌小型普通客车在北京市房山区与赵某明驾驶的自行车发生事故。房山交通支队燕山大队认定安某建为全部责任，赵某明无责任。

事故发生当日，赵某明被送往北京燕化医院治疗，当日转至北京积水潭医院进行治疗，被诊断为：肋骨骨折（右 5－10），双侧气胸，双侧胸腔积液，双侧肺裂伤，脊髓损伤，胸椎黄韧带骨化，胸椎棘突骨折（T7－11），胸椎椎间盘突出（T3－4，T8－9），股骨粗隆间骨折（左），肱骨干骨折（左）。赵某明自 2018 年 11 月 29 日至 2019 年 6 月 28 日先后在北京积水潭医院、首都医科大学附属北京康复医院住院治疗 211 日。

（三）一审经过

2019 年 3 月 27 日，赵某明诉至法院，要求安某建、平安保险北京分公司承担赔偿责任，并于诉讼中申请对其伤残等级、护理依赖、护理期、营养期、误工期等进行鉴定。

一审法院委托协知鉴定所进行鉴定，2019 年 5 月 30 日对赵某明进行了查体，安某建参加见证了该过程。2019 年 6 月 28 日，赵某明去世，法院通知协知鉴定所，暂缓出具鉴定报告。

2019 年 7 月，房山交通支队委托北京中正司法鉴定所对赵某明的死亡原因进行鉴定，鉴定意见为：赵某明符合本次交通事故造成其胸部损伤、多发肋骨骨折（右 5－10）、双侧肺裂伤、脊髓损伤、胸椎棘突骨折（T7－11）、股骨粗隆间骨折（左）、肱骨干骨折（左）伴发脑出血，引起脑疝出现死亡。

因安某建对上述鉴定意见持有异议，房山交通支队委托对“赵某明此次交通事故造成的损伤与其死亡的因果关系及原因力”进行鉴定，北京市红十字会急诊抢救中心司法鉴定中心鉴定意见为：赵某明符合因急性自发性脑出血、脑疝死亡，交通事故外伤与其死亡原因间已构成间接因果关系。

2020年1月8日，协知鉴定所出具司法鉴定意见书，其主要观点如下：(1)赵某明因交通事故致脊髓损伤（Frankel A型），于我机构查体时情况［双下肢截瘫（刺激肌力Ⅱ级）伴二便失禁］符合一级伤残；其多发肋骨骨折（右5－10）构成十级伤残。(2)赵某明本次所受损伤的误工期、护理期、营养期均评定至定残前一日。(3)根据赵某明于我机构查体时情况［双下肢截瘫（刺激肌力Ⅱ级）伴二便失禁］，其需要完全护理依赖。四原告据此于2020年1月17日变更诉讼请求，要求安某建、平安保险北京分公司赔偿伤残赔偿金等各项费用。

（四）一审裁判要旨

本案中，双方当事人争议的焦点问题系：赵某明在诉讼过程中死亡，且其死亡与交通事故存在间接因果关系，其继承人主张伤残赔偿金是否具有事实和法律依据？

首先，根据最高人民法院《关于审理人身损害赔偿案件适用法律若干问题的解释》的相关规定，残疾赔偿金根据受害人丧失劳动能力程度或者伤残等级，按照受诉法院所在地上一年度城镇居民人均可支配收入标准，自定残之日起按20年计算。但60周岁以上的，年龄每增加1岁减少1年；75周岁以上的，按5年计算。可见，残疾赔偿金系自然人因健康权受到侵害时所享有的赔偿项目之一，是对赔偿被侵害人劳动能力丧失产生的收入损失的赔偿，其性质为财产损害赔偿，而财产性损害赔偿是可以继承和让与的。故在本案中，赵某明在案件审结前死亡，其继承人主张残疾赔偿金具有法律依据。至于赵某明死亡时尚未定残，其应得的伤残赔偿金的金额尚未明确，并不影响其继承人对相应权利的继承。因此，安某建关于赵某明去世后，索赔残疾赔偿金的主体已经不存在，其继承人无权就残疾赔偿金请求赔偿的答辩意见，缺乏法律依据，法院不予采信。

其次，赵某明因交通事故受伤，并于起诉后、伤残鉴定报告出具前死亡。根据查明的事实，交通事故与赵某明的伤残后果具有直接因果关系，与赵某明的死亡后果存在间接因果关系，即交通事故产生了先致伤、后致死的法律后果。赵某明因交通事故致伤系客观事实，其基于该事实产生的合法权益并不因其最终死亡而自然消灭。刘某珍、赵某1、赵某2、刘某玲作为赵某明的继承人，应当可以选择继承赵某明生前因伤致残的伤残赔偿金、精神损害抚慰金等赔偿项目的请求权，亦可以作为赵某明的亲属，主张赵某明因交通事故死亡而产生的死亡赔偿金和精神损害抚慰金等。诉讼中，双方当事人关于交通事故对赵某明死亡结果的参与度争议极大，在此情形下，四原告选择放弃主张赵某明因交通事故死亡而产生的死亡赔偿金，转而继续主张赵某明因伤致残的残疾赔偿金等，并未违反相关法律规定。安某建主张赵某明死亡系本案交通事故的唯一结果，与事实不符，且安某建关于赵某明的继承人在本案情形下仅能主张死亡赔偿金，亦无法律依据，故对安某建的上述答辩意见，法院不予采信。当然，四原告应在伤残赔偿和死亡赔偿之间择一主张，而不能同时主张。

最后，赵某明去世后，其伤残赔偿金的计算依据问题。根据最高人民法院《关于审理人身损害赔偿案件适用法律若干问题的解释》的相关规定，可以确定我国对残疾赔偿金的赔偿采用定型化的赔偿方式，规定有固定的赔偿标准和期限，且应一次性给付。相关法律规定并未要求其赔偿期限应与受害人实际生存情况相一致，该损失数额在受害人的伤残等级评定时就已确定，不应因受害人的死亡而减少。故安某建主张赵某明因在诉讼中死亡，使残疾赔偿金的赔偿年限的计算丧失了事实基础，缺乏法律依据，法院不予采信。

综上，法院认为，四原告作为赵某明的继承人，主张伤残赔偿金，具有事实和法律依据，法院应予支持。同理，对四原告关于赵某明因交通事故导致伤残而产生的各项合理损失，法院予以支持。

北京市房山区人民法院于2020年8月24日作出（2019）京0111民初17493号民事判决书，判决如下：

第一，平安财险北京分公司于本判决生效之日起15日内向刘某珍、刘某玲、赵某1、赵某2赔偿医疗费、住院伙食补助费、营养费、护理费、精神损害抚慰金、残疾赔偿金（含被抚养人生活费）和残疾器具费共计841303.15元。

第二，安某建于本判决生效之日起 15 日内向刘某珍、刘某玲、赵某 1、赵某 2 赔偿残疾赔偿金（含被抚养人生活费）、鉴定费共计 1384641.47 元。

（五）二审维持原判

安某建不服，提出上诉。北京市第二中级人民法院于 2020 年 12 月 30 日作出（2020）京 02 民终 11261 号民事判决书，认为：根据一审查明的事实，交通事故直接导致了赵某明伤残，后因其他原因参与，赵某明在伤残等级鉴定未作出前死亡。在此情形下，刘某珍、赵某 1、赵某 2、刘某玲作为赵某明的继承人，可以选择继承赵某明生前因伤致残的请求权，主张残疾赔偿金、精神损害抚慰金等赔偿项目。安某建上诉主张赵某明死亡系本案交通事故的唯一结果，与事实不符，安某建上诉主张赵某明的继承人仅能主张死亡赔偿金，亦无法律依据，一审法院审理程序适当，对残疾赔偿金中被扶养人生活费的计算亦符合相关规定。

判决如下：驳回上诉，维持原判。

五、山东梁某明案

（一）核心要点

1. 《道路交通事故认定书》是公安机关交通管理部门依据道路交通相关法律法规对当事人的行为作出的专业判断，而民事赔偿责任是人民法院依据《侵权责任法》及相关法律法规作出的判断，二者对当事人行为判断的角度不同。

2. 交通事故责任不能完全等同于民事法律赔偿责任，《道路交通事故认定书》也不能作为民事侵权损害赔偿责任分配的唯一依据。

3. 《道路交通事故认定书》的性质只是“证据”的一种，并不是具体行政行为。最终事故赔偿责任比例应由法院认定。

为了更好地说明问题，笔者将交通队和法院认定的违法行为和责任的对比用表格呈现出来（详见表 7－3）。

表 7-3 责任认定对比表

作出认定的主体	事故责任认定情况	
	梁某明	梁某某
交通队	无证驾驶，驾驶未年审、机件不符合技术标准的机动车违法会车，负事故主要责任	违法会车，未确保安全，负事故次要责任
法院	梁某明仅是因为无证驾驶未年审、机件不符合技术标准的摩托车而承担事故的主要责任，明显不当，故法院认为公安机关交通管理部门作出的事故责任认定不应采纳，梁某明负事故次要责任	梁某某在仅宽 4.5 米的道路上以 70～80 千米/小时的速度行驶，在发现梁某明后刹车不及才造成事故发生，负事故主要责任

（二）案件简介

2018 年 12 月 25 日 21 时 45 分许，梁某明驾驶二轮摩托车沿水泥路由南向北行至 202 省道 198 千米处九家夼村通北道头村水泥路处，与对行的梁某某驾驶的小型普通客车发生碰撞事故，致两车受损、梁某明经医院抢救无效次日死亡。该事故经莱阳市公安局交通警察大队认定，梁某明具有无证驾驶未年审、机件不符合技术标准的机动车违法会车的违法行为，负事故主要责任，梁某某具有违法会车、未确保安全的违法行为，负事故的次要责任。

（三）一审裁判要旨

对于莱阳市公安局交通警察大队作出的事故责任认定应否采纳的问题。原告主张不应采纳，认为事故发生时梁某某刹车痕迹长达 11.3 米，故梁某某当时车速应为 80 千米/小时，事故发生系梁某某超速所致，应当负事故的全部责任，被告保险公司主张应采信公安机关交通管理部门作出的责任认定。

法院组织原告、被告双方在事故现场进行了同类车辆刹车测试，经测试，车辆速度在 42 千米/小时的刹车痕迹为 3.5 米，车速在 80 千米/小时的刹车痕迹为 11.5 米。法院认为，虽然测试时驾驶员提前有了思想准备，但对车辆的刹车痕迹影响较小，法院认为事故发生时梁某某的车速应为70～80千米/小时。梁某某在仅宽4.5米的道路上以70～80千米/小时的速度行驶，在发现梁某明后刹车不及才造成事故发生，而公安机关交通管理部门未认定事故的发生系梁某明所驾驶的摩托车机件不符合技术标准造成，梁某明仅是因为无证驾驶未年审、机件不符合技术标准的摩托车而承担事故的主要责任，明显不当，故法院认为公安机关交通管理部门作出的事故责任认定不应采纳，该次事故应由梁某某承担主要责任，梁某明承担次要责任。

一审法院认为，行为人因过错侵害他人民事权益的，应当承担赔偿责任。梁某某驾车与梁某明驾驶的车辆相撞致梁某明死亡，梁某某应负事故的主要责任。肇事车辆在被告保险公司处投保了机动车交通事故责任强制保险和100万元的商业第三者责任险，被告保险公司应在机动车交通事故责任强制保险的各赔偿限额内赔偿原告的损失，余款在商业第三者责任险的范围内按责任比例予以赔偿，结合事故发生时双方所驾驶车辆性质，一审法院认为按70%赔偿较为适宜。

（四）二审裁判要旨

《道路交通事故认定书》是公安机关交通管理部门依据道路交通的相关法律法规对当事人的行为作出的专业判断，而民事赔偿责任是人民法院依据《侵权责任法》及相关法律法规作出的判断，二者对当事人行为进行判断的角度是不同的。因此，交通事故责任不能完全等同于民事法律赔偿责任，《道路交通事故认定书》也不能作为民事侵权损害赔偿责任分配的唯一依据。

本案中，梁某某在仅4.5米宽的道路上以70～80千米/小时的速度行驶，与梁某明无证驾驶未年审、机件不符合技术标准的摩托车相比，其行为对本案损害后果的发生具有更大的作用力。

二审法院认为，一审法院根据双方当事人的侵权行为、侵权行为与损害后果之间的因果关系、过错程度所确定的侵权责任是适当的。综上，二审法院驳回上诉，维持原判。

六、北京李某案

北京市高级人民法院（2019）京民再201号民事判决书

（一）核心要点

1. 车主无过错无须承担责任，原告没有提交证据证明机动车所有人马某有承担赔偿责任的过错情形，故要求马某承担赔偿责任缺乏依据。原审法院判令马某承担赔偿责任存在错误，法院再审予以纠正。

2. 肇事司机已经承担刑事责任，死者家属另行民事诉讼不支持精神损害抚慰金。

（二）案件简介

2016年12月17日18时50分许，李某驾驶马某所有的小型普通客车由西向东行驶至怀柔区京密引水渠刘各长村北侧时，将由西向东步行的王某撞倒。王某经怀柔医院抢救无效于当日21时死亡。经北京市公安局怀柔分局交通支队认定，李某承担事故全部责任。

（三）一审判决

本案一审判决如下：

第一，中华联合财保北京分公司于判决生效后7日内赔偿王某家属崔某、崔某1医疗费、死亡赔偿金、丧葬费、精神抚慰金共计611082.39元。

第二，马某（车主）、李某于判决生效后30日内赔偿崔某、崔某1医疗费、死亡赔偿金、丧葬费、精神抚慰金共计714356元。

第三，驳回崔某、崔某1其他诉讼请求。

（四）二审改判

本案二审法院查明，李某在涉案事故中涉及刑事责任。在刑事案件审结以后，崔某、崔某1主张李某、马某支付精神损害抚慰金，缺乏法律依据，一审法院对此认定有误，二审法院依法予以纠正。

二审判决如下：

第一，撤销北京市怀柔区人民法院（2018）京0116民初152号民事判决。

第二，中华联合财保北京分公司于判决生效后7日内赔偿崔某、崔某1

医疗费、死亡赔偿金、丧葬费共计611082.39元。

第三，马某（车主）、李某于判决生效后30日内赔偿崔某、崔某1死亡赔偿金684356元。

第四，驳回崔某、崔某1其他诉讼请求。

（五）再审判决

北京市高级人民法院认为：《侵权责任法》第49条（现为《民法典》第1209条）规定："因租赁、借用等情形机动车所有人与使用人不是同一人时，发生交通事故后属于该机动车一方责任的，由保险公司在机动车强制保险责任限额范围内予以赔偿。不足部分，由机动车使用人承担赔偿责任；机动车所有人对损害的发生有过错的，承担相应的赔偿责任。"最高人民法院《关于审理道路交通事故损害赔偿案件适用法律若干问题的解释》第1条规定："机动车发生交通事故造成损害，机动车所有人或者管理人有下列情形之一，人民法院应当认定其对损害的发生有过错，并适用民法典第一千二百零九条的规定确定其相应的赔偿责任：（一）知道或者应当知道机动车存在缺陷，且该缺陷是交通事故发生原因之一的；（二）知道或者应当知道驾驶人无驾驶资格或者未取得相应驾驶资格的；（三）知道或者应当知道驾驶人因饮酒、服用国家管制的精神药品或者麻醉药品，或者患有妨碍安全驾驶机动车的疾病等依法不能驾驶机动车的；（四）其他应当认定机动车所有人或者管理人有过错的。"本案中，崔某、崔某1没有提交证据证明机动车所有人马某有承担赔偿责任的过错情形，故要求马某承担赔偿责任缺乏依据。原审法院判令马某承担赔偿责任存在错误，二审法院再审予以纠正。

本案再审判决如下：

第一，撤销北京市第三中级人民法院（2018）京03民终5932号民事判决第3项、第4项。

第二，维持北京市第三中级人民法院（2018）京03民终5932号民事判决第1项、第2项。

第三，李某（司机）于本判决生效后30日内向崔某、崔某1支付死亡赔偿金684356元。

第四，驳回崔某、崔某1的其他诉讼请求。

七、北京张某哥案

北京市高级人民法院（2019）京民再163号民事判决书

（一）核心要点

工伤赔偿是单位职工的一种保险待遇，是为尽快解决赔偿而设，并不当然免除侵权人的侵权责任，对于工伤保险赔偿不足以弥补受害人损失的，不足部分仍应由侵权人承担赔偿责任，由用人单位补足交通事故与工伤保险待遇的差额。

（二）案件简介

2016年1月21日5时许，张某驾驶其本人所有的白色“大众”牌小型轿车，受所任职公司指派，搭载同事张某奇等4人去香山参加公司年会，行驶至北京市通州区京榆旧路六环辅路路口时与刘某华驾驶的重型特殊结构车相撞，发生交通事故，导致张某、张某奇受伤，3名同事死亡。经公安机关交通管理部门判定，张某对本次事故负主要责任，刘某华负次要责任。最终判决：张某犯交通肇事罪，判处有期徒刑3年，缓刑5年。

张某及张某奇、李某江、黄某卿、郭某荣均系政平公司之职员。事故发生后，政平公司就李某江、黄某卿、郭某荣、张某奇因该次事故遭受侵害向工伤北京市东城区人力资源和社会保障局进行工伤申报。经核实，北京市东城区人力资源和社会保障局已分别作出《认定工伤决定书》，认定李某江、黄某卿、郭某荣系本次交通事故导致的死亡，张某奇因该次事故所受的伤均为工伤。

2018年3月7日，北京市东城区医疗保险事务管理中心向法院出具情况说明，指出根据工伤认定的相关规定，涉及第三责任人的，在审核工伤待遇时，需提供相关事故的责任认定书、事故调解书，经人民法院处理的，需要提供人民法院的民事判决书或民事调解书。

（三）一审判决

北京市通州区人民法院一审认为：用人单位的工作人员因执行工作任务造成他人损害的，由用人单位承担侵权责任。依法应当参加工伤保险统筹的用人单位的劳动者，因工伤事故遭受人身损害，应按《工伤保险条例》的规定处理。

根据最高人民法院《关于审理人身损害赔偿案件适用法律若干问题的解释》的有关规定，依法应当参加工伤保险统筹的用人单位的劳动者，因工伤事故遭受人身损害，劳动者或者其近亲属向人民法院起诉请求用人单位承担民事赔偿责任的，告知其按《工伤保险条例》的规定处理。本案中，李某江、黄某卿、郭某荣、张某奇及肇事司机张某均系政平公司之员工，事发时张某系履行职务行为，李某江、黄某卿、郭某荣、张某奇因此受到伤害且均已经被认定为工伤，故李某江、黄某卿、郭某荣、张某奇与政平公司之间的纠纷应当按照《工伤保险条例》的规定进行处理。现被侵权人向法院就相关损失通过民事诉讼，以机动车交通事故责任纠纷为案由，要求政平公司、张某承担赔偿责任，缺乏法律依据。

此外，工伤保险系用工单位遵循国家政策、法规为单位员工缴纳的保险，亦属于公司的社会责任与法律义务的统一。在单位员工被认定工伤，确定享受工伤待遇的情况下，要求用工单位再行双倍赔偿，与国家倡导建立、健全保险制度及要求企业为员工购买保险之精神背道而驰；用工单位在负担保险费用的基础上再行赔偿，对用工单位而言亦显失公平。

综上所述，北京市通州区人民法院一审判决如下：保险公司、顺洁公司赔偿之外，驳回张某奇对政平公司的诉讼请求。

（四）二审判决

张某奇提交京东劳人仲字［2018］第531号调解书、工伤职工待遇核准表、建设银行交易信息，证明张某奇在工伤认定之后获得了一次性伤残补助金、一次性工伤医疗补助金、一次性伤残就业补助金共计240220元，张某奇以此计算与交通事故应赔偿的差额为188606.83元。

北京市第三中级人民法院二审认为：关于在张某奇按照《工伤保险条例》获得相关赔偿之后，能否再向政平公司主张所谓交通事故赔偿与工伤赔偿的差额问题。根据最高人民法院《关于审理人身损害赔偿案件适用法律若干问题的解释》的相关规定，依法应当参加工伤保险统筹的用人单位的劳动者，因工伤事故遭受人身损害，劳动者或者其近亲属向人民法院起诉请求用人单位承担民事赔偿责任的，告知其按《工伤保险条例》的规定处理。因用人单位以外的第三人侵权造成劳动者人身损害，赔偿权利人请求第三人承担民事赔偿责任的，人民法院应予支持。本案中，政平公司依法缴纳了工伤保险，并协助办理了张某奇的工伤认定，张某奇亦依法获得了工伤保险赔偿。现张某奇以机动车交通事故责任纠纷为由提起民事诉讼，再要求政平公司承担侵权责任，缺乏法律依据。故二审判决驳回上诉，维持原判。

（五）再审判决

北京市高级人民法院认为，行为人因过错侵害他人民事权益，应当承担侵权责任。本案中，张某驾驶的肇事车辆与刘某华驾驶的肇事车辆相撞导致张某奇受伤，理应由张某和刘某华承担相应的赔偿责任。同时，根据有关规定，用人单位的工作人员因执行工作任务造成他人损害的，由用人单位承担侵权责任。用人单位承担的赔偿责任是一种替代责任。根据查明的事实，张某与刘某华均在履行职务行为时发生了本案的交通事故，故应由政平公司与刘某华所在的顺洁公司按照相应的责任比例承担赔偿责任。

张某奇系搭载同事车辆前往公司年会会场参加公司年会的途中受伤，故张某奇受伤属于工伤，应当依照《工伤保险条例》的规定向工伤保险机构请求工伤保险赔偿。对于用人单位政平公司而言，其主要责任在于按时缴纳工伤保险费，并及时向工伤保险机构提出申请。

本案中，由于张某奇与张某二人属于同一单位，故工伤保险赔偿和人身损害赔偿具有一定的重合，但工伤赔偿是单位职工的一种保险待遇，是为尽快解决赔偿而设，并不当然免除侵权人的侵权责任，对于工伤保险赔偿不足以弥补受害人损失的，不足部分仍应由侵权人承担赔偿责任。本案中，此不足部分应由张某在其应当承担的责任比例中予以补足，并因其职务行为进而由其单位政平公司替代承担。张某奇的各项损失共计 602609. 76 元，扣除顺洁公司承担的 201782. 93 元，工伤保险赔偿的 240220 元，政平公司已支付的 5 万元以及保险公司承担的部分，剩余部分由政平公司负担。

再审改判政平公司于本判决生效后 10 日内赔偿张某奇各项损失共计 103606. 83 元。

（六）律师点评

对于交通事故与工伤重合，是否可以获得双份赔偿的问题，在司法实践中已经基本达成共识，在最高人民法院的司法解释和会议纪要中也有明确的规定，例如：

最高人民法院《关于审理工伤保险行政案件若干问题的规定》

第八条第三款 职工因第三人的原因导致工伤，社会保险经办机构以职工或者其近亲属已经对第三人提起民事诉讼为由，拒绝支付工伤保险待遇的，人民法院不予支持，但第三人已经支付的医疗费用除外。

《第八次全国法院民事商事审判工作会议（民事部分）纪要》

9. 被侵权人有权获得工伤保险待遇或者其他社会保险待遇的，侵权人的侵权责任不因受害人获得社会保险而减轻或者免除。根据社会保险法第三十条和四十二条的规定，被侵权人有权请求工伤保险基金或者其他社会保险支付工伤保险待遇或者其他保险待遇。

10. 用人单位未依法缴纳工伤保险费，劳动者因第三人侵权造成人身损害并构成工伤，侵权人已经赔偿的，劳动者有权请求用人单位支付除医疗费之外的工伤保险待遇。用人单位先行支付工伤保险待遇的，可以就医疗费用在第三人应承担的赔偿责任范围内向其追偿。

大多数情况下，侵权的第三人和受害人单位分属不同的责任主体，对此交通事故和工伤待遇双份赔偿没什么争议，各赔各的，只有医疗费一般不支持双份赔偿。

但是，事情总有例外，如果侵权人与受害人均属于同一用人单位，就会出现工伤与交通事故赔偿责任主体是同一单位的问题。比如，在（2019）京民再163号案中，受害人张某奇与肇事司机张某均是政平公司之职员，张某开着自己的私家车载着张某奇等4名同事去香山开年会的路上发生交通事故，造成三死一伤。政平公司协助张某奇申请认定了工伤。张某奇已经获得了工伤待遇，但是张某奇又起诉单位想再按照交通事故赔偿。一审、二审法院均驳回了张某奇对自身单位政平公司的机动车交通事故责任赔偿请求。

八、荣宝英诉王阳、永诚财产保险股份有限公司江阴支公司机动车交通事故责任纠纷案，最高人民法院指导案例第24号（2014年）

（一）核心要点

交通事故的受害人没有过错，其体质状况对损害后果的影响不属于可以减轻侵权人责任的法定情形。

（二）案情简介

2012年2月10日14时45分许，王阳驾驶号牌为苏MT1888的轿车沿江苏省无锡市滨湖区蠡湖大道由北往南行驶至蠡湖大道大通路口人行横道线时，碰擦行人荣宝英致其受伤。2月11日，滨湖交警大队作出《道路交通事故认定书》，认定王阳负事故的全部责任，荣宝英无责。事故发生当天，荣宝英即被送往医院治疗，发生医疗费用30006元，王阳垫付20000元。荣宝英治疗恢复期间，以每月2200元聘请一名家政服务人员。号牌苏MT1888的轿车在永诚保险公司投保了机动车交通事故责任强制保险，保险期间为2011年8月17日0时至2012年8月16日24时。原告、被告一致确认荣宝英的医疗费用为30006元、住院伙食补助费为414元、精神损害抚慰金为10500元。

荣宝英申请并经无锡市中西医结合医院司法鉴定所鉴定伤情，结论为：（1）荣宝英左桡骨远端骨折的伤残等级评定为十级；左下肢损伤的伤残等级评定为九级。损伤参与度评定为75%，其个人体质的因素占25%。（2）荣宝英的误工期评定为150日，护理期评定为60日，营养期评定为90日。一审法院据此确认残疾赔偿金27658.05元扣减25%，为20743.54元。

（三）裁判结果

江苏省无锡市滨湖区人民法院于2013年2月8日作出（2012）锡滨民初字第1138号判决：第一，被告永诚保险公司于本判决生效后十日内赔偿荣宝英医疗费用、住院伙食补助费、营养费、残疾赔偿金、护理费、交通费、精神损害抚慰金共计45343.54元。第二，被告王阳于本判决生效后十日内赔偿荣宝英医疗费用、住院伙食补助费、营养费、鉴定费共计4040元。第三，驳回原告荣宝英的其他诉讼请求。宣判后，荣宝英向江苏省无锡市中级人民法院提出上诉。江苏省无锡市中级人民法院经审理，于2013年6月21日以原审适用法律错误为由作出（2013）锡民终字第497号民事判决：第一，撤销无锡市滨湖区人民法院（2012）锡滨民初字第1138号民事判决。第二，被告永诚保险公司于本判决生效后十日内赔偿荣宝英52258.05元。第三，被告王阳于本判决生效后十日内赔偿荣宝英4040元。第四，驳回原告荣宝英的其他诉讼请求。

（四）裁判理由

法院生效裁判认为，《侵权责任法》第26条（现为《民法典》第1173条）规定："被侵权人对损害的发生也有过错的，可以减轻侵权人的责任。"根据《道路交通安全法》第76条第1款第2项的规定，机动车与非机动车驾驶人、行人之间发生交通事故，非机动车驾驶人、行人没有过错的，由机动车一方承担赔偿责任；有证据证明非机动车驾驶人、行人有过错的，根据过错程度适当减轻机动车一方的赔偿责任。因此，交通事故中在计算残疾赔偿金是否应当扣减时，应当根据受害人对损失的发生或扩大是否存在过错进行分析。本案中，虽然原告荣宝英的个人体质状况对损害后果的发生具有一定的影响，但这不是《侵权责任法》等法律规定的过错，荣宝英不应因个人体质状况对交通事故导致的伤残存在一定影响而自负相应责任，原审判决以伤残等级鉴定意见中以荣宝英个人体质状况"损伤参与度评定为75%"为由，在计算残疾赔偿金时作相应扣减属适用法律错误，应予纠正。

从交通事故受害人发生损伤及造成损害后果的因果关系看，本起交通事故的引发系肇事者王阳驾驶机动车穿越人行横道线时，未尽到安全注意义务以致碰擦行人荣宝英所致；本起交通事故造成的损害后果系受害人荣宝英被机动车碰撞、跌倒发生骨折所致，事故责任认定荣宝英对本起事故不负责任，其对事故的发生及损害后果的造成均无过错。虽然荣宝英年事已高，但其年老骨质疏松仅是事故造成后果的客观因素，并无法律上的因果关系。因此，受害人荣宝英对于损害的发生或者扩大没有过错，不存在减轻或者免除加害人赔偿责任的法定情形。同时，机动车应当遵守文明行车、礼让行人的一般交通规则和社会公德。本案所涉事故发生在人行横道线上，正常行走的荣宝英对将被机动车碰撞这一事件无法预见，而王阳驾驶机动车在路经人行横道线时未依法减速慢行、避让行人，导致事故发生。因此，依法应当由机动车一方承担事故引发的全部赔偿责任。

根据我国《道路交通安全法》的相关规定，机动车发生交通事故造成人身伤亡、财产损失的，由保险公司在机动车第三者责任强制保险责任限额范围内予以赔偿。而我国立法并未规定在确定机动车交通事故责任强制保险责任时应依据受害人体质状况对损害后果的影响进行相应扣减，保险公司的免责事由也仅限于受害人故意造成交通事故的情形，即便是投保机动车无责，保险公司也应在机动车交通事故责任强制保险无责限额内予以赔偿。因此，受害人符合法律规定的赔偿项目和标准的损失，均属机动车交通事故责任强制保险的赔偿范围，参照“损伤参与度”确定损害赔偿责任和机动车交通事故责任强制保险责任均没有法律依据。

九、程春颖诉张涛、中国人民财产保险股份有限公司南京市分公司机动车交通事故责任纠纷案，载《最高人民法院公报》2017 年第 4 期

（一）核心要点

在合同有效期内，保险标的的危险程度显著增加的，被保险人应当及时通知保险人，保险人可以增加保险费或者解除合同。被保险人未通知，因保险标的危险程度显著增加而发生的保险事故，保险人不承担赔偿责任。以家庭自用名义投保的车辆从事网约车营运活动，显著增加了车辆的危险程度，被保险人应当及时通知保险公司。被保险人未通知，因从事网约车营运发生的交通事故，保险公司可以在商业第三者责任险范围内免赔。

（二）案件简介

原告：程春颖，女，34 岁，汉族，住江苏省南京市。

被告：张涛，男，31 岁，汉族，住江苏省南京市。

被告：中国人民财产保险股份有限公司南京市分公司，住所地：江苏省南京市玄武区龙蟠中路。

负责人：娄伟民，该分公司总经理。

原告程春颖因与被告张涛、中国人民财产保险股份有限公司南京市分公司发生机动车交通事故责任纠纷，向江苏省南京市江宁区人民法院提起诉讼。

江苏省南京市江宁区人民法院一审查明：

2015 年 7 月 28 日下午，被告张涛通过打车软件接到网约车订单一份，订单内容为将乘客从南瑞集团送至恒大绿洲小区。张涛驾驶其自有轿车至南瑞集团，接到网约车乘客。17 时 5 分许，张涛驾车搭载网约车乘客，沿前庄路由西向东行驶至清水亭东路丁字路口，在往南右转弯过程中，遇原告程春颖驾驶电动自行车沿清水亭东路由北向南通过该路口，两车碰撞，致程春颖受伤、车辆损坏。南京市公安局江宁分局交通警察大队以无法查清程春颖遵守交通信号灯的情况为由，出具宁公交证字［2015］第 0018 号《道路交通事故证明》。

原告程春颖受伤住院治疗，医院诊断其急性闭合性重型颅脑损伤。经鉴定，程春颖颅脑损伤所致轻度精神障碍，日常活动能力部分受限构成九级伤残；颅骨缺损 6 平方厘米以上构成十级伤残；误工期限 180 日，护理期限 90 日，营养期限 90 日。经审查确认原告因本次事故产生医疗费 99122.26 元（其中张涛垫付 59321 元，中国人民财产保险股份有限公司南京市分公司垫付 10000 元）、住院伙食补助费 560 元、营养费 1350 元、误工费 3427.48 元、护理费 7650 元、残疾赔偿金 156126.6 元、精神损害抚慰金 10500 元、交通费 500 元，合计 279236.34 元。

被告张涛驾驶的轿车行驶证上的使用性质为“非营运”。2015 年 3 月 27 日，张涛在被告中国人民财产保险股份有限公司南京市分公司为该车投保了机动车交通事故责任强制保险、保额为 100 万元的商业第三者责任险，保险期间均自 2015 年 3 月 28 日起至 2016 年 3 月 27 日止。保单上的使用性质为“家庭自用汽车”。

（三）裁判结果

江苏省南京市江宁区人民法院一审认为：

公民的健康权受法律保护。行为人因过错而侵害他人权益的应承担侵权责任。关于本次交通事故责任划分问题，《道路交通安全法》第 76 条第 1 款规定，机动车发生交通事故造成损失的，先由保险公司在机动车第三者责任强制保险责任限额内赔偿，不足部分，如果是机动车与非机动车驾驶人之间发生交通事故，非机动车驾驶人无过错的，由机动车一方承担赔偿责任；有证据证明非机动车驾驶人有过错的，根据过错程度适当减轻机动车一方的赔偿责任。本案中，被告张涛驾驶机动车向右转弯，原告程春颖驾驶非机动车直行，转弯应当避让直行，张涛未能避让存在过错。被告不能证明原告程春颖存在闯红灯等过错行为，故张涛应负事故全部责任，程春颖因本次交通事故产生的损失首先由被告中国人民财产保险股份有限公司南京市分公司在机动车交通事故责任强制保险责任限额内赔偿，不足部分，由机动车一方赔偿。

关于被告中国人民财产保险股份有限公司南京市分公司是否应当在商业第三者责任险内赔偿的问题。《保险法》第52条规定："在合同有效期内，保险标的的危险程度显著增加的，被保险人应当按照合同约定及时通知保险人，保险人可以按照合同约定增加保险费或者解除合同……被保险人未履行前款规定的通知义务的，因保险标的的危险程度显著增加而发生的保险事故，保险人不承担赔偿保险金的责任。"保险合同是双务合同，保险费与保险赔偿金为对价关系，保险人依据投保人告知的情况评估危险程度，进而决定是否承保以及收取多少保险费。保险合同订立后，如果危险程度显著增加，保险事故发生的概率超过了保险人在订立保险合同时对事故发生的合理预估，如果仍然按照之前保险合同的约定要求保险人承担保险责任，对保险人显失公平。

在当前车辆保险领域中，保险公司根据被保险车辆的用途，将其分为家庭自用和营运车辆两种类型，并设置了不同的保险费率，营运车辆的保费接近家庭自用车辆保费的两倍。这是因为，相较于家庭自用车辆，营运车辆的运行里程多，使用频率高，发生交通事故的概率也自然更大，这既是社会常识也是保险公司对风险的预估，车辆的危险程度与保险费是对价关系。家庭自用车辆的风险小，支付的保费低；营运车辆风险大，支付的保费高。以家庭自用名义投保的车辆从事营运活动，车辆的风险显著增加，投保人应当及时通知保险公司，保险公司可以增加保费或者解除合同并返还剩余保费，投保人未通知保险公司而要求保险公司赔偿营运造成的事故损失，显失公平。

营运活动与家庭自用的区别在于：第一，营运以收取费用为目的，家庭自用一般不收取费用。第二，营运的服务对象是不特定的人，与车主没有特定的关系；家庭自用的服务对象一般为家人、朋友等与车主具有特定关系的人。而本案中，被告张涛通过打车软件接下网约车订单，其有收取费用的意图，且所载乘客与其没有特定关系，符合营运的特征。

被告张涛的营运行为使被保险车辆危险程度显著增加，张涛应当及时通知被告中国人民财产保险股份有限公司南京市分公司，中国人民财产保险股份有限公司南京市分公司可以增加保险费或者解除合同返还剩余保险费。张涛未履行通知义务，且其营运行为导致了本次交通事故的发生，中国人民财产保险股份有限公司南京市分公司在商业第三者责任险内不负赔偿责任。

综上，江苏省南京市江宁区人民法院依照《侵权责任法》第48条、《道路交通安全法》第76条第1款、《保险法》第52条之规定，于2016年12月14日作出如下判决：

第一，被告中国人民财产保险股份有限公司南京市分公司在机动车交通事故责任强制保险责任限额内赔偿原告程春颖110000元，被告张涛赔偿原告程春颖99915.34元；均于本判决发生法律效力之日起10日内付清。

第二，驳回原告程春颖其他诉讼请求。

一审宣判后，双方当事人均未在法定期限内提起上诉，一审判决已发生法律效力。

十、葛宇斐诉沈丘县汽车运输有限公司、中国人民财产保险股份有限公司周口市分公司、中国人民财产保险股份有限公司沈丘支公司道路交通事故损害赔偿纠纷案，载《最高人民法院公报》2010年第11期

（一）核心要点

《道路交通事故认定书》是公安机关处理交通事故，作出行政决定所依据的主要证据，虽然可以在民事诉讼中作为证据使用，但由于交通事故认定结论的依据是相应行政法规，运用的归责原则具有特殊性，与民事诉讼中关于侵权行为认定的法律依据、归责原则有所区别。交通事故责任不完全等同于民事法律赔偿责任，因此，《道路交通事故认定书》不能作为民事侵权损害赔偿案件责任分配的唯一依据。行为人在侵权行为中的过错程度，应当结合案件实际情况，根据民事诉讼的归责原则进行综合认定。

（二）案件简介

原告：葛宇斐，男，21 岁，汉族，住江苏省常州市天宁区麻巷。

被告：沈丘县汽车运输有限公司，住所地：河南省周口市沈丘县城北环路。

法定代表人：侯自功，该公司总经理。

被告：中国人民财产保险股份有限公司周口市分公司，住所地：河南省周口市中州路。

代表人：王向阳，该公司总经理。

被告：中国人民财产保险股份有限公司沈丘支公司，住所地：河南省周口市沈丘县闸北路。

代表人：左德丙，该公司经理。

江苏省南京市江宁区人民法院一审审理查明：

2009 年 6 月 17 日 17 时 30 分许，被告沈丘汽运公司雇佣的驾驶员鲍士许驾驶重型半挂货车，沿沪宁高速公路由东向西行驶至汤山出口匝道附近，因左前轮爆胎致其车失控向左撞断中心隔离岛两侧护栏冲入逆向车道，与由西向东正常行驶至此的由原告葛宇斐之父葛信国驾驶的轿车相撞后，货车又撞断逆向车道边缘（南侧）防护栏方停住车。该事故导致葛宇斐之母史永娟当场死亡，葛信国、葛宇斐、鲍士许三人受伤，车辆、路产受损。公安机关交通管理部门认定该起事故属于交通意外事故。

原告葛宇斐伤后经南京军区南京总医院①、常州市中医院诊断为：（1）脑震荡；（2）头皮挫裂伤；（3）右锁骨粉碎骨折；（4）右侧肋骨多发骨折；（5）血胸；（6）肺挫伤；（7）右上臂烧伤；（8）失血性贫血；（9）低蛋白血症，住院治疗 55 日。2009 年 9 月 14 日，南京金陵司法鉴定所出具司法鉴定书，鉴定意见为：（1）葛宇斐 4 根肋骨骨折构成十级伤残；（2）葛宇斐右上肢功能部分丧失构成十级伤残。

另查明，事发当日鲍士许驾车驶入沪宁高速公路前，对所驾车右边第二桥外面的轮胎进行了补胎修理。事故发生时，涉案车辆码表已损坏，装载情

① 该院现已更名为东部战区总医院。

况为空载。豫 P28950 号牵引车、豫 P6255 号半挂车分别在被告中国人民财产保险股份有限公司周口市分公司、中国人民财产保险股份有限公司沈丘支公司投保了机动车交通事故责任强制保险。

案件审理中，涉案事故受害人就机动车交通事故责任强制保险赔偿达成一致意见：机动车交通事故责任强制保险赔偿限额优先赔偿伤者葛宇斐，机动车交通事故责任强制保险限额剩余部分赔偿死者史永娟。

上述事实，有双方当事人的陈述、涉案机动车保险单、询问笔录、道路交通事故现场勘查笔录、《道路交通事故车辆技术鉴定书》、《道路交通事故认定书》、门诊病历、出院记录、医疗费票据、司法鉴定书等证据证实，足以认定。

本案一审的争议焦点是：公安机关交通管理部门认定涉案事故属于交通意外事故，能否据此认定驾驶员无过错。保险公司主张在机动车交通事故责任强制保险无责任赔偿限额内进行赔偿能否予以支持。

（三）一审判决

南京市江宁区人民法院一审认为：

公民的生命健康权及财产权受法律保护。《道路交通安全法》第 76 条第 1 款规定："机动车发生交通事故造成人身伤亡、财产损失的，由保险公司在机动车第三者责任强制保险责任限额范围内予以赔偿；不足的部分，按照下列规定承担赔偿责任：（一）机动车之间发生交通事故的，由有过错的一方承担赔偿责任；双方都有过错的，按照各自过错的比例分担责任。……"本案中，虽然公安机关交通管理部门认定涉案事故属于交通意外事故，但是交通意外事故并不等同于民法上的意外事件，交通事故责任并不等同于民事法律赔偿责任。民事侵权赔偿责任的分配不应当单纯以《道路交通事故认定书》认定的交通事故责任划分来确定，而应当从损害行为、损害后果、行为与后果之间的因果关系及主观方面的过错程度等方面综合考虑。《道路交通安全法》第 21 条规定："驾驶人驾驶机动车上道路行驶前，应当对机动车的安全技术性能进行认真检查；不得驾驶安全设施不全或者机件不符合技术标准等具有安全隐患的机动车。"本案中，鲍士许在车辆码表已损坏的情况下，仍驾驶具有安全隐患的车辆驶入高速公路，主观上具有过失。涉案车辆发生爆胎后，鲍士许在车辆制动系、路面情况均正常且车辆系空载的情况下，未能采取有效的合理措施，导致车辆撞断隔离带护栏后冲入逆向车道，与正常行驶的葛信国驾驶的车辆发生碰撞，致使葛宇斐等人受伤、史永娟死亡。鲍士许的不当行为与损害事实的发生存在因果关系，其主观上亦存在一定过失，葛信国驾车系正常行驶，主观上不存在任何过错。鲍士许系沈丘汽运公司雇用的司机，案发时正在履行职务，因此涉案事故的法律后果应当由沈丘汽运公司负担，沈丘汽运公司应对葛宇斐受伤后的合理经济损失承担全部赔偿责任。被告中国人民财产保险股份有限公司周口市分公司、中国人民财产保险股份有限公司沈丘支公司认为事故系交通意外事故，鲍士许在事故发生时无过错，主张应当在机动车交通事故责任强制保险无责任赔偿限额内赔偿，是对民法上“过错”含义的片面理解，沈丘汽运公司应对损害后果承担全部赔偿责任，中国人民财产保险股份有限公司周口市分公司、中国人民财产保险股份有限公司沈丘支公司应在机动车交通事故责任强制保险责任赔偿限额内赔偿葛宇斐的经济损失。

法院对于被告人沈丘汽运公司、中国人民财产保险股份有限公司周口市分公司、中国人民财产保险股份有限公司沈丘支公司认可的原告葛宇斐主张的医疗费、住院伙食补助费、护理费、残疾赔偿金、交通费、鉴定费，对其依法予以确认。对于原告主张的营养费，考虑到其受伤情况，结合其出院医嘱，原告主张的1080元（每日12元，计算90日）并无不当。对于原告主张的精神损害抚慰金，考虑原告在本次事故中遭受的痛苦程度以及伤残等级，酌定为7000元，在机动车交通事故责任强制保险限额内优先予以赔付。综上，原告因涉案事故遭受的经济损失为：医疗费65885.85元、住院伙食补助费990元（每日18元，计算55日）、营养费1080元（每日12元，计算90日）、护理费4500元（每日50元，计算90日）、残疾赔偿金41096元（每年18680元，计算2.2年）、精神损害抚慰金7000元、交通费500元、鉴定费780元，合计121831.85元。涉案事故被害人就机动车交通事故责任强制保险限额分配比例达成一致意见，不违反法律强制性规定，依法予以准许。中国人民财产保险股份有限公司周口市分公司应在机动车交通事故责任强制保险限额内赔偿原告36938元（含精神损害抚慰金7000元），中国人民财产保险股份有限公司沈丘支公司应在机动车交通事故责任强制保险限额内赔偿原告36938元。葛宇斐超出机动车交通事故责任强制保险限额的经济损失47955.85元，由沈丘汽运公司予以赔偿。

据此，南京市江宁区人民法院于2009年12月17日判决：

第一，原告葛宇斐因交通事故造成的损失121831.85元，由被告中国人民财产保险股份有限公司周口市分公司在机动车交通事故责任强制保险限额内赔偿36938元（含精神损害抚慰金7000元），被告中国人民财产保险股份有限公司沈丘支公司在机动车交通事故责任强制保险限额内赔偿36938元。

第二，原告葛宇斐因交通事故遭受的损失超出机动车交通事故责任强制保险限额部分的47955.85元，由被告沈丘汽运公司予以赔偿。

第三，驳回原告葛宇斐的其他诉讼请求。

（四）二审判决

中国人民财产保险股份有限公司周口市分公司不服一审判决，向江苏省南京市中级人民法院提起上诉，请求撤销原判，依法改判。主要理由是：（1）公安机关交通管理部门已经认定涉案事故属于交通意外，事故双方均无责任，故保险公司应当在机动车交通事故责任强制保险责任范围内按无责赔付，在商业第三者责任险范围内不承担责任；（2）精神损害抚慰金认定数额过高；（3）涉案鉴定费用不应当由保险公司承担。

被上诉人葛宇斐口头答辩称：一审认定事实清楚，适用法律正确，请求驳回上诉，维持原判。

被上诉人葛宇斐二审没有提交新的证据。

原审被告人保沈丘支公司、沈丘汽运公司述称：同意上诉人中国人民财产保险股份有限公司周口市分公司的上诉意见。

原审被告中国人民财产保险股份有限公司沈丘支公司、沈丘汽运公司二审没有提交新的证据。

江苏省南京市中级人民法院经审理，确认了一审查明的事实。

本案二审的争议焦点是：《道路交通事故认定书》能否直接作为民事侵权损害赔偿责任分配的唯一依据。

江苏省南京市中级人民法院二审认为：

《道路交通安全法》第73条规定："公安机关交通管理部门应当根据交通事故现场勘验、检查、调查情况和有关的检验、鉴定结论，及时制作交通事故认定书，作为处理交通事故的证据。交通事故认定书应当载明交通事故的基本事实、成因和当事人的责任，并送达当事人。"根据该规定，《道路交通事故认定书》本身并非行政决定，而是公安机关处理交通事故，作出行政决定所依据的主要证据。《道路交通事故认定书》对交通事故责任的认定，主要是依据《道路交通安全法》《道路交通安全法实施条例》等法律与行政法规，在分析判断交通事故责任时，与民事审判中分析判断侵权案件适用全部民事法规进行分析有所区别。而且，认定交通事故责任的归责原则与民事诉讼中侵权案件的归责原则不完全相同。《道路交通安全法实施条例》第91条规定："公安机关交通管理部门应当根据交通事故当事人的行为对发生交通事故所起的作用以及过错的严重程度，确定当事人的责任。"从《道路交通事故认定书》划分责任的依据看，公安机关交通管理部门认定交通事故的责任主要看两个因素，即行为人对交通事故所起的作用和过错的严重程度。前述条款中的"作用"与"过错"并列，与民法中的"过错"不是同一概念，在交通事故中，行为人有同等的过错不一定承担同等的责任，过错大的不一定是交通事故的主要责任人。《道路交通安全法实施条例》第92条规定："发生交通事故后当事人逃逸的，逃逸的当事人承担全部责任。但是，有证据证明对方当事人也有过错的，可以减轻责任。当事人故意破坏、伪造现场、毁灭证据的，承担全部责任。"该规定中，对此类交通事故归责的依据不是发生侵权行为时的过错大小，而是侵权行为发生后的其他违法行为。因此，公安机关交通管理部门进行交通事故责任认定时采用的归责方法与民法上的归责原则存在区别。此外，在举证责任负担、责任人的范围等方面，交通事故责任认定也与民事诉讼存在不同之处。综上，《道路交通事故认定书》是公安机关交通管理部门处理交通事故，作出行政决定所依据的主要证据，虽然可以在民事诉讼中作为证据使用，但由于交通事故认定与民事诉讼中关于侵权行为认定的法律依据、归责原则有所区别，同时，交通事故责任也不等同于民事法律赔偿责任，因此，《道路交通事故认定书》不能作为民事侵权损害赔偿责任分配的唯一依据，行为人在侵权行为中的过错程度，应当结合案情，全面分析全部证据，根据民事诉讼的归责原则进行综合认定。

本案中，鲍士许在驾驶车辆码表已损坏的情况下，违反《道路交通安全法》第21条的规定，驾驶具有安全隐患的车辆进入高速公路。肇事车辆发生爆胎后，鲍士许在车辆制动系、路面情况均正常且车辆系空载的情况下，未能采取有效的合理措施，导致车辆撞断隔离带护栏后冲入逆向车道，与正常行驶的葛信国驾驶的车辆发生碰撞，致使车内被上诉人葛宇斐受伤。该起事故的发生并非不能预见，事故后果并非不可避免。因此，应当认定鲍士许有过错，其不当行为与损害事实的发生存在因果关系，葛信国驾驶的车辆正常行驶，车内的葛宇斐无过错。一审对此认定准确，应予维持。

关于精神损害抚慰金的数额问题。最高人民法院《关于确定民事侵权精神损害赔偿责任若干问题的解释》第10条第1款规定："精神损害的赔偿数额根据以下因素确定：（一）侵权人的过错程度，但是法律另有规定的除外；（二）侵权行为的目的、方式、场合等具体情节；（三）侵权行为所造成的后果；（四）侵权人的获利情况；（五）侵权人承担责任的经济能力；（六）受理诉讼法院所在地的平均生活水平。"根据前述条款第1项、第2项、第3项、第5项、第6项的规定，一审法院酌定7000元精神损害抚慰金的数额并无不当，应予维持。

关于鉴定费用的承担问题。鉴定费用是被上诉人葛宇斐因涉案事故而进行的合理支出，一审判决由败诉方承担并无不当，应予维持。

综上，一审判决认定事实清楚，适用法律正确，程序合法。据此，江苏省南京市中级人民法院于2010年4月21日判决：驳回上诉，维持原判。

附　　录

一、处理道路交通事故常用法律文书

授权委托书（事故处理）

××交通支（大）队：

你队受理××××年××月××日发生在××××处我与×××交通事故一案，依照法律规定，特委托××律师事务所×××律师为我的代理人。

委托事项和权限如下：全权，包括参与交通事故处理，申请重新检验鉴定，申请赔偿调解，查阅、复制案件证据材料，签收法律文书。

委托人：×××

受委托人：×××

××××年××月××日

复制证据材料申请

申请人：×××

申请复制内容：

××××年××月××日发生在××××处我与×××交通事故一案，贵队已经于××××年××月××日出具《道路交通事故认定书》。

公安部《道路交通事故处理程序规定》第65条第2款规定："当事人收到道路交通事故认定书后，可以查阅、复制、摘录公安机关交通管理部门处理道路交通事故的证据材料，但证人要求保密或者涉及国家秘密、商业秘密以及个人隐私的，按照有关法律法规的规定执行。公安机关交通管理部门对当事人复制的证据材料应当加盖公安机关交通管理部门事故处理专用章。"

故根据上述规定，申请复制本案的交通事故证据材料，包括现场图、现场勘察笔录、当事人笔录、现场照片、现场监控录像等。

此致

××交通支（大）队

申请人：×××

××××年××月××日

授权委托书（复核）

×××公安交通管理局：

因我不服××公安交通管理局××交通支队于××××年××月××日作出的第×××号《道路交通事故认定书》，申请复核，依照法律规定，特委托×××律师事务所×××律师为我的委托代理人。

委托事项和权限如下：代为申请交通事故责任复核，提交相关证据、提交补充复核意见，申请、参与复核听证，表达诉求，递交、签收相关法律文件。

委托人：×××

受委托人：×××

××××年××月××日

道路交通事故复核申请书

申请人：姓名：×××，男/女，年龄，住址：××××，身份证号：××××，电话：××××。

委托代理人：××律师事务所律师，×××，送达地址：××××。电话：××××。

被申请人：××公安交通管理局××交通支队（在《道路交通事故认定书》上盖章的单位）。

第三人：姓名：×××（《道路交通事故认定书》上申请人之外的其他当事人）。电话：××××。

申请人与××交通事故一案，不服被申请人于××××年××月××日作出的第××号《道路交通事故认定书》，现申请复核。

复核请求：撤销被申请人于××××年××月××日作出的第××号《道路交通事故认定书》，认定×××承担事故××责任，申请人承担事故××责任。

不服原《道路交通事故认定书》的理由：

建议主要围绕原认定书的以下几个方面、结合事实、法律规定进行论证、阐述：

1. 事实是否清楚。

2. 证据是否确实、充分。

3. 适用法律是否正确。

4. 责任划分是否公正。

5. 道路交通事故调查及认定程序是否合法。

6. 出具《道路交通事故证明》是否符合规定。

综上，申请人请求上级公安机关交通管理部门在查清事实的基础上，依法合理、公平、公正地重新认定事故责任，支持申请人的合法请求。

此致

××公安局公安交通管理局

申请人：×××

××××年××月××日

附：相关证据

刑事谅解书

谅解人：×××（应为死者的全部第一顺序继承人）

×××，男/女，××××年××月××日出生，户籍地：××××，身份证号：××××。（×××之父）。电话：××××。

被谅解人：×××（肇事司机）

×××，男/女，××××年××月××日出生，户籍地：××××，身份证号：××××。电话：××××。

××××年××月××日××时××分许，在××××（交通事故发生地），×××驾驶××电动自行车与×××驾驶的车牌号为京××××××小型轿车相撞，造成×××经抢救无效于当日死亡。

经××公安交通管理局××交通支队认定，×××承担事故主要责任，×××承担事故次要责任。

×××尽最大努力，倾其所有，不惜举债，尽可能赔偿我们的损失，现经双方协商已达成《道路交通事故损害赔偿协议书》，并已经实际履行支付到位，由×××一次性赔偿我们各种损失共计××××元、配合办理保险理赔××××元整，并真诚道歉，认罪悔罪。

我们作为×××的亲属，我们的家庭毁了，不想让×××的家庭也毁了，对×××的行为表示谅解，希望有关司法机关考虑其家庭实际情况，我们同意：

1. 可以不追究×××的交通肇事罪刑事责任。

2. 同意有关司法机关对×××取保候审。

3. 如果法律许可，也同意检察机关对×××作出不起诉决定。

4. 如果追究刑事责任，希望有关司法机关对×××从轻、减轻、免除处罚，同意判处×××缓刑，给其一次改过自新的机会。

谅解人：×××

签署地点：××××

××××年××月××日

道路交通事故死亡赔偿协议书

甲方：×××（肇事司机）

×××，男/女，××××年××月××日出生，户籍地：××××，身份证号：××××。电话：××××。

乙方：×××（应为死者的全部第一顺序继承人）

×××，男/女，××××年××月××日出生，户籍地：××××，身份证号：××××。电话：××××。

××××年××月××日××时××分许，在××××（交通事故发生地），×××驾驶××电动自行车与甲方驾驶的车牌号为京××××××小型轿车相撞，造成×××经抢救无效当日死亡。

经××公安交通管理局××交通支队认定，甲方承担事故主要责任，×××承担事故次要责任。现甲、乙双方就赔偿事宜，经协商自愿达成如下协议：

一、甲方自愿一次性赔偿乙方各种人身损害赔偿项目（包括但不限于医疗费、丧葬费、死亡赔偿金、精神损害抚慰金、处理事故家属误工费、交通费、住宿费等一切费用）共计××××元整（含前期已经支付的××××元，机动车交通事故责任强制保险××××元和××××元的不计免赔的商业第三者责任险）。

二、乙方同意接收上述赔偿款项，不再要求甲方支付其他任何款项。对甲方的违法行为表示谅解（另行出具《刑事谅解书》）。

三、甲方应在本协议签署后当日向乙方支付赔偿金××××元。

乙方指定的收款账户：××××。

持卡人：×××。

信用卡信息：××银行，卡号：××××。

四、本协议签订后，甲方必须配合办理保险理赔，乙方应当提供保险理赔必需的相关证据材料，包括但不限于死亡证明、诊断证明、病历、医疗费票据、户籍注销证明、身份证、户口本、亲属关系证明、户籍证明等（具体以保险公司要求为准），保险赔付款项全部归乙方所有。

如本协议签署后1个月内乙方不能拿到保险理赔款（乙方拒不提供保险理赔材料的除外）或者保险拒赔或者不能足额理赔，则甲方在保险拒赔或者不能足额赔付金额范围内7日内补足本协议第1条约定的赔偿总金额。

五、乙方保证×××的第一顺序法定继承人只有本协议中的×××（填写在本协议前面乙方处的人名），所有赔偿款由乙方内部自行协商分配，与甲方无关。

若再有其他继承人向甲方主张权利，则由乙方从本协议中获得的赔偿款负责内部分配，与甲方无关。

六、此事故双方一次性了结，以后再无其他任何法律纠纷。

七、本协议一式五份，自双方签字后生效，甲、乙双方各执两份，交通队备案一份，具有同等法律效力。

甲方（签名并捺印）：　　　　乙方（签名并捺印）：

签订地点：××××

××××年××月××日

二、交通事故案件常用证据清单

笔者结合自己多年来的实务经验，整理出一份交通事故案件常用证据清单，供大家参考学习（参见表8－1）。

表8－1 交通事故案件常用证据清单

序号	证据名称	原件	复印件	页数
1	《道路交通事故认定书》或者《道路交通事故证明》			
2	车档、驾档、保险单（信息）			
3	身份证、户口本、结婚证、出生证明、亲属关系、家庭成员证明			
4	诊断证明、病例、假条			
5	急救、住院医疗费、残疾辅助器具费票据及明细			
6	伤者本人及护理人的收入及误工证明			
7	劳动合同、缴纳个人所得税完税证明、工资表、工资卡银行流水明细			
8	交通费、住宿费票据			
9	法医鉴定报告：伤残、三期（误工期、护理期、营养期）、因果关系参与度、后续治疗费用、残疾辅助器具配置及费用等			
10	法医鉴定费发票			
11	死亡证明、尸检报告、销户证明、火化证明			
12	抚养证明（无劳动能力、无收入来源）			
13	财产损失证明，如修理费发票和明细、评估报告等			
14	交通队事故案卷，如需要可以到交通队调取			

三、道路交通事故办案常用法律法规与国家标准目录

（一）交通法律法规和事故处理程序方面

1.《道路交通安全法》。

2.《道路交通安全法实施条例》。

3.《道路交通事故处理程序规定》。

4.《道路交通事故处理工作规范》。

5.《公安机关办理行政案件程序规定》。

6.《公安机关内部执法监督工作规定》。

7. 国务院原法制办公室①《对〈关于对《中华人民共和国道路交通安全法》及其实施条例有关法律条文的理解适用问题的函〉的答复》。

8. 全国人民代表大会常务委员会法制工作委员会《关于交通事故责任认定行为是否属于具体行政行为，可否纳入行政诉讼受案范围的意见》。

（二）刑事方面

1.《刑法》。

2. 最高人民法院《关于审理交通肇事刑事案件具体应用法律若干问题的解释》。

3. 最高人民法院、最高人民检察院、公安部《关于办理醉酒驾驶机动车刑事案件适用法律若干问题的意见》。

4. 公安部《关于公安机关办理醉酒驾驶机动车犯罪案件的指导意见》。

（三）民事赔偿方面

1.《民法典》。

2. 最高人民法院《关于审理道路交通事故损害赔偿案件适用法律若干问题的解释》。

3. 最高人民法院《关于审理人身损害赔偿案件适用法律若干问题的解释》。

4. 最高人民法院《关于确定民事侵权精神损害赔偿责任若干问题的解释》。

---

① 该国务院组成部门现已撤销。

（四）各地交通事故具体责任认定标准

（仅供参考，目前有效性请核实）

1.《北京市道路交通事故当事人责任确定标准（试行）》。

2.《河北省道路交通事故责任认定工作规范》。

3.《内蒙古自治区道路交通事故责任认定》。

4.《山东省道路交通事故责任确定规则（试行）》。

5.《山西省道路交通事故责任确定规则》。

6.《天津市道路交通事故过错责任认定标准》。

7.《河南省道路交通事故责任确定规则（试行）》。

8.《上海市道路交通事故认定的规定》。

9.《安徽省道路交通事故当事人责任确定规则（试行）》。

10.《成都市道路交通事故责任确定指导意见（试行）》。

11.《福建省道路交通事故责任确定规则（暂行）》。

12.《广东省道路交通事故责任认定规则》。

13.《广西壮族自治区道路交通安全条例》。

14.《湖北省道路交通事故当事人责任确定指导意见》。

15.《湖南省道路交通事故认定规则》。

16.《江苏省道路交通事故当事人责任确定规则》。

17.《江西省道路交通事故责任认定规则》。

18.《四川省道路交通事故责任确定规则》。

19.《重庆市公安局交通警察总队交通事故成因分析及责任认定指导意见（试行）》。

（五）鉴定标准、国家标准或行业标准

1.《道路交通标志和标线》。

2.《道路交通标志和标线 第1部分：总则》。

3.《道路交通标志和标线 第2部分：道路交通标志》。

4.《道路交通标志和标线 第3部分：道路交通标线》。

5.《道路交通标志和标线 第4部分：作业区》。

6.《道路交通标志和标线 第 5 部分：限制速度》。

7.《道路交通标志和标线 第 6 部分：铁路道口》。

8.《道路交通标志和标线 第 7 部分：非机动车和行人》。

9.《道路交通标志和标线 第 8 部分：学校区域》。

10.《道路交通事故现场图形符号》。

11.《道路交通事故现场图绘制》。

12.《道路交通事故现场勘查照相》。

13.《道路交通事故现场勘查要则》。

14.《道路交通事故车辆速度鉴定》。

15.《基于视频图像的车辆行驶速度技术鉴定》。

16.《道路交通事故痕迹物证勘验》。

17.《道路交通事故痕迹鉴定》。

18.《道路交通事故痕迹物证鉴定通用规范》。

19.《法庭科学车辆轮胎痕迹检验技术规范》。

20.《道路交通事故机动车驾驶人识别调查取证规范》。

21.《法庭科学车体痕迹检验规范》。

22.《道路交通设施安全技术状况鉴定规范》。

23.《道路交通事故涉案者交通行为方式鉴定》。

24.《机动车运行安全技术条件》。

25.《道路交通事故车辆安全技术检验鉴定》。

26.《电动自行车安全技术规范》。

27.《城市道路交通组织设计规范》。

28.《城市道路工程设计规范》。

29.《道路交通事故尸体检验》。

30.《法医学 猝死尸体检验规范》。

31.《车辆驾驶人员血液、呼气酒精含量阈值与检验标准》。

32.《血液酒精含量的检验方法》。

33.《人体损伤致残程度分级》。

34.《人体损伤程度鉴定标准》。

35. 《人身损害误工期、护理期、营养期评定规范》。

36. 司法部《关于印发司法鉴定文书格式的通知》。

37. 《公安部关于发布〈公安机关鉴定规则〉和鉴定文书式样的通知》。

（六）地方交通法规

1. 《北京市实施〈中华人民共和国道路交通安全法〉办法》。
2. 《北京市道路交通事故简易程序处理规定》。
3. 《河北省实施〈中华人民共和国道路交通安全法〉办法》。
4. 《山东省实施〈中华人民共和国道路交通安全法〉办法》。
5. 《海南省实施〈中华人民共和国道路交通安全法〉办法》。
6. 《江苏省道路交通安全条例》。
7. 《黑龙江省道路交通安全条例》。
8. 《宁夏回族自治区道路交通安全条例》。
9. 《郑州市城市道路交通安全管理条例》。

几乎各地都有有关《道路交通安全法》的实施办法、条例，事故认定、复核时应当有针对性地查询、研究地方性法规的特殊规定，例如，北京市、宁夏回族自治区、郑州市就规定辅路车辆要让主路车辆，但四川省就没有规定辅路车辆要让主路车辆。